NOWY POCZĄTEK

BOGUSŁAW
WOŁOSZAŃSKI

SS NOWY POCZĄTEK

WOŁOSZAŃSKI

Opracowanie redakcyjne: *Editio*

Korekta: *Editio*

Projekt okładki i stron tytułowych *Ida M. Kozłowski, www.kozlowski360.pl*

Foto na okładkę *Krzysztof Dubiel*

Zdjęcia: archiwum autora
Narodowe Archiwum Cyfrowe

NARODOWE
ARCHIWUM
CYFROWE

ISBN 978-83-62770-55-7

Wydawnictwo Wołoszański
01-217 Warszawa, ul. Kolejowa 15/17
tel. 22 862 53 71
e-mail: wydawnictwo@woloszanski.pl
sklep internetowy: www.woloszanski.pl

Skład Studio Editio, ul. Miła 6B, 05-830 Nadarzyn, www.editio.eu

Druk Drukarnia Wydawnicza im. W.L. Anczyca S.A.
ul. Nad Drwiną 10, 30-741 Kraków

Spis treści

1

Nietykalni

Hitler wiedział, że polityka jest sztuką wykorzystywania pretekstu. Nieważne, czy wyłaniającego się ze splotu okoliczności, czy też pretekstu zmanipulowanego, wytworzonego przez rządzącą partię. Było to konieczne, aby uzyskać akceptację społeczeństwa dla planowanego przedsięwzięcia. W ten sposób zdobył władzę absolutną.

Czy to on kazał podpalić Reichstag? Nie ma na to dowodów, ale pożar, który wybuchł w nocy z 27 na 28 lutego 1934 roku, niespełna miesiąc po objęciu przez Hitlera urzędu kanclerskiego, stał się pretekstem do zlikwidowania demokracji i swobód obywatelskich. Adolf Hitler przechwycił władzę dyktatorską.

Przed taką metodą prowadzenia polityki musiały cofnąć się nawet mocarstwa demokratyczne, których dyplomaci tkwili w ciasnych XIX-wiecznych gorsetach honoru i konwenansów, nie rozumiejąc, że pierwsza wojna światowa zniszczyła ich świat. Dla Hitlera liczyła się tylko skuteczność, bez oglądania się na międzynarodowe umowy, zwyczaje, moralność. Nawet więcej: uważał, że umowne zobowiązania są przykrywką, ich przyjęcie miało tylko służyć osiągnięciu celu, gdy zostałyby odrzucone.

11 września 1938 roku w Chebie, czeskim mieście na pograniczu z Niemcami, członkowie miejscowej sudeckiej partii nazistowskiej

zastrzelili dwóch czeskich policjantów i wywołali krótką, lecz krwawą walkę z oddziałem, jaki przybył na pomoc zaatakowanym kolegom, w której poległo ośmiu nazistów. To wydarzenie pozwoliło podburzyć Niemców sudeckich oraz zażądać od Wielkiej Brytanii i Francji zgody na przyłączenie tej części Czechosłowacji do Rzeszy, co Hitler mógł wytłumaczyć jako działanie konieczne w obronie jego niemieckich sióstr i braci gnębionych przez Czechów, a dowodem miały być ofiary w Chebie.

Uzyskał to, co chciał. Mocarstwa demokratyczne zgodziły się, aby zachodnie ziemie Czechosłowacji włączyć do Trzeciej Rzeszy.

Prowokacja w Chebie okazała się dla Trzeciej Rzeszy bardzo zyskowna. Wojnę z Polską też poprzedziła prowokacja w Gliwicach dokonana 31 sierpnia 1939 roku, która umożliwiła oskarżenie Polaków o napaść na niemiecką stację radiową, co miało być jednym z wielu rzekomych aktów polskiej agresji.

Później, gdy wojna objęła Europę, polityka pretekstu nie była już potrzebna, acz niespodziewanie w końcu wojny Hitler ponownie mógł wykorzystać ulubione zagranie. Tym razem nikt nie śmiał wątpić w szczerość jego intencji, gdyż to on był… ofiarą.

2
Umysł Hitlera

Hitler zawsze kierował się instynktem. Na nic innego jego niewykształcony umysł marnego malarza i niedoszłego studenta sztuk pięknych nie mógł się zdobyć. A przede wszystkim nie na głęboką analizę skomplikowanych stosunków i powiązań międzynarodowych. To instynkt wskazał mu drogę do władzy, co było dość łatwe. Po zakończeniu pierwszej wojny światowej pozostał w Reichswehrze i jako informator bywał w różnych środowiskach, słuchał politycznych dyskusji prowadzonych przez piwiarnianych polityków. Mógł wyczuć, czego oczekuje naród, rozgoryczony wojenną klęską. Jego działanie było prymitywne, ale nic lepszego nie było potrzebne. Stawał na krześle lub stole w piwiarni, wiedząc, że narodowi trzeba obiecywać to, czego oczekiwał: karę dla zdrajców Niemiec i sprawców pierwszowojennej klęski, czyli Żydów. Wiedział, że naród chce zobaczyć siłę partii narodowosocjalistycznej, co również w latach 20. nie było trudne. W każdym dużym niemieckim mieście wałęsali się bezrobotni żołnierze. Wystarczało dać im parę marek, aby mogli odzyskać poczucie żołnierskiej godności i mocno tupać w ulicznych pochodach. A Hitler, po pierwszych chudych latach jego partii, nie miał kłopotów z zebraniem pieniędzy. Wielcy przedsiębiorcy, właściciele takich przemysłowych gigantów jak ThyssenKrupp, zaniepokojeni wzrastającą siłą lewicy i związków zawodowych chętnie wspierali kogoś, kto mógł wysłać bojówki, aby rozprawiły się z komunistami. A zwłaszcza za pomocą kastetów i lag wybiłyby im z głów chęć do organizowania strajków.

Potem już było trudniej. Hitler nie miał żadnego wykształcenia wojskowego, z wyjątkiem frontowej służby gońca. Ta nie dawała szansy na poznanie zasad prowadzenia batalii, logistyki i zdobycie całej ogromnej wiedzy nabywanej przez oficerów w uczelniach wojskowych, na dowódczych stanowiskach na froncie Wielkiej Wojny, na manewrach. Nie miał też żadnego przygotowania do prowadzenia polityki zagranicznej, ale jednak okpił starych brytyjskich, francuskich, czeskich i polskich dyplomatów. Tylko dlatego, że kierował się instynktem. Uważał, że protokół dyplomatyczny, którego oni przestrzegali, a dla niego był pustym dźwiękiem, można i trzeba łamać. Dlatego pozwalał sobie obrażać zachodnich dyplomatów.

Tak było w poniedziałkowe popołudnie 26 września 1938 roku, w szczytowym punkcie kryzysu czechosłowackiego, grożącego wybuchem wojny, gdy Horace Wilson[1], wysłannik brytyjskiego premiera Neville'a Chamberlaina, i towarzyszący mu sekretarz ambasady Ivone Kirkpatrick weszli do gabinetu Hitlera w Kancelarii Rzeszy. Ten, siedząc za wielkim biurkiem, otoczony przez kilku współpracowników, przez dłuższą chwilę nie zwracał na nich uwagi. A ci, wprowadzeni przez esesmana, stanęli zdezorientowani przy drzwiach. Była to ledwie zapowiedź tego, co miało ich spotkać później.

Wreszcie Hitler zaprosił angielskich gości, aby usiedli na kanapie. Sam usadowił się tak blisko, że ich kolana się stykały.

Wilson zapewnił Führera, że rząd brytyjski podejmie wysiłki, mające na celu doprowadzenie do spotkania przedstawicieli Niemiec i Czechosłowacji, co miało rozwiązać kryzys.

Hitler przerwał mu:

[1] Horace John Wilson (1882–1972) – wysoki urzędnik, brał udział w wielu misjach dyplomatycznych jako wysłannik rządu brytyjskiego.

Horace Wilson
(archiwum autora).

– Ta świnia musi być wariatem, jeżeli myśli, że można na mnie wpływać w ten sposób! – wykrzyknął.

– Jeżeli Herr Hitler ma na myśli premiera, muszę zapewnić, że nie jest wariatem, lecz interesuje go zachowanie pokoju – odparł spokojnie Wilson.

Opanowanie Anglika wyraźnie rozsierdziło Hitlera:

– Ograniczenia tego dupoliza mnie nie interesują! To, co mnie interesuje, to moi ludzie w Czechach, którzy są mordowani i torturowani przez tego wstrętnego sodomitę Beneša! To jest ponad wytrzymałość dobrego Niemca! Czy słyszysz mnie, ty…

Tu padło obraźliwe określenie. Podobno Führer nazwał Wilsona „głupią świnią". Sam Wilson, pisząc sprawozdanie z rozmowy z Hitlerem, pominął je stwierdzeniem, że „były to słowa, których nie używa się w salonie".

Hitler, nie żegnając się z Brytyjczykami, wyszedł z gabinetu, zaś oni, wyraźnie skonfundowani, też podążyli do wyjścia. W teczce, którą Wilson ściskał pod pachą, było ultimatum rządu brytyjskiego, które miał wręczyć Hitlerowi. Nie zrobił tego, gdyż… obawiał się o swoje życie!

Tłumaczył się potem tak:

– Pomyślałem wówczas: „Jeżeli powiem to, co powinienem powiedzieć, to może dojść do tego, że przekroczy on wszelkie granice. Wtedy podjąłem decyzję [że nie wręczy ultimatum – B.W.]".

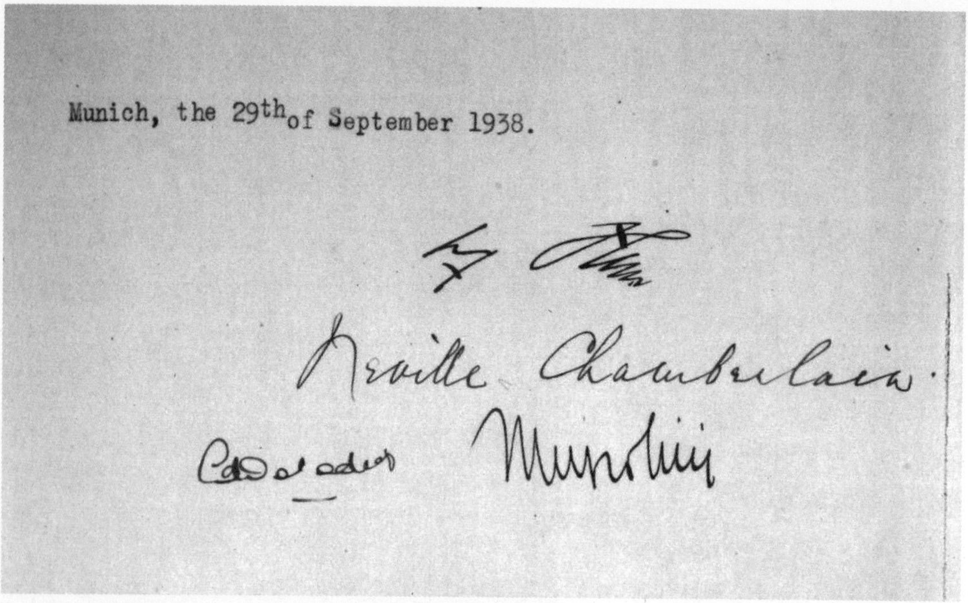
Munich, the 29th of September 1938.

Podpisy Hitlera, Chamberlaina, Daladiera i Mussoliniego pod układem monachijskim (archiwum autora).

Dwa dni później, 28 września, premier Chamberlain oświadczył, że gotów jest spotkać się z przywódcami Niemiec, Włoch i Francji, aby przedyskutować los Europy. Hitler przyjął zaproszenie do rozmowy. Tak doszło do konferencji w Monachium. Pierwszego wielkiego dyplomatycznego zwycięstwa Adolfa Hitlera i upokorzenia mocarstw demokratycznych.

We wrześniu 1938 roku w Monachium, kolebce nazizmu, w budynku nazywanym „Brunatnym Domem", gdyż mieściła się tam partia nazistowska, premierzy rządów Wielkiej Brytanii i Francji oraz dyktatorzy Włoch i Niemiec podpisali umowę. Dlaczego zgodzili się na ten krok, nie pytając o zgodę rządu Czechosłowacji? Hitler sprytnie wykorzystał ich lęk przed Stalinem i wiarę, że Wehrmacht jest jedyną siłą, która zatrzyma Armię Czerwoną w jej marszu na Zachód. Pół roku później Hitler złamał ten pakt, wprowadzając wojska do Pragi i zajmując całe Czechy. W ten sposób zyskał ogromnie dużo. Z czeskich rezerw złota wynoszących 95 ton (w większości bezpiecznie zdeponowanych za granicą) udało

Czechosłowackie czołgi LT-38 po przejęciu przez Wehrmacht (archiwum autora).

się zagarnąć 2 tony, ale na niemieckie żądanie brytyjskie banki przesłały do Berlina 14,5 tony czeskiego złota. Wkrótce dwaj dyrektorzy Czeskiego Banku Centralnego zostali zmuszeni do wysłania do Anglii nakazu przesłania do Berlina 23 ton czeskiego złota. Było to zbawienne wsparcie dla niemieckich finansów, bardzo nadwerężonych intensywnymi zbrojeniami. Wehrmacht uzyskał nowoczesne czeskie uzbrojenie, w tym czołgi LT-35 i LT-38, które zasiliły Wehrmacht w czasie walk w Polsce i we Francji. Później pojazdy pancerne, budowane na podstawie czeskich planów, przez wiele lat wykorzystywano na europejskich polach bitewnych.

W czasie narady w sierpniu 1939 roku w willi Hitlera na Obersalzbergu, gdzie zebrał najwyższych niemieckich dowódców, Führer wyłożył swoje plany. Dowodził, że nie obawia się wojny, gdyż Wielka Brytania i Francja rządzone są przez ludzi niezdolnych do podjęcia śmiałych decyzji:

– Nasi wrogowie są poślednimi ludźmi, a nie ludźmi czynu, nie mistrzami. Oni są małymi robakami.

Przekonywał, że wojnę należy zacząć lada dzień.

– Nikt nie wie, jak długo będę żył. Mam 50 lat i jestem u szczytu moich sił. Byłoby najlepiej, gdyby wojna nastąpiła teraz, a nie za 5 lat, gdy ja i Mussolini będziemy już starsi.

W jego wystąpieniach, ani przed tłumami w Norymberdze, ani w gabinecie Kancelarii Rzeszy, nigdy nie było rzeczowej analizy. Nie musiał odczytywać z kartki wyważonych i przemyślanych zdań. Tak bardzo wierzył w swoje przeczucie i instynkt, że nie chciał słuchać tego, co mieli mu do powiedzenia i przed czym przestrzegali najwyżsi dowódcy niemieckich sił zbrojnych. Paradoksalnie, wydarzenia, którym nadał bieg, potwierdzały słuszność jego racji, choć tylko na pewien czas. To wystarczało, aby uznał, że jest nieomylny i może bezgranicznie zaufać instynktowi, a nie wiedzy generałów. W rezultacie Niemcy rozpoczęły wojnę zupełnie do tego nieprzygotowane. Nienawidzeni i lekceważeni przez Hitlera ekonomiści oraz specjaliści wojskowi używali określenia „Breitenrüstung" – zbrojenia ogólne, powszechne, co oznaczało, że przygotowano broń i amunicję w ilości wystarczającej tylko do przeprowadzenia krótkiej kampanii. A przecież Hitler mówił do dowódców Wehrmachtu w maju 1939 roku: „Siły zbrojne i rząd muszą dążyć do krótkiej wojny, aczkolwiek rząd musi być przygotowany do wojny, która może trwać od 10 do 15 lat". W grudniu 1936 roku uruchomiono plan czteroletni, którym kierował Hermann Göring. To dopiero był początek właściwej fazy zbrojeń nazywanej „Tiefenrüstung", co można przetłumaczyć jako zbrojenia głębokie, konieczne, do podjęcia wielkiej kampanii zużywającej ogromne ilości amunicji, broni i... znaczną liczbę ludzi. Już walki w Polsce, choć krótkie, wykazały konieczność jak najszybszej rozbudowy przemysłu zbrojeniowego. Sytuacja była tak poważna, że tuż po zakończeniu działań polskiej kampanii Niemcy przystąpili do rozbudowy bazy zaopatrzeniowej. 13 listopada 1939 roku centrala firmy amunicyjnej Dynamit-Aktien Gesellschaft (DAG) otrzymała od Dowództwa Wojsk Lądowych oficjalne zlecenie wybudowania pod Bydgoszczą wielkich zakładów amunicyjnych. Nakazywano natychmiastowe rozpoczęcie prac przygotowawczych, zamawiania maszyn i urządzeń. Skąd ten pośpiech? Hitler planował, że tuż po zakończeniu walk w Polsce, czyli 12 listopada 1939 roku, Wehrmacht ruszy na podbój Francji. Nie liczył się ze zdaniem generałów ani ekonomistów. Nie przejął się rezygnacją Hjalmara Schachta – odpowiedzialnego za sfinansowanie odbudowy i rozwoju wielkiego przemysłu zbrojeniowego ministra gospodarki, który uznał, że nie może autoryzować szalonych pomysłów Führera.

Wynik walk na zachodzie Europy ponownie przyznał mu rację. Wielkie mocarstwo, Francja, wspierane przez Wielką Brytanię, poddało się 22 czerwca 1940 roku, broniąc się niewiele dłużej niż biedna, opuszczona przez sojuszników Polska.

Hitler uwierzył w swoją nieomylność. Zupełnie nie przejmował się, że kampania zachodnia była krótka, zaś przejście niemieckiej gospodarki zbrojeniowej z „Breitenrüstung" na „Tiefenrüstung", czyli ze zbrojeń ogólnych na zbrojenia głębokie, opóźniało się, co musiało mieć decydujący wpływ na możliwości prowadzenia wojny. To jednak miało się ujawnić dopiero w 1941 roku. Minister uzbrojenia Fritz Todt w listopadzie 1941 roku, na początku kampanii wschodniej, ostrzegał:

> Pod względem militarnym i ekonomicznym wojna jest przegrana.

Wszystkie analizy nie uwzględniały najistotniejszego elementu działań bojowych: rezerw ludzkich. To okazało się decydującym czynnikiem wojny, którą Hitler zaczął 22 czerwca 1941 roku, wysyłając Wehrmacht i armie sojusznicze na podbój ZSRR. Niemieckie zasoby były ograniczone, podczas gdy radzieckie wydawały się niewyczerpalne. W 1941 roku Stalin mógł powołać pod broń 17 milionów rezerwistów. Dlatego Hitler tak szafował życiem żołnierzy. Już 11 sierpnia 1941 roku szef sztabu Dowództwa Wojsk Lądowych (OKH) generał Franz Halder zanotował:

> Cała sytuacja pokazuje coraz bardziej jasno, że nie doceniliśmy ogromu ZSRR, który przygotował się do nadchodzącej wojny z całą nieograniczoną

siłą, na jaką stać totalitarne państwo. Taki wniosek wynika z obserwacji na każdym polu organizacji i gospodarki, w transporcie, a zwłaszcza liczby dywizji piechoty. Liczyliśmy się z około 200 dywizjami. Teraz zidentyfikowaliśmy ich 360. Te dywizje nie są oczywiście uzbrojone i wyekwipowane w naszym rozumieniu tych pojęć i są źle dowodzone. Ale one są; kiedy zniszczymy tuzin – Rosjanie po prostu stworzą następny tuzin.

Pół roku później, w grudniu 1941 roku, postępy wojsk niemieckich zostały wyhamowane pod Moskwą. Nie była to wyłączna zasługa Armii Czerwonej. Roztopy, w których tonęły niemieckie ciężarówki i czołgi, a potem mrozy sięgające 30 stopni, do których wojska niemieckie nie były przygotowane, wytworzyły korzystną dla Rosjan sytuację. Kontrofensywa Armii Czerwonej, do jakiej doszło pod Moskwą, zakończyła możliwości stosowania przez Niemcy doktryny wojny błyskawicznej, dzięki której wygrywali wszystkie dotychczasowe batalie. Rozpoczęła się wojna na wyczerpanie.

Trzy lata później szef sztabu Armii Rezerwowej pułkownik Claus von Stauffenberg alarmował, że Wehrmachtowi brakuje 800 tysięcy żołnierzy! Nie informował o tym, co nie należało do jego obowiązków: o ogromnej przewadze liczebnej Armii Czerwonej. W końcu 1944 roku wojska radzieckie miały 527 dywizji piechoty, 43 dywizje artylerii, 302 brygady pancerne i zmechanizowane. W sumie 5,3 miliona tysięcy żołnierzy. Niemcy mogli im przeciwstawić na froncie wschodnim 164 dywizje liczące 1,8 miliona żołnierzy.

Dla niemieckich elit stało się oczywiste: niewyobrażalna klęska, która zniszczy niemiecki naród, jego historyczny dorobek i kulturę, stała się tylko kwestią czasu. Niedługiego czasu.

3

Załamanie

Było wczesny ranek 20 lipca 1944 roku. Pułkownik Claus von Stauffenberg, wraz z towarzyszącym mu adiutantem porucznikiem Wernerem von Haeftenem[2], wsiadł do samolotu na lotnisku w Berlinie. Stauffenberg, jako szef sztabu Armii Rezerwowej, która szkoliła rekrutów do wojsk frontowych, a także dbała o bezpieczeństwo w Niemczech, gotowa do akcji na wypadek desantu spadochroniarzy wroga lub wybuchu społecznych niepokojów, mógł brać udział w naradach na najwyższym szczeblu. W jego raportach były zawarte informacje ważne dla Hitlera i najwyższych dowódców Wehrmachtu.

Tego dnia Stauffenberg leciał do Wilczego Szańca, aby zabić Führera. Stanął na czele niewielkiej grupy oficerów, którzy uznali, że jedyną szansą na zatrzymanie biegu strasznych wydarzeń jest usunięcie Führera.

Nikt nie podejrzewał Stauffenberga o wywrotowe przekonania, a tym bardziej o działanie skierowane przeciwko Führerowi. Powszechnie było wiadomo, że był zagorzałym nazistą, który uważał, iż Hitler odbuduje wielkość Niemiec.

[2] Werner von Haeften (1908–1944) – porucznik, ranny na froncie wschodnim w 1943 roku, przeszedł do służby w sztabie Armii Rezerwowej, gdzie został adiutantem Clausa von Stauffenberga. Rozstrzelany po nieudanym zamachu na Hitlera 21 lipca 1944 roku.

Stauffenberg (drugi z lewej) podczas kampanii wrześniowej w 1939 roku (archiwum autora).

Jak przystało na potomka rodziny Freiherr[3], której początki sięgały XII wieku, a która dała Niemcom wielu żołnierzy, w tym trzech Krzyżaków, nienawidził Słowian. Z radością wyruszył ze swoim pułkiem na podbój Polski w 1939 roku. Pisał do żony:

> Ludność tutaj to niewiarygodny motłoch, bardzo wielu Żydów i bardzo wielu mieszańców. Lud, który dobrze czuje się tylko pod batem. Tysiące więźniów będzie dobrze służyło naszemu rolnictwu.

Jego entuzjazmu wobec nazizmu nie podzielało wiele osób z jego otoczenia. Arystokratyczni koledzy, w tym jego wuj, hrabia Nikolaus von Üxküll-Gyllenband, zachęcali go do przystąpienia do wojskowej opozycji.

---

3 Freiherr – tytuł szlachecki wyższy od Ritter (rycerz), odpowiadający tytułowi barona.

Curtiss P-40 Warhawk (archiwum autora).

Odmówił, twierdząc, że złożył przysięgę Hitlerowi[4], w której zobowiązał się „do bezwarunkowej wierności Führerowi Niemieckiej Rzeszy i narodowi, Adolfowi Hitlerowi, głównodowodzącemu Wehrmachtem".

Jego nastawienie zmieniło się po tragicznych przejściach w Afryce Północnej, gdzie walczył jako oficer sztabowy 10. Dywizji Pancernej.

Stało się to 7 kwietnia 1943 roku, gdy siedział w samochodzie na drodze prowadzącej do tunezyjskiego portu w Safakis. Tysiące żołnierzy czekało tam na załadunek na statki, które miały ewakuować ich na Sycylię.

Nagle od zachodu, skąd nadciągały wojska brytyjsko-amerykańskie, nadleciało kilka myśliwców P-40 Warhawk, łatwo rozpoznawalnych ze względu na paszczę rekina namalowaną na osłonie silnika.

Krążyły przez kilka minut nad drogą, ostrzeliwując cele, aż wyczerpały zapas amunicji, a gęsty czarny dym z płonących opon, oleju i eksplodujących skrzynek z amunicją oraz pył wzbijany w powietrze przez pociski i podmuch wybuchów bomb całkowicie zasłoniły pobojowisko.

Stauffenberg wyskoczył z samochodu, gdy tylko rozpoczął się nalot. Nie odbiegł daleko. Znaleziono go kilkanaście metrów od wraku

[4] Przysięga na wierność Führerowi (Führerreid), wprowadzona w sierpniu 1934 roku, zastąpiła przysięgę na wierność narodowi i ojczyźnie (Reichswehreid) obowiązującą w latach 1919–1933.

samochodu. Był tak ciężko ranny, że lekarze w szpitalu polowym w Safakis nie dawali mu szansy przeżycia. Pociski oderwały jego prawą dłoń i przedramię. Na lewej dłoni wisiały dwa palce, mały i serdeczny, które trzeba było amputować. W miejscu lewego oka był krwawy oczodół. Drugie oko zostało uszkodzone. Rana na kolanie była tak poważna, że rozważano amputację nogi. Szczęśliwie dla młodego oficera (miał 36 lat) nie doszło do tego. Na drugiej nodze i na plecach w wielu miejscach widniały głębokie, choć nie tak groźne rany.

Trzy dni później przewieziono go do szpitala w Kartaginie, gdzie dokonano koniecznych amputacji, a stamtąd do szpitala w Monachium.

Odwiedzali go dygnitarze i przyjaciele przejęci stanem człowieka, który tak niedawno był uśmiechniętym i przystojnym młodzieńcem mającym przed sobą wielką wojskową karierę.

Kalectwo kazało mu inaczej spojrzeć na sytuację w Niemczech. A może cel wskazały mu słowa wuja, hrabiego Nikolausa von Üxkülla-Gyllenbanda, który powiedział, że skoro ocalił życie, to znaczy, że ma coś bardzo ważnego do wykonania.

Stauffenberg odpowiedział:

– Nie będę mógł spojrzeć w oczy żon i dzieci tych, którzy padli w boju, jeżeli nie zrobię czegoś, aby zatrzymać tę bezsensowną rzeź.

Potem wyznał swojej żonie Ninie:

– Wiesz, czuję, że muszę zrobić coś, aby uratować Rzeszę. Jako oficer Sztabu Generalnego ponoszę odpowiedzialność, taką jak inni oficerowie.

Nie było w tym buntu przeciwko potwornościom nazizmu, które niejednokrotnie obserwował, walcząc w Polsce i na froncie wschodnim. Widział wsie wypalone do czarnej ziemi, kołyszące się na wietrze trupy powieszonych mężczyzn i kobiet, a nawet dzieci, nieprzebrane tłumy radzieckich jeńców za kolczastymi drutami, umierających na gołej ziemi z zimna i głodu. Ani słowem nie wspomniał, że należy obalić ustrój, którego istotą była zbrodnia i wyniszczanie całych narodów. Interesowały go tylko nadmierne straty Wehrmachtu, który rozpoczął agresywną wojnę, wtargnął do wielu państw Europy, otwierając drogę specjalnym jednostkom SS i ludobójstwu. Jego bunt przeciwko władzy w Niemczech miał jedynie zmniejszyć straty ponoszone przez Wehrmacht, a zapewne także zakończyć wojnę, której Niemcy już wygrać nie mogli, ale był to czas, gdy nowy rząd niemiecki mógł wynegocjować dobre warunki pokoju.

Przekonany o swoim posłannictwie, przygotowywał się do misji, ćwicząc wolę. W czasie częstych zabiegów, którym był poddawany w szpitalu, odmawiał przyjmowania środków znieczulających, aby pokonać lęk przed bólem. Kalectwo i cierpienie mogłyby powstrzymać go przed podjęciem służby, którą pojmował już inaczej. Jednakże we wrześniu 1943 roku wrócił do wojska, oddelegowany do sztabu Armii Rezerwowej.

Krytycznego dnia 20 lipca samolot wiozący Stauffenberga i Haeftena wylądował o godzinie 10:00 na lotnisku w Gierłoży odległym od kwatery Hitlera o kilka kilometrów. Prawdopodobnie był z nimi generał Hellmuth Stieff[5], który już we wcześniejszych próbach zabicia Führera odgrywał ważną rolę. To on w marcu 1943 roku dostarczył ładunki wybuchowe oficerom w Smoleńsku, którzy przemycili je na pokład samolotu Hitlera wracającego do Wilczego Szańca po inspekcji w rejonie wojsk tego miasta. Nigdy jednak nie dokonał zamachu, co trudno wyjaśnić, gdyż całym sercem nienawidził nazizmu i uważał, że Hitler prowadzi Niemców do zguby. Być może rację miał inny spiskowiec – major Axel von dem Bussche, któremu kalectwo (na froncie wschodnim stracił nogę) uniemożliwiło udział w zamachu – mówiąc o Stieffie:

> On jest jak dżokej, zbyt nerwowy.

[5] Hellmuth Stieff (1901–1944) – generał, szef wydziału organizacyjnego Dowództwa Wojsk Lądowych (Chef der Organisationsabteilung im Generalstab des Heeres), od 1943 roku związany z opozycją antyhitlerowską. Za udział w zamachu 20 lipca został skazany na śmierć i powieszony w więzieniu Plötzensee.

To Stieff przekazał Stauffenbergowi dwa ładunki angielskiego materiału wybuchowego znanego pod nazwą „Nobel's Explosive 808" oraz zapalniki, które miały wywołać eksplozję. Były proste w użyciu, choć bardzo zawodne, a podobieństwo do ołówka (miały centymetr średnicy i 15 centymetrów długości) sprawiło, że nazywano je „ołówkowymi detonatorami". Wystarczało zgnieść obcęgami lub obcasem końcówkę rurki, w której była szklana ampułka z roztworem chlorku miedzi, aby ten wylał się na watę otulającą miedziany drut podtrzymujący sprężynę iglicy. Po określonym czasie kwas wżerał się w drut, co uwalniało sprężynę, pchającą iglicę w stronę spłonki.

W zapalnikach wciśniętych do materiału wybuchowego eksplozja miała nastąpić po około 15 minutach, ale ten czas był dość orientacyjny, gdyż zależał przede wszystkim od temperatury otoczenia. Instrukcja ostrzegała, że zapalnik może zadziałać zarówno po 7, jak i po 25 minutach. I zalecała użycie dwóch zapalników, jeśli jeden okazałby się zawodny.

W Wilczym Szańcu w bunkrze szefa Naczelnego Dowództwa Wehrmachtu (OKW) feldmarszałka Wilhelma Keitela o godzinie 11:00 rozpoczęła się wstępna konferencja. Po jej zakończeniu oficerowie mieli przenieść się do schronu Hitlera. Wykorzystując tę przerwę, Stauffenberg poprosił o chwilę wolnego, aby zmienić koszulę. Dzień był upalny, więc prośba nikogo nie zdziwiła. Oficer wskazał mu pomieszczenie w pobliskim schronie dla gości, gdzie mógł się przebrać. Czas naglił. Do rozpoczęcia narady z Hitlerem pozostało niewiele minut.

Czy to Stauffenberg uzbroił zapalnik? To wątpliwe. Utrzymanie w kalekiej lewej dłoni obcążek, którymi miał zgnieść rurkę z ampułką, było trudne, a zwłaszcza w nerwowym napięciu, w jakim działał. W dodatku uzbrojenie zapalnika wymagało usunięcia bezpiecznika, którym była mała, niewiele wystająca z obudowy blaszka blokująca iglicę. Prawdopodobnie więc to nie on, lecz porucznik Haeften uruchomił zapalnik, choć Stauffenberg podobno przystosował obcążki, wyginając ich rączki, aby sprawniej operować nimi trzema palcami. Ale w jaki sposób, nie mając prawej ręki, mógł trzymać zapalnik?

Jeżeli bombę uzbrajał Haeften, to dlaczego wyciągnął zawleczkę i uzbroił tylko jeden zapalnik? Wprawnemu oficerowi zajęłoby to kilka sekund.

Feldmarszałek Keitel, który czekał na zewnątrz schronu, zaczynał się niecierpliwić. Przekonany, że kaleki pułkownik nie może szybko się przebrać, wysłał na pomoc esesmana. Przybycie żołnierza przerwało dalsze przygotowania i uniemożliwiło uzbrojenie drugiego ładunku. Stauffenberg nie włożył go do teczki, ale oddał Haeftenowi. Gdyby postąpił inaczej, wybuch pierwszej bomby zdetonowałby drugą, a eksplozja dwóch ładunków plastiku zabiłaby wszystkich biorących udział w konferencji. Być może pukanie esesmana do drzwi sprawiło, że Stauffenberg, nie zastanawiając się, oddał drugi ładunek Haeftenowi, choć łatwiej byłoby włożyć go do teczki. Ponadto przekazanie paczki plastiku Haeftenowi zwiększało niebezpieczeństwo dekonspiracji, gdyby ten zwrócił na siebie uwagę strażników.

Do Stauffenberga, gdy tylko znalazł się na zewnątrz, podszedł feldmarszałek Keitel.

– Może panu pomóc? – Wyciągnął rękę, aby wziąć teczkę.

– Nie, dziękuję, muszę sobie dawać radę sam – odpowiedział Stauffenberg.

Keitel nie nalegał, aby nie urazić kalekiego oficera.

Ruszyli w stronę schronu Hitlera. Bunkier był łatwo rozpoznawalny ze względu na wielką masywną bryłę żelbetu, odległą o około 300 metrów. Nagle zboczyli z wytyczonej drogi i skierowali się do parterowego domu. Był to dość solidny budynek, w którym ceglane ściany wspierały żelbetowy strop. Ponadto, ze względu na zagrożenie nalotami, zewnętrzne ściany obudowano betonowym płaszczem, a na strop wylano dodatkową warstwę betonu.

Dlaczego zmieniono miejsce narady?

Tego dnia, 20 lipca 1944 roku, wojska radzieckie doszły na odległość 140 kilometrów od Gierłoży. W Wilczym Szańcu brano pod uwagę, że samoloty z czerwonymi gwiazdami na skrzydłach mogą nadlecieć w każdej chwili, a czas ostrzeżenia byłby bardzo krótki. Ze względu na to zagrożenie ekipy remontowe przystąpiły do wzmacniania bunkra Hitlera, który na czas remontu przeniósł się do schronu dla gości, zaś narady odbywały się w murowanym budynku. Było oczywiste, że zabójczy efekt fali podmuchowej eksplodującego ładunku plastiku będzie tam znacznie mniejszy niż w ciasnym pomieszczeniu bunkra. W dodatku okna, choć zabezpieczone stalowymi okiennicami mającymi w razie nalotu chronić wnętrze przed odłamkami bomb, otwarto szeroko z powodu upału.

Zamachowiec już nie mógł się cofnąć. Zapalnik w teczce działał. Mógł go zatrzymać, ale to wymagało wyjęcia bomby z teczki, wyciągnięcia zapalnika i wyrzucenia go. Nieunikniona eksplozja spłonki przypominająca strzał z kapiszona mogła zwrócić uwagę. Nie mógł tego wykonać na oczach oficerów i żołnierzy z ochrony Hitlera. Musiał realizować plan.

Stauffenberg wszedł do sali konferencyjnej, gdy narada już trwała. Poprosił jednego z adiutantów feldmarszałka Keitela, aby wskazał mu miejsce jak najbliżej Hitlera.

– Mam słaby słuch i muszę być w pobliżu Führera, abym słyszał jego pytania – wyjaśnił.

Hitler siedział na wysokim stołku przy dużym stole niemalże wypełniającym całe pomieszczenie, zwrócony twarzą do okien. Z jego prawej strony stał generał Adolf Heusinger, pełniący obowiązki szefa sztabu generalnego wojsk lądowych, który relacjonował sytuację na froncie wschodnim. Związany ze spiskowcami, wiedział, że zamach nastąpi, lecz nie miał pojęcia, że właśnie podczas tej narady.

Dalej na prawo był adiutant generała, pułkownik Heinz Brandt. On już raz ledwo uszedł śmierci. To jego w marcu 1943 roku, gdy wracał z Hitlerem ze Smoleńska, zamachowcy poprosili o dostarczenie butelki likieru generałowi Stieffowi w Mauerwald (Mamerkach), obok Wilczego Szańca. Brandt oczywiście nie wiedział, że w papier zawinięta była nie butelka, lecz dwie miny. Eksplozja z nieznanych przyczyn nie nastąpiła. Brandt uratował życie, o czym nawet nie wiedział, ale jego szczęście już się wyczerpało.

Stauffenberg stanął we wskazanym miejscu między Heusingerem a jego adiutantem. Postawił teczkę na podłodze, po lewej stronie masywnej podpory stołu, a więc od strony Hitlera. Jego pierwszego zabiłaby fala eksplodującego plastiku.

Po minucie odwrócił się i mówiąc do adiutanta feldmarszałka Keitela, że musi zadzwonić do Berlina, wyszedł z budynku. Tam czekali na niego porucznik Haeften oraz wtajemniczony w spisek szef łączności Wehrmachtu, generał Erich Fellgiebel[6]. Odeszli na odległość 250 metrów. Była godzina 12:50, gdy potężny wybuch wstrząsnął powietrzem. Zobaczyli, jak w otwartych oknach pojawił się płomień. Nikt z ludzi znajdujących się wewnątrz nie mógł tego przeżyć. Tak uznał Stauffenberg, który z Haeftenem wskoczył do samochodu i szybko odjechał w stronę wartowni. Tam panowało tak wielkie zamieszanie, że bez problemu wyjechali z pierwszej strefy. Minęli drugi punkt kontrolny, ale dowódca trzeciego posterunku otrzymał już rozkaz, że nikogo nie wolno wypuszczać. Na szczęście Stauffenbergowi udało się przekonać jednego z oficerów, że na polecenie Hitlera musi natychmiast lecieć do Berlina. Wypuszczono go. Po drodze na lotnisko wyrzucił niewykorzystany ładunek wybuchowy, którego brak uratował Hitlera.

Na lotnisku, gdy wsiadł na pokład bombowca He 111 przystosowanego do przewozu pasażerów, był przekonany, że nikt z 24 osób obecnych w sali konferencyjnej nie mógł przeżyć potężnej eksplozji! Stało się inaczej.

Pułkownik Brandt zaczął rozkładać mapę. Zaczepił butem o teczkę pozostawioną przez Stauffenberga. Przestawił ją na drugą stronę podpory stołu, która stała się barierą osłaniającą Hitlera.

O godzinie 12:50 Hitler pochylił się nad mapą. Oparł się na łokciach i zaczął studiować sytuację, gdy nagle blat stołu uniósł się i rozleciał na kawałki, a w twarz Hitlera strzelił płomień. Podmuch rozerwał mu bębenek w uchu, osmalił włosy i rzucił go na podłogę. To było nieprawdopodobne: żył!

---

[6] Fritz Erich Fellgiebel (1886–1944) – generał, od 1939 roku był szefem łączności Wehrmachtu. Już wtedy związał się z grupą spiskowców. 20 lipca 1944 roku zaangażował się w nieudany zamach na Hitlera. Był jednym z pierwszych ośmiu oficerów skazanych na śmierć. Został powieszony na strunie fortepianowej w więzieniu Plötzensee w Berlinie 4 września 1944 roku.

Bez wątpienia dlatego, że w teczce był tylko jeden ładunek, a Hitlera ochraniał blat stołu. W dodatku otwarte okna zapobiegły skumulowaniu niszczącej siły we wnętrzu i uwolniły ją na zewnątrz. Było w tym coś niewytłumaczalnego. Ani podpora stołu, ani drewniany blat nie były na tyle masywne, żeby skierować falę wybuchową w inną stronę i ochronić Hitlera stojącego w odległości jednego metra od eksplodującego ładunku!

Generał Erich Fellgiebel, po rozstaniu ze Stauffenbergiem, szedł do swojej kwatery, gdy zobaczył Hitlera wychodzącego z budynku, w którym nastąpił wybuch, chwiejnym krokiem, z osmaloną twarzą i w podartym, nadpalonym mundurze. Miał podejść do Führera i pogratulować mu cudownego ocalenia. Przy boku w kaburze miał pistolet. A jednak nie sięgnął po niego, aby dokończyć dzieło Stauffenberga. Pobiegł do telefonu i zadzwonił do Berlina do jednego ze spiskowców, generała Fritza Thielego[7].

– Stało się coś strasznego – powiedział. – Führer żyje[8]!

Odłożył słuchawkę. Więcej nie mógł powiedzieć, wiedząc, że rozmowa jest podsłuchiwana. Wydał rozkaz przerwania łączności z Berlinem. Tylko tyle mógł zrobić, aby ułatwić działania zamachowców.

Spiskowcy w Berlinie, do których nie dotarł jeszcze Stauffenberg, byli zdezorientowani. Mogli różnie rozumieć słowa Fellgiebla. „Straszne" mogło być to, że Stauffenberg zrezygnował z przeprowadzenia ataku lub że został schwytany, zanim dokonał zamachu. Mogło też znaczyć, że zginął w czasie eksplozji. Postanowili więc czekać, aż sytuacja się wyjaśni, i udali się na obiad do kasyna oficerskiego. Tracili bezcenny czas, gdy mogli jeszcze zmienić bieg wypadków.

Samolot Stauffenberga wylądował na berlińskim lotnisku Rangsdorf o godzinie 15:00. Porucznik Haeften natychmiast skontaktował się z Thielem i generałem Friedrichem Olbrichtem.

---

[7] Fritz Thiele (1894–1944) – generał, szef administracji łączności (AgWNV). Uczestnik spisku antyhitlerowskiego. Aresztowany w sierpniu 1944 roku, został skazany na śmierć.

[8] *Etwas Furchtbares ist passiert! Der Führer lebt!*

– Führer nie żyje! – zapewniał przez telefon. – Wybuch był tak silny, jakby w barak trafił pocisk kalibru 150 mm. Stamtąd nikt nie mógł wyjść żywy!

To brzmiało bardzo przekonująco. Spiskowcy uznali więc, że czas przystąpić do przejmowania władzy. Generał Olbricht pospieszył do kwatery dowodzącego Armią Rezerwową generała Friedricha Fromma[9], który był wtajemniczony w plany zamachu, lecz pozostał bierny, czekając na ostateczny rozwój sytuacji.

– Mamy pewność, że Hitler nie żyje – powiedział Olbricht. – Oczekujemy, że wyda pan rozkaz „Walkiria".

Spiskowcy nadali akcji zamachu na Hitlera i przejęcia władzy kryptonim, który określał akcję oddziałów Armii Rezerwowej podjętej dla przywrócenia porządku w przypadku zamachu stanu. Było to sprytne, gdyż pozwalało zamaskować przejmowanie władzy i upozorować je na akcję Armii Rezerwowej w obronie starego porządku.

Generał Fromm nie uwierzył w zapewnienia Olbrichta. Do dzisiaj nie wiadomo dlaczego. Nie dotarły do niego żadne wiadomości z Wilczego Szańca, gdyż łączność była przerwana. Być może postanowił działać bardzo ostrożnie lub przeczucie podpowiadało mu, że powinien wstrzymać się od jakichkolwiek działań przeciwko Führerowi, dopóki jego śmierć nie zostanie oficjalnie potwierdzona.

Obrażenia Hitlera były powierzchowne, choć czterech stojących nieco dalej oficerów zginęło na miejscu lub zmarło wskutek odniesionych ran. Kilku zraniły odłamki mebli wyrzucone siłą wybuchu. Sala konferencyjna została całkowicie zniszczona.

W Berlinie zbuntowani oficerowie wciąż mieli szansę na przechwycenie władzy. Jednakże działali chaotycznie i popełniali kolejne błędy, co musiało przynieść im zgubę.

---

[9] Friedrich Fromm (1888–1945) – generał, od 1941 roku szef Armii Rezerwowej. W czasie zamachu 20 lipca 1944 roku wstrzymywał się z poparciem zamachowców. Aresztowany 22 lipca 1944 roku. Został skazany na śmierć i rozstrzelany 12 marca 1945 roku.

Z opóźnieniem wysłali proklamacje, które dotarły do Okręgów Wojskowych około godziny 17:00. Tam w sztabach nie było już dowódców, a jedynie oficerowie dyżurni. Musieli odszukać przełożonych, a to trwało trochę czasu. Co więcej, dokumenty będące proklamacją nowej władzy podpisali oficerowie pozostający poza czynną służbą, co powiększało zamieszanie. Wreszcie podana przez radio o godzinie 18:30 wiadomość o tym, że zamach się nie udał, odebrała odwagę nawet tym, którzy mieli ochotę podporządkować się rozkazom spiskowców.

Minister propagandy Joseph Goebbels w rozmowie z ministrem uzbrojenia Albertem Speerem dosadnie ocenił działania spiskowców:

– Gdyby oni nie byli tak niezdarni! Mieli ogromną szansę! Co za głupki! Co za dziecinada! Gdy pomyślę, jak ja poprowadziłbym taką sprawę. Dlaczego nie zajęli rozgłośni radiowej i nie nadawali najdzikszych kłamstw? Postawili straż przed drzwiami mojego gabinetu, ale pozwolili mi działać i telefonować do Führera, zmobilizować wszystkich. Nawet nie wyłączyli mojego telefonu. Mieli tyle kart atutowych i sknocili wszystko. Co za amatorzy!

W sztabie Armii Rezerwowej generał Fromm uzyskał jasność sytuacji i wydał rozkaz aresztowania najbardziej aktywnych spiskowców: Stauffenberga, Haeftena, pułkownika Albrechta Mertza von Quirnheima i generała Olbrichta. Musiał się ich pozbyć, gdyż byli świadkami dwuznacznej roli, jaką odegrał w przebiegu zamachu stanu. Dlatego wydał rozkaz natychmiastowego rozstrzelania ich. Stauffenberga i trzech innych oficerów wyprowadzono na dziedziniec budynku Sztabu Generalnego przy Bendlerstrasse i w świetle reflektorów ciężarówek rozstrzelano. Zgładzeniu pozostałych spiskowców zapobiegło przybycie do Berlina Ernsta Kaltenbrunnera, szefa Głównego Urzędu Bezpieczeństwa Rzeszy, który wstrzymał egzekucje, gdyż zależało mu na zachowaniu spiskowców przy życiu, aby torturami wydobyć informacje o wszystkich, którzy wzięli udział w przygotowaniu rebelii. Natychmiast aresztowano generała Fromma. Oskarżony o tchórzostwo, został skazany na śmierć i rozstrzelany 12 marca 1945 roku.

Roland Freisler, przewodniczący Trybunału Ludowego (NAC).

Hitler żądał krwi tych, którzy odważyli się podnieść na niego rękę, ale czy była to tylko chęć zemsty?

– To są najnikczemniejsze kreatury, jakie kiedykolwiek nosiły wojskowy mundur, hołota! – mówił na odprawie zwołanej dla tych, którzy mieli przywrócić porządek w jego państwie. – Tym razem poradzę sobie z nimi. Nie będzie honorowej kuli w łeb dla tych kryminalistów. Zostaną powieszeni, jak zwykli zdrajcy! Powołamy sąd honorowy, który wydali ich ze służby, a potem będą sądzeni jako cywile. Wyroki zostaną wykonane w ciągu 2 godzin. Zostaną powieszeni natychmiast, bez litości. I co jest szczególnie ważne, nie dostaną czasu na długie przemowy. Zajmie się tym Freisler. On jest naszym Wyszyńskim!

Mówił o Rolandzie Freislerze[10], przewodniczącym Trybunału Ludowego, utworzonego w 1934 roku do sądzenia najpoważniejszych

[10] Roland Freisler (1893–1945) – w czasie pierwszej wojny światowej walczył na froncie wschodnim, gdzie w 1915 roku dostał się do niewoli. Przebywał w obozie

przestępstw przeciwko państwu. Porównanie z Andriejem Wyszyńskim, radzieckim prokuratorem, zwolennikiem stosowania tortur w śledztwie, który wsławił się szczególną bezwzględnością w okresie stalinowskich czystek w latach 30. XX wieku, było jednoznaczną zapowiedzią krwawego terroru. Czy mogło to oznaczać, że Hitler postanowił sięgnąć po metody zastosowane przez Stalina w 1941 i 1942 roku, aby przywrócić dyscyplinę w kadrze dowódczej Armii Czerwonej?

Pierwsze aresztowania nastąpiły tuż po zamachu.

Po północy wywleczono z biura w Mauerwald generała Hellmutha Stieffa. Wkrótce gestapowcy wpadli do kwatery generała Ericha Fellgiebla w Wilczym Szańcu.

Następnego dnia, 21 lipca, podjęła pracę specjalna komisja (Sonderkommission), na czele której postawiono SS-Obersturmbannführera Georga Kiessela[11], który już w czasie służby w okupowanej Jugosławii udowodnił, że potrafi działać z krwawą bezwzględnością. Hitler osobiście poinstruował go, jak ma wykonywać nowe obowiązki. Podobno w tym spotkaniu wziął udział oficer, któremu wyznaczono funkcję kata w berlińskim więzieniu Plötzensee. Czy właśnie wtedy Hitler kazał mu wykonywać wyroki na skazanych tak, aby umierając, najbardziej cierpieli? Kat wiedział, jak to zrobić.

Komisja zadziwiająco szybko ustaliła nazwiska wszystkich podejrzanych o udział w zamachu oraz przynależność do antyhitlerowskiej konspiracji, co wskazywało, że Gestapo śledziło ich od dawna i dużo

---

na Syberii, w 1917 roku podjął współpracę z bolszewikami. Po powrocie do Niemiec w 1920 roku ukończył studia prawnicze. Od sierpnia 1942 roku przewodniczył Trybunałowi Ludowemu (Volksgerichtshof) – najwyższemu organowi powołanemu w 1934 roku do osądzania spraw politycznych. Zmarł po nalocie amerykańskich samolotów na Berlin w lutym 1945 roku, gdy aliancka bomba trafiła w salę sądową.

[11] Johann Georg Friedrich Kiessel (1907–1950) – niemiecki prawnik, członek NSDAP od 1934 roku, rok później wstąpił do SS. W czasie wojny służył m.in. w sztabie wojskowego gubernatora Serbii. Od 1944 roku w Głównym Urzędzie Bezpieczeństwa Rzeszy (RSHA). Po wojnie wydany przez aliantów władzom Jugosławii, został skazany na śmierć i powieszony w więzieniu w Belgradzie.

wiedziało o ich zamiarach, a także przygotowaniach do zamachu. Tak oceniał sytuację amerykański wywiad, którego analitycy zdawali się przewidywać taki rozwój sytuacji.

Dyrektor amerykańskiego wywiadu OSS William Donovan pisał 24 lipca 1944 roku w notatce dla generała George'a Marshalla, szefa Sztabu Wojsk Lądowych (Chief of Staff of the Army):

> (...) Przychylam się do poglądu, że Gestapo prawdopodobnie miało wiele informacji o osobach zamieszanych [w spisek – B.W.] i było gotowe uderzyć, i to uderzyć mocno. Himmler był prawdopodobnie zadowolony, że miał możliwość zrobić to, zanim cofające się niemieckie armie znalazłyby się na niemieckiej ziemi.

Wydaje się, że amerykański wywiad przewidział następne wydarzenia, z których najważniejszym było oddanie dowodzenia Armii Rezerwowej Heinrichowi Himmlerowi. W raporcie z 27 lipca 1944 roku oficerowie z Działu Badań i Analiz OSS napisali:

> Nieuchronne oddanie Armii Rezerwowej pod dowództwo Himmlera[12] wyjaśnia decyzję w sprawie terminu próby zamachu. Wskazówki tego są zawarte w przemówieniu Hitlera z 2 lipca 1944 roku, wygłoszonym na pogrzebie generała Dietla[13], i w artykule Goebbelsa zamieszczonym w „Das Reich" 7 lipca, w których utrzymywano, że największe niebezpieczeństwo dla nazizmu kryje się na froncie wewnętrznym. Jest wiele innych sygnałów narastającego antagonizmu między Partią i jej SS a wojskiem (...).

[12] W istocie stało się to 21 lipca 1944 roku, ale widocznie wiadomość o przejęciu przez Himmlera stanowiska dowódcy Armii Rezerwowej jeszcze do Waszyngtonu nie dotarła.

[13] Generał Eduard Dietl zginął w wypadku lotniczym 23 czerwca 1944 roku.

Wywiad amerykański wątpił w prawdziwość zamachu. Takie wątpliwości wyrażał w raporcie z 26 lipca 1944 roku doradca OSS Walter C. Langer, którego nazwisko stało się głośne w 1972 roku, gdy opublikowano jego książkę *Umysł Adolfa Hitlera*, czyli psychologiczną analizę Führera.

Langer zwrócił uwagę na te same zastanawiające działania spiskowców, które wyśmiewał Joseph Goebbels:

> a. Czas, miejsce i sposób przeprowadzenia zamachu wydają się niezdarne i niegodne [w oryginale: *unworthy* – B.W.] wysokiej rangi niemieckich generałów, którzy planowali przechwycenie rządów.
> b. Wydaje mi się niemożliwe, że wysokiej rangi Niemcy, którzy planowali przechwycenie władzy, chcieliby wyeliminować Hitlera. Oni byli świadomi osobliwego związku istniejącego między nim a narodem i byliby bardziej skłonni trzymać go jako zakładnika, aby zagwarantować porządek zarówno na froncie wewnętrznym, jak i militarnym.

Autor konkluduje:

> (...) Hitler obawiał się, że sytuacja może wyrwać się spod jego kontroli. Coś drastycznego musiało być wykonane, co przyspieszyłoby wyeliminowanie generałów starego stylu, którzy mogliby zorganizować rewoltę, przestraszyć bardziej bojaźliwych, zmuszając ich do ślepego posłuszeństwa, i w tym samym czasie odzyskać lub wzmocnić posłuszeństwo żołnierzy i oficerów w kraju i na froncie.

4

Zdrada Reichsführera SS

W chwili wybuchu w Wilczym Szańcu Heinrich Himmler był niedaleko, w swojej kwaterze „Hochwald", koło Pozezdrza (Possessern), oddalonej nieco ponad 30 kilometrów od Gierłoży. Prawdopodobnie poddawał się zabiegom masażysty, doktora Felixa Kerstena, a te odbywały się zazwyczaj w willi nad jeziorem Brożówka. Zastanawiające jest to, że na wieść o wybuchu w Wilczym Szańcu nie podjął żadnych decyzji ani nie wydał rozkazów, jak choćby postawienia w stan alarmowy ochrony Głównego Urzędu Bezpieczeństwa Rzeszy. Czy dlatego, że poczuł się zagubiony w nowej sytuacji? To niemożliwe.

Już w czerwcu 1944 roku mógł zyskać pewność co do planów spiskowców, gdyż wtedy pułkownik Stauffenberg popełnił kardynalny błąd. Planując utworzenie rządu jedności narodowej po usunięciu Hitlera, zlecił swojemu współpracownikowi dr. Juliusowi Leberowi[14], socjaldemokracie, zagorzałemu antynaziście, nawiązanie kontaktu z partią komunistyczną. Nie uwzględnił, że Leber był dobrze znany Gestapo, gdyż od 1933 roku przez 4 lata więziono go w obozie Sachsenhausen jako „niebezpiecznego przeciwnika rządu".

---

[14] Julius Leber (1891–1945) – niemiecki polityk, socjaldemokrata, w latach 1933–1937 więziony był w obozach koncentracyjnych. W 1940 roku nawiązał kontakt z członkami wojskowej opozycji antyhitlerowskiej. Aresztowany na początku lipca 1944 roku, następnie skazany na karę śmierci i stracony w styczniu 1945 roku w więzieniu Plötzensee.

Leber oraz inny socjaldemokrata, profesor Adolf Reichwein[15], któremu opozycja zaproponowała stanowisko ministra kultury w nowym rządzie, udali się 22 czerwca 1944 roku na rozmowy z przedstawicielami partii komunistycznej do domu berlińskiego lekarza, aby negocjować utworzenie rządu. Konfident, będący wśród komunistów, ujawnił te plany Gestapo, które zaczęło zaciskać pętlę.

Na drugim spotkaniu, 4 lipca, był tylko Adolf Reichwein, od którego komuniści zażądali spotkania z wojskowymi uczestnikami spisku, co oczywiście odrzucił. Nie zgodził się ujawnić ich nazwisk, jakby przeczuwał, że byłaby to zdrada. Już od momentu wejścia do domu lekarza znalazł się w pułapce. Wszystkie wyjścia zostały zamknięte, a ulice zablokowane. Lebera schwytano następnego dnia, 5 lipca. W więzieniu znalazło się również kilkudziesięciu komunistów. Nigdy nie ujawniono, jak szybko zmuszono ich torturami do ujawnienia wszystkiego, co wiedzieli o planach zamachowców, ale tak musiało się stać.

Wkrótce Himmler wspomniał admirałowi Wilhelmowi Canarisowi, pozbawionemu w lutym 1944 roku stanowiska szefa wywiadu wojskowego Abwehra, że znane są mu plany zamachu, a Gestapo będzie interweniować w odpowiedniej chwili. Dlaczego nie od razu? Himmler wyjaśnił: nie aresztujemy tych, o których wiemy, że zamierzają wystąpić przeciwko Hitlerowi, gdyż chcemy zebrać informacje o wszystkich, którzy za nimi stoją. Podał też dwa nazwiska: generała Ludwiga Becka i Carla Goerdelera, byłego nadburmistrza Lipska. Czy była to prowokacja, która miała skłonić Canarisa, już obserwowanego przez Gestapo, do skontaktowania się ze spiskowcami, aby tajne służby mogły podążyć tym tropem? Jeżeli tak było, to posunięcie Himmlera okazało się bardzo udane. Canaris pojechał do... Stauffenberga, aby go ostrzec. Ten postanowił przyspieszyć

[15] Adolf Reichwein (1898–1944) – niemiecki polityk związany z partią socjaldemokratyczną i pedagog, aktywny członek opozycji antyhitlerowskiej, stracony po zamachu na Hitlera.

działania. Było to możliwe, gdyż jako szef sztabu Armii Rezerwowej od 1 lipca bywał na naradach u Führera.

Himmler, gdy dotarła do niego wieść o zamachu w Wilczym Szańcu, nie spieszył się. Jakby po długim namyśle zadzwonił do Berlina do Ernsta Kaltenbrunnera, szefa Głównego Urzędu Bezpieczeństwa Rzeszy, nakazując mu, aby jak najszybciej przybył do Wilczego Szańca z ekspertami do spraw kryminalistyki. Tak, jakby w warunkach zamachu stanu najważniejszym zadaniem było zbieranie i zabezpieczanie dowodów. Ten nie wiedział, co stało się w Wilczym Szańcu, co wydaje się niezrozumiałe. On, szef urzędu, któremu podlegała policja, Gestapo i tajne służby, ostatni dowiadywał się o ataku na Hitlera?

Nie trzeba było prowadzić śledztwa, aby ustalić, kto podłożył bombę, gdyż w oczywisty sposób jedynym podejrzanym był pułkownik von Stauffenberg, który szybko opuścił naradę, choć początkowo Hitler podejrzewał, że zrobił to któryś z robotników zatrudnionych przy przebudowie jego schronu. Prędko porzucił tę myśl, gdy aresztowany kierowca samochodu, wiozący Stauffenberga i Haeftena na lotnisko w Gierłoży, zeznał, iż po drodze pułkownik wyrzucił przez okno pakunek. Odnaleziono go na poboczu drogi z Wilczego Szańca. To był drugi ładunek plastiku. Inne dowody już nie były potrzebne. Himmler wydał polecenie szefowi Gestapo, aby aresztował Stauffenberga, gdy ten wyląduje na lotnisku Rangsdorf w Berlinie. Heinrich Müller wykonał rozkaz, obsadzając swoimi ludźmi lotnisko, ale nie wziął pod uwagę, że samolot Stauffenberga może skierować się na inne z berlińskich lotnisk, a tak się właśnie stało. A wystarczało zapytać kontrolę obszaru powietrznego, dokąd leci samolot z Gierłoży.

Himmler przyjechał do Wilczego Szańca o godzinie 14:00. Późno, jak na przebycie 36-kilometrowej trasy przez uprzywilejowaną kolumnę. Na pewno był przy Hitlerze, gdy ten o godzinie 15:30 witał na miejscowym dworcu Benito Mussoliniego, co potwierdzają zdjęcia kroniki filmowej. Zapewne towarzyszył mu w czasie oględzin zniszczonej sali

Hitler żegna Mussoliniego po wizycie w Wilczym Szańcu (NAC).

konferencyjnej, którą Führer pokazywał włoskiemu dyktatorowi jako oczywisty dowód szczególnych względów opatrzności wobec jego osoby.

W tym czasie w Berlinie też miały miejsce niewyjaśnione do dziś wydarzenia. Do siedziby spiskowców przy Bendlerstrasse przybył z rozkazu Himmlera SS-Oberführer Humbert Achamer-Pifrader[16], szef tajnej policji SiPo i SD w Berlinie (Inspekteur der Sicherheitspolizei und des SD). Wiadomo, że zażądał widzenia ze Stauffenbergiem. Czyżby chciał podjąć negocjacje ze spiskowcami? Nie udało się to, gdyż został przez nich aresztowany, zanim wyłożył, po co przyjechał. Nigdy nie wyjawił,

[16] Humbert Achamer-Pifrader (1900–1945) – Austriak z pochodzenia, w 1935 roku wstąpił do SS. W czasie wojny był szefem Gestapo w Darmstadt, a następnie SiPo w Wiesbaden. W latach 1942–1943 dowodził Einsatzgruppe A na terenie republik nadbałtyckich, która wymordowała dziesiątki tysięcy ludzi. W 1944 roku był szefem SiPo i SD w Berlinie. Zginął w czasie nalotu na Linz.

w jakim celu stawił się w siedzibie spiskowców. Nikt też go o to nie pytał, chociaż bez wątpienia był to bardzo ważny wątek.

Najbliższy i najbardziej zaufany współpracownik Himmlera, Walter Schellenberg, także wiedział o przygotowaniach do zamachu.

Tamtego dnia, o godzinie 18:00, zadzwonił do niego podenerwowany generał Thiele. Najpierw upewnił się, czy Schellenberg wciąż sprawuje swój urząd. Potem wypalił:

– Wszystko poszło źle.

Schellenberg doskonale wiedział, o czym mówi Thiele. W czerwcu spotykali się co tydzień i rozmawiali dość otwarcie, ale Schellenberg, zapewne obawiając się prowokacji, starał się słuchać przyjaciela, a nie komentować jego opinii na temat fatalnego prowadzenia wojny przez „dowództwo Wehrmachtu" (Wehrmachtfüringsstab).

Natychmiast odłożył słuchawkę w obawie, że ich rozmowa może być podsłuchiwana przez Gestapo. Jeżeliby tak było, to nieopatrzne słowa Thielego zostałyby zarejestrowane, a stenogram przekazany szefowi Gestapo Heinrichowi Müllerowi. Schellenberg, spodziewając się tego, natychmiast do niego zadzwonił. Poinformował, że od Thielego dowiedział się, iż na Bendlerstrasse słychać strzały.

– Zabawne, że to informacja od twojego przyjaciela Thielego – powiedział Müller. Było to oczywiste szyderstwo.

Schellenberg i Thiele nie o tym rozmawiali, a więc Müller musiał już mieć stenogram z podsłuchu. Nie wykorzystał tego, gdyż był to zbyt słaby dowód, aby mógł zaszkodzić zaufanemu współpracownikowi Himmlera.

To niejedyny trop wskazujący, że Schellenberg mógł orientować się, jak zaawansowane są przygotowania do zamachu. Takie informacje dostarczał mu pułkownik Georg Hansen[17], który po dymisji admirała

[17] Georg Hansen (1904–1944) – pułkownik, wyznaczony w lutym 1944 roku przez admirała Wilhelma Canarisa na jego następcę jako szefa Abwehry. Ściśle związany ze spiskowcami przygotowującymi zamach na Hitlera. Został aresztowany 22 lipca 1944 roku. Skazano go na śmierć. Wyrok wykonano 8 sierpnia 1944 roku w więzieniu Plötzensee.

Georg Hansen
(archiwum autora).

Wilhelma Canarisa w lutym 1944 roku przejął kierowanie kontrwywiadem Abwehry. Już na początku czerwca tego roku informował Schellenberga o wielkich zmianach, które muszą nastąpić, gdyż dowództwo Wehrmachtu nie jest w stanie efektywnie kontrolować sytuacji militarnej.

Schellenberg, obawiając się prowokacji, napisał raport do swojego bezpośredniego przełożonego Ernsta Kaltenbrunnera, w którym nie wymieniając nazwisk, wskazywał, że najwyżsi oficerowie są niezadowoleni z dowodzenia siłami zbrojnymi.

Dla Himmlera zamach, choć nieudany, mógł być korzystny.

Dzień później otrzymał stanowisko dowódcy Armii Rezerwowej, co wzmacniało jego i tak wielką władzę w Niemczech. Był ministrem spraw wewnętrznych, szefem policji, szefem wywiadu wewnętrznego i zagranicznego, dowódcą Waffen-SS. Jako dowódca Armii Rezerwowej mógł kierować większe rezerwy do Waffen-SS, a nie do Wehrmachtu. Wkrótce pod jego rozkazy miała trafić inna nowa siła, która nie tylko miała znaczenie w walkach z aliantami, lecz także mogła skutecznie kontrolować sytuację na froncie wewnętrznym: Volkssturm. Bez wątpienia Himmler był człowiekiem, z którym alianci musieli się liczyć, a może nawet zabiegać o współpracę w utrzymaniu porządku, gdyby jako zwycięzcy po zwycięskiej wojnie rozpoczęli okupację Niemiec.

Tylko on, człowiek bezwzględnie realizujący zasady nazistowskiej ideologii, mógł wypełnić rozkaz Hitlera nakazujący krwawą rozprawę ze spiskowcami. Wielu z nich nie spodziewało się, że oni, wysocy oficerowie

Friedrich Karl Klausing podczas procesu (archiwum autora).

Wehrmachtu i arystokraci, mogą być aresztowani, torturowani i – pozbawieni możliwości obrony przed sądem – skazani na haniebną śmierć. A za taką oficerowie uważali powieszenie. Nie sądzili też, że represje mogą dotknąć ich najbliższych. Dlatego tak wielu nie uciekało, lecz ze spokojem czekało, aż przyjdą po nich gestapowcy, co mogli uznać za przejściową nieprzyjemność, gdyż wierzyli, że przed sądem obronią swoje racje i czyny.

Hrabia Wolf-Heinrich von Helldorf, szef berlińskiej policji, od lat utrzymujący kontakty z konspiratorami, sam zgłosił się do komisariatu. Zapewne liczył, że jego wierna służba nazizmowi i gorliwość w atakach na Żydów pozwolą zamazać niewielki udział w spisku. Został powieszony 15 sierpnia.

Friedrich Karl Klausing, adiutant Stauffenberga, powiedział, że nie może zostawić towarzyszy w potrzebie, i oddał się w ręce Gestapo. Został powieszony 8 sierpnia.

Fabian von Schlabrendorff, jeden z najbardziej aktywnych członków antyhitlerowskiego ruchu oporu, nie zdecydował się uciekać. W więzieniu był potwornie torturowany, lecz nie zdradził nikogo. Zdołał przeżyć, gdyż w czasie rozprawy w budynek sądu trafiła bomba i wybuch zniszczył wszystkie dowody.

Dyplomata Ulrich von Kassel, choć nie brał bezpośrednio udziału w przygotowaniu zamachu, na wieść o niepowodzeniu spiskowców wyjechał ze swojego domu w Bawarii, aby w Berlinie oddać się w ręce policji. Został powieszony 8 września.

Theodor Stelzer w czasie zamachu przebywał w Norwegii i łatwo mógł uciec do Szwecji, ale nie zrobił tego. Głęboka wiara katolicka nakazywała mu wziąć na siebie odpowiedzialność za działania towarzyszy konspiratorów. Miał jednak szczęście, gdyż nie skazano go na śmierć.

Generał Henning von Tresckow nie czekał na możliwość obrony przed hitlerowskim sądem. Zdawał sobie sprawę, że nie otrzyma takiej szansy. Dzień po zamachu wjechał samochodem na pas ziemi niczyjej rozdzielający wojska niemieckie od radzieckich w rejonie Białegostoku i tam rozerwał się granatem. Sądził, że w ten sposób nie zostanie podjęte śledztwo w jego sprawie i uchroni rodzinę. Tak się stało, ale nie na długo, gdyż po ujawnieniu jego roli w przygotowaniu zamachu, zwłoki wydobyto z grobu i przewieziono do obozu w Sachsenhausen, gdzie je spopielono. Do obozu wywieziono jego żonę Erikę, a dwie córki oddano do sierocińca. Jedynie synowie, pełniący służbę wojskową, uniknęli tego losu.

Wśród siedmiu tysięcy aresztowanych za udział w spisku i działalność konspiracyjną bardzo niewielu zdecydowało się uciekać przed hitlerowską sprawiedliwością. Zdarzyło się jednak, że Hitler odstępował od przykładnego ukarania „zdrajców", gdyż nie chciał, by naród dowiedział się, że bohaterowie wystąpili przeciwko niemu. Tak było w przypadku feldmarszałka Erwina Rommla, bohatera walk w Afryce Północnej. Hitler zgodził się, żeby popełnił samobójstwo, co zamaskowało jego udział w spisku do tego stopnia, że urządzono mu państwowy pogrzeb.

Procesy przed trybunałem Rolanda Freislera rozpoczęły się 7 sierpnia 1944 roku.

Początkowo Hitler zamierzał nadać im najbardziej szumną oprawę. Ekipy kroniki filmowały, jak oskarżonych wprowadzano na salę sądową. Szli w cywilnych ubraniach, gdyż wcześniej sąd honorowy, któremu przewodniczył feldmarszałek Gerd von Rundstedt, bez przesłuchania oskarżonych i bez przedstawienia dowodów zdecydował o usunięciu z wojska 22 najwyższych oficerów, co oznaczało oddanie ich w ręce katów.

Jednakże już tydzień później Hitler zabronił relacjonowania rozpraw. Stało się to w dniu, w którym usłyszał wypowiedzi oskarżanych. Hrabia Friedrich von der Schulenburg, były ambasador w ZSRR, który w sierpniu 1939 roku odegrał ważną rolę w zawarciu paktu Ribbentrop-Mołotow, mówił:

– Zdecydowaliśmy się popełnić ten czyn, aby ratować Niemców przed niewypowiedzianą udręką. Wiem, że będą powieszony za mój udział w tym akcie, ale nie żałuję tego, co zrobiłem, i tylko mam nadzieję, że ktoś inny odniesie sukces, gdy szczęście będzie mu sprzyjać.

Hitler w czasie spotkania z sędzią Freislerem i katem tak powiedział o oficerach i arystokratach uznanych za winnych:

– Chcę, żeby wisieli spętani jak rzeźne bydło[18].

Egzekucje w berlińskim więzieniu Plötzensee filmowało dziewięciu operatorów.

Czekali na miejscu kaźni, aż strażnicy wyciągną skazanych z cel. Jeden po drugim przemierzali więzienne podwórze, aby wejść do izby straceń. Tam, w świetle reflektorów, stawali pod hakami przytwierdzonymi do belki pod sufitem.

Pomocnicy kata zdejmowali im kajdanki, zakładali krótkie cienkie pętle na szyje, potem podnosili i opuszczali, jednych powoli, innych szybko, aby struny fortepianowe zacisnęły się wokół ich karków. To była powolna

[18] Cyt. za: D. Ehlers, *Technik und Morals einer Verschwörung. Der 20 Juli 1944*, Frankfurt und Bonn 1964.

śmierć. Stalowy drut i sposób powieszenia nie przerywały rdzenia kręgowego. Wisielcy dusili się, gdy struna wcinała się w ich gardła, powodując nieopisany ból. Konali przez wiele minut, wijąc się w mękach kilkanaście centymetrów nad podłogą. A kaci odcinali im guziki od spodni, aby się zsunęły. Ten widok miał dodatkowo ucieszyć Hitlera. Już w czasie procesu wyprowadzano oskarżonych na salę rozpraw bez pasków i szelek, aby musieli podtrzymywać spodnie osuwające się z bioder.

Niektórych, tak jak starszego brata zamachowca, Bertholda von Stauffenberga, równie mocno jak on zaangażowanego w działalność spiskową, po powieszeniu cucono, pozwalano oprzytomnieć i ponownie wieszano na strunie fortepianowej. Wielokrotnie.

Kaci, czekając, aż powieszeni umrą, odchodzili na bok, gdzie ustawiono stolik z butelkami i kieliszkami, i pili koniak, aż konwulsje powieszonych ustawały, a na korytarzu rozlegały się kroki kolejnych skazanych.

Już kilka godzin po pierwszych egzekucjach film dostarczono do Wilczego Szańca, gdzie Hitler, w otoczeniu podwładnych, zasiadł w salce kinowej, aby delektować się widokiem cierpień swoich wrogów. Jeszcze przez wiele dni trzymał na swoim biurku fotografie umierających na hakach…

Mógł być zadowolony z efektu, który udało mu się osiągnąć. Generałowie Wehrmachtu, wśród których wielu było mu niechętnych, stracili swoje znaczenie i wpływy na rzecz Waffen-SS, formacji całkowicie mu posłusznej. Już 4 dni po zamachu wprowadzono obowiązek salutowania uniesioną ręką i pozdrowieniem „Heil Hitler", które do tego czasu obowiązywało tylko członków partii, SS i SA, zaś żołnierze i oficerowie Wehrmachtu mogli oddawać wojskowe honory, unosząc dłoń do daszka.

Hitler, wykorzystując pretekst, który uzyskał dzięki zamachowi, dokonał tego, co zrobił Stalin w 1941 roku. Gdy Armia Czerwona cofała się w popłochu, Stalin wysłał na front komisarzy politycznych. Podlegali Zarządowi Politycznemu Armii Czerwonej, którym kierował marszałek Lew Mechlis, wsławiony brutalnością i podejrzliwością wobec kadry

Od lewej: Lew Mechlis, Siemion Timoszenko, Siemion Budionny, Klimient Woroszyłow (NAC).

oficerskiej. To on przesądził o oskarżeniu i skazaniu generała Dmitrija Pawłowa, dowódcy frontu, aresztowanego 16 lipca 1941 roku. Bity i torturowany, wskazał wielu oficerów, rzekomo biorących udział w spisku, który miał otworzyć przed niemieckimi wojskami drogę do Moskwy i umożliwić obalenie Stalina.

Nigdy nie udało się ustalić, ilu oficerów Armii Czerwonej skazano w lipcu i sierpniu 1941 roku. Prawdopodobnie 70 generałów i admirałów poświęcono, aby zrzucić na nich winę za wielkie klęski, a także zastraszyć wojsko i zyskać uznanie społeczeństwa.

W 1944 roku sytuacja Niemiec była podobna. Hitler zrozumiał, że musi sięgnąć po terror, aby przeciwdziałać upadkowi bojowego ducha i zniszczyć w zarodku chęć poddania się nieprzyjacielowi. Każdy, bez względu na status społeczny czy frontową karierę, choćby przyniosła najwyższe bojowe odznaczenia, musiał się liczyć z tym, że nie ominie go gniew Führera. Po raz pierwszy w historii Niemiec siły zbrojne, które zawsze były ważnym, a nawet najważniejszym czynnikiem życia politycznego w tym państwie, zostały poddane tak zmasowanemu i bezwzględnemu atakowi.

Czy Adolf Hitler ponownie kierował się instynktem, który podpowiadał mu, że musi sięgnąć po nadzwyczajne środki, aby zachować spoistość armii i zmusić ją do największych ofiar? Prawdopodobnie tak. Wywiad wewnętrzny SS nie mógł informować go o nastrojach w wojsku, gdyż musiałby oskarżyć swojego szefa Heinricha Himmlera. Kierujący wywiadem Walter Schellenberg do końca był bezwzględnie lojalny wobec Himmlera, a w dodatku uczestniczył w tajnych negocjacjach z aliantami, o których Hitler nie mógł się dowiedzieć. Inni, szef Głównego Urzędu Bezpieczeństwa Rzeszy, a także Sicherheitsdienst Ernst Kaltenbrunner i szef Gestapo Heinrich Müller, choć zwalczali się nawzajem, nie odważyliby się zaatakować swojego szefa. A hitlerowska władza pękała. Strach obejmował najwyższych, którzy uznali, że najwyższy czas przygotować się do nowego życia.

5

Panika

Dwa tygodnie przed nieudanym zamachem w Wilczym Szańcu Karl Hanke[19], Gauleiter[20] Dolnego Śląska, zorganizował we Wrocławiu wielką fetę. Jakby wyczuwając zaniepokojenie Hitlera stanem morale wojska, postanowił pokazać, że na niego może liczyć, jako na niezłomnego obrońcę niemieckiej ziemi. Dlatego zaprosił człowieka, który stał najbliżej Hitlera – ministra propagandy Josepha Goebbelsa.

Tłumy zbierały się przed Halą Ludową już od południa 7 lipca 1944 roku, choć wystąpienie ministra zapowiedziano na późne godziny popołudniowe. Ludzi ściągał nie tyle autorytet Goebbelsa, ile chęć usłyszenia słów, które mogły dać im nadzieję, że Rzesza wciąż jest na tyle silna, żeby nie dopuścić wroga do ich miasta. Wojska radzieckie były jeszcze daleko, stały nad Wisłą, ale niepokój budziły zapowiedzi, że lada dzień wszyscy mieszkańcy Wrocławia powinni stawić się do budowy fortyfikacji wokół miasta.

Już przed przyjazdem Goebbelsa 12 tysięcy miejsc w hali zostało zajętych, a ponieważ na zewnątrz, w przylegającym do hali parku Scheitinger,

[19] Karl Hanke (1903–1945) – Gauleiter Dolnego Śląska, SS-Gruppenführer, członek NSDAP od 1928 roku, był osobistym sekretarzem ministra propagandy Josepha Goebbelsa. Na początku wojny walczył w Polsce, a następnie we Francji. W 1941 roku mianowany przez Hitlera Gauleiterem Dolnego Śląska. Był odpowiedzialny za masowy terror i egzekucje. 29 kwietnia 1945 roku Hitler mianował go Reichsführerem SS.

[20] Gauleiter stał na czele partyjnego okręgu Gau.

Karl Hanke (z lewej) składa życzenia Gerhartowi Hauptmannowi (NAC).

zebrał się równie wielki tłum, ustawiono tam megafony, aby wszyscy mogli słyszeć ministra.

Goebbels, zrelaksowany i pewny siebie, stanął za mównicą, o którą oparł rękę. Drugą wsparł na biodrze. Zapewne chciał zatrzeć wrażenie, jakie miały wywołać jego słowa. Nie mógł ukrywać, jak trudne jest położenie Niemiec.

– Wróg, mając zdecydowaną przewagę, rozpoczął generalną ofensywę na wschodzie i zachodzie – powiedział. – Jeżeli nie odrzucimy ich wojsk, nasi wrogowie zetrą Niemcy i każdego Niemca z powierzchni ziemi. Naród niemiecki znalazł się w niebezpieczeństwie!

To było zaledwie wprowadzenie do tego, co miał przekazać mieszkańcom Wrocławia. Ostatecznie nie przyjechał tu, aby ich straszyć, lecz zagrzewać do walki i przekonać, że tragiczna sytuacja wkrótce się zmieni.

– My, narodowi socjaliści, znieśliśmy i przezwyciężyliśmy tak wiele kryzysów w historii naszego ruchu i Rzeszy, że ani przez chwilę nie wątpimy w zwycięstwo. Najlepszą gwarancją zwycięstw jest Führer! Zwracamy się do niego z religijną wiarą. On pewną ręką przeprowadził nasz naród przez wszystkie niebezpieczeństwa. Złożył takie samo przyrzeczenie jak my: walka, do której naród stanie z całkowitym fanatyzmem, nie może zakończyć się niczym innym, jak tylko zwycięstwem!

Pierwszy zerwał się z krzesła Karl Hanke i podniósł rękę. Orkiestra zaczęła grać hymn, a tysiące wrocławian w Hali Stulecia i w parku stanęło na baczność, aby zaśpiewać „Deutschland, Deutschland über alles". Hanke przy każdej okazji starał się demonstrować niezachwianą wiarę w Hitlera i zwycięstwo. Wcześniej, gdy przyjechał z gospodarską wizytą do Namslau[21], miasteczka położonego niespełna 70 kilometrów na zachód od Wrocławia, mówił do mieszkańców zebranych na rynku:

– Wojna na froncie wschodnim zainteresuje mnie dopiero wtedy, gdy pierwsi Rosjanie pojawią się tutaj, w okolicy Namslau.

Mówił to lekko i ironicznie, co miało świadczyć o tym, że nigdy do tego nie dojdzie. Kłamał. Zbyt dobrze orientował się w sytuacji frontowej, aby w to wierzyć. Wiedział o szybko rozwijającej się ofensywie wojsk radzieckich na Ukrainie. Przewaga Armii Czerwonej na tym froncie, który już minął granice przedwojennej Polski, była druzgocząca. Rosjanie, rozpoczynając 23 czerwca 1944 roku wielką operację „Bagration" na froncie o szerokości 1100 kilometrów, mogli rzucić do walki dziesięciokrotnie więcej czołgów, siedmiokrotnie więcej samolotów i prawie trzykrotnie więcej żołnierzy. Dzięki temu mogli posuwać się do przodu o 20–25 kilometrów dziennie, co dorównywało wielkim sukcesom niemieckich oddziałów pancernych na początku wojny w ZSRR. Oczywiście było to okupione wielkimi stratami żołnierzy i sprzętu.

Rosjanie każdego dnia walk tracili 11 260 zabitych i rannych żołnierzy (łącznie w czasie operacji „Bagration" – 765 800 zabitych, rannych

[21] Obecnie Namysłów nad Widawą.

Operacja „Bagration" (archiwum autora).

i zaginionych żołnierzy). Mieli jednak wystarczająco dużo rezerw, aby te straty uzupełniać. Niemcy – nie. W trakcie operacji „Bagration" stracili 17 dywizji i 3 brygady. Liczebność jednostek, które zdołały wycofać się na zachód, zmniejszyła się o połowę.

Można by uznać, że Hanke czuł się pewnie we Wrocławiu, za potężną linią obronną, którą stanowiła Odra. W końcu lat 20. XX wieku Niemcy przystąpili do fortyfikowania brzegów rzeki, budując na Dolnym Śląsku 650 schronów bojowych wzdłuż 150-kilometrowego frontu „Oderstellung". Po zwycięskiej kampanii wrześniowej w 1939 roku i po kolejnych zwycięstwach na zachodzie i wschodzie Europy fortyfikacje nad Odrą uznano za niepotrzebne, więc ze schronów wyjmowano uzbrojenie i wyposażenie, aby przewieźć je na zachód Francji, gdzie już od 1942 roku trwały przygotowania do odparcia spodziewanej inwazji wojsk aliantów. Zagrożenia ze wschodu nikt się nie spodziewał, ale narosło niespodziewanie szybko. W sierpniu 1944 roku, gdy Armia Czerwona zatrzymała się nad Wisłą, okazało się, że nie ma już czasu i możliwości, aby „Oderstellung" przywrócić dawną siłę. Zabrakło również żołnierzy, którzy mogliby te umocnienia obsadzić i ich bronić. Zadecydowano więc, że schrony oraz nowo budowane umocnienia ziemne zostaną obsadzone przez wycofujące się wojska oraz jednostki rezerwowe, co – jak się okazało – było fatalną decyzją. Ich morale i wartość bojowa nie były duże, a ponadto brakowało im przeszkolenia w obsłudze fortyfikacyjnych urządzeń. W takich warunkach utrzymanie ducha bojowego zyskiwało decydujące znaczenie i Gauleiter miał tego pełną świadomość.

W sierpniu 1944 roku we Wrocławiu rozpoczęto powszechną mobilizację. Chłopcy urodzeni w 1928 i 1929 roku, a więc 15- i 16-latkowie, zostali wezwani do prac przy budowie linii obronnych. Temu zrywowi Hanke nadał nazwę „Unternehmen Bartold" (Operacja Bartold) od imienia Vogta Bartolda, bohatera powieści o kolonizacji Śląska w XIII wieku. 100 tysięcy młodych ludzi stawiło się na miejscach zbiórek, gdzie zakwaterowano ich w pustych halach fabrycznych, stodołach i namiotach rozstawionych na gołej ziemi, dano im łopaty i kilofy, aby przystąpili do kopania rowów przeciwczołgowych i transzei.

Propaganda zagrzewała ich do wydajnej pracy.

> Dzięki gigantycznemu wysiłkowi, ludność wschodnich Gau buduje obronne pozycje ciągnące się przez setki kilometrów i dające mocne oparcie oddziałom walczącym na granicy Niemiec.

Wartość bojowa takich budowli była żadna. Kilka pocisków artyleryjskich wybuchających w rowie przeciwczołgowym żłobiło w nim wygodną drogę dla nacierających pojazdów pancernych. Również ziemne ściany transzei i lekkie drewniane schrony nie mogły zapewnić wystarczającej ochrony żołnierzom, na których spadłaby nawała radzieckiej artylerii.

Takiego zdania byli fachowcy. Generał Josef Harpe, dowodzący Grupą Armii „A", oficer ogromnie doświadczony, gdyż walczył w dwóch wojnach światowych, powiedział do generała Rudolfa Kocha-Erpacha, dowódcy VIII Okręgu Wojskowego, że fortyfikacje dookoła Wrocławia nie mogą być brane zbyt poważnie.

Wielka akcja budowy umocnień miała jedynie sens propagandowy, tym bardziej że młodzież pracowała przez 6 godzin, a pozostały czas przeznaczano na ćwiczenia wojskowe, polegające głównie na maszerowaniu z łopatami i kilofami na ramionach.

Generał Johannes Krause[22], który 25 września 1944 roku przyjechał do Wrocławia jako komendant miasta, choć nie miał wielkiego doświadczenia bojowego, gdyż wojnę spędził głównie w Grecji, szybko zorientował się, jak słabe są linie obronne wokół miasta. Nie miał wątpliwości, że nie uchronią Wrocławia przed radzieckimi atakami. Równie negatywnie oceniał kwalifikacje swojego sztabu, w którym większość stanowili starsi oficerowie bez bojowego doświadczenia. Jeszcze gorzej przedstawiał się stan oddziałów wyznaczonych do obrony miasta. W takiej sytuacji generał uznał, że należy jak najszybciej rozpocząć ewakuację mieszkańców, co zapewne, choć nigdy tego nie powiedział, wynikało z chęci uchronienia ich przed agresją radzieckich żołnierzy, o której słuchy dochodziły z Prus Wschodnich, pierwszego skrawka Rzeszy zajętego przez Armię Czerwoną. Kiedy jednak ten projekt przedstawił Hankemu, usłyszał zdecydowany sprzeciw.

– Führer kazałby mnie zastrzelić, gdybym stawił się u niego z taką propozycją teraz, gdy w mieście panuje spokój.

Często tak reagował, gdy główny konserwator zabytków na Dolnym Śląsku prof. Günther Grundmann zwracał się do niego w sprawie ewakuacji dzieł sztuki z dolnośląskich pałaców. Świadomość, co stało się z najwyższymi oficerami Wehrmachtu po lipcowym zamachu, przejmowała go paraliżującym lękiem i zniechęcała do jakiegokolwiek działania, które Hitler mógł uznać za zdradę lub defetyzm. Zdawał sobie sprawę z zagrożenia z drugiej strony. Mógł przewidzieć, co się stanie, gdy wpadnie w ręce aliantów. Ciążyły na nim niezliczone zbrodnie. To on chełpił się, że „oczyści Wrocław z Żydów". I dokonał tego. Do października 1943 roku w mieście nie było już osób tej narodowości. Oficjalnie

[22] Był dowódcą obrony miasta od 25 września 1944 roku do 31 stycznia 1945 roku, gdy ze względu na chorobę zastąpił go generał Hans von Ahlfen, który 5 marca 1945 roku oddał dowodzenie generałowi Hermannowi Niehoffowi.

nazywał to przesiedleniem, ale doskonale orientował się, o co w tej akcji chodzi, gdyż wyjaśnił mu to osobiście sam Heinrich Himmler w czasie narady przywódców partyjnych w Poznaniu, mówiąc: „Przesiedlenie oznacza eksterminację". A jak wyglądało to w praktyce, mógł się przekonać w czasie wizytowania obozu w Auschwitz. Podobno wstrząsnęło to nim do tego stopnia, że doradzał swojemu przyjacielowi, ministrowi uzbrojenia Albertowi Speerowi, aby nie pojechał tam „nigdy, pod żadnym pozorem". Na terenie jego Gau był obóz koncentracyjny Gross Rosen z ponad setką filii. We Wrocławiu z jego rozkazu zamordowano co najmniej tysiąc osób. To już całkowicie wystarczało, aby sąd aliancki skazał go na śmierć.

Co miał do zaproponowania aliantom, aby w niewoli targować się o swój los? Na jego terenie budowano podziemny kompleks „Riese", ale on, z wykształcenia młynarz, a z zawodu polityk, miał o tym niewielkie pojęcie. Niewiele, jeżeli w ogóle cokolwiek wiedział o tajnych projektach realizowanych w zakładach zbrojeniowych na Dolnym Śląsku. Produkowano tam części do V-1 i V-2, ale czy to mogło zainteresować zwycięzców? Pozostało mu tylko uciekać, aby ukryć się gdzieś na końcu świata. A to było kosztowne rozwiązanie. Musiał zgromadzić majątek ucieczkowy. Nie miał z tym większych trudności.

Od września 1944 roku z Warszawy płynęła rzeka dóbr rabowanych po powstaniu. 8 września 1944 roku Heinrich Himmler wydał rozkaz, na mocy którego żołnierze powstańczych formacji mieli trafić do obozów koncentracyjnych, a cywilni mieszkańcy Warszawy do obozu przejściowego w Pruszkowie. W wyludnionej stolicy wojska niemieckie rozpoczęły akcję „oczyszczania", a potem burzenia całych dzielnic.

Przez półtora miesiąca po upadku powstania, jak relacjonowali robotnicy przymusowi, każdego dnia z miasta wyjeżdżało kilkadziesiąt samochodów ciężarowych. Pod plandekami wiozły olbrzymie ilości ubrań, obrazów, mebli i surowców. Rozmiar grabieży był tak duży, że dowódcy wojskowi byli zmuszeni sprowadzić niemieckie firmy transportowe z Berlina i Drezna. W listopadzie 1944 roku cywilny sztab ewakuacyjny zwrócił się do Pułku Transportowego Specjalnego Przeznaczenia w Częstochowie z prośbą o przydzielenie samochodów ciężarowych o łącznej ładowności 100 ton do wywiezienia przejętego mienia. Z Warszawy wyjechało też około 45 tysięcy wagonów z dobytkiem mieszkańców i stołecznych instytucji. Bezbronne miasto rabowali nie tylko Niemcy.

W królewskim pałacu w Wilanowie od sierpnia 1944 roku stacjonował sztab generała László Szabó, dowódcy węgierskiej 5. Dywizji. Z zabytkowych sal zginęło około 150 obrazów, a także gobeliny i starodruki.

Akcja ograbiania miasta zakończyła się w połowie listopada 1944 roku, a więc półtora miesiąca po upadku powstania. Specjalne sztaby Wehrmachtu, Zarządu Cywilnego, SS i policji powołane do kierowania i prowadzenia rabunku zakończyły działalność.

Doniesienia robotników przymusowych i polskich kolejarzy wskazywały, że większość depozytów, które Niemcy przejęli po upadku Powstania Warszawskiego, wywieziono na Dolny Śląsk. W relacjach kolejarzy wśród nazw miejscowości, do których trafiały transporty z Warszawy, najczęściej powtarzała się nazwa Klettendorf. Dzisiaj jest to już dzielnica Wrocławia – Klecina.

Świadkowie zeznali, że w wagonach znajdowały się m.in.:

> 3 karoce złocone (jedna z tabliczką wskazującą, że chodziło o karocę Stanisława Augusta Poniatowskiego), ozdobne sanie, 4 wypchane konie, kilka dawnych siodeł wysadzanych [drogimi kamieniami? – B.W.].

Co stało się z tymi skarbami?

Przymusowi robotnicy z pobliskiego obozu w Klettendorf zatrudnieni przy rozładunku zeznali po wojnie, że skrzynie zawieziono do obory w folwarku w pobliskiej wsi Klein Tinz (Tyniec Mały). W tym miejscu ślad się urywa.

Hanke nie czekał, aż radzieckie wojska pozbawią go tego, co udało mu się zrabować w Polsce. Najcenniejsze zbiory kazał przesłać do swojego górskiego domu w Rosenheim w Bawarii. W tym samym czasie blokował wszelkie próby wywożenia w głąb Rzeszy zbiorów z posiadłości lokalnej arystokracji.

Z taką reakcją spotkała się hrabina Maria Anna von Magnis, synowa właścicieli wielkiego pałacu w Eckersdorfie (Bożkowie), zaniepokojona informacjami o szybkich postępach wojsk radzieckich, choć w sierpniu 1944 roku, gdy zajęła się zdobywaniem pozwolenia na wywiezienie jej rodzinnego majątku, były jeszcze daleko nad Wisłą. Zwróciła się do Günthera Grundmanna, mając pewność, że jej prośba nie zostanie odrzucona, gdyż w swoim pałacu oddała dziewięć pomieszczeń na zmagazynowanie dzieł sztuki ewakuowanych z innych miast. Pisała:

> Zna Pan przecież inwentarz pałacowy i wie, że jest kilka rzeczywiście ładnych rzeczy, które chciałabym przewieźć w bezpieczne miejsce.

Dodała też, aby zatrzeć wrażenie, że chodzi jej tylko o ochronę prywatnego majątku:

> Wydaje mi się, że są u nas zabezpieczone bardzo cenne rzeczy (obok zadziwiająco złych mebli, które być może również powinny być ewakuowane).

Nie spodziewała się, że ona, członkini rodziny zasłużonej dla gospodarczego rozwoju Dolnego Śląska, może spotkać się z odmową.

Grundmann odpowiedział: „Obecnie nie ma możliwości przewożenia dóbr kultury ze Śląska w głąb Rzeszy lub na południe Niemiec, gdyż pozwolenia na przewozy nie będą wydawane przez komisarza ds. obrony Rzeszy". We Wrocławiu urząd ten pełnił Gauleiter Hanke.

Grundmann wskazał na argument, który wykluczał możliwość dalszych starań o uzyskanie pozwolenia: zarówno Karl Hanke, jak i jego odpowiednik na Górnym Śląsku, Gauleiter Fritz Bracht, uważali takie działanie za przejaw defetyzmu, a to, na równi z tchórzostwem w obliczu wroga, było karane śmiercią. Był na tym punkcie szczególnie przeczulony. Tak bardzo, że plany ewakuacji ludności cywilnej z Wrocławia, opracowane we wrześniu 1944 roku, przez kilka miesięcy trzymano w tajemnicy. Obawiał się, że wcześniejsze ogłoszenie, co wydawało się konieczne, aby dobrze przygotować wielką operację wywiezienia 200 tysięcy mieszkańców, zostanie uznane za defetyzm. Dopiero rankiem 20 stycznia 1945 roku ogłoszono przez megafony:

> Wrocław będzie stopniowo ewakuowany. Nie ma powodów do niepokoju i paniki. Najpierw miasto opuszczą kobiety i dzieci.

Czy wcześniej, w ostatnich miesiącach 1944 roku, Gauleiter nakazał mieszkańcom oddawanie kosztowności do depozytu? Takie operacje podejmowano w Polsce. Już 14 września 1939 roku, a więc zanim zakończyły się działania wojenne, władze okupacyjne nakazały Polakom w Poznaniu oddanie walut i metali szlachetnych. Polecenie powtórzono w październiku 1939 roku na terenie całej okupowanej Polski, żądając oddania do końca miesiąca złota i walut obcych, grożąc surowymi karami za niepodporządkowanie się temu nakazowi. W ten sposób w ciągu kilku miesięcy hitlerowcy zebrali 28 ton metali szlachetnych.

Wydawałoby się, że mogli taką operację powtórzyć we Wrocławiu. Nie zrobili tego, choć jej celem nie byłoby zabranie ludziom cennego dobytku, lecz przechowanie w państwowym depozycie. Hitlerowcy inaczej zachowywali się wobec obywateli podbitych państw (zwłaszcza we wschodniej Europie), a inaczej wobec własnych obywateli.

Hanke musiałby mieć pełną świadomość, że taki akt urzędowy, nakazujący odniesienie kosztowności na przykład do komisariatów policji, miałby fatalny wpływ na nastroje społeczne, i to w czasie, gdy wzywał ludność Dolnego Śląska do ofiarnej walki w obronie ich ojczyzny. Jego wrogowie w Berlinie, a miał ich dużo, nie wahaliby się donieść Hitlerowi, że Hanke niszczy ducha obrony.

Jeżeli nawet nie brałby pod uwagę tych następstw ogłoszenia zbiórki kosztowności, to taki nakaz musiałby mieć postać urzędowego aktu, a nie ma żadnego śladu, że Gauleiter takie rozporządzenie wydał. Mieszkańcy Wrocławia musieliby zostać poinformowani o miejscu i warunkach oddawania swoich kosztowności. Przez megafony na ulicach, afisze na słupach ogłoszeniowych, listy rozsyłane do domów, w prasie. Byłaby to masowa akcja, która musiałaby pozostawić liczne ślady. Nie ma żadnego. Nie istnieje świadek, który powiedziałby: „Słyszałem, jak wzywano ludzi do odnoszenia kosztowności do komisariatów". Inaczej mówiąc, nie dziwi brak dowodów, gdyż takiej akcji nie było. To legenda czasu wojny. Zadziwiające, że wyszła z jednego, najbardziej niewiarygodnego źródła.

Każdy z Niemców, który oddawałby państwu kosztowności, musiałby otrzymać zaświadczenie. Byłby to ważny dokument w domowym archiwum. Można przyjąć, że po wojnie ci ludzie mogliby się domagać od państwa zwrotu swojej własności. Nic takiego nie miało miejsca.

Herbert Klose. Tajemniczy człowiek. Kim był? Na pewno autochtonem. Trudno odpowiedzieć na to pytanie, gdyż było to dość pospolite imię i nazwisko, więc w archiwach zachowały się akta wielu „Herbertów Klose". Na pewno był weterynarzem (felczerem?) zamieszkałym w Sędziszowej. Poza tym wszystkie informacje na jego temat są niepewne, gdyż pochodzą z jego zeznań oraz z donosów konfidentów Urzędu Bezpieczeństwa Publicznego w Złotoryi. Funkcjonariusze tego urzędu ustalili, że Klose przeszedł szkolenie w zwalczaniu polskiej partyzantki. Zdobył doświadczenie z zakresu prowadzenia działań dywersyjnych, budowania sieci informatorów, metod łączności. To też nic pewnego, gdyż wszędzie i zawsze organizacje policyjne przestrzegają zasady, że przestępców trzeba ścigać, a niekoniecznie łapać, gdyż to zamyka korzystny i bezpieczny dla nich etap pracy (premie, nagrody, prywatne zyski z rewizji, konfiskat itp.).

Ponadto można odnieść wrażenie, że Klose był sprytniejszy od urzędników i funkcjonariuszy Urzędu Bezpieczeństwa. Szybko wyczuł, że wystarczy im zaświecić w oczy złotem, a już można liczyć na szczególne względy. I tak działał. Szczerze zeznawał, opowiadając, jak to pełnił służbę w Prezydium Policji we Wrocławiu i jak otrzymał ważne polecenie ukrywania złota.

> O zamiarach przechowywania złota dowiedziałem się po raz pierwszy w dniu 15 listopada 1944 roku, w czasie gdy zostałem wezwany do prezydenta policji celem uzyskania podpisów (...) Prezydent dał mi polecenie, bym następnego dnia pojechał za miasto w oznaczone miejsce, gdzie otrzymam dalsze polecenia od majora Ollenhauera. Nie znam faktycznie jego stopnia wojskowego, gdyż zawsze, ile razy go widziałem, miał inny stopień, w zależności od tego, ile wojska było mu przydzielone. Również nazwiska jego na pewno nie mogę podać, gdyż zbliżone było do końcówki „Hauer" i często je zmieniał.

UB wierzyło, że niski stopniem funkcjonariusz policji otrzymał zadanie ukrywania ogromnych ilości złota. Uwierzyło w mitycznego „Ollenhauera", zresztą Klose i to nazwisko zmieniał na różne sposoby: Allenhaut, Uhlenau, Ollenhau, graf von Hollerei. Stopień wojskowy i przynależność do formacji też ulegały w relacjach Klosego częstej zmianie. A to miał służyć w Wehrmachcie, w stopniu majora i pułkownika, a to w SS, w stopniu Standartenführera, a to pokazywał się w cywilnym ubraniu, co mogło wskazywać na jego powiązania z tajnymi służbami.

Klose posunął się dalej. Zeznawał, że skrzynie składano w wielkim gmachu Prezydium Policji. Początkowo w podziemnych korytarzach ustawiono 56 metalowych skrzyń, ważących od 50 do 200 kilogramów, z wiekami uszczelnionymi gumą. Z biegiem czasu przybyło ich tak dużo, że skrzynie nie tylko metalowe, lecz także drewniane, różnej wielkości i wagi, ustawiano na korytarzach na parterze. W styczniu i na początku lutego 1945 roku, zanim wojska radzieckie zamknęły pierścień wokół Wrocławia, wywożono je do skrytek w lochach zamków, w sztolniach opuszczonych kopalń cynku i złota oraz w niedokończonych chodnikach podziemnego kompleksu „Riese" w rejonie Wałbrzycha.

> Złoto w ilości kilku ton, jak mówił mi major Ollenhauer, zostało ściągnięte z terenu Niemiec i miało być przechowywane na terenach wrocławskich. Nigdy nie było mnie przy chowaniu skrzyń. Wiem tylko, jak były chowane. Saperzy wiercili otwory w pochylonej skale i zakładali ładunki. Potem skała zostawała zerwana. Nie było mnie przy tym. O tym, gdzie zostało schowane złoto, wiedział tylko ten major Ollenhauer. Poza tym z tą grupą, która zachowywała złoto, byli gestapowcy, których nazwisk nie pamiętam".

O dziwo, bajki Herberta Klosego żyły bardzo długo. W Polsce zmieniały się ekipy rządzące, a służby wciąż tropiły złoto. Ostatni akord nastąpił w latach 80. XX wieku, gdy specjalistyczne ekipy MSW, wyposażone w najnowocześniejszy sprzęt, ruszyły w góry, aby według wskazówek Klosego odnaleźć ukryte skarby: w Wielisławce, pałacu i zamku w Grodźcu, w rejonie Drogi Sudeckiej, na wzgórzu Grodna. Tajne służby z zapałem realizowały starą zasadę: „Szukać, szukać, niekoniecznie znaleźć".

I tak pomimo wielu lat poszukiwań, w które zaangażowano ogromne środki, nie znaleziono ani sztabki złota. A Klose mieszkał spokojnie w domu u podnóża Wielisławki. W latach 80., gdy ekipy MSW ganiały po górach w pogoni za złotem, ten strażnik skarbu Wrocławia wyjeżdżał do Niemiec, aby tam sobie dorobić. Czyżby to było ostateczne wyjaśnienie tajemnicy Herberta Klosego? Zmarł w 1996 roku. Pochowano go w Sędziszowej...

Inna legenda, w powstaniu której Klose też miał swój udział, zyskała nazwę „Złota Wrocławia".

Podobno w listopadzie 1944 roku rozpoczęła się ewakuacja złota z wrocławskich banków. To niemożliwe, gdyż w każdym państwie złoto było i jest przechowywane tylko w banku centralnym. Bank Rzeszy mógł część zapasów odesłać z Berlina do swoich oddziałów na terenie

Niemiec. I tak się stało. W 1944 roku ponad 20 ton złota wysłano do kilkunastu placówek. Zachowane dokumenty wskazują, że trafiło do m. in. Stargardu, Coburga, Frankfurtu nad Odrą czy Konstancji. Była to niewielka część gigantycznego (piątego na świecie po USA, Wielkiej Brytanii, Francji i ZSRR) zasobu złota, który pęczniał z biegiem wojennych grabieży. W 1939 roku w Banku Rzeszy było 165 ton złota. Przejęcie złota w Czechach, Belgii (200 ton), Holandii (145 ton), Jugosławii (9 ton), Włoszech (60 ton) sprawiło, że w końcu wojny, mimo wszystkich opłat w międzynarodowych transakcjach, Bank Rzeszy dysponował złotem o wadze około 270 ton. Do Wrocławia, choć w tym mieście był oddział banku, nie przywieziono ani jednej sztaby. Pewność wynika z zachowanych dokumentów bankowych, które z precyzją charakterystyczną dla tego typu instytucji wymieniały, ile złota, kiedy i dokąd wysłano. Banki komercyjne miały co najwyżej depozyty bogatych wrocławian, którzy obawiali się trzymać w domowych sejfach brylantowe kolie i inne precjoza.

O ile transfer sztab złota między Bankiem Rzeszy w Berlinie i oddziałami terenowymi był starannie nadzorowany, a każdy ruch rejestrowany w bankowych dokumentach, które mimo wojny zachowały się w nienagannym stanie, o tyle wydawać by się mogło, że nie dotyczyło to krwawego złota obozów koncentracyjnych i ograbiania ludności cywilnej. I w tym wypadku działania okupanta były poddane starannej regulacji.

6

Krwawe złoto

W baraku niedaleko bramy obozu koncentracyjnego na Majdanku sortowano rzeczy zabrane ludziom tam przywożonym. Wielu z nich już nie żyło. Zmarli w czasie transportu lub umierali stłoczeni w niewielkiej komorze gazowej, do której wepchano ich tuż po tym, jak wysiedli z wagonów, i uśmiercano spalinami prawdopodobnie z silnika czołgu. Niezwykłe jest to, że w ubraniach nieszczęśników przywożonych do obozów znajdowano wiele cennych przedmiotów.

SS-Gruppenführer Odilo Globocnik[23], dowódca SS i policji w dystrykcie lubelskim, miał w swoim domu w Austrii tysiące złotych i srebrnych monet, 2 kilogramy pereł, diamenty, ponad 3 kilogramy srebrnych obrączek i 217 kilogramów złomu platynowego. To było mienie ludzi, którzy doprowadzeni na bocznice kolejowe nie wiedzieli, dokąd pojadą. Dlatego spokojnie i bez oporu wsiadali do wagonów. W tobołkach, w walizkach, zaszyte w ubraniach mieli to, co uratowali przed grabieżcami: złote monety, biżuterię, kamienie szlachetne, wszystko, co w ich mniemaniu mogło pomóc im przeżyć. Wszystko odbierano im od razu po przyjeździe.

Ze zwłok też można było wydobyć cenne przedmioty.

---

[23] Odilo Globocnik (1904–1945) – SS-Gruppenführer, dowódca SS i policji w dystrykcie lubelskim, kierował budową obozów na Majdanku, a później w Bełżcu i Treblince. W latach 1942–1943 dowodził akcją zagłady Żydów „Reinhardt" oraz pacyfikacji Zamojszczyzny. 31 maja 1945 roku został aresztowany przez żołnierzy brytyjskich, popełnił samobójstwo w więzieniu.

Odilo Globocnik (NAC).

W budynku krematorium obozu na Majdanku jest niewielkie pomieszczenie z kamiennym stołem. Dokonywano tam sekcji, ale również wyrywano zabitym złote zęby, mostki, usuwano złote plomby.

SS-Obersturmbannführer Hermann Pook[24], naczelny stomatolog w Głównym Urzędzie Gospodarczo-Administracyjnym SS, jeździł do obozów, aby uczyć tamtejszych sanitariuszy i felczerów, jak wyrywać złoto i platynę z ust martwych więźniów. Zaskakujące, jak dużo złota w ten sposób uzyskiwano. Dr Kurt Gerstein, szef służby dezynfekcyjnej SS, zeznał po wojnie, że w trakcie wizyty w obozie w Bełżcu komendant pokazał mu puszkę po konserwach wypełnioną złotymi koronkami, a następnie powiedział: „Niech pan podniesie i zobaczy, jaka ciężka. A to jest rezultat tylko ostatnich dwóch dni".

Zapewne ta puszka była jego własnością.

Złoto obozów koncentracyjnych jechało wprost do Berlina, a procedura przejmowania majątku więźniów była bardzo dokładnie określona.

W połowie 1942 roku odbyło się spotkanie SS-Obergruppenführera Oswalda Pohla[25], szefa Głównego Urzędu Gospodarczo-Administracyjnego

[24] Hermann Pook (1901–1983) – SS-Obersturmbannführer, absolwent stomatologii Uniwersytetu Berlińskiego, od września 1943 roku był szefem lekarzy dentystów w obozach koncentracyjnych. W 1947 roku został skazany przez amerykański sąd wojskowy na 10 lat więzienia.

[25] Oswald Pohl (1892–1951) – SS-Obergruppenführer, od 1939 roku szef Urzędu Gospodarczo-Administracyjnego SS (następnie Głównego Urzędu Gospodarczo-Administracyjnego SS). Skazany na karę śmierci w 1947 roku, został powieszony w więzieniu w Landsberg w 1951 roku.

Hermann Pook
(archiwum autora).

SS, z Waltherem Funkiem, prezesem Banku Rzeszy, i z Ministerstwem Finansów, podczas którego określono przebieg tej współpracy. Obce waluty trafiały do Departamentu Dewizowego, a metale szlachetne i biżuteria do Departamentu Metali Szlachetnych. Obiegowe środki płatnicze przekazywano do sortowni Banku Rzeszy, a weksle i papiery wartościowe do Departamentu Papierów Wartościowych. Złote i srebrne sztabki oddawano do ponownego przetopienia w Pruskiej Mennicy Państwowej, a biżuteria trafiała do Lombardu Miejskiego, gdzie ją wyceniano. Złoto dentystyczne i uszkodzone złote przedmioty odsyłano do firmy Degussa, gdzie były przetapiane.

Dowozić je miały ciężarówki, którymi zarządzał 35-letni SS-Hauptsturmführer Bruno August Peter Melmer[26]. Pierwsza dostawa nastąpiła 26 sierpnia 1942 roku. Jej rozładunek zajął 4 dni. Cała operacja objęta była największą tajemnicą, tak ścisłą, że samochody przyjeżdżały do Banku Rzeszy nocą. Zatrzymywały się na dziedzińcu, a ich ładunek przenoszono do skarbców i tam rozdzielano.

Według zeznań świadka Alberta Thomasa[27], szefa Departamentu Metali Szlachetnych Banku Rzeszy, do Berlina dowieziono z obozów koncentracyjnych ogółem 76 transportów zawierających „złoto, zagraniczną walutę, kosztowności jubilerskie, cenne kamienie, perły, koronki

[26] Bruno Melmer (1909–1982) – SS-Hauptsturmführer. Kierował SS-Hauptamt, Abt. A II, wewnętrznym bankiem Głównego Urzędu Gospodarczo-Administracyjnego SS. Według zachowanych dokumentów, w latach 1943–1945 kierował transportem złota z obozów koncentracyjnych do Berlina.

[27] Zeznania zostały złożone 26 maja 1948 roku.

i wypełnienia dentystyczne. Te, których nie udało się posortować, zawieziono do kopalni w Merkers w oryginalnych opakowaniach, tj. pudłach, skrzynkach i innych pojemnikach".

Żadnego z transportów złota obozów nie skierowano do Wrocławia.

Złoto Wrocławia było legendą.

Jaki więc majątek Hanke wywiózł z miasta, które zdecydował się zniszczyć, aby Hitler i Niemcy wiedzieli, że wypełnia rozkaz walki do ostatniego żołnierza, który już stracił swój sens?

7

Najbogatszy człowiek Europy

Generalny Gubernator Hans Frank, równie mocno przestraszony skalą represji, która spadła na najwyższych dowódców wojskowych i urzędników nazistowskiego państwa po lipcowym zamachu na Hitlera, nie musiał ukrywać przygotowań do ucieczki, a podobnie jak Hanke, miał powody do obaw o swoje życie. Obciążały go niezliczone zbrodnie. I głęboko przekonany, że nazizm jest przyszłością świata, nie starał się ich ukryć. Na wieść, że Reichsprotektor Czech i Moraw Konstantin von Neurath kazał rozplakatować ogłoszenie o rozstrzelaniu siedmiu czeskich studentów, powiedział do niemieckiego dziennikarza:

– Jeżeli miałbym obwieszczać o każdym rozstrzelaniu siedmiu Polaków, to nie starczyłoby lasów w Polsce do wyprodukowania papieru na te afisze.

To on kierował na terenie Generalnej Guberni akcją AB, co było skrótem od Außerordentliche Befriedungsaktion, Nadzwyczajnej Akcji Pacyfikacyjnej, która miała doprowadzić do wyniszczenia polskiej inteligencji.

Już w połowie 1944 roku zaczął przygotowywać swoją ucieczkę. Można odnieść wrażenie, że stracił kontakt z rzeczywistością i uważał, że wystarczy wyjechać z Krakowa, aby zagwarantować sobie bezpieczeństwo. Musiał oczywiście pamiętać, że nie wolno mu zwrócić uwagi Hitlera na zbyt pospieszne przygotowania do wyjazdu, ale miał dobry pretekst: mógł to nazwać ewakuacją rządu Generalnej Guberni, całkowicie zrozumiałą w obliczu nadciągających wojsk nieprzyjaciela, któremu nie można było oddać całej dokumentacji. I tak w zamku w Krzeszowicach, zabranym w 1940 roku właścicielom rodzinie Potockich, oraz w innych swoich rezydencjach w Krakowie, Krynicy-Zdroju, a także w Monachium i Neuhaus w Bawarii, przygotowywał bezpieczne miejsce dla majątku, który zgromadził na Wawelu.

Początkowo dał posłuch doradcom, którzy namawiali go, aby skarby złożyć w wawelskich piwnicach. Architekt dr Wilhelm Ernst von Palézieux[28] uznał, że wznoszące się nad nimi masywne mury królewskiego zamku przetrwają najsilniejszy ostrzał artyleryjski i bombardowanie. Frank ostatecznie zdecydował, że jego majątek należy przenieść na Dolny Śląsk, podobnie jak współpracowników i ich biura. Wrocław uznał za bezpieczniejsze miejsce niż Kraków. Zadzwonił więc do Hankego, pytając o możliwości bezpiecznego pobytu jego żony Brigitte i pięciorga dzieci w mieście. Równą troską otoczył swoją kochankę Lilli i jej męża.

Już w lipcu 1944 roku wszystko było gotowe do ucieczki.

25 lipca 1944 roku pisał do swojej żony:

> Już wszystko przygotowałem [do wyjazdu – B.W.], włączając moje futro.

Wysłał na Dolny Śląsk Pełnomocnika ds. Ewakuacji Placówek Służbowych Rządu Generalnego Gubernatorstwa na Górny i Dolny Śląsk dr. Ernsta Boepplego[29]. Towarzyszył mu Ernst Palézieux, co było nieomylnym

[28] Wilhelm Ernst von Palézieux (1906–1955) – z wykształcenia architekt, od 1942 roku był doradcą Generalnego Gubernatora ds. sztuki w kancelarii rządu Generalnego Gubernatora Hansa Franka jako intendent na Wawelu oraz referent ds. sztuki. Brał czynny udział w rabowaniu polskich zabytków. Skazany w 1948 roku przez polski sąd na 5 lat pozbawienia wolności. Zginął w wypadku samochodowym.

[29] Ernst Boepple (1887–1950) – działacz nazistowski, członek NSDAP od 1925 roku, w Krakowie od 1940 roku był drugim sekretarzem stanu GG. Schwytany przez Amerykanów w Bawarii, przekazany Polsce, został skazany na karę śmierci. Wyrok wykonano w Krakowie.

Hans Frank (z prawej) z żoną Brigitte (NAC).

znakiem, że ich głównym zadaniem będzie znalezienie schronienia dla dzieł sztuki rabowanych przez Hansa Franka z polskich muzeów i prywatnych kolekcji, o które zaciekle walczył z Reichsführerem SS Heinrichem Himmlerem. Już 15 listopada 1939 roku, a więc trzy tygodnie po utworzeniu Generalnej Guberni[30], wiedząc, że Himmler wysłał swoich ludzi do Warszawy, aby tam wyszukiwali najcenniejsze dzieła sztuki, Frank wydał zarządzenie, na mocy którego cały majątek państwa polskiego stanowił własność rządu okupacyjnego. Himmler zareagował na to szybko, gdyż 16 grudnia 1939 roku nakazał konfiskatę wszystkich przedmiotów z muzeów oraz zbiorów publicznych i prywatnych „będących w polskich i żydowskich rękach". Frank jednak okazał się twardym i przebiegłym przeciwnikiem, ponieważ 17 grudnia wydał dekret, na mocy którego konfiskacie

[30] Dekret w sprawie utworzenia Generalnej Guberni Adolf Hitler wydał 12 października 1939 roku z mocą obowiązującą od 26 października 1939 roku.

podlegały wszystkie zbiory sztuki w Generalnej Guberni. Do rywalizacji o polskie skarby włączył się też dr Hans Posse, którego pozycja była jeszcze silniejsza niż Himmlera i Franka, gdyż był pełnomocnikiem Hitlera do spraw utworzenia w austriackim Linzu muzeum (tzw. Führermuseum), do którego miał wynajdować dzieła sztuki. Ta trójka zaciekłych konkurentów potrafiła zawrzeć sojusz, gdy do walki o polskie skarby stanął czwarty grabieżca, Hermann Göring, poszukujący dzieł sztuki do swojego muzeum w leśnym pałacu Carinhall w Schorfheide. Frank, za zgodą Possego, przejmował „na przechowanie" najpiękniejsze i najbardziej wartościowe dzieła z polskich kolekcji: obrazy Leonarda da Vinci, Rafaela Santiego i Rembrandta. W ten sposób nie dopuścili, aby przejął je Göring.

Nie zachował się żaden dokument ani zeznania świadków o przyjeździe do Wrocławia w 1945 roku Boepplego i Palézieux oraz o ich spotkaniu z Gauleiterem Hankem, a wydaje się oczywiste, że musieli stawić się u wielkorządcy Dolnego Śląska, choćby ze względów protokolarnych. A przede wszystkim musieli uzyskać jego aprobatę i poparcie dla sprawnego wybrania lokali dla urzędników oraz znalezienia magazynów dzieł sztuki. Obydwaj wysłannicy mieli pełną świadomość, że będzie to tylko przystanek na drodze w głąb Niemiec.

Pałac Richthofenów w Sichowie (Seichau) wydawał się idealnym miejscem. Leżał na uboczu głównych szlaków, ale przez Jawor (Jauer) oddalony o 10 kilometrów biegła linia kolejowa. Już na początku sierpnia 1944 roku na tamtejszej stacji przeładowano na ciężarówki zawartość trzech wagonów towarowych. W dwóch z nich znajdowały się urządzenia biurowe i akta, zaś w trzecim były obrazy pozawijane w dywany i materiały zdarte z obić zabytkowych mebli. Wkrótce dotarły tam z Krakowa kolejne transporty urządzeń biurowych i dzieł sztuki. Przerzucono również zabytki kultury składowane w Świdnicy. Wnet okazało się, że pałac jest za mały i wysłannicy Franka musieli poszukać innego miejsca na Dolnym Śląsku, jeszcze bezpieczniejszego niż nieodległy Kraków.

8

Dzień, w którym zginęła Rzesza

12 stycznia 1945 roku z przyczółku pod Sandomierzem wyszły wojska 1. Frontu Ukraińskiego, wielkiej formacji liczącej milion żołnierzy. Kierunek ofensywy wskazywał, że utworzą południowe ramię wielkich kleszczy, które miały objąć Berlin i zdusić obronę miasta.

Dzień później z północy przystąpiły do ofensywy armie 3. Frontu Białoruskiego liczącego 700 tysięcy żołnierzy. A tuż po tym ofensywę podjęły wojska 2. Frontu Białoruskiego – 880 tysięcy żołnierzy.

14 stycznia z nadwiślańskich przyczółków ruszyły armie 1. Frontu Białoruskiego, aby po przełamaniu słabej obrony niemieckiej pójść dalej na zachód, najkrótszą drogą do Berlina.

Gigantyczny walec Armii Czerwonej toczył się w stronę Berlina, a Niemcy nie mieli siły, aby go zatrzymać.

Tym bardziej że niemal równocześnie na zachodzie zakończyła się klęską ich wielka ofensywa w Ardenach, rozpoczęta z rozmachem 16 grudnia 1944 roku.

Początkowe sukcesy hitlerowcy zawdzięczali zaskoczeniu, którym dla aliantów okazał się silny niemiecki atak. Wydaje się to dziwne, zważając na to, że przez całą wojnę zachodni alianci korzystali z dobrodziejstw wielkiego osiągnięcia polskich kryptologów, którzy złamali szyfr Enigmy. Mogli odczytywać depesze wychodzące z Naczelnego Dowództwa Wehrmachtu, a przygotowania tak wielkiej operacji z udziałem 30 dywizji

Ofensywa w Ardenach (archiwum autora).

(w tym 11 pancernych) wspieranych przez około 1000 samolotów wymagało ożywionej łączności radiowej. Duże znaczenie dla początkowych sukcesów Wehrmachtu miała fatalna pogoda. Mgły i niski pułap chmur uniemożliwiały działanie alianckiego lotnictwa. Jednakże po kilku dniach warunki atmosferyczne poprawiły się na tyle, że amerykańskie i brytyjskie samoloty mogły wystartować, a następnie blokować ruch niemieckich kolumn pancernych. Już 23 grudnia 1944 roku 31 obiektów było atakowane przez 2 tysiące bombowców i myśliwców, co skutkowało dezorganizacją dostaw amunicji i paliwa dla niemieckich wojsk. W efekcie uznawane za najlepsze czołgi drugiej wojny światowej, wielkie „Königstiger", które nie miały sobie równych w wojskach zachodnich aliantów, stawały na poboczach dróg z pustymi bakami, a załogi porzucały je i dołączały do oddziałów piechoty. 8 stycznia 1945 roku Hitler musiał zgodzić się na ograniczony odwrót. To oznaczało, że z dwóch stron, od zachodu i wschodu, na Berlin szły armie wrogów, zbyt potężne, aby Niemcy mogli je zatrzymać. Wehrmacht miał na zachodzie Europy 60 dywizji. Jednakże po załamaniu się ofensywy w Ardenach, związki te straciły wiele na swojej wartości bojowej. Brakowało im paliwa, amunicji i odwodów, a morale żołnierzy było niskie.

William Simpson (archiwum autora).

Po zajęciu przez Armię Czerwoną rumuńskich pól naftowych, produkcja paliw gwałtownie spadła. Niemcy mogli już tylko liczyć na dostawy ropy naftowej z węgierskich pól roponośnych w rejonie Balatonu. Sytuację pogarszały zmasowane naloty alianckiego lotnictwa na niemieckie rafinerie i zakłady produkujące benzynę syntetyczną. Wielki zakład Hydrierwerke Pölitz (Police), poważnie uszkodzony w czasie dwóch wielkich nalotów amerykańskich bombowców w styczniu i lutym 1945 roku, wykorzystywał zaledwie 10–20% swoich zdolności produkcyjnych.

Alianci mogli rzucić do boju 80 pełnowartościowych dywizji, w tym 23 dywizje pancerne. Ich lotnictwo panowało w powietrzu i mogło paraliżować ruchy niemieckich oddziałów pancernych, które miały jeszcze paliwo. W takiej sytuacji zachodni alianci mogli szybciej niż Rosjanie dojść do Berlina. Co więcej – wiele wskazywało, że chcą tak zrobić!

Amerykańska 9. Armia dowodzona przez generała Williama Simpsona uchwyciła dwa przyczółki na wschodnim brzegu Łaby. Już 15 marca 1945 roku dwie dywizje z tej armii – 83. Dywizja Piechoty i 2. Dywizja Pancerna gotowe były do uderzenia wzdłuż autostrady Magdeburg-Berlin, a zważając na to, że Niemcy koncentrowali swoje siły na wschodzie, amerykańscy żołnierze mogli szybko przebić się do stolicy Rzeszy. Jednakże generał Simpson niespodziewanie został wezwany na naradę do kwatery dowódcy 12. Grupy Armii generała Omara Bradleya w Wiesbaden.

– Chcę ci powiedzieć, że musisz zatrzymać swoje wojska tam, gdzie są – oświadczył generał Bradley. – Nie możesz pójść do przodu. Musisz wycofać się za Łabę.

– Skąd, do cholery, to się wzięło?! – wykrzyknął wściekły Simpson. – Mogę być w Berlinie w ciągu 24 godzin!

– Właśnie wracam od Ika [generała Dwighta Eisenhowera głównodowodzącego alianckimi wojskami – B.W.].

Oznaczało to, że rozkaz zatrzymania wojsk pochodził od najwyższego dowódcy i jakakolwiek dyskusja nie miała sensu.

Jednakże zachodni alianci nie byli zgodni. Brytyjczycy uznali, że rozgrywki w amerykańskim dowództwie nie dotyczą ich wojsk. Brytyjska 21. Grupa Armii szykowała się do uderzenia na Berlin i powstało pytanie, czy Amerykanom uda się wpłynąć na jej krewkiego dowódcę, marszałka polnego Bernarda Lawa Montgomery'ego, aby zaniechał planów wkroczenia do stolicy Trzeciej Rzeszy. Mogło być to trudne, gdyż marzyła mu się sława zdobywcy Berlina, w równym stopniu jak marszałkowi Żukowowi.

Radzieckie armie szybko przedzierały się przez polskie równiny. Dywizje piechoty pokonywały od 20 do 22 kilometrów dziennie, a dywizje pancerne i zmechanizowane od 30 do 35. W ciągu dwudziestu trzech dni od wyruszenia znad Wisły doszły do Odry. Ten pośpiech kosztował wiele krwi i ofiar. Armia Czerwona straciła ponad 77 tysięcy żołnierzy. Wydawałoby się, że wojska Żukowa będą musiały odbudować swoją siłę, uzupełnić straty w ludziach i zmagazynować setki tysięcy ton amunicji, paliwa i żywności koniecznych dla kontynuowania ofensywy. Każdego dnia zaopatrzenie dla armii Frontu Żukowa było dowożone przez 70 pociągów towarowych i 50–60 tysięcy samochodów ciężarowych. A linie komunikacyjne wydłużyły się nadmiernie. Co prawda, na obszarze Polski poszerzano rozstaw torów, aby nie trzeba było zmieniać podwozi wagonów, ale mimo najsprawniejszej organizacji przygotowanie wojsk do ostatecznej ofensywy musiało zająć wiele tygodni.

Czy marszałek Żukow jednak uznał, że może nie czekać na uzupełnienia?

9

Tajemnica kwatery generała Kołpakcziego

Co wydarzyło się 4 lutego 1945 roku?

Tego dnia Żukow przyjechał do kwatery dowódcy 69. Armii generała Władimira Kołpakcziego[31]. Zjechali też dowódcy innych armii, aby naradzić się w sprawie najważniejszej operacji, która ich czekała: ofensywy berlińskiej.

Wśród przybyłych był generał Wasilij Czujkow, bohater spod Stalingradu, który doprowadził swoją 8. Gwardyjską Armię do Odry. Według jego relacji do pokoju niespodziewanie wszedł żołnierz, informując, że dzwoni towarzysz Stalin. Było to dość dziwne, gdyż w tym czasie Stalin był już w Jałcie, gdzie rozpoczynała się konferencja przywódców trzech mocarstw. Jednakże nie ma podstaw, żeby nie wierzyć Czujkowowi, który wyjaśniał, że siedział obok Żukowa, gdy ten sięgnął po słuchawkę. Mógł więc wyraźnie słyszeć rozmowę.

– Gdzie jesteście? Co robicie? – zapytał Stalin.

– Jestem w kwaterze Kołpakcziego. Wszyscy dowódcy armii zebrali się tutaj. Planujemy operację przeciwko Berlinowi – odpowiedział Żukow.

– Tracicie czas – burknął Stalin. – Po skoncentrowaniu wojsk nad Odrą musicie skierować jak najwięcej sił na północ, w stronę Pomorza, i w połączeniu z Rokossowskim rozbić Grupę Armii „Wisła".

---

31 Władimir Kołpakczi (1899–1961) – generał, od 1938 roku dowodził dużymi związkami (korpusem i armiami), w 1944 roku przejął dowodzenie 69. Armią szturmującą Berlin. Zginął w katastrofie lotniczej.

Władimir Kołpakczi
(archiwum autora).

Na koniec Stalin nakazał Żukowowi, aby ten jak najszybciej przedstawił plan wykonania rozkazu.

Żukow nie odpowiedział nic. Nie podjął dyskusji z Naczelnym Wodzem, jak miał to w zwyczaju, gdy rozkazy Stalina mu nie odpowiadały. Odłożył słuchawkę, wstał i szybko wyszedł z pokoju.

„Zrozumieliśmy, że ofensywa na Berlin została odłożona na nieokreślony czas" – wspominał Czujkow.

Wiele lat później, w 1964 roku w wywiadzie dla radzieckiej gazety, Czujkow powiedział:

> Do dzisiaj nie rozumiem, dlaczego marszałek Żukow, jako pierwszy zastępca Naczelnego Dowódcy i jako ktoś, kto doskonale znał sytuację, nie podjął próby przekonania Stalina o konieczności prowadzenia ofensywy na Berlin zamiast na Pomorze (…) Dlaczego zgodził się ze Stalinem bez mrugnięcia?

W ocenie Czujkowa wojska radzieckie stojące nad Odrą były już w lutym odpowiednio przygotowane do wielkiej operacji. Gdyby tak się stało, wojna zakończyłaby się trzy miesiące wcześniej, co pozwoliłoby zaoszczędzić dziesiątki, a może nawet setki tysięcy istnień ludzkich. Nie tylko żołnierzy, lecz także więźniów obozów koncentracyjnych.

Jednakże Żukow w swoich pamiętnikach zaprzeczył, że taka rozmowa miała miejsce. Co więcej, dowodził, że 4 lutego nie był w kwaterze Kołpakcziego, lecz wizytował innego dowódcę. Być może Czujkow pomylił datę, co pozwoliło Żukowowi zakwestionować całe wspomnienie dziwnej sytuacji.

Czy rzeczywiście Stalin mógł rozważać wstrzymanie ofensywy na Berlin i skierowania wojsk na północ?

Czy może odezwało się wspomnienie dotkliwej klęski komfronta[32] Michaiła Tuchaczewskiego pod Warszawą w 1920 roku? Stalin dobrze pamiętał błąd, który popełnił Tuchaczewski, wysyłając armie na podbój Warszawy bez południowego skrzydła, co umożliwiło polskim wojskom wyprowadzenie kontrofensywy znad Wieprza, która zadecydowała o klęsce bolszewików. To Stalin przyczynił się do tej klęski, wstrzymując odesłanie spod Lwowa dwóch armii, które miały utworzyć południowe skrzydło frontu Tuchaczewskiego. Chciał je zachować dla siebie, aby zdobyć miasto. W jego karierze partyjnego biurokraty brakowało tytułu „zdobywca Lwowa", więc sabotował rozkazy Naczelnego Dowództwa.

W 1945 roku w rozstawieniu radzieckich armii szykujących uderzenie na Berlin też zabrakło skrzydła, tym razem północnego. Armie 2. Frontu Białoruskiego dowodzonego przez marszałka Konstantego Rokossowskiego nie doszły na czas nad dolną Odrę, skąd mogłyby rozpocząć ofensywę na Berlin. Tempo ich marszu spowolniły wyniszczające walki o Prusy Wschodnie. W takiej sytuacji idący od Poznania 1. Front Białoruski Żukowa i przedzierający się przez Dolny Śląsk 1. Front Ukraiński Koniewa ruszyłyby na Berlin bez osłony od północy, a stamtąd należało się spodziewać kontrofensywy Grupy Armii „Wisła" (Heeresgruppe Weichsel), która w ocenie Stalina stanowiła realne zagrożenie dla operacji berlińskiej.

Czy Stalin się mylił? Ta Grupa Armii nie mogłaby zagrozić Frontowi Żukowa.

Utworzono ją pośpiesznie w końcu stycznia 1945 roku, łącząc pozostałości dwóch Grup Armii, mocno pokiereszowanych w walkach na froncie wschodnim i w czasie odwrotu przez polskie ziemie do linii Odry,

[32] W 1920 roku w Armii Czerwonej nie używano stopni oficerskich, lecz jedynie funkcyjne, jak np. komfront – dowodzący frontem, komdiw – dowodzący dywizją czy kombryg – dowodzący brygadą.

oraz nowo formowanych jednostek. Co gorsza, Hitler oddał dowodzenie tym związkiem Heinrichowi Himmlerowi, który nie miał żadnego doświadczenia dowódczego, ani nawet bojowego.

A jednak Stalin zdecydowany był zatrzymać ofensywę na Berlin. Musiał mieć poważny powód, gdyż bardzo obawiał się, że zachodni alianci wcześniej niż jego armie dojdą do Berlina. Czy w jego kalkulacjach naprawdę chodziło o to, aby słaba Grupa Armii „Wisła" została rozbita, a front Rokossowskiego zajął miejsce na północy, skąd uderzyłby na Berlin? Już na początku kwietnia 1945 roku zrezygnował z tych planów. Mówił do marszałka Żukowa, którego wezwał na Kreml, aby przedstawił plan operacji berlińskiej.

Żukow poinformował go:

– 2. Front Białoruski [Rokossowskiego – B.W.], według wszelkich danych, w związku z ostateczną likwidacją nieprzyjaciela w rejonie Gdańska i Gdyni, zatrzyma się tam do połowy kwietnia i nie będzie w stanie rozpocząć natarcia z rubieży Odry jednocześnie z 1. Frontem Białoruskim [Żukowa – B.W.] i 1. Frontem Ukraińskim [Koniewa – B.W.].

– No cóż – powiedział Stalin – trzeba będzie zacząć operację, nie czekając na Rokossowskiego. Jeśli spóźni się o kilka dni – bieda niewielka.

Wydaje się, że nie martwił się o uzupełnienie północnego skrzydła wojsk wyznaczonych do przeprowadzenia operacji berlińskiej. Bardziej interesowało go miejsce na północy, którego znaczenie już znał, i zależało mu, aby to jego wojska zajęły je jak najszybciej.

Stalin nie miał wątpliwości, że szybko przyjdzie czas, gdy jego Armia Czerwona zmierzy się z amerykańskimi siłami zbrojnymi. Mógł nawet być pewien przewagi swoich wojsk, ale to nie gwarantowało wygranej wojny.

10

Wojna o tajną broń

Warunkiem zwycięstwa w nowej wojnie było zniszczenie przemysłu, aby nie mógł zasilać walczących wojsk, a Stany Zjednoczone chronione przez dwa oceany od wschodu i zachodu mogły czuć się bezpieczne, gdyż żadne państwo ówczesnego świata nie mogło zaatakować ich miast i fabryk. Nawet największy i najcięższy radziecki bombowiec Pe-8, startując z lotniska na Syberii, skąd było najbliżej do USA, nie mógłby tam dolecieć. Opracowany w połowie lat 30. jako TB-7[33] był już przestarzały, a jego osiągi zbyt słabe: z ładunkiem 2 ton bomb miał zasięg niespełna 4 tysięcy kilometrów. Dlatego Stalin żądał od sojuszników, aby w ramach Lend-Lease dostarczyli radzieckim siłom powietrznym bombowce B-29, czego Amerykanie nie zrobili. Podejmował więc kolejne próby, aby uzyskać od USA inne bombowce dalekiego zasięgu, choć słabsze od „Superfortec", ale kolejna propozycja przysłania do ZSRR 240 B-17 Flying Fortress i 300 sztuk B-24 Liberator też została odrzucona. Wtedy zdarzył się wypadek, który mógł wiele zmienić.

Kapitan Howard J. Jarrell, dowódca B-29 uszkodzonego 29 lipca 1944 roku w czasie nalotu na japońską stalownię Shōwa Steel Works w Ashan w Mandżurii, uznał, że nie uda im się wrócić na macierzyste lotnisko

---

[33] W 1942 roku, dla uczczenia pamięci konstruktora Władimira Pietlakowa, który zginął w katastrofie lotniczej, zmieniono oznaczenie samolotu.

Chengdu w Chinach. Odłamki pocisków zerwały instalację elektryczną, co spowodowało zakleszczenie dwóch ostatnich bomb w komorze. Jeden z silników pracował z przerwami, a z jednego ze zbiorników wyciekało paliwo. Ponadto pokładowa radiostacja mogła tylko odbierać komunikaty, a załoga nie mogła nawiązać łączności ani z sąsiednimi bombowcami, ani z bazą. Dlatego skierował samolot do Władywostoku, dokąd dotarł szczęśliwie, i wylądował na lotnisku Tawriczanka pod miastem. Stalin zabronił oddania Amerykanom ich samolotu. Przetransportowano go do Moskwy, gdzie Andriej Tupolew, konstruktor niedawno zwolniony z więzienia, otrzymał polecenie obejrzenia samolotu i zbudowania jego kopii.

W tym samym czasie radziecki wywiad donosił o przygotowaniach Niemców do ostrzeliwania Londynu za pomocą nowej broni. Już 13 czerwca 1944 roku, a więc na kilka godzin przed rozpoczęciem przez Niemców ostrzału Londynu z użyciem pocisków V-1, Stalin wezwał dowódcę wojsk lotniczych marszałka Aleksandra Nowikowa oraz ludowego komisarza przemysłu lotniczego Aleksieja Szachurina, aby nakazać im jak najszybszą budowę radzieckich bomb latających. Być może dyktator już słyszał o osiągnięciach młodego radzieckiego naukowca Władimira Czełomieja, który od 1943 roku projektował odrzutowe pociski. Dziesiąta wersja okazała się na tyle dobra, że w 1945 roku oznaczona 10 Ch[34] została poddana próbom wystrzeliwania z samolotu. Szybko jednak okazało się, że niemieckie V-1 są lepsze, w związku z czym pocisk Czełomieja nie był rozwijany.

W tym samym czasie radzieccy naukowcy dostali szansę przetestowania wyrzutni rakiet V-2 zdobytych w rejonie Pskowa i Tallina, skąd Niemcy zamierzali ostrzeliwać Leningrad. Radziecka ofensywa w styczniu 1944 roku zmusiła ich do tak pospiesznej ewakuacji, że pozostawili wiele urządzeń startowych, na co radzieckie dowództwo nie zwróciło uwagi, nie widząc możliwości ich wykorzystania. Dopiero list od premiera Churchilla

[34] W cyrylicy „Ch" ma kształt „X", dlatego w literaturze anglojęzycznej ten pocisk mylnie określany jest jako 10-X.

wskazał Stalinowi, że warto jak najszybciej i jak najpoważniej zabrać się do zbadania tego, co zostawili Niemcy. Brytyjski premier, zapewne pod wpływem swoich doradców naukowych, zdecydował się poprosić Stalina o wpuszczenie ekspertów na niemiecki poligon rakietowy we wsi Blizna na Podkarpaciu. W dniu, w którym wysłał list do Stalina, poligon wciąż był w niemieckich rękach. Zacięte walki o ten rejon, w jakich poległo około tysiąc żołnierzy radzieckich, rozpoczęły się dopiero w sierpniu 1944 roku i trwały dwa dni. Co więc skłoniło Churchilla do takiego pośpiechu? Brytyjski wywiad donosił, że niemieccy naukowcy pracują nad zastosowaniem radiowego naprowadzania rakiet V-2. Co prawda pierwsza rakieta tego typu, jeszcze bez zdalnego kierowania, spadła na londyńską dzielnicę Chiswick 8 sierpnia 1944 roku, ale doniesienia polskiego wywiadu i zdjęcia lotnicze wielkich schronów budowanych na wybrzeżu Francji wskazywały, że lada dzień rozpoczną się zmasowane ataki. Zastosowanie radiowego naprowadzania rakiet oznaczałoby, że będą bardziej celne, ale jednocześnie dawało Brytyjczykom szansę zakłócania ich lotu. Musieli więc zbadać najnowsze konstrukcje, a takie mogły być na poligonie w Bliźnie.

Stalin odpowiedział brytyjskiemu premierowi 20 lipca 1944 roku:

> W nawiązaniu do Pana ostatniego listu, wydałem odpowiednie instrukcje w sprawie eksperymentalnej stacji w Dębicach[35]. Generał Sławin, przedstawiciel Sztabu Generalnego, nawiąże niezbędny kontakt z generałami Burrowsem i Deanem. Doceniam wielkie zainteresowanie brytyjskiego rządu. Obiecuję przejąć nad tą sprawą osobistą opiekę, aby zrobić wszystko, co tylko możliwe.

Brytyjczyków, którzy przez Teheran dolecieli do Moskwy, przyjęto serdecznie i na początku września dowieziono na miejsce. Przeszukali poligon, zebrali półtorej tony części niemieckich rakiet i urządzenia

[35] Stalin podał nazwę miasta w pobliżu niemieckiego poligonu w Bliźnie.

służące do ich obsługi. Nie zdziwiło ich, że radzieccy oficerowie zwlekają z wysłaniem skrzyń do Wielkiej Brytanii, a kiedy wreszcie dotarły do Royal Aircraft Establishment w Farnborough, okazało się, że były w nich stare silniki samolotowe. To, co miało wartość, czyli rakietowe zbiorniki paliwa, komory spalania oraz elementy systemu naprowadzania, pozostało w Moskwie. Tam zajęli się nimi członkowie specjalnego zespołu „Rakieta" utworzonego w lecie 1944 roku przy Ludowym Komisariacie Przemysłu Lotniczego. Uznali, że niemieckie rakiety były piętnaście, a nawet dwadzieścia razy potężniejsze niż rakiety, nad którymi pracowali radzieccy konstruktorzy, chociaż to oni przed wojną mieli znaczące osiągnięcia. Jeden z czołowych rakietowych specjalistów Grigorij Aleksandrowicz Tokajew (znany również jako Grigorij Totakty), który w 1948 roku uciekł do Wielkiej Brytanii, napisał:

> Rakieta Nr 09 Tichonrawowa[36] wystartowała na długo, zanim V-2 pojawiła się na papierze. (...) Silnik rakietowy ORM-65 L.S. Duszkina został zaprojektowany, zbudowany i przetestowany [w 1936 roku – B.W.], zanim ktokolwiek dowiedział się o niemieckim HWK-1-9-509 [silnik rakietowy Waltera skonstruowany w 1943 roku, użyty do napędu samolotu Me 163 – B.W.] (...) Nasz BI-1 [myśliwiec rakietowy oblatany w 1942 roku – B.W.] długo przed niemieckim Me 163B. Ale historycznym faktem jest, że to oni, Niemcy, wyprodukowali tysiące V-2 i wiele Me 163B, gdy my zaniechaliśmy produkcji rakiet typu V-2 i rakietowych myśliwców.

Stalin zrozumiał, że musi nadrobić stracony z jego winy czas. Uznał, że należy przechwycić miejsca dużo ważniejsze niż poligon w Bliźnie, gdzie tylko testowano rakiety. Biura konstrukcyjne, w których pracowali główni

[36] Michaił Tichonrawow (1900–1974) – radziecki konstruktor, w 1933 roku skonstruował rakietę na paliwo ciekłe GIRD-09.

Wernher von Braun (archiwum autora).

konstruktorzy rakiet Wernher von Braun i Walter Dornberger[37], dokumentacja techniczna, stanowiska startowe i hamownie silnikowe, to wszystko było w Peenemünde. To miejsce miało równie duże znaczenie dla Hitlera, który wciąż mówił o cudownej broni, a jedyną, którą mógł zaatakować Anglię, były rakiety V-2 i skrzydlate pociski V-1. Czy to w ich obronie rozpoczęła się operacja o kryptonimie „Sonnenwende" (przesilenia dnia z nocą)? Dziwna operacja, którą miały wykonać jedna niemiecka armia i trzy korpusy pancerne SS. Wydawałoby się: duże siły, dysponujące 300 czołgami. Jednakże była to tylko pozostałość wielkiego planu, który naszkicował ge-

[37] Walter Dornberger (1895–1980) – generał brygady, absolwent wyższych uczelni technicznych w Berlinie i Charlottenburgu (podberlińskie miasto). Od maja 1937 roku kierował ośrodkiem doświadczalnym w Peenemünde, a następnie przejął odpowiedzialność za rozwój programu rakietowego V-2. Po wojnie do 1947 roku był w brytyjskiej niewoli. Przekazany władzom USA, pracował tam przy projektach rakietowych.

nerał Heinz Guderian[38]. Marzyło mu się zatrzymanie wojsk radzieckich nad Odrą. W tym celu postanowił wyprowadzić potężne uderzenia z kilku miejsc długiego frontu biegnącego od Szczecina do Wrocławia.

Kontrofensywa miała ruszyć z południa, spod Gubina (Guben) nad Nysą Łużycką, także spod Głogowa (Glogau), a na północy z rejonu Stargardu. Ten plan miał szanse powodzenia, gdyż wojska radzieckie dopiero doszły do Odry, wyczerpane długim i intensywnym marszem przez polskie ziemie, bez zapasów żywności, nieprzygotowane do odparcia silnego uderzenia. Ostatecznie jednak niewiele pozostało z zamysłu Guderiana. Brakowało wojsk, więc zrealizowanie planu wymagało ściągnięcia nad Odrę oddziałów Grupy Armii „Kurlandia" z Półwyspu Kurlandzkiego, odciętych tam w październiku 1944 roku przez Armię Czerwoną[39]. Oddziały liczące 180 tysięcy żołnierzy zachowały sprawność i siłę bojową, ale pozbawione dostaw, nie mogły podjąć próby przebicia się przez radzieckie linie. Propozycja Guderiana, polegająca na ewakuowaniu drogą morską i włączeniu tych wojsk do operacji nad Odrą, wywołała gwałtowną kłótnię z Hitlerem, który zabronił wycofania Grupy Armii z Półwyspu Kurlandzkiego. Pozostała na pozycjach do 23 maja 1945 roku, kiedy poddała się i 180 tysięcy żołnierzy poszło do niewoli.

Hitler zgadzał się, że należy podjąć wielką operację, która przywróciłaby Niemcom wiarę w zwycięstwo, ale zamierzał tego dokonać w innym miejscu frontu wschodniego. Ku zaskoczeniu generałów uznał, że o wiele ważniejszy dla obrony Rzeszy jest rejon Budapesztu, a nie front nadodrzański. Stało się to obsesją Führera od czasu, gdy w wigilię Bożego Narodzenia 1944 roku wojska radzieckie okrążyły Budapeszt. Nakazał, aby IV Korpus

---

[38] Heinz Guderian (1888–1954) – generał, autor nowatorskich w latach 30. koncepcji użycia broni pancernej, w czasie wojny dowodził dużymi związkami pancernymi, które walczyły w Polsce, Francji i ZSRR. W lipcu 1944 roku został szefem sztabu Naczelnego Dowództwa Wojsk Lądowych. 10 maja 1945 roku dostał się do amerykańskiej niewoli, z której zwolniono go 17 czerwca 1948 roku.

[39] Grupa Armii „Kurlandia" utworzona została w styczniu 1945 roku z jednostek Grupy Armii „Północ", która była odcięta na Półwyspie Kurlandzkim od października 1944 roku.

Pancerny SS odblokował miasto. Dwie dywizje pancerne: SS „Wiking" i SS „Totenkopf" wycofano spod Warszawy i 26 grudnia posłano pociągami przez Pragę, Wiedeń, Bratysławę do Komarna, aby tam przygotowały się do walki, która miała rozpocząć się 31 grudnia. Niemieckie wojska w Polsce zostały w ten sposób poważnie osłabione, gdyż do obrony wielkiego frontu liczącego 1200 kilometrów pozostało tylko 12 dywizji.

Ofensywa na Węgrzech, która zaczęła się zgodnie z planem, trwała tylko do 11 stycznia 1945 roku, kiedy to dowództwo musiało przerwać dalsze działania ze względu na bardzo wysokie straty. Hitler, niezrażony tym niepowodzeniem, postanowił wzmocnić siły uderzające na Budapeszt oddziałami 6. Armii Pancernej wycofywanej z zachodu po nieudanej ofensywie w Ardenach.

Guderian usiłował wytłumaczyć Führerowi bezsens jego decyzji. Powołał się na opinię szefa wywiadu Fremde Heere Ost, generała Reinharda Gehlena.

Tak wspominał rozmowę z Naczelnym Wodzem:

> Gehlen miał starannie przygotowaną dokumentację sytuacji wroga, z mapami i diagramami, które dawały jasny obraz (...). Hitler wpadł we wściekłość, gdy pokazałem mu te dokumenty, nazywając je całkowicie głupimi, i zażądał, abym posłał ich autora do domu dla obłąkanych. Ja też rozzłościłem się. „To jest praca generała Gehlena – powiedziałem do Hitlera. – Jest jednym z moich najlepszych oficerów sztabowych. Nie pokazałbym tego panu, gdybym wcześniej się z nim nie zgodził. Jeżeli żąda pan, abym odesłał Gehlena do domu wariatów, to niech pan także mnie tam pośle".

Guderian przekonywał, że węgierska sieć kolejowa jest niewydolna i miną tygodnie, zanim uda się skoncentrować tam wojska będące przeciwwagą dla wojsk radzieckich. A nad Odrą potężna armia pancerna dowodzona prze Seppa Dietricha gotowa byłaby do ofensywy w ciągu dziesięciu dni. Nie zdołał przekonać Führera, który nakazał ponowić ataki na Budapeszt, co po raz wtóry zakończyło się klęską. 27 stycznia dwie niemieckie dywizje pancerne, mocno osłabione, musiały wycofać się spod Budapesztu i okopały się na północ od jeziora Balaton, aby tam bronić pól naftowych i rafinerii w rejonie miasta Nagykanizsa. Hitler wreszcie uzyskał argument na poparcie jego strategicznych zamysłów. Mówił do Guderiana:

– Złoża węgierskiej ropy naftowej i pobliskie rafinerie są niezbędne po zbombardowaniu niemieckich fabryk benzyny syntetycznej i stały się decydujące dla prowadzenia wojny. Brak dostaw paliwa oznacza, że pana czołgi nie ruszą, a pana samoloty nie wystartują. Musi pan to dostrzec. Ale to tak jest: moi generałowie nie rozumieją niczego z ekonomii wojny!

To Guderian miał rację, gdyż 6. Armia Pancerna dopiero na początku marca mogła dojechać na Węgry i niemalże z marszu, w nocy z 5 na 6 marca, podjęła walkę, która szybko się zakończyła, gdyż Niemcy nie mieli wystarczających sił, aby pokonać Armię Czerwoną.

A jednak niemieckie dowództwo zdecydowało się rozpocząć nad Dolną Odrą ograniczoną akcję o lokalnym zasięgu. Jaki miała sens w sytuacji, gdy było wiadomo, że brakuje żołnierzy, sprzętu i paliwa? Nawet jeżeli dywizje spod Stargardu doszłyby do odległego o 100 kilometrów Kostrzyna, aby odblokować miasto oblegane od 31 stycznia 1945 roku, to zużyłyby zapasy, konieczne do dalszych zaciętych walk o strategicznie położone miasto. Rosjanie, którzy zdecydowali, że stamtąd wypuszczą główną ofensywę w kierunku Berlina, zmietliby ich.

Kadłubkowa operacja „Sonnenwende" zakończyła się tak, jak można było przewidzieć.

Pierwszego dnia odnotowano pewne sukcesy. Atakujące oddziały dzięki zaskoczeniu odrzuciły wojska wroga na 10–15 kilometrów. To było wszystko, co mogły osiągnąć. Drugiego dnia udało im się odpierać radzieckie kontrataki, ale już trzeciego dnia operacja musiała się zakończyć, ze względu na ogromną przewagę wroga, brak amunicji i paliwa.

Generał Walther Wenck, wyznaczony do dowodzenia operacją „Sonnenwende", a także generał Hans Krebs, który zajął miejsce Wencka po

Otto Skorzeny podczas operacji „Sonnenwende" (archiwum autora).

jego wypadku samochodowym, nie mogli mieć złudzeń, że uda się odepchnąć radziecką potęgę. Mimo bardzo dużych strat, jakie radzieckie fronty poniosły w walkach w Polsce, wciąż miały przygniatającą przewagę: 5,5 raza więcej żołnierzy, 5,7 raza więcej pojazdów pancernych i aż do 17,7 raza więcej samolotów.

Niemcom pozostało tylko liczyć straty. Duże i dotkliwe, zwłaszcza w okresie, gdy każdy dobrze wyszkolony i doświadczony żołnierz, każdy pojazd pancerny zyskiwał coraz większą wartość dla Niemiec.

W tym czasie 60 kilometrów na południowy zachód od Stargardu w rejonie miasteczka Schwedt trwała równie szaleńcza operacja, której sensu nie da się wytłumaczyć. Tym bardziej że zaczęła się w ogromnym pośpiechu, bez koniecznej koordynacji z innymi przedsięwzięciami Waffen-SS lub Wehrmachtu. Zaczęła się rano 31 stycznia 1945 roku, gdy pierwszy oddział wojsk dowodzonych przez SS-Obersturmbannführera Otto Skorzenego przeszedł przez most na prawy brzeg Odry. Wpis z dziennika Himmlera wskazuje, że Skorzeny otrzymał rozkaz wyruszenia do tej akcji… dzień wcześniej, i to telefonicznie! Himmler nakazał mu „uformowanie przyczółku na wschodzie od rzeki Odry w pobliżu Schwedt", a następnie dodał:

> I utrzyma pan ten przyczółek, robiąc wszystko, co tylko możliwe, tak, aby armia mogła rozpocząć stamtąd ofensywę.

Skorzeny zdawał sobie sprawę, że otrzymał rozkaz podjęcia operacji, która nie miała większego sensu.

Napisał później, nie ujawniając i nie komentując wyjątkowego, wprost dyletanckiego charakteru telefonicznego rozkazu:

> Od Himmlera, jako dowódcy Grupy Armii „Wisła", otrzymałem 30 stycznia 1945 roku rozkaz udania się do Schwedt nad Odrą ze wszystkimi jednostkami, którymi dysponowałem. Moim zadaniem było utworzenie przyczółku mostowego na prawym brzegu rzeki, z którego miano w przyszłości rozpocząć kontrofensywę (...). W rozkazie stwierdzono ponadto, że w czasie marszu bojowego powinienem wyzwolić zajęte już przez Rosjan miasteczko Freienwalde [obecnie Chociwel – B.W.].

Zarówno Skorzeny, jak i doświadczeni oficerowie Wehrmachtu fatalnie oceniali Himmlera jako dowódcę Grupy Armii. Trudno się było spodziewać innych ocen, skoro Reichsführer SS, bez wątpienia doskonały biurokrata i sprawny administrator, nie miał pojęcia o działaniach wojsk na polu bitwy, zwłaszcza tak dużych związków, jakim była Grupa Armii.

Rozpoczynanie kontrofensywy, która miałaby wpłynąć w jakimkolwiek stopniu na bieg wojny na froncie wschodnim, nie miało sensu. Oznaczałoby tylko jedno: rozproszenie i osłabienie wojsk, które miały bronić centralnego punktu Rzeszy. Czy więc obydwu operacji nie podjęto po to, aby obronić najważniejsze miejsce, już nie w tej wojnie, ale dla powojennego świata? Peenemünde. Ten ośrodek w ostatnim okresie wojny wpadł w ręce SS.

11
Diabeł

Reichsführer SS Heinrich Himmler jak diabeł potrafił wynajdować ludzi nadzwyczaj sprawnych i ambitnych, wybitnie zdolnych i całkowicie pozbawionych ludzkich uczuć, niecofających się przed największą zbrodnią. Takim był Hans Kammler. Absolwent Wydziału Architektury Technische Universität Danzig (Politechniki Gdańskiej), doktor politechniki w Hanowerze, od 1933 roku służący w SS, zwrócił na siebie uwagę pracą w Głównym Urzędzie Gospodarczo-Administracyjnym SS[40], swoistym rządzie kierującym funkcjonowaniem sił zbrojnych, powszechnej organizacji Algemeine, obozów koncentracyjnych i przedsięwzięciami gospodarczymi. W 1940 roku stanął na czele Amtsgruppe C (Bauwesen), urzędu zajmującego się budownictwem. Bez wątpienia nie zaspokajało to ambicji Kammlera. Również Himmler widział go na wyższym stanowisku. Nawet ministra uzbrojenia i amunicji. Chciał, aby to stanowisko należało do jego człowieka, który dałby pierwszeństwo Waffen-SS w przydziałach najnowocześniejszej broni i wyposażenia. Była to dziedzina zastrzeżona dla Urzędu Uzbrojenia Armii, a ten niechętnie patrzył na morderców Himmlera, którzy na polu bitwy wykazywali się niesłychaną dyscypliną, odpornością

[40] W 1942 roku Urząd Gospodarczo-Administracyjny SS połączono z Głównym Urzędem Budżetu i Budownictwa SS (SS-Hauptamt Haushalt und Bauten), tworząc Główny Urząd Gospodarczo-Administracyjny SS (SS-Wirtschafts- und Verwaltungshauptamt, SS-WVHA).

Hans Kammler
(archiwum autora).

i bitnością, ale popełniali zbrodnie budzące protesty oficerów Wehrmachtu. Szansa na przejęcie przez SS urzędu ministra powstała po gwałtownej śmierci ministra Fritza Todta. 8 lutego 1942 roku samolot, którym wracał do Berlina po konferencji u Hitlera w Wilczym Szańcu, tuż po starcie rozpadł się w powietrzu. Nigdy nie udowodniono, że stało się to w wyniku zamachu, ale przyczyn wypadku nie wyjaśniono. Himmler zabiegał wówczas o opuszczone stanowisko dla swojego pupila, ale Hitler zadecydował inaczej, powierzając je Albertowi Speerowi, ulubionemu architektowi, który dowiódł, jak sprawnym jest organizatorem, budując w ciągu roku wielką siedzibę Kancelarii Rzeszy. Reichsführer SS, skoro nie miał szans na przeforsowanie swojego kandydata, powierzył Kammlerowi dziedzinę szczególnie ważną dla jego planów: budowę i rozbudowę obozów koncentracyjnych, a także urządzeń do eksterminacji więźniów i spopielania ich ciał. Kammler nie zawiódł go.

Już 26 września 1941 roku podjął decyzję o konieczności budowy nowych obozów dla jeńców radzieckich w Brzezince (Birkenau), sąsiadujących z wielkim obozem Auschwitz, której to decyzji oczekiwał Himmler. Potrzebował tego, aby urzeczywistnić ideę, którą nosił w sercu od lat: niemieckiego osadnictwa na wschodzie Europy. Już na początku lat 20. widział siebie jako żołnierza, wyruszającego w szeregach nowej krucjaty na Wschód. Wierzył, że tam, na zdobytych ziemiach, będzie wiódł życie z wybraną kobietą.

(...) pracuję dla mojej idealnej niemieckiej kobiety. Z tym ideałem spędzę życie na Wschodzie, daleko od piękna Niemiec. Będę walczył, aby pójść tą drogą jako Niemiec. (...) Na Wschodzie musimy walczyć i osiedlać się.

Na jego polecenie Hans Kammler opracował Friedensbauprogramm, co można przetłumaczyć jako program pokojowego budownictwa. Zrobił to z rozmachem, proponując przedsięwzięcie, które miało kosztować 13 miliardów marek. A jednak Himmler uznał ten plan za mało ambitny. Kammler szybko rozszerzył pierwotny projekt, zakładając wydanie 20–30 miliardów marek na budowę osiedli na wschodzie, a dodatkowo przewidział skierowanie tam 175 tysięcy robotników przymusowych, którzy mieli budować i obsługiwać niemieckie wioski.

Jednakże sytuacja wojenna nie rozwijała się po myśli Reichsführera SS. Potok jeńców radzieckich, których miliony trafiały do niemieckiej niewoli w pierwszych miesiącach wojny z ZSRR, zmalał na początku 1942 roku. Himmler znalazł z tego wyjście. 26 stycznia 1942 roku powiadomił inspektora obozów koncentracyjnych Richarda Glücksa[41], szefa Grupy Urzędów D (Obozy Koncentracyjne) Głównego Urzędu Gospodarczo-Administracyjnego SS, iż „wobec faktu, że w najbliższej przyszłości nie możemy się spodziewać rosyjskich więźniów [jeńców – B.W.] w liczbie koniecznej do realizacji wielkiego programu, skieruję do obozów dużą liczbę Żydów i Żydówek, którzy będą migrować [sic!] z Niemiec. W ciągu następnych czterech tygodni musi pan przygotować odbiór 100 tysięcy mężczyzn i 50 tysięcy kobiet pochodzenia żydowskiego w obozach koncentracyjnych".

Nie bez znaczenia był fakt, że Himmler wysłał to pismo kilka dni po zakończeniu konferencji w Wannsee zorganizowanej przez jego podwładnego, szefa Głównego Urzędu Bezpieczeństwa Rzeszy (RSHA)

41 Richard Glücks (1889–1945) – SS-Obergruppenführer, od 1942 roku szef Grupy Urzędów D (Obozy Koncentracyjne) w Głównym Urzędzie Gospodarczo-Administracyjnym SS kierujący budową i rozbudową obozów zagłady. Schwytany przez żołnierzy brytyjskich, popełnił samobójstwo.

Reinharda Heydricha, która odbyła się 20 stycznia 1942 roku w willi w wypoczynkowej dzielnicy Berlina nad jeziorem Grosser Wannsee. Jej ostatni właściciel, niemiecki przedsiębiorca Friedrich Minoux, skazany za finansowe przekręty, musiał sprzedać ten wielki i piękny dom fundacji Stiftung Nordhav, założonej dwa lata wcześniej przez Heydricha, będącej w istocie przykrywką dla tajnych operacji Sicherheitsdienst, hitlerowskiej służby bezpieczeństwa. Willa w Wannsee miała służyć jako dom gościnny dla funkcjonariuszy SD przybywających na delegację do Berlina, „gdzie hotele były zwykle przepełnione i wyjątkowo drogie", jak napisano w biuletynie SS, wyjaśniając powody zakupienia willi oraz wybór miejsca spotkań, które nie powinny odbywać się w lokalach publicznych. Pod każdym względem, przede wszystkim bezpieczeństwa i tajności obrad, było to idealne miejsce dla wystąpień 15 uczestników konferencji, którzy przedstawiali różne aspekty wykonania zadania, postawionego Himmlerowi przez Hitlera miesiąc wcześniej, w czasie spotkania w Wilczym Szańcu: likwidacji 11 milionów Żydów zamieszkujących Europę.

Konferencja w Wannsee, mimo towarzyskiego charakteru, który można porównać do spotkania integracyjnego pracowników korporacji, miała jednak przełomowe znaczenie: zmieniła podejście do „kwestii żydowskiej". Uznano bowiem, że przed eksterminacją Żydów należy wykorzystać ich jako siłę roboczą. Jak to określił Heydrich w swoim godzinnym wystąpieniu:

> Należy przeczesać Europę od zachodu na wschód za Żydami, którzy powinni być osadzeni w przejściowych gettach, zanim zostaliby przewiezieni dalej na wschód, aby sformować robocze komanda budujące drogi, które łączyłyby Rzeszę z nowymi ziemiami.

Nie powiedział nic, co stanie się z tymi, którzy wywiezieni z gett do obozów zostaną uznani za niezdolnych do pracy. Byłoby to niepotrzebne we wzniosłej atmosferze konferencji. Nikt nie potrzebował wyjaśnienia, że zostaną zlikwidowani od razu po „rozładowaniu" wagonów. To zadanie wymagało nowych inwestycji: budowy obozów, komór gazowych i krematoriów, gdyż funkcjonujące były niewystarczające.

Himmler z właściwą sobie energią przystąpił do realizacji planów z Wannsee.

W maju 1942 roku uruchomiono obóz zagłady w Sobiborze[42].

W lipcu 1942 roku przebudowano obóz w Bełżcu, funkcjonujący od marca tego roku, instalując w miejsce trzech małych komór gazowych sześć nowych, o większej „wydajności".

W lipcu 1942 roku rozpoczął działalność obóz w Treblince, największy po Auschwitz kombinat śmierci w Generalnej Guberni, w którym początkowo działały trzy komory gazowe, gdzie zabijano więźniów spalinami z silnika czołgowego. Okazały się za mało wydajne, więc we wrześniu 1942 roku postawiono ceglany budynek, w którym (według zeznań świadków) w ośmiu do dziesięciu komorach zabijano jednorazowo do 4 tysięcy ludzi.

W marcu 1942 roku w nowym obozie Birkenau, będącym częścią Auschwitz, uruchomiono pierwsze, prowizoryczne dwie komory gazowe w prywatnym domu, który znalazł się na terenie zajętym przez nowy obóz.

To było wyzwanie dla ambitnego szefa Amtsgruppe C. Musiał rozwiązać wiele poważnych problemów budowy komór, aby stały się najbardziej wydajne. Jak najszybciej wprowadzić do nich ludzi z miejsca, gdzie się rozbierali? Jak skonstruować system zabijania w komorze? Było to tym trudniejsze zadanie, że stosowano dwie metody: uśmiercanie spalinami z silnika ciężarówki lub czołgu, uznane za mało wydajne, gdyż śmierć następowała po około pół godzinie, albo gazem Cyklon B, zabijającym w ciągu około 10 minut. Gdzie umieścić wylot gazu: w ścianach czy w suficie? Jak najszybciej usuwać zwłoki z komory i przygotowywać ją

[42] Szacuje się, że w Sobiborze zamordowano około 180 tysięcy więźniów, w Bełżcu – około 450 tysięcy, w Treblince – 800 tysięcy.

na przyjęcie kolejnej partii ludzi do zabicia? Jak ukryć przed ludźmi prowadzonymi do komory gazowej, że jest to miejsce ich śmierci, aby nie wywołać gwałtownego oporu?

Kammler, który wizytował obozy koncentracyjne i przyglądał się procesowi zabijania ludzi wpędzanych do komór, potrafił zaprojektować wydajne pomieszczenia do uśmiercania tych, których uznano za niezdolnych do wydajnej pracy dla Trzeciej Rzeszy.

Śmierć czekała również na tych, którzy z kolejowej rampy poszli do baraków. Powolna, gdy siły ich gasły w wyniku niedożywienia, wyczerpującej pracy i bestialstwa strażników. Konferencja w Wannsee określiła nieznany historii sposób eksterminacji: praca wykonywana w warunkach, które miały zabijać. W taki sposób twórcy tego rozwiązania pogodzili wymóg eksterminacji, wynikający z ideologii nazistowskiej, z napędzaniem hitlerowskiej gospodarki przez miliony więźniów i z osiągnięciem zysku. Obozy koncentracyjne były bardzo dochodowe.

Oswald Pohl, szef Głównego Urzędu Gospodarczo-Administracyjnego SS, raportował Himmlerowi:

> Wypożyczanie jednego więźnia przedsiębiorstwom produkcyjnym przynosi 6–8 marek [dziennie – B.W.], z których 70 fenigów pochłania wyżywienie i ubranie.

Ile to było 70 fenigów, za które obóz dawał więźniowi pasiak, chodaki i całodzienne wyżywienie?

Kilogram cukru w niemieckim sklepie kosztował 76 fenigów, kilogram wieprzowiny – 1,6 marki, kilogram masła – 3,2 marki. Jak więc za niecałą markę można było wyżywić więźnia?

Podstawą była zupa z brukwi wydawana na obiad, nazywana przez więźniów „wasserzupką". Na kolację: kawałek chleba wypiekanego z trocinami z kosteczką margaryny, łyżką marmolady, czasami plasterkiem końskiej kiełbasy. To wyżywienie miało wartość 800 kalorii dziennie.

Oswald Pohl, zdjęcie procesowe (archiwum autora).

Przeciętnie człowiek potrzebuje około 2 tysięcy kalorii dziennie.

Pohl kalkulował dalej:

> Zakładając, że długość życia więźnia wynosi dziewięć miesięcy, musimy pomnożyć tę sumę przez 270. Łączna kwota wynosi 1431 marek [przyjął najniższą stawkę, tj. 6 marek, pomniejszoną o koszt wyżywienia 70 fenigów – B.W.]. Zysk może zostać zwiększony przez racjonalną utylizację ciał, to jest złotych wypełnień zębów, włosów, ubrań, wartościowych przedmiotów etc., ale z drugiej strony każde ciało przynosi stratę w wysokości 2 marek, co jest kosztem kremacji.

Niepokoiła go liczba więźniów umierających w czasie podróży do obozów. Pisał do Himmlera:

> Ze 136 870 więźniów przywiezionych do obozów od czerwca do listopada 1942 roku – 70 610 było martwych.

To w jego ocenie „poważnie zmniejszało liczbę więźniów potrzebnych do pracy w zakładach działających na terenie obozów", czyli zmniejszało dochody SS.

Działalność Himmlera nabierała rozmachu. Rok 1942 mógł uznać jako szczególnie udany w realizacji jego planów. Rosła liczba obozów koncentracyjnych. Wraz z tym rosły wpływy do kasy SS, a więc i potęga tej organizacji. Ponadto, z pewnymi oporami, ale jednak, urzeczywistniała się jego wizja osadnictwa na wschodzie.

W lipcu 1942 roku pojechał do nowego stanowiska dowodzenia nazwanego „Hegewald" w Żytomierzu na Ukrainie, skąd miał kierować kolonizacją ziem na wschodzie i wyniszczaniem Żydów. Na jego polecenie w rejonie Żytomierza utworzono nowy obwód administracyjny, który mógłby stać się poligonem doświadczalnym dla takich operacji, zanim rozpoczęłaby się ich realizacja na masową skalę w innych rejonach podbijanych ziem. Himmler traktował swoje zadanie tak poważnie, że zdecydował się przyglądać masowej egzekucji Żydów, którą na jego żądanie przełożono o jeden dzień, na 15 sierpnia 1941 roku.

Na miejsce egzekucji przyszedł w otoczeniu kilku oficerów SS, wśród których najwyższy rangą był dowódca SS i policji Erich von dem Bach-Zelewski. Był także dowódca brygady kawalerii SS Hermann Fegelein oraz Karl Wolff, adiutant Himmlera. Patrzyli, jak esesmani prowadzili ludzi w bieliźnie lub nagich. Kazali im zejść do dołów i położyć się na dnie, a potem strzelali do nich z góry. Być może przejęci obecnością Reichsführera, robili to chaotycznie i niecelnie. Jedna z kobiet jeszcze żyła, gdy żołnierze zrzucali ziemię, aby zakopać grób. Krzyczała. Wtedy Himmler, na którym już sama egzekucja zrobiła wstrząsające wrażenie, nie wytrzymał tego widoku. Pobladły, z kroplami potu na czole, zakrył twarz chusteczką i odszedł na bok. Później wyrzucał sobie: „Zachowałem się jak intelektualista".

SS-Obergruppenführer Erich von dem Bach-Zelewski objął go, chwiejącego się na nogach, i powiedział:

– Proszę spojrzeć w oczy tych mężczyzn – mówił o esesmanach wykonujących egzekucję. – Proszę zobaczyć, jak są wstrząśnięci. Ci mężczyźni są wykończeni, na całe swoje życie! Jakich następców tu szkolimy?! Neurotyków lub zboczeńców!

To była następna nauka, którą z oglądania egzekucji mógł wyciągnąć Himmler. Żołnierze rozbijający głowy noworodków o mur, strzelający do nagich kobiet, matek własnym ciałem osłaniających dzieci, spychający ziemię na żyjących ludzi mogli w przyszłości zagrażać społeczeństwu, gdyż wróciliby po wojnie do niemieckich miast jako psychopaci żądni krwi, zboczeńcy, ludzie nieprzystosowani do normalnego życia.

Po powrocie do Berlina Himmler wezwał dr. Augusta Beckera, zaufanego inżyniera, któremu nakazał rozważenie możliwości „zmechanizowania likwidacji Żydów". Becker miał w tej dziedzinie pewne doświadczenie, gdyż już na początku 1940 roku obserwował uśmiercanie pacjentów szpitali psychiatrycznych za pomocą dwutlenku węgla, mające miejsce w specjalnie przygotowanym pomieszczeniu. Już wtedy używano także ciężarówek ze specjalnymi kabinami, do których wpuszczano tlenek węgla. Była to jednak droga metoda zadawania śmierci. Spaliny były równie skuteczne, a dużo tańsze.

Według obliczeń dr. Beckera do ciężarówki można było załadować 20–25 osób i uśmiercić je podczas jazdy do masowego grobu.

Wkrótce samochody ciężarowe, przystosowywane do nowej roli, zaczęły krążyć po drogach Ukrainy, przemierzając trasę z miejsc zbiórek Żydów do dołów pod miastem. Ludzi uśmiercano bez rozgłosu i obawy, że krwawe zabijanie bezbronnych może wypaczyć psychikę żołnierzy SS. Jednakże kierowcy, którzy po dojechaniu na miejsce musieli wyładować zwłoki z gazowej kabiny, skarżyli się, że jest to wstrząsające zajęcie.

Himmler, być może pod wpływem wrażeń z masowej egzekucji, już nie wizytował takich miejsc, ale przyjeżdżał do obozu Auschwitz w towarzystwie Kammlera. Uwagę obydwu zaprzątała nowa dziedzina, choć bardzo mocno osadzona w ich dotychczasowych dokonaniach.

12
Broń zwycięstwa

Gdyby Niemcom udało się zmusić Anglików do zawarcia pokoju, wówczas, kierując wszystkie wojska na wschód, wygraliby ze Związkiem Radzieckim, a więc całą wojnę. Himmler dostrzegł w tym miejsce dla siebie. Wydawało się, że po fiasku planów inwazyjnych i nieudanych nalotach na Anglię w 1940 roku, jedynym sposobem, który mógłby zmusić brytyjski rząd do zawarcia pokoju z Niemcami, był ostrzał Londynu rakietami A-4, jak brzmiała techniczna nazwa V-2. Jednakże było to złudne, gdyż rakieta przenosiła głowicę bojową o wadze jednej tony. Mówiąc inaczej, wystrzelenie tysiąca rakiet, zakładając, że wszystkie trafiłyby w cel, oznaczało, że w Londynie eksplodowałoby tysiąc ton materiałów wybuchowych. Było to niewiele w porównaniu z tonażem bomb zrzucanych przez amerykańskie i brytyjskie bombowce na miasta w Niemczech. Tylko w czasie jednego nalotu na Hamburg, do którego w nocy z 24 na 25 lipca 1943 roku wystartowało 792 brytyjskich i polskich bombowców (z dywizjonów 300 i 305), spadło 2460 ton bomb, w tym 1006 ton bomb zapalających. Wznieciły pożary na ulicach o łącznej długości 86 kilometrów. W kolejnym nalocie w nocy z 27 na 28 lipca 1943 roku bomby zrzucone z 729 brytyjskich samolotów rozpętały burzę ogniową na obszarze 10,5 kilometra kwadratowego. Tej nocy zginęło 18,5 tysiąca mieszkańców, z których większość udusiła się z braku tlenu (kilogram ładunku zapalającego spalał około 40 metrów sześciennych powietrza) lub zatruła się gazami wydzielanymi przez fosfor (składnik ładunków zapalających). Bomby zniszczyły 600 zakładów przemysłowych i warsztatów oraz 214 350 lokali mieszkalnych i budynków publicznych. Po tym nalocie minister uzbrojenia Albert Speer poinformował Hitlera, że jeżeli sześć innych największych miast niemieckich stanie się celem podobnych nalotów, to załamie się produkcja zbrojeniowa.

Takiego efektu nie mógł przynieść ostrzał Londynu za pomocą jednotonowych głowic rakiet V-2 i pocisków V-1, uzbrojonych w głowice o podobnej wadze.

Hitler musiał mieć tego świadomość, lecz liczył na efekt psychologiczny. Atak rakietowy następował nagle, bez ostrzeżenia, i nie było przed nim obrony. Wystarczyło ponawiać naloty przez pewien czas, aby na tyle sterroryzować Londyńczyków, że zaczęliby domagać się od rządu zawarcia pokoju z Niemcami.

Himmler uznał ten projekt za bardzo rozwojowy, a przede wszystkim niezwykle korzystny dla rozszerzenia jego władzy. Mógł przejąć działkę, która do tego czasu należała do dowódcy lotnictwa Hermanna Göringa. Już 11 grudnia 1942 roku wybrał się do Peenemünde, aby na własne oczy zobaczyć nową broń. Ta pierwsza wizytacja nie była udana, gdyż rakieta eksplodowała 4 sekundy po starcie, co jednak nie zraziło Himmlera. Tym bardziej że podczas ponownej wizyty naukowy szef ośrodka Wernher von Braun, który 1 lipca 1940 roku wstąpił do SS, przyjął go ubrany w mundur SS-Hauptsturmführera, co było złożeniem wasalnego hołdu. Ujęty tym Himmler tego samego dnia promował von Brauna do stopnia SS-Sturmbannführera (majora) i z tym większą energią zaangażował się w zorganizowanie spotkania von Brauna z Hitlerem, co stało się 7 lipca 1943 roku. Do tego czasu Hitler nie wierzył w możliwość wykorzystania nowej broni. Rakiety A-4 wciąż były w stadium prób. Z dziesięciu startów aż sześć było nieudanych. Jego sceptyczne podejście zmieniła prezentacja, z którą przybyli Dornberger i von Braun. Przywieźli kolorowy film przedstawiający start rakiety. Zapewne był to film nakręcony podczas

Stanowisko startowe rakiety V-2 (archiwum autora).

pierwszej udanej próby, która odbyła się 3 października 1942 roku, gdy rakieta przeleciała 190 kilometrów wzdłuż brzegu Bałtyku i odchyliła się od linii celowania tylko o 4 kilometry.

Wernher von Braun komentował film, opisując budowę stanowiska startowego, wielkiej betonowej płaszczyzny okolonej wysokim wałem ziemnym. Musiał oczywiście wyjaśnić, że w warunkach bojowych rakieta będzie startować z ruchomej wyrzutni, lekkiej i prostej jak przyczepa samochodowa, którą można dowieźć w każde miejsce. Przedstawiał szczegóły konstrukcyjne oraz etapy startu i lotu wielkiej 14-metrowej rakiety. Rozważał również wystrzeliwanie rakiet z platform kolejowych, co zabezpieczałoby miejsca startowe przed wykryciem i zniszczeniem przez alianckie samoloty.

– Dlaczego nie wierzyłem w sukces waszej pracy? – zapytał Hitler, będąc pod wrażeniem prezentacji. – Gdybyśmy mieli te rakiety w 1939 roku, nie byłoby wojny. Europa i reszta świata będą za małe, aby prowadzić wojnę przeciwko takiej broni. Ludzkość nie wytrzyma tego!

Już wiedział, jak wykorzysta rakiety.

– Cóż to będzie za wzmocnienie morale kraju, gdy tak zaatakujemy Anglię!

I dodał, zwracając się do Dornbergera:

– Tylko dwóch ludzi przeprosiłem w życiu. Pierwszym był feldmarszałek von Brauchitsch[43], a drugim jest pan. Nie wierzyłem, że pańska praca zakończy się sukcesem.

Zadowolony, mianował von Brauna profesorem, a 25 lipca 1943 roku podpisał rozporządzenie o uruchomieniu masowej produkcji rakiet nazwanych już V-2, co było skrótem od Vergeltungswaffe 2 – broń odwetowa nr 2; odwet za naloty na niemieckie miasta dokonywane przez alianckie lotnictwo. Ten plan miał szanse powodzenia, gdyż rząd brytyjski zdawał się lekceważyć zagrożenie. Co prawda w sierpniu 1943 roku Royal Air Force dokonał zmasowanego nalotu 527 bombowców na Peenemünde, ale nie był to udany atak, gdyż większość bomb trafiła w baraki robotników przymusowych. Jedynym efektem mającym znaczenie była śmierć Waltera Thiela, wybitnego specjalisty zajmującego się paliwem rakietowym, co poważnie opóźniło prace nad rakietami.

[43] Nie wiadomo, za co Hitler miał przepraszać feldmarszałka Brauchitscha. Prawdopodobnie chodziło o zdymisjonowanie go po załamaniu ofensywy pod Moskwą w grudniu 1941 roku, gdy Brauchitsch był głównodowodzącym wojskami lądowymi.

Focke-Wulf Ta 152 (archiwum autora).

Zastanawiające jest to, że mimo nikłych efektów nalotu setek ciężkich bombowców Lancaster, Halifax i Stirling Brytyjczycy już nie ponawiali nalotów, których celem byłoby zniszczenie ośrodka rakietowego. Amerykanie przejęli to zadanie, wysyłając kolejne fale bombowców, które atakowały Peenemünde.

Himmler uznał, że alianci, niszcząc rakietowe ośrodki badawcze i produkcyjne, mogą uniemożliwić realizację ambitnego planu „broni odwetowej". Okazało się, że Luftwaffe nie była w stanie zapobiec wrogim nalotom. Już po pierwszym nalocie zyskał ważny argument, aby wystąpić do Hitlera o zgodę na przeniesienie produkcji broni szczególnie ważnej dla wysiłku wojennego Trzeciej Rzeszy do podziemnych fabryk.

Dowódca Luftwaffe, Marszałek Rzeszy Hermann Göring, doszukiwał się przyczyn przegranej powietrznej batalii w braku samolotów myśliwskich, które byłyby szybsze, lepiej uzbrojone i latałyby wyżej niż amerykańskie bombowce. Konwencjonalne projekty już nie wystarczały. Nowy myśliwiec zakładów Focke-Wulf Ta 152 nie miał lepszych osiągów niż amerykańskie Mustangi. Tu potrzebny był przełom. A takiego mogły dokonać samoloty z napędem odrzutowym i rakietowym. Nie była to nowość. Projekty od dawna leżały na półkach w biurach konstrukcyjnych zakładów lotniczych. Na przykład już 7 czerwca 1939 roku zakłady

Messerschmitt Me 262 Schwalbe (archiwum autora).

Messerschmitta miały gotowy myśliwiec napędzany dwoma silnikami odrzutowymi, choć kłopoty z silnikami doprowadziły do poważnych opóźnień. Największą przeszkodą był jednak konserwatyzm Hitlera i niemieckich generałów. Jak ocenił to Speer: projekty nowej broni „były poza technicznym horyzontem doświadczeń generacji pierwszej wojny światowej".

Messerschmitt Me 262, nazywany Schwalbe, mógł rozwinąć prędkość 850 kilometrów na godzinę, czyli o 150 kilometrów więcej niż myśliwce amerykańskie. Był tak szybki (w ciągu sekundy pokonywał 320 metrów), że piloci musieli opracować nową taktykę atakowania bombowców, aby mieć czas na wycelowanie. Uzbrojony w cztery działka kaliber 30 mm oraz 24 rakietowe pociski niekierowane R4/M był zabójczo skuteczny. Wystarczało jedno do trzech trafień, aby zniszczyć nieprzyjacielski bombowiec, gdy z działka kalibru 20 mm trzeba było wystrzelić 20 celnych pocisków. Jednocześnie pilot Schwalbe był dobrze chroniony przez 15-milimetrowe płyty pancerne i wiatrochron z 90-milimetrowego szkła pancernego. Te samoloty, masowo produkowane, mogły spowodować ogromne straty wśród alianckich powietrznych armad i odsunąć widmo zmasowanych nalotów, które niszczyły dziesiątki niemieckich miast. Jednakże Hitler chciał, by Me 262 był samolotem szturmowym lub lekkim bombowcem, i wstrzymał rozpoczęcie masowej produkcji samolotów myśliwskich. Na to nałożyły się kłopoty z silnikami Junkersa i ostatecznie seryjna produkcja tych samolotów rozpoczęła się dopiero w czerwcu 1944 roku.

Wydawało się, że nowa broń, która mogłaby obronić niemieckie miasta, znalazła się w zasięgu ręki. Należało tylko ukryć pod ziemią nowe linie produkcyjne, co wydawało się jedynym sposobem na zabezpieczanie przed alianckimi bombami. Nie tylko Himmler, lecz także dowódca Luftwaffe docenił sprawność Hansa Kammlera. Tak bardzo, że gotów był zapomnieć, iż jest to człowiek Himmlera, a ten szarogęsił się na jego podwórku. Decydując się na zatrudnienie Kammlera, Göring musiał zdawać sobie sprawę, że w ten sposób odda w ręce Reichsführera SS argument, którego ten nie zawaha się wykorzystać w zawłaszczaniu całej produkcji lotniczej. Nie miał innego wyjścia. W Luftwaffe nie było budowniczych tak morderczo skutecznych, gotowych realizować karkołomne zadania kosztem życia dziesiątek tysięcy więźniów. Tylko SS mogło zapewnić dostawę siły roboczej z obozów, terroryzować robotników przymusowych i zmusić ich do pracy ponad siły. Odłożył więc na bok swoje ambicje i 4 marca 1944 roku mianował Kammlera „przedstawicielem do spraw specjalnych prac budowlanych", czyli budowy podziemnych fabryk samolotów odrzutowych.

Nie zawiódł się na Kammlerze, który dwoił się i troił, aby wykonać zlecone zadania.

To pod jego kierownictwem do autostradowego tunelu Engelbergtunnel, 13 kilometrów na zachód od Stuttgartu, przypędzono 3 tysiące więźniów z obozu Natzweiler-Struthof, którzy w 1944 roku rozpoczęli budowę podziemnej fabryki silników samolotowych Junkersa.

12 tysięcy więźniów zagoniono do drążenia i przebudowy tuneli istniejących wewnątrz wzgórza Walpersberg w pobliżu miasta Jena, skąd przed wojną wydobywano piasek dla fabryki porcelany. Tam powstawała Flugzeugwerke REIMAHG (co było skrótem od Reichsmarschall

Zdjęcie lotnicze kompleksu Flugzeugwerke REIMAHG. Widoczny pas startowy (archiwum autora).

Hermann Göring), zakłady produkujące samoloty odrzutowe Messerschmitt Me 262. Mogły startować z pasa o długości 1000 metrów wybudowanego na szczycie wzgórza kryjącego podziemną fabrykę. Do końca wojny wyprodukowano tam tylko 27 samolotów odrzutowych.

Dla Hitlera priorytetem wciąż pozostawała produkcja rakiet V-2, z którymi wiązał wielkie nadzieje. Bez wątpienia spełniłyby jego oczekiwania, gdyby udało się zwiększyć ich zasięg, a przede wszystkim uzbroić w głowice jądrowe, nad czym von Braun pracował, usiłując przystosować rakietę do przenoszenia dużej głowicy nuklearnej ważącej około 5 ton. Wszystkie te plany zależały od uchronienia zakładów produkujących rakiety przed alianckimi nalotami.

To był kolejny projekt, który Himmler wyznaczył Kammlerowi. Jednocześnie zażądał rozmowy z ministrem uzbrojenia Albertem Speerem. Po tym spotkaniu przesłał ministrowi list:

Tym listem informuję Pana, że ja, jako Reichsführer SS (...) przejmuję odpowiedzialność za produkcję A-4 [V-2 – B.W.].

Zdecydowanie było to nadużycie uprawnień, które przekazał mu Hitler, informując, że ma współdziałać ze Speerem, a nie przejmować uprawnienia ministra uzbrojenia. Jednakże Reichsführer SS, skoro już postawił stopę na tej ziemi, to nie miał zamiaru jej cofnąć. Kammler stał się faktycznym zarządcą produkcji i użycia broni rakietowej.

Już w sierpniu 1943 roku z odległego o 75 kilometrów obozu koncentracyjnego Buchenwald przywieziono pierwszych 107 więźniów do obozu Dora organizowanego w pobliżu miasta Nordhausen. Rozpoczęła się budowa. Kammler narzucił tempo, które zyskało uznanie nawet ministra Speera. Chwalił Kammlera:

Pana praca przewyższa wszystko, czego dokonano w Europie, a nawet wyprzedza amerykańskie standardy.

Tłumaczył się po wojnie, że nie wiedział, jaki był koszt tego osiągnięcia, co było kłamstwem.

Kammler nie dbał o stworzenie podstawowych warunków życia dla więźniów. Uznał, że nie było czasu na stawianie baraków, wieżyczek strażniczych i grodzenie terenu. Niewolnicy musieli pracować i żyć w podziemiach. Bez bieżącej wody, ogrzewania czy urządzeń sanitarnych. Latrynami były beczki po oleju. Osłabieni więźniowie, często cierpiący na biegunkę, nie dawali rady wejść na beczkę...

W przenikliwym zimnie (w podziemiach utrzymywała się stała temperatura około 11 stopni) i wilgoci, w pyle po wybuchach ładunków kruszących skały tak gęstym, że nie było nic widać dalej niż na krok, spali na kamieniach lub ławkach, nie mając się czym przykryć. W czasie pierwszych sześciu miesięcy budowy w podziemnych tunelach zmarło 2881 więźniów.

Wnętrze Mittelwerk (archiwum autora).

„Ręce wiązano im z tyłu, a w usta wciskano kawałek drewna, aby nie krzyczeli" – napisano w raporcie amerykańskich służb prowadzących po wojnie śledztwo w sprawie zbrodni popełnianych w tunelach. Pracujący przy drążeniu sztolni, a potem montażu rakiet, musieli patrzeć na ich powolną agonię trwającą kilka minut. Ciała wisiały przez cały dzień. To miało zmuszać żyjących do wydajniejszej pracy.

Minister uzbrojenia Albert Speer, który 10 grudnia 1943 roku zwiedzał podziemną fabrykę, po wojnie napisał w pamiętniku:

> Warunki, w jakich żyli więźniowie, były wprost barbarzyńskie. Na wspomnienie o tym jeszcze teraz ogarnia mnie głębokie zażenowanie i poczucie osobistej winy. Jak dowiedziałem się od strażników, już po wizytacji, istniały tam niedostateczne warunki sanitarne, szerzyły się choroby, więźniowie stale kasłali podczas pracy w warsztatach, notowano wśród nich nadzwyczaj wysoki wskaźnik śmiertelności. Jeszcze tego samego

dnia (...) uruchomiłem wszystko, aby natychmiast zbudowano na sąsiednim wzgórzu baraki obozowe".

W styczniu 1944 roku, po czterech miesiącach, w czasie których więźniowie wykuli dwie długie sztolnie i kilkadziesiąt łączących je poprzecznych tuneli, podziemna fabryka Mittelwerk podjęła produkcję rakiet V-2, lotniczych silników odrzutowych i tłokowych Junkersa.

13

Fachowcy na sprzedaż

Na początku 1945 roku nikt już nie mógł mieć wątpliwości, że ostateczna klęska Niemiec jest tylko kwestią miesięcy. Kammler wiedział, że stał się depozytariuszem największego skarbu tej wojny. Tylko on mógł zaproponować aliantom niezwykłą wiedzę o broni rakietowej, silnikach odrzutowych, a nawet broni nuklearnej. W dodatku mógł przekazać kilkuset naukowców i konstruktorów, których wykształcenie wymagało wielu lat. W Związku Radzieckim wielka czystka w wojsku, którą Stalin rozpoczął w 1937 roku, również zniszczyła kadrę instytutów naukowych pracującą nad rozwojem napędu rakietowego i odrzutowego. Pochłonęła najlepszych, pozostawiając pustkę.

Siergiej Korolow, późniejszy główny konstruktor rakiet radzieckich, trafił do łagru. Zadenuncjował go inny wybitny konstruktor, Walentin Głuszko (w 1929 roku skonstruował pierwszy na świecie silnik rakietowy), aresztowany 28 marca 1938 roku. Torturowany, wskazał na Korolowa jako wspólnika.

Iwan Klejmienow, szef Reaktywnego Instytutu Naukowo-Badawczego, i jego zastępca, Gieorgij Langemak, zostali aresztowani w listopadzie 1937 roku i torturowani, wskazali „sabotażystów i wrogów radzieckiego państwa". Nie zmieniło to ich losu. Klejmionow został rozstrzelany 10 stycznia 1938 roku, a Langemak – dzień później.

Wszystkie przełomowe osiągnięcia zostały zmarnowane, a prace nad bronią rakietową zatrzymane na wiele lat. Pozostała tylko „Katiusza",

Załadunek wyrzutni rakiet „Katiusza" (archiwum autora).

wieloprowadnicowa wyrzutnia rakiet na paliwo stałe, broń prymitywna, której skuteczność polegała jedynie na zmasowanym wystrzeliwaniu chybionych rakiet.

Nie powiodło się innemu geniuszowi, którego projekty wybiegały daleko w przyszłość. W Stanach Zjednoczonych bezpieczeństwo Roberta Goddarda[44] nie było zagrożone, ale mimo że dowiódł prawidłowości założeń poczynionych przy konstruowaniu rakiet na paliwo płynne, to w państwie nieograniczonych możliwości nie uzyskał szansy na zrealizowanie swoich wizji. Po prosu tamten czas mu nie sprzyjał. Stany Zjednoczone po pierwszej wojnie światowej wycofały się z polityki międzynarodowej, a na swoim kontynencie nie miały wrogów, więc nie musiały rozwijać nowych broni. Ostatecznie kryzys ekonomiczny końca lat 20.

[44] Robert Goddard (1882–1945) – amerykański konstruktor i wynalazca, skonstruował pierwszą rakietę na paliwo płynne, której start odbył się 16 marca 1926 roku. Opatentował 214 wynalazków, w tym wieloczłonową rakietę.

pozbawił Goddarda wsparcia finansowego. Jego projekty rakiet, sprawdzone w praktyce, trafiły do archiwum i dopiero w latach 50. doczekał się uznania jako ten, który wprowadził ludzkość w erę podboju kosmosu.

Hans Kammler mógł z całą pewnością założyć, że zwycięzców obserwujących skutki ataków rakietowych na europejskie miasta zainteresują niemieckie wynalazki. Być może nawet widział siebie jako sprzedawcę, który rozstawi swój kramik z bronią. Ani Amerykanie, ani Rosjanie jej nie mieli. Musieli to kupić! Tym bardziej że cena była niewielka: gwarancja, że nie postawią go przed sądem za zbrodnie wojenne. Musiał tylko zebrać w jednym miejscu grupę kilkuset konstruktorów rakiet i trzymać ich do czasu, aż dobiłby targu z Amerykanami lub Rosjanami.

14

Peenemünde

Rozkaz, jaki nadszedł z Berlina w końcu stycznia 1945 roku, nakazywał ewakuować załogę ośrodka i zniszczyć części rakiet, których nie można byłoby wywieźć, a także urządzenia do ich produkcji oraz całą dokumentację. Nie był to pierwszy rozkaz ewakuacji w krótkiej historii ośrodka w Peenemünde.

Po nalocie brytyjskich bombowców w nocy z 17 na 18 sierpnia 1943 roku stało się jasne, że skoro Brytyjczycy wykryli miejsce badań i produkcji rakiet oraz pocisków skrzydlatych V-1, to nie ustaną w próbach zniszczenia go. Tym bardziej że działania RAF-u wsparli Amerykanie, którzy w lipcu 1942 roku przysłali do Europy pierwsze bombowce B-17. Kilka dni po nalocie rozpoczęto ewakuację wydziałów Peenemünde do różnych miejscowości w Niemczech i Austrii. Laboratoria trafiły do hangarów na lotnisku w pobliskim Anklam, tunel aerodynamiczny do Bawarii, hamownia silników do ośrodka położonego między miastami Vöcklabruck i Vöcklamarkt w Austrii, natomiast produkcja paliwa rakietowego i testy komór spalania silników rakietowych do Lehesten w Turyngii. Były to doraźne działania, gdyż jednocześnie poszukiwano podziemnej lokalizacji dla wydziałów produkcyjnych. Szybko znaleziono takie miejsce.

Dziesięć dni po nalocie do miasteczka Nordhausen w Turyngii, w centralnej części Niemiec, esesmani przywieźli pierwszych więźniów z obozu w Buchenwaldzie, aby budowali podziemną fabrykę.

Dość przypadkowo wybrano nieczynną kopalnię gipsu, już wcześniej zagospodarowaną przez hitlerowców, którzy urządzili tam centralny magazyn paliw (Zentrales Kraftstofflager). Na to miejsce zwrócił uwagę w lipcu 1943 roku Paul Figge, szef komitetu zajmującego się dostawami materiałów dla produkcji rakiet V-2.

Już 19 października 1943 roku niemiecka firma Mittelwerk GmbH uzyskała zamówienia na wyprodukowanie 12 tysięcy rakiet V-2.

W tym czasie w dawnej kopalni gipsu trwała budowa fabryki. W styczniu 1944 roku, po czterech miesiącach budowy, mogła już podjąć produkcję.

W Peenemünde pozostało prawie 4,5 tysiąca pracowników, którzy z narastającym niepokojem obserwowali rozwój sytuacji frontowej. Ludzie, budujący rakiety, zdawali sobie sprawę, że będzie to cenny łup dla wrogów, a najbliżsi zagarnięcia go byli Rosjanie. Panika obejmowała zespoły w Peenemünde, w czym największy udział miały plotki i wyobraźnia. W końcu stycznia 1945 roku oddziały, które miały chronić ośrodek, rozpoczęły ćwiczenia z bronią przeciwpancerną. Miało to związek z informacjami o zbliżaniu się wojsk radzieckich do Odry. 2 lutego 1945 roku kadrą Peenemünde wstrząsnęła wiadomość, że wojska radzieckie uderzyły na Eberswalde, niewielką miejscowość w odległości około 20 kilometrów na zachód od Odry. Następnego dnia zdementowano te plotki, jednak to nie przywróciło spokoju pracownikom ośrodka. Tym bardziej że tego samego dnia Wernher von Braun zwołał konferencję, na której ustalono szczegóły ewakuacji 4325 pracowników ośrodka. Dla nich zagrożeniem były zarówno wojska radzieckie, jak i esesmani. Podobno Erich Nimwegen, pracownik administracyjny, podsunął pomysł, który mógł ułatwić kadrze ośrodka ewakuację i ucieczkę przed Kammlerem i jego esesmanami. Na firmówkach zamiast „BzbV", skrótu oznaczającego „Beauftragter zur besonderen Verwendung" (Pełnomocnik do spraw specjalnego znaczenia), błędnie wydrukowano VzbV. Można było to odczytać jako „Vorhaben zur besonderen Verwendung" czyli „Przedsięwzięcie szczególnego znaczenia", co kryło w sobie tajność i mogło skutecznie powstrzymywać SS i policję przed próbą wyjaśnienia, dokąd jadą ciężarówki, na których plandekach namalowano tajemnicze litery.

Tuż po naradzie na temat ewakuacji, zakończonej w południe 3 lutego 1945 roku, Wernher von Braun wyjechał w podróż, której cel znali tylko jego najbliżsi współpracownicy. Było wiadomo, że chodzi o ewakuację ośrodka, ale dokąd?

Pierwsza część podróży miała ściśle prywatny charakter, gdyż pojechał do domu nad Bałtykiem, w którym mieszkała wybranka jego serca, baronessa Maria Luise von Quistorp. Nie zwracał uwagi, że dziewczyna miała ledwie 15 lat, a więc była młodsza od niego o 16 lat, w dodatku była córką jego wuja Alexandra von Quistorpa. Pobrali się 1 marca 1947 roku i doczekali trojga dzieci (dwóch córek i syna), zaś nic nie wskazuje na to, aby dzieci cierpiały ze względu na ich kazirodczy związek.

Nie był tam długo. Pożegnał się z ukochaną i szybko wyjechał do centralnych Niemiec do Nordhausen. Nie wiadomo, kiedy przyjechał tam po raz pierwszy. Można przyjąć, że podobnie jak minister Speer, musiał wizytować budowę, gdyż był człowiekiem mającym największe doświadczenie w organizacji produkcji rakiet. Do Peenemünde wrócił dopiero 27 lutego, aby poinformować załogę, że wynoszą się z tego niebezpiecznego miejsca, które lada dzień zostanie obrócone w perzynę.

Personel wyruszył na południe Niemiec do Nordhausen pociągami, a dokumentację techniczną przewieziono ciężarówkami.

Hans Kammler cały czas trzymał rękę na pulsie, obawiając się, że ci ludzie mogą wyrwać się spod jego kontroli. Już wtedy przygotował dla najważniejszych inżynierów i techników specjalne miejsce w ostatnim bezpiecznym miejscu Niemiec. To była grupa, z którą wiązał duże nadzieje.

Prawdopodobnie w czasie ewakuacyjnej podróży, 12 marca 1945 roku, Wernher von Braun miał wypadek. Kierowca znużony monotonną jazdą zasnął i samochód zjechał z szosy, przełamał barierę ochronną i spadł na tory kolejowe biegnące 13 metrów poniżej drogi. Kierowca zginął. Von

Braun miał otwarte złamanie lewej ręki i zranioną twarz. Przeżył tylko dzięki temu, że jadący za nim dwaj koledzy zabrali go z miejsca wypadku i zawieźli do wojskowego szpitala w Bleicherode, miasteczka w pobliżu Nordhausen. Lekarze źle złożyli złamaną rękę, co w ciągu najbliższych tygodni miało być powodem odczuwanego dużego bólu. Ze szpitala pojechał do miasteczka, gdzie już wcześniej przygotowano kwaterę, w której zatrzymywał się w czasie wizytacji Mittelwerk. Była to okazała willa zarekwirowana żydowskiemu właścicielowi miejscowej przędzalni bawełny, nazwana „Villa Frank". Tam 23 marca odbyło się przyjęcie z okazji jego 33. urodzin. Wśród gości był jego zaufany asystent, Dieter Huzel[45]. Tak bardzo zaufany, że to jemu von Braun nakazał ukrycie dokumentacji produkcyjnej V-2, obejmującej 65 tysięcy rysunków, opisów i planów. To, w przypadku ujawnienia przez SS, miałoby dla nich fatalne konsekwencje.

Dieter Huzel wrócił do Peenemünde, załadował na trzy ciężarówki z przyczepami aż 14 ton dokumentów i pojechał do Dörnten, górniczego miasteczka w górach Harzu, ponad 300 kilometrów od Peenemünde. Przejazd ciężarówek z przyczepami w ostatnich tygodniach wojny był nie lada wyczynem. Nad drogami krążyły alianckie samoloty, które bez wątpienia zaatakowałyby konwój Huzela, gdy tylko zostałby wykryty. Musieli więc jechać nocą, co jeszcze bardziej nadawało całemu przedsięwzięciu niesamowity charakter. Huzelowi towarzyszył Bernhard Tessmann, współpracownik von Brauna, który już raz dobrze przysłużył się szefowi, ratując go po wypadku samochodowym.

Sami nie daliby rady przenieść 14 ton dokumentów, więc wzięli do pomocy siedmiu żołnierzy, którzy dotarli na miejsce z zawiązanymi oczami. Nie mogli wiedzieć, gdzie skrzynie będą ukrywane.

---

[45] Dieter Huzel (1912–1994) – inżynier, od 1943 roku zatrudniony w ośrodku w Peenemünde. W 1945 roku, wraz z innymi konstruktorami, oddał się w ręce Amerykanów. Przewieziony do USA, pracował przy amerykańskim programie rakietowym.

W środku nocy ciężarówki przejechały przez zaciemnione Dörnten do opuszczonej kopalni 5 kilometrów za miasteczkiem. Na miejscu czekał na nich były pracownik kopalni, zagorzały nazista o nazwisku Nebenlung. To on przygotował odpowiednie pomieszczenie na końcu kopalnianego chodnika, gdzie trzymano sprzęt górniczy i ładunki wybuchowe. Dlatego zamykały je solidne metalowe drzwi. Tam grupa Huzela złożyła paczki z dokumentami. Na koniec wysadzili prowadzący do nich chodnik, tworząc trudną do przebycia zaporę. Nie było to jedyne zabezpieczenie skarbu von Brauna. W miasteczku pozostał zaprzysiężony pracownik z Peenemünde, Karl Fleischer, który miał pilnować, czy ktoś nie usiłuje poznać tajemnicy kopalnianego chodnika. To on zdradził Amerykanom miejsce ukrycia dokumentów.

W czasie, w którym von Braun wyjeżdżał z Peenemünde, już nie było przy nim Kammlera. Temu wydawało się, że jego rozkazy wydane esesmanom są gwarancją, iż najważniejsi konstruktorzy i budowniczowie rakiet pozostaną w jego rękach. Sam wybrał się załatwiać sprawy, które uważał za ważniejsze od osobistego pilnowania von Brauna. Pojechał do Berlina, aby pożegnać się z ministrem uzbrojenia, Albertem Speerem. Ich rozmowa była zadziwiająco szczera. Zdawali sobie sprawę, że to ostatnie spotkanie, a krótka historia Trzeciej Rzeszy dobiega końca. Już nie musieli się obawiać Gestapo. Kammler, jak przedstawił to w pamiętniku Speer, „powiedział, że w SS podejmowane są próby pozbycia się Hitlera, aczkolwiek on planuje nawiązać kontakt z Amerykanami. W zamian za gwarancję wolności mógłby zaoferować im technologię naszych odrzutowców i rakiet A-4 [V-2 – B.W.] oraz innych wynalazków".

Nie ma żadnej wzmianki, że rozmawiali o losie von Brauna oraz innych inżynierów i techników z Peenemünde, choć wydaje się, że nie mogli pominąć tak ważnego tematu, a Speer musiał być żywo zainteresowany ich losem, a nawet niepokoić się, czy udało im się zachować życie.

Generał Walter Dornberger, schwytany przez Amerykanów i przesłuchiwany w obozie w dniach 2–7 sierpnia 1945 roku, powiedział:

Kammler otrzymał rozkaz od Hitlera, aby nie dopuścić do tego, by Braun i Dornberger wraz z 450 naukowcami i technikami z Peenemünde wpadli w ręce wojsk brytyjsko-amerykańskich i zlikwidował ich sam.

Walter Dornberger i Wernher von Braun (archiwum autora).

Jeszcze ciekawsze było inne zeznanie Dornbergera:

> Himmler cierpiał na manię prześladowczą. Kazał mnie aresztować 27 kwietnia za niewykonywanie rozkazów. Nie doszło do tego dzięki Kammlerowi, który również miał być aresztowany. Obydwaj wyjechaliśmy do Garmisch.

Dornberger mówił o niemieckiej miejscowości położonej 20 kilometrów na południe od Oberammergau, a dalsze wypadki zdają się potwierdzać to zeznanie, choć jest to jedyny ślad, że Kammler wciąż był z ludźmi, których miał uśmiercić.

Mieli powody, żeby obawiać się tego gorliwego, śmiertelnie niebezpiecznego i pozbawionego wszelkich skrupułów esesmana. Jeżeli Himmler wydał rozkaz zabicia ich, to właśnie Kammler był najbardziej odpowiednim wykonawcą. Podobno już raz zademonstrował, jak potrafi być niebezpieczny dla ludzi pracujących nad V-2.

Rok wcześniej 15 marca 1944 roku wysłał gestapowców po von Brauna. Przyszli po niego w środku nocy i zawieźli go do więzienia w Szczecinie. Trafili tam również dwaj ważni pracownicy ośrodka: Klaus Riedel i Helmut Gröttrup. Jak napisał von Braun w powojennej autobiografii:

Zostałem oskarżony o sabotowanie wysiłku wojennego w ten sposób, że moje serce było w przestrzeni kosmicznej, a nie przy zdobywaniu Londynu.

Wtedy zależało mu, aby przedstawiać się światu jako naukowiec pracujący nad podbojem kosmosu, a nie Anglii.

Nie sposób ustalić, czy von Braun nie wymyślił tej sytuacji, aby po wojnie Amerykanie mogli uznać go za ofiarę nazizmu. Wydaje się to mało prawdopodobne, aby von Brauna wsadzono do więzienia w czasie, gdy trwały przygotowania do zmasowanego ataku na Londyn (rozpoczął się 7 września 1944 roku), a wiele problemów związanych ze startem i lotem rakiety nie zostało rozwiązanych. Choć z drugiej strony byłoby to działanie w stylu Kammlera, który w maju 1944 roku kazał aresztować jednego z dyrektorów BMW, podejrzanego o sabotaż. Wówczas interweniował minister Speer, który opracował wytyczne postępowania ministerstwa w takich przypadkach, aby zablokować zapędy Kammlera.

Podobno von Brauna uwolnił generał Dornberger, który doprowadził do wstrzymania rozprawy sądowej i zwolnienia aresztowanego, choć nałożono na niego obowiązek meldowania się co trzy miesiące na policyjnym posterunku.

Pobyt ludzi z Peenemünde w pobliżu Nordhausen nie trwał długo. Postępy wojsk radzieckich z jednej strony i amerykańskich z drugiej rodziły realne niebezpieczeństwo, że lada dzień dotrą do podziemnej fabryki, co stało się o świcie 11 kwietnia 1945 roku. Nie było już tam naukowców z Peenemünde. Wcześniej, zgodnie z listą opracowaną przez Kammlera, załadowano ich do pociągu i pod strażą stu esesmanów wywieziono do Oberammergau, miasta w Alpach Bawarskich, odległego o prawie 500 kilometrów od Nordhausen. Czuli się jak więźniowie, niepewni swojego losu. Choć właśnie wtedy sytuacja międzynarodowa i przyszłość Niemiec mogły ulec całkowitej zmianie. Adolf Hitler wierzył, że powtórzy się wydarzenie z czasów Fryderyka II Wielkiego, króla, z którym się identyfikował. Wtedy sytuacja Prus też była beznadziejna.

W sierpniu 1759 roku, w trwającej od trzech lat wojnie, którą historia nazwała siedmioletnią, wojska Fryderyka w starciu z połączonymi siłami rosyjskimi i austriackimi pod Kunowicami poszły w rozsypkę. Klęska pruskiego imperatora wydawała się oczywista. Fryderyk pisał na początku 1760 roku:

> Moje siły wyczerpały się. Kontynuowanie wojny oznacza dla mnie całkowitą ruinę. Może uda się dociągnąć do lipca, ale potem katastrofa musi nadejść.

Położenie Prus było tak złe, że król myślał nawet o żołnierskiej śmierci na polu bitwy. Aż w styczniu 1762 roku napisał:

> Niebo przejaśnia się (...) otrzymałem wiadomość o wielkim wydarzeniu.

Tym wielkim wydarzeniem była śmierć carycy Elżbiety, której polityka i przymioty charakteru utrzymywały koalicję antypruską. Jednakże jej zdrowie pogarszało się od lat, aż 5 stycznia zmarła. Sojusz antypruski się rozpadł.

Czy taka sytuacja się powtórzyła?

Tak mogło się wydawać późnym wieczorem 13 kwietnia 1945 roku. Wieczorem w Berlinie, gdy ledwo umilkły syreny odwołujące alarm po nalocie alianckich bombowców, Rudolf Semmler, doradca ministra propagandy, zbierał się do wyjścia ze schronu ministerstwa. Wtedy zadzwonił telefon. Ktoś z agencji prasowej powiedział:

– Wydarzyło się coś nieprawdopodobnego. Roosevelt nie żyje!

– Czy pan żartuje?

– Agencja Reutera przesłała depeszę: „Roosevelt zmarł dzisiaj w południe".

Semmler odwrócił się i krzyknął:

– Roosevelt nie żyje!

Wybuchła nieopisana wrzawa. Ludzie ściskali się, śmiali i krzyczeli. Zdarzył się cud, na który czekali.

Oczywiście nie znali okoliczności zgonu prezydenta, który spędzał weekend w swojej willi nazywanej „Małym Białym Domem" w Warm Springs w stanie Georgia. Fatalna pogoda uniemożliwiła przylot samolotu z Waszyngtonu, który regularnie dostarczał pocztę, więc Roosevelt pozostał w łóżku i czytał książkę do godziny 11:00.

– Nie czuję się dobrze tego ranka – powiedział do Lizzie McDuffie, czarnoskórej pokojówki.

Godzinę później zasiadł w skórzanym fotelu, aby pogawędzić z dwoma kuzynkami i starą przyjaciółką. W tym czasie pani Elizabeth Shoumatoff[46], siedząc przy oknie, malowała portret prezydenta.

O godzinie 13:00 Roosevelt, znudzony pozowaniem, powiedział:

– Pozostało nam tylko 15 minut.

Zapalił papierosa i nagle dotknął skroni lewą ręką. Trzymał ją przez chwilę, aż ręka opadła bezwładnie. Zamknął oczy i powiedział bardzo cicho:

– Czuję straszny ból z tyłu głowy...

Osunął się w fotelu. Była godzina 13:15.

Lekarz, Howard Bruenn, szef kardiologii w Bethesda Naval Hospital w Maryland, który od roku zajmował się prezydentem, przyszedł natychmiast i nakazał, aby prezydenta przeniesiono na łóżko. Puls był bardzo wysoki, ciśnienie przekroczyło 300. Lekarz wiedział, że jest to wylew krwi do mózgu.

O godzinie 15:32 puls stał się prawie niewyczuwalny. 3 minuty później serce Roosevelta przestało bić.

Odszedł przywódca, który konsekwentnie od 1941 roku budował i prowadził antynazistowski sojusz. To on wybrał Stalina jako głównego partnera, odsuwając na drugi plan Winstona Churchilla.

Ministra Josepha Goebbelsa nie było w ministerstwie, gdyż wyruszył na inspekcję 9. Armii, która miała zagrodzić wojskom radzieckim drogę

[46] Właściwie Jelizawieta Szumatowa, z domu Awinowa, urodzona w Moskwie w 1880 roku. Po rewolucji 1917 roku pozostała z mężem Leo Szumatowem w USA.

znad Odry do Berlina. Semmler zadzwonił do dowództwa armii, ale dowiedział się, że minister wyruszył już w drogę powrotną. Rzeczywiście, po 15 minutach jego samochód podjechał do gmachu ministerstwa. Na schodach czekała grupa ludzi, którzy krzycząc jeden przez drugiego, informowali o wielkim wydarzeniu. Goebbels zrobił parę kroków, ale gdy zrozumiał słowa wykrzykiwane z tłumu, stanął jak wryty. Widać było, że wiadomość o śmierci Roosevelta zaszokowała go.

– Przynieście najlepszego szampana i zadzwońmy do Führera!

Powłócząc chromą nogą, zaczął w pośpiechu wspinać się na schody. Gdy tylko wszedł do swojego gabinetu, podniósł słuchawkę:

– Mein Führer, gratuluję panu! Roosevelt nie żyje. Było to zapisane w gwiazdach, że druga połowa kwietnia będzie dla nas punktem zwrotnym. Jest piątek, 13 kwietnia [w Berlinie minęła północ – B.W.]! Los powalił naszego największego wroga. Bóg nas nie opuścił. Dwa razy uratował cię przed zamachami. Śmierć, którą wrogowie kierowali przeciwko tobie w 1939 roku i 1944 roku, teraz powaliła naszego największego wroga. To cud!

Obydwaj, Hitler i Goebbels, mieli wszelkie podstawy, aby doszukiwać się w tym działania sił nadprzyrodzonych. Przepowiednia, opracowana przed wojną przez astrologów z pracowni zorganizowanej w zamku Himmlera, zapowiadała pasmo zwycięstw do 1941 roku, a potem trudny czas. Niepowodzenia i klęski miały osiągnąć szczyt w połowie kwietnia 1945 roku, ale już w drugiej połowie miesiąca miał nadejść sukces, którego efektem byłoby zawarcie pokoju w sierpniu 1945 roku. Dla Niemiec miał przyjść czas wyrzeczeń trwający do 1948 roku, gdy państwo zaczęłoby się odradzać.

Wydawało się oczywiste, że sojusz kapitalistów z bolszewikami nie może trwać długo. Powszechnie znane było antyradzieckie nastawienie Harry'ego Trumana[47], który po śmierci Roosevelta przejął urząd

[47] Harry Truman (1884–1972) – wiceprezydent od stycznia 1945 roku, zaprzysiężony jako prezydent USA w dniu śmierci F.D. Roosevelta, od początku prezydentury prowadził ostry kurs wobec ZSRR, a po wojnie politykę powstrzymywania radzieckiej ekspansji w Europie i Azji.

Zaprzysiężenie Trumana na prezydenta USA (archiwum autora).

prezydenta. Czy mógł zdecydować się na zerwanie wojennego sojuszu z ZSRR, co miałoby sens tylko wtedy, gdyby od razu zawarł rozejm na froncie zachodnim? Zyskałby ogromny atut, głosząc, że ratuje tysiące młodych Amerykanów przed śmiercią w Europie. A niemieckie dywizje z zachodu i południa kontynentu, uwolnione od walk, zostałyby przerzucone do walki z Armią Czerwoną. Dobra i wydajna sieć kolejowa biegnąca równoleżnikowo przez Europę dawała nadzieję, że ściągnięcie do Niemiec wojsk z Zachodu nie potrwałoby długo. Mogły stawić się do obrony Berlina, zanim czerwonoarmiści wdarliby się na ulice miasta. A należałoby zakładać, że osamotniony przez sojuszników Stalin też nie byłby skory do kontynuowania wojny i zgodziłby się na zawarcie pokoju.

Czas mijał, a cud nie nadchodził.

Gdy minęła euforia, wywołana informacją o śmierci Roosevelta, ludzie z najbliższego otoczenia Hitlera zaczęli szukać dla siebie miejsca, gdzie mogliby się ukryć, a potem znaleźć sposób, który pozwoliłby im uchronić się przed zasłużoną karą za niezliczone zbrodnie. Ci, którzy zdołali wyrwać się z Berlina, mogli podążać dwoma drogami ku wolności: jedna prowadziła na północ do bałtyckich portów. Flensburg nazywany był lukiem ratowniczym dla zbrodniarzy. Jednakże pojemność i przepustowość tego miejsca była ograniczona. Tędy mogli wydostać się ci, którzy mieliby zapewniony azyl w Szwecji. Tamtejszy rząd i król przez całą wojnę wykazywali dużo sympatii dla nazistowskich Niemiec. Najbliższy współpracownik Himmlera, Walter Schellenberg, z jego polecenia przygotowywał morską wyprawę do Szwecji. Nakazał zaufanej sekretarce Luise Schienke podjęcie w banku pieniędzy zdeponowanych do jego osobistego użytku: 29 tysięcy dolarów (tj. około 260 tysięcy dolarów w dzisiejszych cenach) i 30 tysięcy franków szwajcarskich. Sam nie chciał tego zrobić, obawiając się, że jego wróg, szef Gestapo Heinrich Müller, uzyska dowód przygotowań do ucieczki i aresztuje go. Z tego samego powodu zlecił sekretarce przygotowanie paszportów.

Ostatecznie 4 maja Luise Schienke wyruszyła motorówką w morską podróż z sześcioma osobami, wśród których nie było Himmlera. Pozostał w rejonie Flensburga, jakby wciąż łudził się, że alianci, pod wrażeniem jego władzy nad Waffen-SS i służbami policyjnymi, zaproponują mu stanowisko w powojennym rządzie Niemiec.

Droga prowadząca przez Flensburg miała inne istotne ograniczenie. Uciekinierzy mogli zabrać ze sobą niewiele, tylko to, co zmieściło się w walizeczce, a wielu z nich dźwigało dziesiątki kilogramów złota i kosztowności, które miały starczyć na opłacenie powojennego życia. Pod tym względem o wiele wygodniejsza wydawała się droga przez Bawarię.

Z tego powodu trafili tam Wernher von Braun, Walter Dornberger i ich współpracownicy z Peenemünde oraz Hans Kammler, chociaż wydaje się, że tam ich drogi się rozeszły.

15

Sklepik z rakietami

Sytuacja konstruktorów w Oberammergau nie była dobra. Zakwaterowano ich w barakach dawnego obozu wojskowego, w których zamieszkali też technicy z miejscowego oddziału zakładów Messerschmitta.

Oczywiście pojawił się Kammler, ale na krótko. Przyjechał 4 kwietnia. Wezwał von Brauna do swojej kwatery w hotelu nazwanym od nazwiska właściciela, zagorzałego nazisty, „Alois Lang". Oświadczył, że zmuszony jest wyjechać na nieokreślony czas. Było oczywiste, że to pożegnanie. I okazja wyrwania się z więzienia, w którym osadził ich Kammler. Von Braun potrafił ją wykorzystać. Zgłosił się do SS-Sturmbannführera Kummera, nowego komendanta ośrodka, w którym trzymano konstruktorów. Tłumaczył, że kieruje nim troska o bezpieczeństwo podległych mu pracowników, których życie mogło być zagrożone.

– Musi pan podjąć decyzję o rozproszeniu moich ludzi. Trzymanie ich w jednym miejscu jest bezsensem. Wystarczy kilka wrogich samolotów, a nikt nie przeżyje. Nie mamy się gdzie ukryć przed bombami.

– A ja nie mam możliwości przetransportowania pana ludzi w inne miejsce – bronił się Kummer, choć musiał przyznać rację Braunowi. Miał świadomość, że spoczywa na nim odpowiedzialność za bezpieczeństwo konstruktorów.

– W ciągu najbliższych godzin dojedzie tu co najmniej dwadzieścia samochodów z Bleicherode. Wystarczy, żeby przewieźć moich ludzi do bezpieczniejszych miejsc. Poleciłem również, aby jeden z samochodów, z dużym zapasem benzyny, oddać do pana dyspozycji...

Było to oczywiste przekupstwo, a esesman rozumiał, że to jedyna szansa ucieczki przed nadchodzącymi wojskami amerykańskimi. Wahał się.

– Rozkażę moim żołnierzom, aby eskortowali pana ludzi do okolicznych domów. Nikt nie powinien jednak opuszczać rejonu Oberammergau.

Von Braun nie miał zamiaru stosować się do tego polecenia. Chodziło mu tylko o to, aby wydostać się poza ogrodzony teren. Wiedział, że ludzi rozwiezionych do kilku pobliskich wsi nikt nie zdoła upilnować. Czekał tylko na okazję, aby uciec od esesmanów.

Wraz z bratem Magnusem[48] znaleźli kwaterę w wiosce Weilheim, ale nie byli tam długo. Nasilający się ból ramienia zmusił von Brauna do szukania pomocy w szpitalu. Tym razem dobrze wybrał, gdyż w pobliskiej narciarskiej miejscowości Sonthofen ortopedzi mieli duże doświadczenie w składaniu połamanych rąk i nóg. Stan von Brauna był na tyle poważny, że musiał poddać się operacji ponownego złamania ręki. Pozostawiono go w szpitalu, gdzie mógł się zastanawiać, kogo pierwszego zobaczy w drzwiach: żołnierza amerykańskiego, z czego byłby bardzo zadowolony, czy francuskiego, czego wolałby uniknąć. Francuzi bez wątpienia nie doceniliby jego wiedzy, lecz posadziliby na ławie oskarżonych za udział w wojennych zbrodniach.

W tym czasie, 11 kwietnia 1945 roku, do Nordhausen dotarli amerykańscy żołnierze ze specjalnego oddziału Combat Command B z 3. Dywizji Pancernej, do której przylgnęła nazwa „Spearhead", czyli „Grot", co dobrze

[48] Magnus von Braun (1919–2003) – brat Wernhera, absolwent Wydziału Chemii Politechniki w Monachium, od 1943 roku pracował w Peenemünde, a następnie w Mittelwerk. W 1945 roku razem z bratem poddał się Amerykanom i wyjechał do USA.

oddawało jej zasługi bojowe w walkach w Europie, w których brała udział od lipca 1944 roku. Bez wątpienia żołnierze nie wiedzieli, co przyjdzie im odkryć w Nordhausen. W raporcie wysłanym do dowództwa dywizji podali, że odnaleźli „duży obóz koncentracyjny", i prosili pobliską 104. Dywizję Piechoty o pomoc w zaopiekowaniu się oraz wywiezieniu 250 chorych i umierających więźniów. Zapewne wysłali ten raport od razu, gdy weszli do Boelcke-Kaserne, koszar Luftwaffe na południowym przedmieściu.

Na dziedzińcu okolonym wysokim murem leżało 1,5 tysiąca zwłok więźniów, ułożonych w równych rzędach. Większość była już w stanie rozkładu, gdyż zostali zabici tydzień wcześniej, w czasie dwóch nocnych nalotów brytyjskich bombowców. Brytyjscy lotnicy atakowali koszary, nie wiedząc, że w lutym 1945 roku budynki przejęło SS, aby zgromadzić tam chorych więźniów.

Nie wszyscy byli martwi. Obok trupów ułożono 450 więźniów w agonii, tak osłabionych, że ledwo dawali znaki życia. A to był dopiero początek, zapowiedź prawdziwego koszmaru, wobec którego nie mogli pozostać obojętni nawet starzy żołnierze.

Kilka godzin później doszli do obozu na drugim krańcu miasta. Większość baraków była pusta, gdyż kilka dni wcześniej esesmani wywieźli do innych obozów koncentracyjnych 40 tysięcy więźniów. Na miejscu pozostawili chorych i osłabionych, których nie zdążyli zabić, choć starali się likwidować świadków. Tysiąc więźniów zamknęli w stodole pod Gardelegen i żywcem spalili.

W barakach było 700 zabitych lub umierających osób.

Sierżant Ragene Ferris z 329. Batalionu Medycznego przysłanego na pomoc żołnierzom z Combat Command zanotował:

> Byliśmy doświadczonymi wojskowymi medykami zaprawionymi w bojach i myśleliśmy, że nie spotkamy niczego, czego nie widzieliśmy. W ciągu dwóch dni ja i inni z dywizji zobaczyliśmy i przeżyliśmy coś, czego nigdy nie zapomnimy. (...) Pierwsze uderzenie spotkało nas przy wejściu

Zwłoki więźniów Nordhausen (archiwum autora).

[do baraku w obozie – B.W.]. Wybuchy bomb wbiły kości i ciała w cementową podłogę. Potem zobaczyliśmy żywe szkielety leżące w rzędach. Tam, gdzie upadli bez sił, z głodu, o bezbarwnych ciałach, w niedającym się opisać brudzie odchodów.

Na skraju obozu wybetonowane drogi prowadziły do wnętrza wzgórza Kohnstein. Dwie równoległe sztolnie, o długości 3,2 kilometra każda, połączono krótkimi, 200-metrowymi korytarzami wysokimi na 9 metrów. Wszystko wyglądało tak, jakby robotnicy dopiero stamtąd wyszli, pozostawiając narzędzia i materiały. W tunelu B jaskrawe lampy rzucały światło na rakiety V-2 na lawetach. W drugim tunelu na taśmie umożliwiającej przesuwanie na kolejne stanowiska montażowe leżały pociski V-1, rakiety Tajfun i Orkan (R4/M), silniki lotnicze. Informacja o odkryciu podziemnego kompleksu wywołała burzę w amerykańskim dowództwie. Już następnego dnia zaczęły przybywać zespoły amerykańskiego wywiadu i Office of Scientific Research and Development (Biuro Badań Naukowych i Rozwoju), jedynej amerykańskiej organizacji interesującej się niemieckimi rakietami, a za nimi – brytyjskiego.

Zachodni alianci zdawali sobie sprawę, że muszą się spieszyć. Według porozumienia zawartego w Jałcie nie powinno ich tam być, gdyż ten teren miała przejąć Armia Czerwona. Przypadek sprawił, że sprawa trafiła do bardzo kompetentnego oficera. Major Robert Staver z USA Office of Scientific Research and Development, wcześniej szef Sekcji Napędu Odrzutowego w Departamencie Uzbrojenia, okazał się oficerem inteligentnym i dociekliwym. Zdał sobie sprawę, że odnalezione w podziemiach rakiety były tylko skorupami, które nie na wiele się przydadzą, jeżeli nie uda mu się odnaleźć dokumentacji produkcyjnej. Na razie nie mógł się tym zająć. Wiedział, że miał niewiele czasu, aby zorganizować ewakuację niemieckiego ośrodka. Tym bardziej że czuł już na plecach gorący oddech Brytyjczyków, którzy też chętnie pozbieraliby niemiecką broń. Na szczęście dla Stavera nie byli zbyt ciekawi i dali się zbyć opowieścią o badaniach geologicznych.

Od 11 kwietnia do 6 maja 1945 roku Amerykanie, nie czując wyrzutów sumienia, że oszukali sojusznika, zapakowali do skrzyń wszystkie znalezione rakiety V-2, Tajfun, Hs-117, Hs-298, X-4 i X-7 i wysłali je do kwatery wywiadu 9. Armii w Paryżu, skąd przewieziono je do USA. Brytyjczykom pozostały tylko części rakiet V-2, urządzenia radiowe i nawigacyjne, które chętnie pozbierali.

Staver zyskał czas, aby zająć się dokumentami. Założył, że musiały zostać ukryte gdzieś w rejonie Nordhausen, ale gdzie?

Nie wiadomo, w jaki sposób trafił do Fleischera. Biorąc pod uwagę, że w jego jeepie, którym objeżdżał okolicę, zawsze był duży zapas papierosów, whisky, pończoch i piwa, a więc towarów o ogromnej wartości w powojennym świecie, skusił Niemca znającego Fleischera, aby go doń

Zdobyczny sprzęt niemiecki przejęty przez Brytyjczyków. Widoczny myśliwiec rakietowy Me 163 Komet, pocisk odrzutowy V-1 i rakieta V-2. Na pierwszym planie znajduje się pocisk przeciwlotniczy R1 Rheintochter. Po lewej stronie rakiety V-2 widać pocisk F25 Feuerlilie. Po prawej stronie – pocisk przeciwokrętowy Hs 293, tuż za nim pocisk Hs 117 (archiwum autora).

doprowadził. Ten jednak okazał się sprytny. Wykręcał się, że nic nie wie, ale zna tych, którzy mogą coś wiedzieć. Kontakty, jakie podał, wyglądały bardzo wiarygodnie, zważając na to, że odesłał Stavera do Eberharda Reesa, jednego z kierowników działu w Peenemünde. Jednak ten na niewiele się przydał, gdyż nie miał pojęcia, gdzie ukryto dokumenty. Ostatecznie Fleischer nie tylko wskazał kopalnię w Dörnten, lecz także pomógł przekonać pilnującego skarbu Nabenlunga, aby współpracował z Amerykanami. Tak major Staver zdobył dla swojego kraju największy skarb drugiej wojny światowej, choć początkowo wydawało się, że jego zwierzchnicy i politycy w Waszyngtonie nie rozumieją doniosłości tego odkrycia. Już w lipcu 1944 roku z przysłanych z Europy części złożono pocisk V-1, który nazwano JB-2, jednakże próby prowadzone na poligonie Eglin Field na Florydzie wykazały, że jest to broń niecelna i zbyt kosztowna. Ostatecznie we wrześniu 1945 roku zarzucono dalsze prace rozwojowe. Być może odezwało się echo prób z pociskiem tego typu skonstruowanym w USA, które po trzech latach niepowodzeń przerwano w 1920 roku.

Amerykańscy konstruktorzy z większym sercem podeszli do rakiet V-2, modernizując je, ale w 1947 roku Kongres obciął wydatki na wojsko i w czerwcu tego roku wstrzymano program ich budowy. Na szczęście firma Consolidated przez trzy lata na własny koszt budowała rakiety MX-774, będące rozwojową wersją V-2. Krótkowzroczność polityków omalże nie pogrzebała amerykańskiego programu kosmicznego i nie oddała strategicznej przewagi Rosjanom.

Można odnieść wrażenie, że jeszcze nikt w amerykańskim dowództwie nie wiedział o istnieniu Wernhera von Brauna ani Waltera Dornbergera, gdyż nikt ich nie szukał, a twórca rakiet V-2 wypoczywał w szpitalnym łóżku. Nie wiadomo, jak dostał się w amerykańskie ręce. Jedynym źródłem wiedzy o jego losach były jego relacje, które wydają się mgliste i mało prawdopodobne.

Pewnego dnia w jego szpitalnej sali miał zjawić się nieznany mężczyzna, który kazał mu iść za sobą. Wyjaśnił, że lada godzina mogą nadejść francuscy żołnierze, którzy zmierzali do Sonthofen. Trudno stwierdzić, ile jest prawdy w tej relacji, gdyż von Braun, desperacko ratując się przed oskarżeniami o udział w zbrodni, którą było korzystanie z niewolniczej pracy więźniów obozów koncentracyjnych, wiele zmyślał lub przeinaczał. Faktem jest, że wyszedł ze szpitala ze swoim bratem Magnusem i kilkoma kolegami. Skierowali się do odległego o około 80 kilometrów Oberjoch, urokliwej miejscowości znanej z doskonałych narciarskich tras. Tam, w hotelu „Haus Ingeborg", dołączyli do Waltera Dornbergera i Dietera Huzela. Czekali, niepewni dalszego rozwoju wypadków, aż 1 maja usłyszeli w radiu komunikat:

> Nasz Führer, walcząc do ostatniego tchu przeciw bolszewizmowi, poległ za Niemcy w swojej kwaterze głównej w Kancelarii Rzeszy.

Bracia von Braun w towarzystwie amerykańskiego żołnierza (archiwum autora).

Poczuli się zwolnieni od przysięgi na wierność Hitlerowi, a gdy dzień później usłyszeli, że Amerykanie są w pobliżu, postanowili działać. Magnus von Braun, jako jedyny znający język angielski, wsiadł na rower. Pierwszego amerykańskiego żołnierza spotkał 4 kilometry dalej.

Powiedział:

– *My name is Magnus von Braun. My brother invented the V-2. We want to surrender*[49].

Żołnierz zaprowadził ich do kwatery dowództwa dywizji. Byli bezpieczni, ale wciąż niepewni swojego losu. Nie wiedzieli, czy nie staną przed sądem. Nie mieli się jednak czego obawiać. Nazwiska wszystkich znalazły się na tzw. Czarnej Liście osób, które po schwytaniu miały zostać przesłuchane przez ekspertów, a to oznaczało, że Amerykanie doceniali ich wiedzę.

49 „Nazywam się Magnus von Braun. Mój brat wynalazł V-2. Chcemy się poddać".

Nie musieli już obawiać się Kammlera. Nie wiadomo, czy wiedzieli, co się z nim stało. Zniknął tak nagle i skutecznie, że nigdy z całą pewnością nie udało się odtworzyć jego losów po opuszczeniu Oberammergau. Informacje na ten temat były sprzeczne i pochodziły z niewiarygodnych źródeł. A nawet od ludzi, którzy byli zainteresowani ukrywaniem prawdy.

Według zeznań jego kierowcy SS-Oberscharführera Kurta Preuka i adiutanta SS-Untersturmführera Heinza Zeunera 28 kwietnia 1945 roku miał wyjechać z Linderhof koło Oberammergau do Salzburga. Podobno po to, aby wziąć udział w konferencji dotyczącej produkcji czołgów. Brzmi to bardzo niewiarygodnie: kto w czasie, gdy radzieccy żołnierze zbliżali się do Reichstagu, myślał o produkcji czołgów? Stamtąd miał pojechać do podziemnej fabryki w Ebensee, a następnie do miejscowości o nieustalonej nazwie w Tyrolu, aby spotkać się z żoną. To również jest mało prawdopodobne, gdyż w tym czasie rejon ten był już zajęty przez wojska amerykańskie i podróże byłyby zbyt ryzykowne dla esesmana tak wysokiego rangą. Bardziej prawdopodobna wydaje się informacja, że dotarł do Pragi, a gdy 6 września wybuchło tam powstanie, Kammler zginął w schronie (zastrzelony przez swojego adiutanta SS-Sturmbannführera Starcka?) obleganym przez powstańców. Według innej wersji opuścił miasto 9 maja w konwoju zmierzającym na południe. Nie ujechali daleko, gdyż podczas postoju na poboczu drogi miał zażyć cyjanek. Tak twierdził jego kierowca, na którego zeznanie powoływała się żona Kammlera, Jutta, gdy w 1948 roku wystąpiła do sądu o uznanie jej męża za zmarłego, co stało się zgodnie z jej życzeniem.

Amerykański wywiad i kontrwywiad nie wierzyły w zeznania ludzi z otoczenia Kammlera, uznając, że przeżył i uciekł z Europy. Nie opublikowano jednak żadnych dokumentów, które pozwoliłyby stwierdzić, na jakiej podstawie kontrwywiad CIC i później CIA oparły ten brak zaufania do oficjalnej wersji oraz dlaczego ostatecznie nie wyjaśniono losów jednego z największych hitlerowskich zbrodniarzy. Może dlatego, że drogi Kammlera splotły się z drogami ludzi potrzebnych amerykańskiemu wywiadowi i zatrudnianych w akcjach, które musiały pozostać ukryte przed amerykańską i światową opinią publiczną. Takich jak Otto Skorzeny.

Skorzeny przebywał w tym samym rejonie, z którego Kammler rozpoczął swoją ucieczkę, w tym samym czasie. Może się wydawać, że obecność Skorzenego w Bawarii łączyła się z jego nową funkcją: dowódcy Wehrwolfu, organizacji partyzanckiej, która miała walczyć z oddziałami wroga wkraczającego na terytorium Niemiec. Pierwszy dowódca tej formacji SS-Obergruppenführer Hans Adolf Prützmann[50] został schwytany 10 lub 11 maja 1945 roku przez brytyjskich żołnierzy. Popełnił samobójstwo 21 maja w willi brytyjskiego wywiadu w Lüneburgu. Badał go ten sam lekarz i pilnowali ci sami żołnierze, przy których 23 maja 1945 roku popełnił samobójstwo Heinrich Himmler. Reichsführer SS był bardzo niewygodnym świadkiem dla brytyjskiego rządu. Jego wysłannik Walter Schellenberg prowadził z brytyjskim ambasadorem Victorem Malletem w Sztokholmie tajne rokowania na temat zawarcia pokoju. Ujawnienie rozmów skrywanych przed sojusznikami wywołałoby dyplomatyczną burzę. Stalin zyskałby dowód wiarołomności brytyjskich sojuszników, którzy kupczyli pokojem, wtedy gdy jego Armia Czerwona krwawiła. Himmler musiał zamilknąć. Jeżeli nawet popełnił samobójstwo, a nie został zamordowany, to brytyjski rząd musiał uznać ten fakt za szczególnie korzystne rozwiązanie. O co mogło chodzić w przypadku Prützmanna?

[50] Hans-Adolf Prützmann (1901–1945) – SS-Obergruppenführer, w czasie wojny z ZSRR sprawował wysokie stanowiska we władzach okupacyjnych Wyższego Dowódcy SS i Policji w różnych rejonach ZSRR. Odpowiadał za działalność Einsatzgruppen. Schwytany przez wojska brytyjskie, popełnił samobójstwo.

16
Wilkołaki

Nazwa, jak Heinrich Himmler wyjawił dowódcom SS na konferencji w końcu 1944 roku, pochodziła z książki Hermanna Lönsa *Der Wehrwolf*. Autor zginął w 1914 roku, walcząc we Francji, a naziści przedstawiali go jako wzór patrioty. Tak bardzo, że w Niemczech i Austrii wystawiono mu 140 pomników.

19 września 1944 roku Heinrich Himmler mianował SS-Obergruppenführera Hansa Adolfa Prützmanna generalnym inspektorem obrony specjalnej (Generalinspekteur für Spezialabwehr), czyli Wehrwolfu.

W czasie wojny był wyższym dowódcą okręgów na północy i południu Rosji, później specjalnym pełnomocnikiem Rzeszy w Chorwacji. To on odpowiadał za masowe zbrodnie popełniane na ludności cywilnej i walkę z partyzantami, w której nie obowiązywały żadne prawa cywilizowanego świata.

Wydawało się, że z takim doświadczeniem sprosta nowemu zadaniu. Pod jego dowództwem szeregi Wehrwolfu rosły szybko. W końcu 1944 roku jego sztab zarejestrował 5 tysięcy żołnierzy.

Pierwotnie zakładano, że głównym rejonem działania będą zachodnio-południowe Niemcy. Dlatego Prützmann pojechał w swoim pociągu „Krista" do Steinebach am Wörthsee w Bawarii, gdzie założył kwaterę. Nie był tam długo, a dalszy bieg wypadków jest zastanawiający.

W marcu lub na początku kwietnia 1945 roku Prützmann zwrócił pociąg niemieckim kolejom, a sam podążył na północ Niemiec. Być może

Himmler w rozmowie z Hansem Prützmannem (archiwum autora).

chciał być blisko Heinricha Himmlera, który przebywał w tym rejonie najpierw w Lychen, w sanatorium prof. Karla Gebhardta, a później w rejonie Flensburga przy nowym rządzie Rzeszy. Wydaje się jednak, że głównym powodem podróży Prützmanna były zmiany organizacji Wehrwolfu, konieczne ze względu na szybkie postępy wojsk radzieckich. Niemieckie dowództwo zdecydowało rozszerzyć obszar walki partyzanckiej na Prusy Wschodnie, a także Śląsk, zarówno Górny, jak i Dolny. Prawdopodobnie Prützmann miał dowodzić walką na północy Niemiec i w Prusach Wschodnich, zaś na południu dowodzenie przejął Otto Skorzeny, choć nic nie wskazuje, że wykonał to zadanie.

Na Dolnym Śląsku główny ośrodek szkolenia i dowodzenia Wehrwolfu znajdował się w Bad Reinerz (Duszniki-Zdrój). Dlaczego właśnie tam? Wyjaśnia to zeznanie Horsta Kramera, jednego z członków Wehrwolfu, złożone w Urzędzie Bezpieczeństwa sześć lat po wojnie (pisownia oryginalna):

Wiadomo mi jest, że w Dusznikach od 1944 roku był szpital wojskowy, a następnie w lipcu 1944 roku przyjechało wojsko, które usunęło szpital z kilku domów, a samo je zajęło. Wojsko to nazywało się Schill. Żołnierze mieszkali w domach takich jak „Daheim" czy „Schlesierhaus" i jeszcze w trzecim domu, zaraz za „Daheim"[51], którego nazwy nie pamiętam.

(...) Słyszałem, że trzech z tej formacji Schill w listopadzie 1944 roku rozstrzelano za zdradę tajemnicy, gdyż mieli oni powiedzieć dziewczynie, co oni tam robią i po co przyjechali.

To zeznanie wyjaśnia, dlaczego wybrano Duszniki – uzdrowisko, w którym było dużo sanatoriów, domów wczasowych oraz szpitali dla rannych żołnierzy. Była to dobra baza dla szkolonych oddziałów Wehrwolfu. Nie chodziło tylko o zaplecze bytowe. W „Haus Daheim" działała placówka wywiadu wojskowego Abwehry. Już wcześniej, zanim powołano Wehrwolf, zadaniem kontrwywiadu i wywiadu było szkolenie specjalnych grup, które miały działać na tyłach oddziałów Armii Czerwonej.

Informacje uzyskane od schwytanych członków Wehrwolfu pozwalają się zorientować, że w tych placówkach uczono głównie dywersji. Na dwunastu wykładowców ten przedmiot wykładało siedmiu, doświadczonych w walkach na froncie wschodnim, tak jak porucznik Strobel odznaczony za działania dywersyjne na tyłach Armii Czerwonej. Dwaj podchorążowie z SS uczyli szermierki. Był też lekarz, a więc uczono również tego, jak udzielać pomocy rannym.

W tym rejonie nie tylko szkolono członków Wehrwolfu. Przygotowywano zaplecze przyszłych akcji. Górzyste okolice Dusznik sprzyjały temu, a po wojnie Urząd Bezpieczeństwa zyskał wiele informacji na ten temat, i to z pierwszej ręki.

W 1950 roku Związek Radziecki przekazał Polsce kapitana Alfreda Reutera skazanego na dwadzieścia pięć lat łagru. Niemiec, licząc, że otwiera się przed nim szansa złagodzenia wyroku, a może nawet

[51] Chodzi o „Haus Daheim", obecnie pensjonat „Muza", i „Villen Schlesierhaus", obecnie „Nysa".

pozostania w polskim więzieniu, niczego nie tail, a okazał się ważnym i dobrze zorientowanym świadkiem.

Zeznał, że w październiku 1944 roku przydzielono go do specjalnej grupy operacyjnej zakwaterowanej we Wrocławiu. Otrzymał wówczas z Berlina rozkaz werbunku członków grup dywersyjnych oraz poszukiwania miejsc na magazyny wyposażenia niezbędnego do prowadzenia operacji bojowych. Kwaterę dowództwa przeniesiono do miejscowości Kattern (Święta Katarzyna) pod Wrocławiem. Tam dotarło z Berlina 25 specjalistów, którzy mieli przeprowadzić rekrutację dywersantów. Wybrane osoby kierowano na szkolenie do miejscowości Stolz (Stolec) w powiecie ząbkowickim. Przeszkolonych odsyłano na teren Kotliny Kłodzkiej z zadaniem organizowania mniejszych grup dywersyjnych. Wyposażenie niezbędne do prowadzenia walki dosyłała 1. Armia Pancerna[52], w której służył Reuter. Zeznawał:

> Pierwszy raz przyszły skrzynie w liczbie około 50 z materiałem wybuchowym (część plastiku, saperski materiał wybuchowy, zapalniki, sznury zapalające itp.). Następnie przyszła przesyłka około 50 skrzyń z holenderskimi karabinami, około 10 karabinów w każdej skrzyni. Później przyszedł transport min, materiałów wybuchowych, środki zapalające. (...) Kilkakrotnie otrzymywaliśmy różne przesyłki od dowództwa 1. Armii Pancernej, zawierające broń, amunicję, jedzenie, umundurowanie itp.

Zawartość wojskowych skrzyń przepakowywano, tak aby łatwiej je było ukryć. Reuter zamówił w firmie meblarskiej w Habelschwerdt (Bystrzyca Kłodzka) „około 200 skrzyń drewnianych o około 70 centymetrów długości, około 50 szerokości i 40 wysokości. Były to skrzynie bardzo szczelne. Wewnątrz były wykładane specjalnym, nasyconym

[52] Po 6 października 1941 roku 1. Grupa Pancerna (Panzergruppe 1) została przekształcona na 1. Armię Pancerną (1. Panzerarmee).

tłuszczem papierem. Poza tym skrzynie były wewnątrz nasycone tzw. karbolineum[53], które chroni drewno od gnicia".

Reuter nie tylko przekazywał skrzynie dowódcom grup, lecz także sam ukrywał je w okolicy Bielendorf (Bielice), Wilhelmsthal (Bolesławów) i Seitenberg (Stronie Śląskie).

UB postanowiło odzyskać materiały, o których mówił Reuter. Pod eskortą przywieziono go na miejsce.

> W dniu 19 kwietnia 1950 roku po przybyciu na teren pow. [powiatu – B.W.] Bystrzyca na jednym z obszarów, gdzie miały znajdować się ukryte skrzynie, natrafiono na ślady miejsc (wykopane doły), z których skrzynie zostały wyciągnięte. Według przypuszczeń, skrzynie te, w liczbie 4–5, jak określał Reuter, zostały przypadkowo znalezione przez robotników leśnych, którzy w niedawnym czasie karczowali tam las. Miały one zawierać żywność.

W innych miejscach wskazanych przez Niemca odnaleziono skrzynie z cenną zawartością.

> Każdy ukryty skład miał pewien punkt orientacyjny (skały, wysokie drzewa lub nacięcia na drzewach), celem zorientowania się w odnalezieniu. Ich zawartość stanowiły karabiny, magazynki, amunicja, rakietnice, materiały wybuchowe, miny, granaty, pancerfausty, narzędzia stolarskie, ubrania, żywność, tytoń, świeczki, alkohol oraz radzieckie czerwońce w banknotach [będące w obiegu w latach 1922–1947 – B.W.]. Reuter twierdził, że skrzyń było więcej, ale w jednej z lokalizacji odnaleziono tylko dwie.

Jego zeznania, potwierdzone wynikami poszukiwań, nie pozostawiały wątpliwości, że był jednym z dowódców oddziału Wehrwolfu działającego

---

[53] Oleista ciecz powszechnie używana do konserwacji podkładów kolejowych, słupów telegraficznych itp.

na terenie ziem włączonych po wojnie do Polski. Jednocześnie był to dowód, że Wehrwolf nie stanowił zlepku małych oddziałów działających samodzielnie, często bez łączności z innymi jednostkami na ich terenie.

W końcu kwietnia lub na początku maja 1945 roku Reuter przeniósł się do Czechosłowacji. Tam został schwytany (poddał się?) przez Amerykanów. Ci oddali go Rosjanom, co miało związek z jego służbą w 1. Armii Pancernej.

Jego nadzieje, że pozostanie w Polsce, nie ziściły się, gdyż 17 lipca 1951 roku odesłano go do ZSRR. Jego dalsze losy nie są znane.

W żadnym z dokumentów nie ma wzmianki o Skorzenym, choć wydaje się oczywiste, że jako dowódca Wehrwolfu powinien zainteresować się organizacją podległych mu oddziałów, ich zaopatrywaniem i planami akcji bojowych na froncie tak ważnym jak Dolny Śląsk. Tamtędy uderzały armie 1. Frontu Ukraińskiego kierujące się od południa na Berlin. Dywersja na ich tyłach, niszczenie mostów i linii komunikacyjnych zyskiwały specjalne znaczenie. Żaden z dokumentów, zeznania żadnego ze świadków nic nie mówią o jakiejkolwiek aktywności Skorzenego. Był człowiekiem zbyt znanym, by móc ukryć swoją tożsamość. Czyżby był to kolejny blef wielkiego esesmana, który w ten sposób budował swoją sławę człowieka nieustraszonego i bezwzględnie skutecznego w wykonywaniu najtrudniejszych zadań? Choć jedno wykonanie jednego rozkazu przesądziło o jego karierze i famie najgroźniejszego człowieka Europy. Tyle że ta sława była zupełnie nieuzasadniona, a jedynie nadzwyczaj sprytnie przez niego kreowana.

17

Sława esesmana

Misja jego życia zaczęła się niespodziewanie 26 lipca 1943 roku, gdy w berlińskim hotelu „Eden" jadł obiad z przyjacielem. Coś go tknęło, więc zadzwonił do jednostki, którą dowodził. Sekretarka podekscytowanym głosem, niemalże krzycząc do słuchawki, oznajmiła, że jak najszybciej musi pojechać na lotnisko, gdzie czeka na niego samolot. Nie musiała wyjaśniać, że chodziło o lot do kwatery Hitlera. Ale co mogło być powodem nagłego wezwania? Żadna sensowna odpowiedź nie przychodziła mu do głowy. Dopiero w samolocie dowiedział się, że we Włoszech nastąpiła zmiana rządu. Benito Mussolini, wierny sojusznik Hitlera, którego ten nazywał swoim nauczycielem, został odsunięty od władzy i aresztowany, a jego miejsce zajął generał Pietro Badoglio, skłonny do rokowań z aliantami. Cóż jednak wspólnego z tym wydarzeniem mogło mieć wezwanie do kwatery Hitlera?

Po trzech godzinach lotu Skorzeny wylądował na lotnisku w Gierłoży, skąd samochodem dotarł do Wilczego Szańca. Podjechał do drewnianego pawilonu nazywanego Herbaciarnią.

W przedpokoju siedziało kilku oficerów, podobnie jak Skorzeny wezwanych nagle z różnych jednostek. Po kilku minutach adiutant wprowadził ich do gabinetu Führera – dużego pokoju o wymiarach 6 na 9 metrów. Pośrodku stał masywny stół pokryty mapami, a pod ścianą, naprzeciw okien zasłoniętych jednobarwnymi storami, okrągły stolik i pięć

Otto Skorzeny, zdjęcie z września 1943 roku po awansie na Sturmbannführera (NAC).

wygodnych krzeseł. Hitler wszedł, gdy tylko zdążyli ustawić się w półkole. Po krótkiej prezentacji oficerów zapytał:

– Który z panów zna Włochy?

Odezwał się tylko Skorzeny.

– Dwukrotnie tam byłem, nie dalej jednak niż w Neapolu, Mein Führer.

– A co pan sądzi o Włoszech?

– Jestem Austriakiem, Mein Führer.

Miało to oznaczać: „A jaki Austriak może nie mieć za złe Włochom zabranie południowego Tyrolu, najpiękniejszej krainy na ziemi?".

– Inni panowie mogą odejść. Chcę, aby pan pozostał, Hauptsturmführer Skorzeny.

Hitler poprawnie wymówił nazwisko esesmana. Jego przodkowie ze Skorzęcina w Wielkopolsce przenieśli się do Austrii. Tam poprawnie wymawiano „Skożeny", zaś Niemcy, którzy nie potrafili wypowiedzieć „ż", mówili „Skorceny".

– Mam dla pana bardzo ważną misję. Mussolini, mój przyjaciel i nasz lojalny towarzysz broni, został wczoraj zdradzony przez króla i aresztowany przez rodaków. Ja nie mogę pozostawić i nie pozostawię największego syna Włoch w potrzebie. Dla mnie Duce jest wcieleniem starożytnej wielkości Rzymu. Włochy pod nowym rządem opuszczą nas! Ja wierzę tylko mojemu staremu sprzymierzeńcowi i drogiemu przyjacielowi. On musi być szybko uratowany, gdyż w przeciwnym wypadku wydadzą go aliantom. Powierzam panu misję, której przeprowadzenie ma wielkie znaczenie dla dalszego biegu wojny. Musi pan zrobić wszystko, co w pańskiej mocy, aby wykonać rozkaz. Jeżeli wykona go pan, to awans pana nie ominie!

Skorzeny, głęboko przejęty pierwszym spotkaniem z Führerem, słuchał tych słów jak urzeczony, gotów natychmiast wyruszyć do walki o wolność Mussoliniego.

25 lipca 1943 roku Wielka Rada Faszystowska uznała, że Duce nie powinien dłużej kierować państwem, gdyż skutki jego rządów były opłakane. Armie włoskie ponosiły ogromne straty na froncie wschodnim i w Afryce Północnej. Flota włoska zaopatrująca wojska niemieckie i włoskie walczące w Afryce traciła tak wiele statków na Morzu Śródziemnym, że minister żeglugi obawiał się, iż wkrótce nie będzie co wysyłać na morze. Nadmiar goryczy przepełniały amerykańskie bombowce atakujące włoskie miasta.

Król Wiktor Emanuel III, gdy przyjął Mussoliniego popołudniem 25 lipca, miał wszelkie prawo, aby powiedzieć:

– Jest pan najbardziej znienawidzonym człowiekiem we Włoszech.

Zwolnił go ze stanowiska szefa rządu i wydał rozkaz aresztowania.

Hitler mówił dalej:

– A teraz najważniejsza część. Jest szczególnie ważne, żeby cała sprawa pozostała w absolutnej tajemnicy. Oprócz pana wie o tym tylko 5 osób. Zostanie pan oddelegowany do Luftwaffe i oddany pod rozkazy generała Studenta…

Mówił o Kurcie Studencie, jowialnym oficerze, którego umiejętności i odwaga stały się legendą w Wehrmachcie. Dowodzone przez niego oddziały spadochroniarzy walczyły w maju 1940 roku w Belgii i Holandii, odnosząc duże sukcesy. On sam 14 maja 1940 roku w Rotterdamie odniósł poważną ranę kolana. W maju 1941 roku dowodził oddziałami powietrznodesantowymi, które dokonały inwazji na Kretę. W 1943 roku na czele swoich oddziałów walczył na Sycylii.

– Nie wolno panu z nikim innym rozmawiać. Od niego otrzyma pan szczegółowe informacje. Musi pan również omówić z nim wszystkie wojskowe przygotowania, by być gotowym w sytuacji, gdyby Włosi Badoglio raptem nas opuścili. Nie możemy stracić Rzymu.

Generał Kurt Student odznaczający spadochroniarzy za akcję uwolnienia Mussoliniego (NAC).

Skorzeny nie był zadowolony, że oddano go pod komendę tego oficera. Szybko zorientował się, że generał Student zamierzał przeprowadzić akcję uwolnienia Mussoliniego tylko przy pomocy swoich żołnierzy, nie przewidując udziału komandosów z SS w ataku na miejsce, w którym uwięziono Mussoliniego, zaś Skorzenemu wyznaczył rolę ochroniarza uwolnionego dyktatora. Jednak Skorzeny nie miał zamiaru ograniczyć swojego udziału do tak skromnej części przedsięwzięcia. Późnym wieczorem zadzwonił do swojego zastępcy do Berlina.

– Mamy rozkaz wyruszyć jutro rano… – mówił o planie wyruszenia do Rzymu, co miało nastąpić 27 lipca o godzinie 8:00. – Nie mogę powiedzieć nic więcej. Muszę to wszystko przemyśleć i zadzwonię do ciebie później. Jedno, co powiem, to że tej nocy nie będziecie spokojnie spali. Przygotuj transport, gdybyśmy mieli zabrać nasz ekwipunek. Wybierz 50 ludzi, tylko najlepszych i wszystkich, którzy znają włoski. Przekaż mi, których oficerów masz zamiar wybrać, a ja powiem ci o moim wyborze.

Samoloty transportowe Me 323 (archiwum autora).

Pożądany ekwipunek tropikalny. Będziemy musieli skakać i każdy musi mieć racje żelazne. Wszystko musi być gotowe na 5:00 rano.

Skorzeny chciał postawić generała Studenta przed faktem dokonanym, licząc, że ten nie będzie chciał zadzierać z esesmanem wykonującym rozkaz Führera. Nie mylił się. Generał, choć niechętnie, zaakceptował udział komandosów Skorzenego, którzy 28 lipca przybyli dwoma samolotami transportowymi Messerschmitt Me 323 na lotnisko w Pratica di Mare, na południowy zachód od Rzymu. Nikt jednak nie wiedział, gdzie Włosi ukryli Mussoliniego. Musieli czekać, aż wywiad ustali miejsce uwięzienia włoskiego dyktatora.

Na początku września nasłuch radiowy wykrył wzmożoną pracę włoskiej radiostacji w rejonie góry Gran Sasso, co mogło wskazywać, że tam właśnie uwięziono dyktatora. Wkrótce wywiad ustalił, że jest to hotel „Campo Imperatore", wybudowany w 1938 roku na szczycie tej góry.

Miejsce wybrano znakomicie, gdyż można się było tam dostać tylko w jeden sposób: kolejką linową. Ponadto Niemcy nie wiedzieli nic o tym obiekcie, choć udało im się odnaleźć turystę, który przed wojną spędzał tam zimowy urlop. Niewiele jednak pamiętał i jedynym wyjściem z sytuacji było przeprowadzenie lotu rozpoznawczego. Lecz to groziło zaalarmowaniem strażników Mussoliniego. Zdecydowano jednak, że bombowiec Heinkel He 111 wyposażony w kamerę będzie lecieć na wysokości ponad 5 tysięcy metrów, co uchroni go przed zidentyfikowaniem przez Włochów, zaś teleobiektyw umożliwi zrobienie zdjęcia wystarczająco dokładnego, aby rozpoznać wszystkie obiekty na szczycie góry.

8 września 1943 roku Skorzeny i jego zastępca SS-Obersturmführer (porucznik) Karl Radl[54] wystartowali do lotu, który okazał się dość dramatyczny. 30 kilometrów przed celem odkryli, że kamera nie pracuje, prawdopodobnie z powodu niskiej temperatury, do której nie była przystosowana. Pozostało więc robienie zdjęć innym aparatem przez dziurę w podłodze kadłuba. Żaden z nich nie był jednak przygotowany do zimna, jakie panowało na tej wysokości. Mieli na sobie letnie mundury, a w kadłubie Heinkla panowała temperatura bliska zera, zaś lodowaty wiatr wiejący przez otwór w kadłubie sprawiał, że w skostniałych dłoniach trudno było utrzymać kamerę. Mimo to zrobili kilkadziesiąt zdjęć w czasie dwóch przelotów nad szczytem Gran Sasso.

Skorzeny przyglądał się górze z ogromnym niepokojem. Urwiste ściany skalne były nadzwyczaj trudne do sforsowania. Komandosi musieliby wspinać się przez wiele godzin i łatwo było ich wypatrzyć. Dotarcie w pobliże hotelu na spadochronach, nawet jeżeli skok miałby nastąpić z najmniejszej możliwej wysokości 60 metrów, był absolutnie niewykonalny, gdyż teren nadający się do lądowania skoczków był za mały. Nagle w pewnym momencie, patrząc przez wizjer aparatu, Skorzeny dostrzegł niewielką łąkę w pobliżu budynku, łagodnie opadającą w stronę skalnej krawędzi. Było to jedyne miejsce w tej okolicy, na którym mogłyby

[54] Karl Radl (1911–1981) – SS-Hauptsturmführer, kapitan (Radl twierdził, że miał stopień SS-Sturmbannführera, majora), od 1943 roku był adiutantem Skorzenego i w tym charakterze brał udział w uwolnieniu Benito Mussoliniego.

Major Mors (pierwszy z prawej) po zakończeniu akcji odbicia Mussoliniego (archiwum autora).

wylądować szybowce. Jednakże to nie on zaplanował całą operację, lecz porucznik Georg von Berlepsch, a dowodził major Otto-Harald Mors[55] z dywizji spadochronowej Luftwaffe Kurta Studenta. Skorzeny potrafił sprytnie sobie przypisać całą zasługę uwolnienia Mussoliniego.

O świcie 12 września 1943 roku z bazy Pratica di Mare wyruszyły w stronę Gran Sasso ciężarówki z żołnierzami dowodzonymi przez Morsa. Zadaniem jego ludzi było opanowanie dolnej stacji kolejki linowej i za jej pomocą przedostanie się na szczyt, aby w razie potrzeby wspomóc kolegów z jednostki spadochronowej i esesmanów, lądujących w szybowcach na niewielkiej polance.

O godzinie 13:00 wystartowały w trzech grupach szybowce, którymi dowodził porucznik von Berlepsch. Spadochroniarze generała Kurta Studenta lecieli w szybowcach pierwszej i trzeciej grupy, zaś esesmani

[55] Otto-Harald Mors (1910–2001) – major, dowódca batalionu spadochroniarzy, odegrał kluczową rolę w zaplanowaniu i ataku na Campo Imperatore.

Skorzenego w drugiej. Generał podjął decyzję o takim rozmieszczeniu, gdyż chciał, aby to jego żołnierze wylądowali pierwsi i oswobodzili Mussoliniego. Nie sądził jednak, że Skorzeny i tym razem go przechytrzy.

Kapitan Langguth, pilot samolotu Ju 52/3m holującego pierwszy szybowiec z żołnierzami generała Studenta, z niepokojem obserwował góry wznoszące się na wysokość 1300 metrów nieopodal lotniska. Jego samolot nabierał wysokości powoli i istniało niebezpieczeństwo, że lecąc wprost na góry, nie zdoła wzbić się na bezpieczną wysokość. Dlatego postanowił krążyć do czasu, aż osiągną bezpieczny pułap. Musiał zachować ciszę radiową, lecz był przekonany, że piloci pozostałych samolotów powtórzą jego manewr. Nagle ze zdziwieniem dostrzegł, że samoloty i szybowce drugiej grupy, w których lecieli komandosi Skorzenego, skierowały się najkrótszą drogą w stronę gór. Ten niebezpieczny manewr udał się i w ten sposób komandosi Skorzenego wysforowali się daleko do przodu, przed żołnierzy generała Studenta.

Kilkanaście kilometrów przed celem szybowce zwolniły liny holownicze i rozpoczęły swobodny lot w stronę celu, jakim była łąka przy hotelu „Campo Imperatore".

Byli blisko, gdy Skorzeny zorientował się, że lądowisko, które wybrał, jest o wiele bardziej niebezpieczne, niż się spodziewał. Powierzchnia była nierówna, a nachylenie większe, niż oceniał. Nie mieli jednak wyboru.

Skorzeny krzyknął do pilota porucznika Meyera-Wehnera:

– Lądowanie awaryjne! Jak najbliżej hotelu! Jak najbliżej!

Pilot pochylił szybowiec na prawe skrzydło i wprowadził go w głęboki lot nurkowy pod kątem niemalże 80 stopni. Gwałtownie opadając, zbliżał się do łąki, która z tej wysokości wyglądała jak skalna półka. Tuż przed dotknięciem ziemi wypuścił spadochrony, aby skrócić lądowanie.

Gwałtowny wstrząs, który wywołało uderzenie płozy o ziemię, rzucił ich na bok. Szybowiec przez kilkanaście sekund posuwał się do przodu, podskakując na nierównościach gruntu, aż przechylił się na skrzydło i znieruchomiał. Komandosi, którzy skryli głowy w ramionach, chroniąc się przed uderzeniem, zerwali się z drewnianej ławeczki biegnącej przez środek szybowca i przez drzwi z boku kadłuba wyskoczyli na łąkę. Przywarli do ziemi, z bronią gotową do strzału, aby osłaniać lądowanie innych szybowców, ale z budynku nie padły strzały.

Dalszy przebieg wypadków trudno odtworzyć, gdyż relacje są sprzeczne. Prawdopodobnie 26 komandosów Skorzenego, nie czekając, aż z lądujących szybowców wydostaną się spadochroniarze Studenta, ruszyli w stronę hotelu. Krzyczeli: „Mani in alto!" („Ręce do góry!") do przerażonych włoskich karabinierów, którzy oniemiali stali przed wejściem z opuszczoną bronią, nie wiedząc, czy mają strzelać, czy zastosować się do wezwania i podnieść ręce do góry.

Esesmani zabrali im karabiny, kazali położyć się na podłodze i wysadzili kopniakami z futryny drzwi do holu, gdzie zobaczyli radiotelegrafistę, grzebiącego rozdygotanymi rękami przy nadajniku. Jeden z komandosów kopnął krzesło. Włoch przewrócił się na podłogę, zaś Skorzeny kilkoma strzałami roztrzaskał radiostację.

Szybko zorientowali się, że znaleźli się w pomieszczeniu, z którego nie można było dostać się na wyższe piętra hotelu. Wybiegli przed drzwi. Na polance lądowały następne szybowce. Pilot jednego z nich zbyt gwałtownie wylądował na niebezpiecznym lądowisku i całkowicie go rozbił, jednakże nikt nie zginął.

Skorzeny uznał, że wejście do hotelu znajduje się za rogiem budynku, i tam skierował swoich ludzi. Wybrał złą drogę. Stok urywał się gwałtownie, a drzwi nie było. Przed nimi piętrzył się mur tarasu wysoki na około 3 metry. Jeden z żołnierzy pochylił się i oparł rękami o ścianę. Skorzeny, najwyższy z całej gromady, przerzucił pistolet maszynowy przez ramię, wskoczył towarzyszowi na plecy i chwycił rękami za balustradę. Podciągnął się i przełożył nogę na drugą stronę. Przez kilkanaście sekund zwisał tak, bezbronny, zanim udało mu się stanąć na tarasie i uchwycić broń. Na jego szczęście Włosi byli zbyt zaskoczeni, aby zorganizować obronę. Żaden z nich nie pojawił się w szeroko otwartych drzwiach. Było cicho, jedynie zza pleców dobiegały komendy dowódców lądujących spadochroniarzy.

Rozejrzał się po fasadzie domu. Na pierwszym piętrze w otwartym oknie dostrzegł znajomą sylwetkę Mussoliniego, który, jakby nieświadom niebezpieczeństwa, przyglądał się z zainteresowaniem działaniom niemieckich komandosów. Krzyknął do niego:

– Dalej od okna!

Na taras wdarło się kilku innych komandosów i razem skierowali się do drzwi, ale w tej samej chwili pojawił się w nich tłum włoskich żołnierzy, w panice wybiegających z budynku. Po kilku strzałach oddanych w powietrze rozstąpili się i podnieśli ręce do góry. Skorzeny, na czele kilku esesmanów, zaczął wspinać się krętymi schodami na pierwsze piętro. Po kilku minutach przedzierania się przez korytarz zatłoczony włoskimi oficerami i żołnierzami Skorzeny odnalazł pokój, w którym więziono Mussoliniego.

– Duce, przysłał mnie Führer! Jest pan wolny!

Podobno Mussolini objął go i powiedział:

– Wiedziałem, że mój przyjaciel Adolf Hitler nie pozostawi mnie w potrzebie.

Sytuacja była opanowana.

Bez względu na to, ile w relacji Skorzenego było niechęci i pogardy dla włoskich żołnierzy, to w hotelu i najbliższym otoczeniu było ich 200, a żaden nie użył broni. Jedyne rany niemieccy żołnierze odnieśli w rozbitym szybowcu.

Pozostał odwrót, co mogło być trudniejsze niż atak. Komandosi nie wiedzieli bowiem, czy karabinierom z „Campo Imperatore" lub żołnierzom broniącym stacji kolejki w dolinie nie udało się wezwać pomocy. Lada moment mogły nadlecieć włoskie samoloty, wobec których byli bezbronni.

Skorzeny opracował kilka wersji odwrotu. Pierwsza przewidywała, że z uwolnionym Mussolinim zjadą kolejką opanowaną przez żołnierzy majora Morsa i ruszą w stronę pobliskiego lotniska obok L'Aquila w Abruzji.

Tam wsiądą do samolotu He 111, osłanianego przez dwa inne samoloty krążące w powietrzu. Jednakże nie udało się nawiązać łączności radiowej z oddziałem, który miał opanować lotnisko. W tej sytuacji z tego planu należało zrezygnować.

Podobno drugi wariant przewidywał, że na polu przy dolnej stacji kolejki linowej wylądowałby śmigłowiec Focke-Achgelis Fa 223 Drache, aby zabrać Mussoliniego ewakuowanego kolejką z góry. Wydaje się to mało prawdopodobne, aby po tak ważną osobistość zdecydowano się wysyłać śmigłowiec, który wciąż był niedopracowany. Prawdopodobnie zadanie to miał wykonać samolot Fieseler Fi-156 Storch. Wydawało się to najbezpieczniejszym rozwiązaniem, lecz Skorzeny, rozmawiając przez radiotelefon z żołnierzami obsadzającymi dolną stację, dowiedział się, że samolot, który tam wylądował, uległ uszkodzeniu. Pozostał więc trzeci wariant.

Nad hotelem krążył Fieseler Storch, pilotowany przez kapitana Heinricha Gerlacha, uważanego za świetnego pilota. Jednakże zadanie, które miał wykonać, wydawało się karkołomne. Niewielka łąka przy hotelu była zasłana wrakami szybowców. Co prawda część z nich udało się, przy pomocy włoskich żołnierzy, usunąć, lecz pozostawał problem startu. Lądowisko stromo opadało w przepaść, a droga startu była krótka, wynosiła tylko 80 metrów. Gerlach uznał jednak, że uda mu się wystartować. Liczył, że w samolocie, przystosowanym dla dwóch osób, poza nim będzie tylko Mussolini. Zdziwił się jednak, gdy do kabiny wgramolił się zwalisty Skorzeny – 120 kilogramów żywej wagi.

Ryzyko, że nie uda im się wzbić w powietrze, zwiększało się niepomiernie. Skorzeny nie miał zamiaru rezygnować ze wspólnego lotu z Mussolinim. W pamiętniku tak przedstawił ryzykowną decyzję:

> Rozważyłem każdy aspekt tej sprawy najbardziej starannie i w pełni zdawałem sobie sprawę z wielkiej odpowiedzialności, jaką niosło dołączenie do pozostałych dwóch ludzi w kabinie. Ale czym mógłbym wytłumaczyć, że pozwoliłem Duce wylecieć samotnie z Gerlachem? Jeżeli wydarzyłoby

Spadochroniarze po zakończeniu akcji odbicia Mussoliniego (NAC).

się nieszczęście, to wszystko, co pozostałoby mi, to kula z mojego własnego rewolweru; Adolf Hitler nigdy nie wybaczyłby mi takiego zakończenia całego przedsięwzięcia. Jeżeli nie było innej możliwości dostarczenia Duce bezpiecznie do Rzymu, to lepiej było dzielić z nim niebezpieczeństwo, nawet jeżeli moja obecność je zwiększała. Jeżeli nie udałoby się, spotkałby nas ten sam los.

To oczywiście kłamstwa. W rzeczywistości Skorzeny nie chciał wypuścić z rąk nagród, które miał otrzymać zwycięzca z Gran Sasso. Wiedział, że gdy stanie przed Hitlerem obok Duce i powie: „To moja zasługa. Ja go uwolniłem", nikt już nie będzie dociekał, ile w tym prawdy. Historia na zawsze zapamięta jego nazwisko. Postawił więc wszystko na jedną kartę: musi polecieć z Duce, a co stanie się potem, nie było ważne. Nikt nie śmiał protestować, gdyż Skorzeny zapewne powoływał się na osobisty rozkaz Hitlera nakazujący właśnie jemu dbanie o bezpieczeństwo uwolnionego.

Wsiedli do ciasnej kabiny: Mussolini usiadł za pilotem, a Skorzeny wcisnął się do niewielkiego miejsca, które pozostało jeszcze w kabinie.

Silnik pracował na pełnych obrotach przez kilkanaście sekund, zanim żołnierze trzymający za końcówki skrzydeł puścili je. Pilot chciał wykorzystać efekt katapulty, ale niewiele to pomogło. Samolot potoczył się po pochyłej łące i szybko zaczął zbliżać się do przepaści. Zbyt szybko. Nie nabrał dostatecznej prędkości, która umożliwiłaby wzbicie się w powietrze!

Koła minęły skalną krawędź i samolot zaczął gwałtownie opadać. Wydawało się, że nic ich nie uratuje. Po kilku sekundach zbawienny podmuch wiatru uniósł maszynę. Nie na długo. Po chwili samolot opadł o parę metrów i lewe koło uderzyło o skałę. Dziób pochylił się gwałtownie i wydawało się, że niczym ptak z przetrąconym skrzydłem zwali się w przepaść. Nikt nie wiedział, jakim cudem udało im się ponownie wznieść, a tym razem powietrze uniosło ich i niebezpieczeństwo, jakie tworzyły ostre krawędzie skał Gran Sasso, pozostało za nimi.

Lecąc na wysokości 30 metrów, dotarli do lotniska Pratica di Mare, gdzie jeszcze raz przeżyli moment grozy, lądując z uszkodzonym podwoziem, ale Gerlach ponownie wykazał mistrzostwo, osadzając samolot tak, że nadwerężona goleń wytrzymała zderzenie z betonem pasa. Tam czekał już na nich He 111, który natychmiast zabrał Duce i Skorzenego do Wiednia, skąd po krótkim odpoczynku mieli polecieć do Wilczego Szańca.

Skorzeny ledwo wszedł do hotelu w Wiedniu, a już zadzwonił Himmler, aby mu pogratulować. Potem przyszedł dowódca miejscowego garnizonu i stwierdzając, że działa na rozkaz Führera, zawiesił mu na szyi Krzyż Rycerski Krzyża Żelaznego. Wreszcie zatelefonował sam Führer.

– Wykonał pan wojskowe przedsięwzięcie, które stanie się częścią historii. Zwrócił mi pan mojego przyjaciela Mussoliniego. Odznaczyłem pana Krzyżem Rycerskim i promuję pana do stopnia Sturmbannführera [majora – B.W.]. Najserdeczniejsze gratulacje.

Skorzeny sławiony przez hitlerowską propagandę za niebywały wyczyn, jakim uznano wydarcie Mussoliniego ze ściśle strzeżonej twierdzy na szczycie góry, otrzymał następne zadania: aresztowanie marszałka Pétain, zamordowanie przywódcy jugosłowiańskich partyzantów Josipa Broza-Tito, zamordowanie prezydenta Franklina D. Roosevelta przybywającego na konferencję Wielkiej Trójki do Teheranu, potem uprowadzenie syna węgierskiego dyktatora Miklósa „Miki" Horthy'ego, a następnie samego dyktatora zamierzającego poddać Węgry wojskom radzieckim.

Niewiele z tego się udało. Porwał syna węgierskiego dyktatora, ale już samego dyktatora nie, gdyż ten wcześniej dobrowolnie poddał się niemieckiemu ambasadorowi, a Skorzeny, nie wiedząc o tym, poprowadził atak na apartamenty Horthy'ego w zamku królewskim w Budapeszcie. W tej niepotrzebnej, acz brawurowej akcji, zginęło 4 jego żołnierzy i 3 Węgrów, a 26 odniosło rany.

Hitler miał już inne pomysły na wykorzystanie ulubionego komandosa. W marcu 1945 roku wyznaczył mu nowe zadanie: obronę alpejskich przełęczy na granicy austriacko-włoskiej. Było to równie bezsensowne, jak utworzenie przyczółku Schwedt...

18

Reduta, której nie było

Oddział dumnie nazwano „Schutzkorps Alpenland" (Alpejski Korpus Ochronny), choć Skorzeny przyznawał, że miał mało wspólnego z korpusem armijnym, poza nazwą. Z zeznań Radla złożonych 4 czerwca 1945 roku w dowództwie amerykańskiej 12. Grupy Armii wynikało, że Skorzeny dowodził bardzo rozbudowaną strukturą. W jej skład wchodziły niewielkie jednostki nazwane SS-Jagdverband, co najwyżej w sile batalionu, których charakter, doświadczenia bojowe i pochodzenie (w części z dywizji Abwehry „Brandenburg") wskazywały na przygotowanie do operacji specjalnych. W ostatnich tygodniach wojny wszystkie skierowano do Bawarii przy granicy z Austrią lub po austriackiej stronie granicy.

SS-Jagdverband Mitte w sile 150 żołnierzy przerzucono w połowie kwietnia 1945 roku do rejonu Hochkönig, masywu górskiego w Austrii. SS-Jagdverband Nord-West liczący 120 żołnierzy skierowano z północnych Niemiec do rejonu miasta Hof w Bawarii. Nie jest znany rejon działania wyznaczony oddziałowi SS-Jagdverband Süd-West liczącemu 60–80 żołnierzy. SS-Jagdverband Ost liczący 250 żołnierzy złożony był w połowie z Rosjan, Ukraińców i obywateli republik nadbałtyckich, co zdaje się wskazywać na przewidywane użycie tych grup w działaniach na terenie ZSRR. Najsilniejszy 500-osobowy Süd-Ost trafił do rejonu austriackiego miasta Enns, w pobliżu Linzu. Żołnierzy tej jednostki przygotowywano do tajnych operacji na terenie Rumunii, Węgier i Chorwacji.

Nie wiadomo, jakie zadanie Skorzeny postawił przed jednostkami oddanymi pod jego komendę. Oficjalnie miały ochraniać drogi, którymi mogły wycofywać się wojska niemieckie z Włoch. Jednakże nie były w stanie wykonać tego zadania, nie tylko ze względu na niewielką liczebność, lecz także absolutny brak czasu na podjęcie poważniejszych przygotowań. Skorzeny nie mógł jednak pokazać swoim żołnierzom bezradności, więc zabrał się do organizowania obrony, w której miało uczestniczyć pospolite ruszenie bawarskiej ludności. Żony i córki miejscowych bauerów zostały zagnane do budowania składów amunicji. Zorganizowany przez Skorzenego SS-Sicherheits Grenadier Battalion (prawdopodobnie było to kilkudziesięciu żołnierzy) energicznie poszukiwał dezerterów. Wszystko to miało służyć mobilizacji ludności, a przede wszystkim zaspokajać wygórowane ambicje esesmana, który uznał, że po walkach na przyczółku Schwedt stał się dowódcą wojskowym dużego formatu. Te działania wywoływały jednak uśmiech na twarzach dowódców wojskowych, a nawet Ernst Kaltenbrunner, szef Głównego Urzędu Bezpieczeństwa Rzeszy, nazywał Skorzenego „partyzanckim Napoleonem". Było to tym bardziej adekwatne do sytuacji, że operacja „Alpenfestung" była wymysłem propagandowym, który prawdopodobnie narodził się w głowie ministra propagandy Josepha Goebbelsa. To on, w styczniu 1945 roku, gdy zakończyła się ofensywa Wehrmachtu w Ardenach, powołał zespół dziennikarski, który miał pisać o budowie w Alpach systemu umocnień, podziemnych magazynów i koszar, a nawet lotnisk dla samolotów odrzutowych, co pozwoliłoby wojskom niemieckim bronić się tam przez długie miesiące.

Temat spodobał się amerykańskim dziennikarzom. Alpejska Reduta zaczęła się stawać tworem ważnym, niemalże realnym do tego stopnia, że amerykański wywiad, chętnie korzystający nie tylko z agentów, lecz także z wrogiej prasy, uwierzył w to. Doszło do tego, że analitycy US Air Force dostrzegli na zdjęciach z powietrza kilkadziesiąt miejsc drążenia podziemnych sztolni w rejonie Feldkirch, Kufstein, Berchtesgaden i Golling, a ponadto baraki obozów wojskowych w rejonie Innsbrucku.

Wywiad amerykańskiej 7. Armii posuwającej się przez południowe Niemcy ustalił, że Himmler nakazał zorganizowanie tam bazy dla 100 tysięcy żołnierzy. Ponadto zanotowano wzmożony ruch pociągów dowożących do rejonu powstającej Reduty broń i materiały budowlane.

Z Berna szef amerykańskiego wywiadu w Europie Allen Dulles relacjonował rozmowy, które przeprowadził z austriackim opozycjonistą Karlem Hoettlem, co ważne, noszącym to samo nazwisko co SS-Sturmbannführer Wilhelm Hoettle, szef wywiadu i kontrwywiadu SS na Europę Środkową i Południowo-Wschodnią, rezydujący w Wiedniu, a następnie w Budapeszcie. Ta zbieżność nazwisk mogła utwierdzić amerykańskich oficjeli, słabo rozeznanych w europejskich realiach, że otrzymują informacje z najważniejszego i najwiarygodniejszego źródła. Tym bardziej że obydwaj Hoettlowie utrzymywali kontakty z Allenem Dullesem jako tajni wysłannicy Ernsta Kaltenbrunnera, szefa Głównego Urzędu Bezpieczeństwa Rzeszy (RSHA).

Szef amerykańskiego wywiadu OSS William J. Donovan informował szefa Kolegium Połączonych Szefów Sztabów[56] 17 marca 1945 roku (pisownia oryginalna):

> Hoettle [nie wyjaśnił, że chodzi o opozycjonistę Karla, a nie esesmana – B.W.] powiedział, że Alpejska Reduta będzie gotowa w ciągu trzech miesięcy. Steyerwerke[57], jak powiedział, jest już pod ziemią, produkując taką broń obronną jak Panzer Faeuste [chodziło o panzerfausty – B.W.]. Naziści zamierzają wziąć Wehrmacht, tak jak oddziały SS do „Reduty", dodał, a nawet rodziny żołnierzy.

Nawet po zakończeniu wojny, w czerwcu 1945 roku, Donovan ponownie alarmował Kolegium:

[56] Odpowiednik Sztabu Generalnego w siłach zbrojnych innych państw.
[57] Steyr-Daimler-Puch AG – austriacki koncern produkujący broń, samochody ciężarowe, ciągniki.

Austriackie ośrodki ruchu oporu poinformowały o niemieckich instalacjach w Austrii oraz obronie obszaru nazistowskiej „Reduty".

Doniesienia wywiadowcze, choć bez związku z rzeczywistością, tak bardzo przejęły głównodowodzącego wojskami zachodnich aliantów generała Dwighta Eisenhowera, że postanowił skierować zmasowane uderzenie amerykańskich wojsk na południe Niemiec, kosztem spowolnienia marszu na Berlin. W ten sposób mógł zachować twarz przed podwładnymi, którzy mieli zamiar posłać podległe im oddziały do walki o stolicę Rzeszy, czego nie mógłby zaakceptować, gdyż wiązały go uzgodnienia międzysojusznicze poczynione w Jałcie.

19

Dowódca bez wojska

W zadziwiający sposób Heinrich Himmler stracił zainteresowanie Wehrwolfem, i to już w lutym 1945 roku. Kilka tygodni później doszło do dziwnej rozmowy Waltera Schellenberga, najbliższego i najbardziej zaufanego współpracownika Heinricha Himmlera, z generałem Reinhardem Gehlenem, szefem wywiadu wojskowego Obce Armie Wschód (Fremde Heere Ost). Jest oczywiste, że Schellenberg, zawsze bardzo lojalny wobec szefa, mógł podjąć rozmowę z Gehlenem tylko za wiedzą, a więc i aprobatą Himmlera. Przesłuchiwany po wojnie przez agentów amerykańskiego kontrwywiadu, zrelacjonował to spotkanie, lecz jego rewelacje zamknięto w archiwum na sześćdziesiąt lat[58].

W marcu 1945 roku generał Gehlen miał go zaprosić na „prywatną spokojną rozmowę". Trwała trzy godziny. Była szczera, skoro oficer Wehrmachtu zdecydował się wprost powiedzieć szefowi wywiadu SS: „Wojskowa obrona będzie trwała jeszcze dwa miesiące. Musimy się liczyć z końcem. Przygotowania zostały poczynione. Jedynym człowiekiem z konieczną wyobraźnią i energią jest Himmler".

Proponował, aby Himmler, jako szef Armii Rezerwowej, upoważnił Schellenberga, by wspólnie z Gehlenem i najlepszymi oficerami sztabu generalnego przystąpił do budowy w powojennych Niemczech ruchu

---

58 Final Report on the Case of Walter Friedrich Schellenberg. Appendix VI. Ujawniony 20 stycznia 2005 roku.

oporu, wzorując się na organizacji polskiej Armii Krajowej. Po tej rozmowie Gehlen wyjechał do „Frankenstrupp", co było kodową nazwą kwatery ewakuacyjnej przygotowanej pod Berchtesgaden dla Naczelnego Dowództwa Wehrmachtu. Tam miał w spokoju przygotować plan działania, co wydawało się konieczne, gdyż wojskową bazą tej operacji miała być 12. Armia dowodzona przez generała Walthera Wencka.

Schellenberg, nie czekając na jego powrót, skontaktował się z dr. Albertem Rappem[59], aby od niego uzyskać informacje na temat organizacji polskiego państwa podziemnego.

Czy Heinrich Himmler przygotowywał alternatywny plan działań w Niemczech, do których wkroczyłyby wojska alianckie? Jeżeli tak było, to ze wszystkich sił starał się to ukryć, nawet przed wiernym Schellenbergiem. Gdy ten stawił się w jego gabinecie z relacją ze spotkania z Gehlenem, Himmler wybuchnął:

– To kompletny nonsens. Jeżeli miałbym przedyskutować ten plan z Wenckiem, byłbym uznany za pierwszego defetystę Trzeciej Rzeszy. To rozpaliłoby do czerwoności Führera. Nie musi pan tego mówić temu swojemu Gehlenowi. Powinien pan tylko wyjaśnić, że zdecydowanie odmówiłem zaakceptowania tego planu. Poza tym to typowe dla wysoko urodzonych oficerów sztabu generalnego, którzy siedzą we „Frankenstrupp", zamiast walczyć.

To było charakterystyczne dla Himmlera. Spiskował przeciwko Hitlerowi, aby przejąć władzę w Niemczech, ale jednocześnie manifestował absolutne oddanie Wodzowi. Gdy odbierał od niego telefon, zrywał się z fotela i stawał na baczność. Nigdy nie pozbył się zabobonnego lęku przed Hitlerem, którego nazywał „największym umysłem naszych czasów". Nad swoim fotelem w gabinecie powiesił zdjęcie przedstawiające,

[59] Albert Rapp (1908–1975) – SS-Obersturmbannführer, członek Einsatzgruppen B dokonującej masowych zbrodni na froncie wschodnim. W ostatnim okresie wojny pracował w Hauptamt VI C Głównego Urzędu Bezpieczeństwa Rzeszy. W 1965 roku został skazany przez niemiecki sąd na dożywotnie więzienie.

jak pochyleni prowadzą poufną rozmowę. Pewnego razu podczas masażu dr Kersten podniósł słuchawkę i słysząc, że dzwoni Hitler, przekazał ją Himmlerowi, który powiedział później:

– Herr Kersten, czy pan wie, z kim pan rozmawiał? Słyszał pan głos Hitlera! Cóż to za szczęście! Proszę to opisać w liście do żony i natychmiast go wysłać. Jakże ona będzie szczęśliwa, czytając, że pan miał tak niezwykłą okazję!

Czy wynikało to z mistycyzmu Himmlera? On wierzył, że Ziemia jest wewnątrz pusta. To nie był jego wymysł. W 1692 roku brytyjski astronom Edmond Halley przedstawił hipotezę, według której pod skorupą Ziemi jest przestrzeń zajmowana przez dwie puste struktury o grubości około 800 kilometrów. W swojej wierze w tę teorię Himmler rozmijał się z jej autorem, który uważał, że wejścia do podziemnego świata znajdują się na biegunach, a Himmler twierdził, że z dwóch wejść jedno jest w Tybecie, gdzie miało leżeć mityczne królestwo Shambhali, natomiast drugie na Babiej Górze (coś tu musiało być na rzeczy, gdyż inna nazwa wzniesienia w Beskidzie Żywieckim brzmi Diablak, a po niemiecku Teufel Spitze). W 1936 roku Himmler sponsorował wyprawę niemieckich antropologów do Tybetu, licząc, że znajdą wejście do wnętrza Ziemi. Tam miał panować „władca Ziemi". Czy Himmler gotów był uwierzyć, że Hitler był wysłannikiem owego władcy, a może nawet samym władcą, oddelegowanym na powierzchnię? Nie można tego wykluczyć, gdyż tym człowiekiem kierowała mistyczna wiara w zjawiska nadprzyrodzone.

Nawet gdy Rzesza rozpadała się, Armia Czerwona dochodziła do wrót Berlina, a największe miasta niemieckie były stertami gruzów, Himmler mówił o wspólnej walce z Hitlerem:

– To były dni sławy. My, członkowie ruchu [nazistowskiego – B.W.], byliśmy w stałym niebezpieczeństwie grożącym naszemu życiu, ale nie baliśmy się. To Adolf Hitler wiódł nas i jednoczył. To były najpiękniejsze lata naszego życia!

To nie była dwulicowość. On tak bardzo uzależnił się od Hitlera, że histerycznie reagował na wszelkie przejawy jego niechęci czy niezadowolenia. Odczuwając choćby brak akceptacji planów, dostawał tak silnych bólów brzucha, że niemalże mdlał.

Równocześnie przygotowywał usunięcie Hitlera, a w każdym razie nie robił nic, aby temu zapobiec. Tak było w czasie pierwszego zamachu w piwiarni Bürgerbräukeller w 1939 roku, gdy Hitler ledwo uszedł z życiem, i tak było w Wilczym Szańcu w 1944 roku. Jak można to wyjaśnić? Był ideowcem, który wierzył tylko w swoje posłannictwo w służbie dla Niemiec. Organizował system masowego zabijania Żydów, nie dlatego, że Hitler mu kazał, lecz dlatego, że podobnie jak on, był przekonany, że dla dobra narodu trzeba tych ludzi zlikwidować.

Wiele faktów wskazuje, że przygotowywał nowy plan, który mógł być bardziej realny niż partyzantka Wehrwolfu.

W jego dzienniku jest zastanawiający wpis z 12 lutego 1945 roku.

Tego dnia, w ostatniej z pięciu narad, która rozpoczęła się o godzinie 23:30, obok ministra Speera, Oberstleutnanta Wernera Baumbacha i Obersta Nicolausa von Belowa wziął udział Otto Skorzeny. Został więc ściągnięty ze swojego stanowiska dowodzenia na przyczółku Schwedt, co oznacza, że sprawa musiała być bardzo pilna i poważna. Temat narady nie jest znany, jednakże skład gości Himmlera może wskazywać, że chodziło o tajne operacje lotnicze. Werner Baumbach był dowódcą specjalnej jednostki lotniczej Kampfgeschwader 200 (KG 200). Wcześniej był zaangażowany w projektowanie zestawu dwóch samolotów Mistel (Jemioła), z których myśliwiec (Me 109 lub Fw 190) „dowoził" w pobliże celu podczepiony do niego samolot bombowy (Ju 88) z ładunkiem wybuchowym o wadze nawet 4 ton. Tam uwalniał go i bezpilotowa bomba zaczynała samodzielny lot do celu. Operacje z użyciem tych latających maszyn rozpoczęły się w czerwcu 1944 roku w czasie walki o plaże Normandii, a dowodził nimi Baumbach.

Być może u Himmlera dyskutowano na temat samobójczych oddziałów lotniczych, w tym latających bomb V-1 z kabinami dla pilotów,

Fieseler Fi 103R „Reichenberg" zdobyty przez Amerykanów (archiwum autora).

oznaczonych jako Fieseler Fi 103R „Reichenberg". Zakładano, że pilot będzie mógł wyskoczyć ze spadochronem po naprowadzeniu V-1 na cel, ale była to czysta teoria. Opuszczenie niewielkiej kabiny umieszczonej tuż przed wlotem silnika odrzutowego z nurkującego samolotu było niemożliwe. Rekrutację przeprowadzał Skorzeny, któremu udało się zebrać 64 samobójców. Jednakże z pomysłu zrezygnowano, również w następstwie protestów Baumbacha, który uważał, że byłoby to marnotrawienie pilotów i coraz mniejszej liczby samolotów. Nie było więc powodu, aby 17 lutego na ten temat dyskutowano.

Kolejny raz Skorzeny został wezwany do Himmlera 27 lutego, a właściwie zaproszony na kolację wraz z trzema innymi wysokimi oficerami. Było to w dniu, w którym oddział Skorzenego wycofał się z przyczółku Schwedt. Może więc Himmler chciał poznać relację z walk i ocenę sytuacji z pierwszej ręki. Jeżeli taki był cel spotkania podczas wspólnej kolacji, to zupełnie nieznany jest powód, dla którego po posiłku, zakończonym o godzinie 21:00, pozostali sam na sam. Z dużym prawdopodobieństwem można założyć, że rozmawiali o narodowym skarbie, który kilkanaście dni wcześniej wysłano z Berlina w następstwie nalotu dywanowego na stolicę Trzeciej Rzeszy. Był to temat, który niezwykle przejmował Himmlera.

20

„Chcę mieć to złoto"

Tamtego dnia, 3 lutego 1945 roku, zachmurzone niebo się przejaśniało. Amerykańskie załogi, tkwiące w bezczynności na angielskich lotniskach, mogły zabrać się do roboty. Dowództwo amerykańskiego lotnictwa postanowiło wykorzystać okazję do zmasowanego nalotu na budynki rządowe i stację kolejową Tempelhof, której zniszczenie mogłoby poważnie utrudnić przegrupowanie wojsk przygotowywanych do obrony Berlina.

Przed południem zawyły syreny, a z głośników na rogach ulic popłynęły ostrzeżenia:

> Uwaga! Duże formacje nieprzyjacielskich samolotów zbliżają się z rejonu Hanower–Brunszwik.

Nad Berlinem na wysokości 7800 metrów pojawiło się 950 latających fortec B-17 eskortowanych przez 575 myśliwców Mustang.

W stolicy Rzeszy łatwo było wyszukiwać cele. Szeroka arteria o długości 24 kilometrów, przebudowana na rozkaz Hitlera w 1938 roku, prowadziła do serca miasta – Bramy Brandenburskiej, doskonale rozpoznawalnej nawet z wysokości tysięcy metrów. W śródmieściu wyraźnie rysowały się sylwetki okazałych rządowych gmachów: Kancelarii Rzeszy, Ministerstwa Lotnictwa, Ministerstwa Spraw Zagranicznych i Banku Rzeszy.

Formacja B-17 (archiwum autora).

Tego dnia na Berlin spadło ponad 2 tysiące ton bomb. Wybuchy były tak potężne, że zrzucały z torów lokomotywy ważące 100 ton. Pożary wzniecone przez ładunki zapalające rozprzestrzeniały się z prędkością biegnącego człowieka, a dymy z płonących domów wzbijały się na wysokość 600 metrów.

Tego dnia zginęło 2 tysiące Berlińczyków, a ponad 100 tysięcy pozostało bez dachu nad głową. Wybuchy uszkodziły centralę Gestapo i Kancelarię Rzeszy. Bomby trafiły siedzibę Banku Rzeszy, niemalże całkowicie niszcząc wielki budynek, choć 5 tysięcy pracowników, którzy zdołali uciec do schronu, ocaliło życie. Również bankowy skarbiec i sejfy pozostały nietknięte.

Był to główny bank Niemiec i jeden z największych banków świata. Przechowywano tam bogactwa zagrabione w podbitych państwach

Europy, depozyty Wehrmachtu i wywiadu. SS trzymało w Banku Rzeszy część skarbów zagrabionych ludziom przywożonym na śmierć do obozów koncentracyjnych. W kulminacyjnym okresie w skarbcu Banku Rzeszy było prawie 6,5 miliarda dolarów, to jest około 60 miliardów dolarów w dzisiejszych cenach.

Prezydent Banku Rzeszy dr Walther Funk alarmował, że po następnym nalocie ze skarbu trzymanego w podziemiach Banku może niewiele pozostać. Byłoby to katastrofalne dla nazistowskiego państwa, które wciąż prowadziło rozliczenia międzynarodowe, choćby płacąc złotem za dostawy szwedzkiej rudy żelaza i łożysk, a bez tych dostaw upadająca niemiecka gospodarka stanęłaby i Trzecia Rzesza musiałaby skapitulować.

Adolf Hitler długo nie chciał zaakceptować wywiezienia z miasta zasobów Banku Rzeszy, ale widocznie ostatni nalot i wielkie zniszczenia zrobiły na nim takie wrażenie, że wyraził zgodę.

Już tydzień po nalocie z banku wysłano pierwszą partię pieniędzy. Trzy dni później na trzynaście kolejowych lor załadowano skrzynie ze złotem i walutą o łącznej wadze 100 ton. Operacja wysyłania skarbów została zakończona 18 lutego 1945 roku. Nowym skarbcem Rzeszy miały stać się podziemia kopalni potasu Kaiseroda w Merkers, miasta w Turyngii, w środkowej części Niemiec. Tam dowieziono 285 ton złota w sztabach, monetach, a także dużą ilość dewiz.

Amerykański wywiad nie zauważył tej wielkiej operacji. Agent i jego zespół, który wkrótce miał stać się najważniejszym źródłem informacji o skarbie Rzeszy, dopiero szykował się do misji. Był to sierżant Frederick Mayer, Żyd, który w 1938 roku w wieku 17 lat wyemigrował z rodzicami z Niemiec do Stanów Zjednoczonych, gdzie zaciągnął się do wojska. Ci, którzy obserwowali jego służbę i gotowość do walki, mówili, że „jego nerw strachu był martwy".

W nocy 25 lutego 1945 roku z dwoma innymi agentami zrzucono go ze spadochronem na lodowiec w Austrii. Tej operacji nadano kryptonim

„Greenup", a jej celem była penetracja Alpejskiej Reduty. Przez dwa miesiące zespół Mayera zbierał i przesyłał informacje ważne dla amerykańskich oddziałów zmierzających do Austrii. Jednakże to nie on odkrył bogactwa w kopalni Kaiseroda. O tym zadecydował przypadek.

22 marca 1945 roku oddziały amerykańskiej 3. Armii sforsowały Ren i ruszyły na wschód. 4 kwietnia doszły pod Gothę, miasto w Turyngii. Amerykanie wciąż nie wiedzieli, że zasoby Banku Rzeszy, największy majątek, jaki można było zdobyć w tej wojnie, był zaledwie 50 kilometrów od nich. Dlatego oddziały 90. Dywizji niespiesznie wjechały do Merkers tego dnia o godzinie 11:00 rano. O dalszym biegu wydarzeń zadecydował przypadek.

Dwaj amerykańscy żandarmi MP zatrzymali na ulicy parę robotników przymusowych. Mężczyzna prosił o pomoc dla swojej ciężarnej narzeczonej, która lada moment mogła zacząć rodzić. Amerykanie wzięli ją do szpitala. Mężczyzna, zapewne w odruchu wdzięczności, zdradził im tajemnicę: do miejscowej kopalni niemieccy żołnierze przez kilka dni zwozili ciężkie skrzynie. Skąd wiedział? Było tego tak dużo, że musieli wziąć do pomocy okoliczną ludność, nie zważając na to, że są tam również cudzoziemscy robotnicy.

Żandarm poinformował oficera 90. Dywizji podpułkownika Williama Russela, który uwierzył w rewelacje francuskiego robotnika tak bardzo, że nakazał, aby czołgi 712. batalionu otoczyły teren kopalni, i skierował tam żołnierzy z 357. Pułku Piechoty. W ciągu następnych dni w obawie przed niemieckim atakiem zbudowano stanowiska z działami przeciwpancernymi i przeciwlotniczymi.

7 kwietnia 1945 roku pierwsi amerykańscy żołnierze zjechali windą do sztolni na głębokość 530 metrów. Prowadziła do betonowej ściany z pancernymi drzwiami. Próby sforsowania tej przeszkody okazały się daremne. Dopiero następnego dnia wybuchy ładunków założonych przez saperów otworzyły wejście do wielkiej komory. Wysoka na nieco ponad 3 metry miała 25 metrów szerokości i 50 metrów długości.

Złoto Rzeszy zgromadzone w Kaiseroda (archiwum autora).

Oczom żołnierzy ukazał się niezwykły widok. Wszędzie stały równo ułożone skrzynie i leżały setki worków, które – jak się okazało – zawierały złote monety i złote sztaby. Zważono je: 285 ton czystego złota.

Wiadomość o tym szybko dotarła do Heinricha Himmlera, do którego przyszedł Walter Schellenberg, świeżo upieczony szef wywiadu Amt Mil[60].

– Goebbels szaleje. Uważa, że Hitler powinien wydać rozkaz rozstrzelania dr. Funka – mówił o prezesie Banku Rzeszy.

[60] 12 lutego 1944 roku, po wykryciu antyhitlerowskiej opozycji w Abwehrze, Hitler przekazał służbę wywiadowczą Reichsführerowi SS i 19 lutego tego roku zwolnił admirała Wilhelma Canarisa ze stanowiska szefa wywiadu. Większość funkcjonariuszy Abwehry wcielono do Głównego Urzędu Bezpieczeństwa Rzeszy (RSHA) jako Amt Mil, na czele którego stanął SS-Brigadeführer Walter Schellenberg.

– Nie dziwię mu się – zgodził się Himmler. – Utrata większości aktywów Banku Rzeszy jest dotkliwym ciosem.

– Amerykanie przejęli 93 procent naszych rezerw złota – mówił dalej Schellenberg. – Hitler wyraził zgodę na przewiezienie reszty złota do Bawarii. Dwa pociągi odjadą z Berlina 14 kwietnia.

– Kto z naszej strony nadzoruje tę akcję? – zainteresował się Himmler.

Schellenberg wyjaśnił, że SS Obersturmbannführer Friedrich Rauch, zaufany i doświadczony esesman. I wtedy usłyszał od Reichsführera:

– Schellenberg, chcę mieć to złoto! Rzesza, która odrodzi się z popiołów, będzie potrzebowała pieniędzy.

Himmler, podobnie jak większość hitlerowskich dostojników, zdawał sobie sprawę, że wojna została przegrana. Po zajęciu w sierpniu 1944 roku przez wojska radzieckie Rumunii, która była głównym dostawcą ropy naftowej dla niemieckiej gospodarki, produkcja przemysłowa zaczęła spadać. Dostawy paliwa dla sił zbrojnych błyskawicznie się zmniejszały. Na przykład w grudniu 1944 roku rafinerie niemieckie wyprodukowały tylko 26 tysięcy ton paliwa lotniczego – siedmiokrotnie mniej niż w marcu tego roku – i 50 tysięcy ton benzyny dla pojazdów, blisko trzykrotnie mniej niż w marcu.

W nieuniknionej klęsce Himmler dostrzegał szansę dla siebie. Tylko on miał władzę dorównującą Hitlerowi. Był ministrem spraw wewnętrznych. Podlegała mu policja i wszystkie tajne służby, łącznie z wywiadem i kontrwywiadem wojskowym. Zarządzał obozami jenieckimi, robotnikami przymusowymi i obozami koncentracyjnymi, co przeliczało się na ogromną wartość gospodarczą, jaką dla niemieckiego przemysłu stanowili niewolnicy z obozów. Co najważniejsze: był dowódcą SS i wojskowych oddziałów Waffen-SS, które szybko i sprawnie rozbudowywał. Dowodził Armią Rezerwową, mającą zagwarantować spokój w Niemczech.

Pod koniec 1943 roku na frontach walczyło 17 dywizji Waffen-SS, liczących, wraz z innymi jednostkami, 540 tysięcy żołnierzy. Pod koniec 1944 roku sformowano 38 dywizji (pancernych, grenadierów pancernych, strzelców górskich, kawalerii), kilkanaście brygad i liczne oddziały narodowościowe i specjalne. W związku z rozbudową Waffen-SS od lipca 1942 roku tworzono korpusy SS. W 1944 roku było 18 korpusów oraz 6. Armia Pancerna.

Było to wojsko o szczególnej wartości. Esesmani mieli wyższe morale, byli lepiej wyszkoleni i zaopatrzeni niż żołnierze Wehrmachtu. Wykazywali się niezwykłym hartem i bitnością. Zwyciężali tam, gdzie wojska Wehrmachtu nie dawały rady. Tak było pod Charkowem w lutym i marcu 1943 roku, gdy główna zasługa odbicia miasta przypadła 2. Korpusowi Pancernemu SS, który w walkach stracił prawie połowę żołnierzy.

Czy zachodni alianci chcieliby prowadzić negocjacje z Himmlerem i uznać go za głowę państwa niemieckiego? Tak.

W czasie wojny w zachodnich państwach wiedza o okrucieństwie nazizmu nie była wielka. We Francji, Belgii czy Danii okupanci zachowywali się w miarę cywilizowanie, w każdym razie o wiele lepiej niż w Polsce, na Bałkanach czy w Związku Radzieckim. Prawdę o piekle obozów koncentracyjnych, eksterminacji Żydów, pacyfikacjach i masowych egzekucjach znała niewielka część zachodnich społeczeństw. O tych zbrodniach zachodni politycy mogli zapomnieć równie łatwo i szybko, jak zapomnieli o zbrodniach Stalina, jeszcze większych i jeszcze bardziej okrutnych niż zbrodnie Himmlera. Churchill i Roosevelt ściskali dłoń Stalina w Teheranie w listopadzie 1943 roku, niespełna pół roku po ujawnieniu zbrodni katyńskiej. W lutym 1945 roku w Jałcie dyskutowali o nowym kształcie Europy i poczynili poważne następstwa na korzyść Stalina. Jednocześnie z niepokojem obserwowali rosnącą potęgę Związku Radzieckiego, zadając sobie pytanie, czy gigantyczna armia zatrzyma się na linii Łaby, czy pójdzie dalej na zachód. Każdy z nich inaczej widział przyszłość.

Roosevelt chciał zmienić świat, wykorzeniając największe zło: imperializm i kolonializm, co jednoznacznie kojarzyło się z Wielką Brytanią. Dlatego gotów był utrzymać współpracę ze Stalinem w budowie nowego globalnego ładu, nawet za cenę oddania wielkich połaci Europy Środkowej i Południowej.

Dla Churchilla liczyło się zatrzymanie Armii Czerwonej przed linią Bugu i przed Bałkanami. Ten kierunek był dla Wielkiej Brytanii szczególnie ważny, gdyż chodziło o ochronę najważniejszego szlaku morskiego prowadzącego z Indii, przez Morze Śródziemne. Tak jak przed wojną, tak po wojnie zatrzymanie Armii Czerwonej było najważniejszym zadaniem dla brytyjskich polityków. Czas lat 30., gdy oni i francuscy politycy w strachu przed bolszewizmem zgodzili się na odtworzenie Wehrmachtu i przymykali oczy na podboje Hitlera, nie był odległy. A wpływy kół, które opowiadały się za zawarciem pokoju z Niemcami i podjęciem walki z bolszewizmem, wciąż były bardzo duże. Tym bardziej że po zakończeniu wojny radzieckie dywizje pancerne stanęłyby w bazach na terenie wschodnich Niemiec, co oznaczało, że będą o tysiąc kilometrów bliżej granicy francuskiej niż przed wojną. Polska i Czechosłowacja oddane wpływom Moskwy już nie mogły stanowić bariery ochronnej, a było oczywiste, że ich nowe władze będą wspierać radziecką inwazję. Zachód ponownie zaczął się obawiać Stalina i jego najpotężniejszej armii świata. W 1945 roku Armia Czerwona miała 430 dywizji piechoty, 20 dywizji kawalerii, 32 dywizje pancerne, 29 tysięcy pojazdów pancernych. Taka potęga skruszyłaby zachodnią obronę w ciągu paru tygodni.

Wniosek był oczywisty: Zachód będzie potrzebował niemieckich sił zbrojnych, policji i wywiadu. A nade wszystko mocnego człowieka, który potrafiłby ująć żelazną ręką naród przeżywający szok po przegranej wojnie, opanować chaos powstały po wypuszczeniu z obozów milionów więźniów i robotników przymusowych, a nade wszystko – zatrzymałby radzieckie dywizje.

Nowe Niemcy potrzebowałyby kapitału, aby odbudować państwo i gospodarkę. A Himmler te kapitały gromadził. Nakazał największym niemieckim firmom wysyłanie ich aktywów do filii w Ameryce Południowej. Było to o tyle proste, że szefowie niemieckich koncernów byli członkami Koła Przyjaciół Reichsführera SS i honorowymi członkami SS. Operacja transferu nazistowskich miliardów nigdy nie została wyczerpująco wyjaśniona. Po wojnie amerykańska agencja wywiadowcza szybko zakończyła śledztwo w tej sprawie, co wydaje się zrozumiałe, gdyż od 1953 roku szefem CIA był Allen Dulles, reprezentant amerykańskiego wywiadu w Europie w czasie wojny, który prawdopodobnie brał udział w wysyłaniu nazistowskiego majątku, a pośrednictwo było nadzwyczaj dochodowym interesem. W dodatku jego brat Foster objął urząd sekretarza stanu USA (czyli ministra spraw zagranicznych). Byli wystarczająco potężni i wpływowi, aby zniechęcić każdego, kto chciałby odkryć wojenną tajemnicę nazistowskiego bogactwa.

Zasoby Banku Rzeszy, które pozostały w niemieckich rękach, były łakomym kąskiem dla Himmlera, ale groźba przechwycenia przez wojska amerykańskie reszty złota stawała się coraz bardziej realna. A stało się tak w oddziałach banku w Eschwege i Coburgu. Prezes Banku Rzeszy Walter Funk nalegał, aby ściągnąć złoto do Berlina i wysłać na południe Niemiec. W czasie narady, która w nocy z 7 na 8 kwietnia odbyła się w bunkrze pod Kancelarią Rzeszy, Hitler długo nie chciał się na to zgodzić. Wciąż liczył, że kryzys, który zagroził jego państwu, jest przejściowy. Według jego planów Grupa Operacyjna SS-Obergruppenführera Feliksa Steinera miała uderzyć od północy w bok wielkiego klina uformowanego przez radzieckie wojska. Symultaniczny atak od południa miała przeprowadzić 9. Armia generała Theodora Bussego.

Nawet nie podejrzewał, że obydwaj dowódcy nie mieli zamiaru wykonać rozkazu, a każdy miał wiele na usprawiedliwienie bezczynności. Steiner stwierdził, że z trzech dywizji, które miały wzmocnić siłę uderzeniową jego Grupy, dwie przeszły do obrony i musiało minąć dużo czasu, zanim byłyby gotowe do działań ofensywnych. Armia Bussego mijała Berlin od południa i wyglądało na to, że toruje sobie drogę na zachód, aby utworzyć korytarz umożliwiający jak największej liczbie żołnierzy i cywilów ucieczkę do Amerykanów, ani myśląc o obronie stolicy.

Nie wiadomo, jakich argumentów użył Funk, aby przekonać Führera, który ostatecznie zgodził się na zebranie reszty złota w Berlinie i wysłanie na południe. Szef Banku Rzeszy zdecydował, że banknoty, dokumenty i personel banku zostaną przewiezione dwoma pociągami o kryptonimach „Adler" (Orzeł) i „Dohle" (Kawka) do Monachium już 13 kwietnia, a dzień później z miasta miały wyjechać ciężarówki ze złotem.

Początkowo wszystko szło zgodnie z planem. Pięć lub sześć ciężarówek wyjechało z Berlina 14 kwietnia. To był już ostatni moment, gdyż dwa dni później Armia Czerwona ruszyła znad Odry i choć została zatrzymana przed Wzgórzami Seelowskimi, to było wiadomo, że przerwa w ofensywie nie potrwa długo.

Za ciężarówkami wyruszył z Berlina specjalny wysłannik SS-Obersturmbannführer Friedrich Josef Rauch[61]. Nie jest jasne, na czyj rozkaz podążył za konwojem skarbów. Jego bezpośrednim przełożonym był SS-Obergruppenführer Hans Lammers, szef Kancelarii Rzeszy, a więc urzędnik stojący najbliżej Adolfa Hitlera, przez co sprawujący niemalże nieograniczoną władzę. Czy z racji urzędu czuł się zobowiązany do nadzoru nad wysyłanym złotem? Czy może widział w tym możliwość zgromadzenia osobistego majątku? Być może właśnie o to chodziło, tym bardziej że nie czekał w Berlinie na koniec państwa niemieckiego, lecz wsiadł do jednego z pociągów wywożących zasoby Banku Rzeszy. Potwierdzał to meldunek amerykańskiego agenta:

> Dwa specjalne pociągi przewożące osobistości Trzeciej Rzeszy opuściły Berlin 14 kwietnia. Urzędnicy ci znajdują się w Imsterbergu (50 kilometrów na zachód od Innsbrucku), który został zamknięty dla wszystkich, poza członkami partii.

---

[61] Friedrich Josef Rauch (1906–1990) – SS-Obersturmbannführer, odznaczony Orderem Krwi (Blutorden) za udział w puczu monachijskim w 1923 roku. Członek SA i SS (od 1940 roku), ochotniczo podjął służbę w 1. Dywizji Leibstandarte SS Adolf Hitler. Dla jego dalszej kariery szczególne znaczenie miała praca w biurze Hansa Lammersa, szefa Kancelarii Rzeszy. W sierpniu 1945 roku poddał się wojskom amerykańskim, lecz szybko został zwolniony pod pretekstem pomocy w poszukiwaniu skarbów. W 1948 roku wyemigrował do Argentyny. W 1970 roku powrócił do Austrii.

Ucieczka z Berlina nie powiodła się tak, jak zaplanował Lammers. W Bawarii osadzono go w areszcie domowym na rozkaz Hitlera, który uznał, że on i Göring zdradzili. Uwolnili go Amerykanie, ale tylko po to, aby postawić przed sądem jako oskarżonego o zbrodnie. Skazany na dwadzieścia lat więzienia, wyszedł na wolność w 1951 roku. Zmarł w 1962 roku i został pochowany w Berchtesgaden obok żony i córki, które popełniły samobójstwo.

To Rauch w Bawarii miał zapewnić bezpieczeństwo złotej przesyłce. Ale mógł liczyć już tylko na siebie. Służby, które mogłyby go wspierać: Gestapo i SD, nie funkcjonowały, gdyż w ich szeregach zapanował popłoch. Może dlatego amerykańskiemu agentowi udało się tak łatwo dowiedzieć o transporcie niemieckiego skarbu. Musiał mieć doskonałe źródło informacji. Wszystko wskazuje na to, że jego informatorem był gubernator prowincji (Reichsgau) Tyrol-Vorarlberg Franz Hofer, człowiek o szczególnych zasługach dla ruchu nazistowskiego w Austrii, do którego dołączył już w 1931 roku. To on w listopadzie 1944 roku wystąpił z projektem utworzenia na podległym mu terenie Alpejskiej Fortecy i w tej sprawie kilkukrotnie jeździł do Berlina na spotkania z Hitlerem. W uznaniu zasług 12 kwietnia 1945 roku został mianowany komisarzem obrony Alpenfestung (Reichsverteidigungskommissar der Alpenfestung). Doskonale orientował się, że wojna została przegrana, i jedyne, co mu pozostało, to ratować własną skórę. Dlatego podjął współpracę z amerykańskim wywiadem. I jak się okazało – dobrze wybrał. Tym bardziej że wkrótce dostał szansę zyskania jeszcze większej wdzięczności amerykańskich tajnych służb. Uratował szefa grupy „Greenup" Fredericka Mayera i jego dwóch kolegów aresztowanych przez Gestapo i brutalnie torturowanych.

W ostatniej chwili zdecydował się na jeszcze jeden krok: poddania swojego regionu Amerykanom. Miało to malowniczy, czy wręcz awanturniczy przebieg, gdy 3 maja 1945 roku amerykański patrol omalże nie otworzył ognia do jadącego w ich stronę samochodu z łopoczącym nad nim rozpiętym prześcieradłem. To przybywał Frederick Mayer, który przedstawił się jako porucznik, co było kłamstwem. Może głupio było mu przyznać, że niemiecki garnizon Innsbrucku poddał się jemu, sierżantowi. Trzy dni później jego dobroczyńca i najważniejszy informator Franz Hofer został aresztowany, a ciążyły na nim bardzo poważne zarzuty. Tak poważne, że w 1948 roku austriacki sąd skazał go na karę śmierci. Tyle że był to wyrok zaoczny. Hofera już nie było w obozie jenieckim. W tajemniczy sposób zniknął stamtąd i pojawił się w Mülheim, gdzie pod prawdziwym nazwiskiem, powrócił do dawnego zawodu handlowca. Bez wątpienia amerykański wywiad spłacił swój dług, którym było uratowanie życia i uwolnienie zasłużonego agenta. Zmarł w 1975 roku, a Mayer przeżył go o czterdzieści jeden lat.

Informacje od „Greenup", mimo opóźnienia, z jakim trafiały do Amerykanów, dawały im wystarczająco dużo czasu, aby mogli podjąć próbę przechwycenia złota wysłanego do Bawarii.

Pociągi z Berlina i ciężarówki powoli jechały do stacji przeznaczenia. Zagrożenie nalotami i zniszczone tory powodowały wielodniowe opóźnienie. Nawet tam, gdzie sieć kolejowa jeszcze funkcjonowała, pierwszeństwo miały transporty z wojskiem i zaopatrzeniem dla oddziałów frontowych. Z tych powodów pociągi „Adler" i „Dohle" podążały okrężną trasą przez Czechy i Austrię. W efekcie czas podróży, który nie powinien trwać dłużej niż dobę, wydłużył się do dwóch tygodni.

Ciężarówki ze złotem, jadące przez Drezno i Karlsbad (Karlowe Wary), też zbliżały się do celu powoli, choć szybciej niż pociągi. Ze względu na alianckie samoloty mogły jechać tylko w nocy, a wtedy ich prędkość spadała, gdyż wąskie szpary w osłonach reflektorów, co miało zmniejszać możliwość dostrzeżenia ich przez lotników, ledwo oświetlały drogę. Dojechały do Monachium dopiero 19 kwietnia. Dalszy plan przewidywał, że dowiozą ładunek do oddalonego o 80 kilometrów miasteczka Peissenberg. Tamtejsza kopalnia ołowiu miała przyjąć przesyłkę z Berlina, w której było m. in. 365 woreczków, w każdym po dwie sztaby złota o wadze 12,44 kilograma każda, 4 skrzynie ze złotem, 2 worki złotych monet, a także worki

Frederick Mayer w niemieckim mundurze (archiwum autora).

z pieniędzmi, przeładowane na samochody z pociągów, gdy te zatrzymywały się, i dowiezione do Monachium. Plan zawiódł, gdyż na miejscu w Peissenberg okazało się, że brak prądu spowodowany bombardowaniami unieruchomił pompy, co doprowadziło do zalania kopalnianych chodników.

Od tego momentu to SS-Obersturmbannführer Friedrich Rauch podejmował decyzje, choć musiał uzyskać zgodę Lammersa, co nie było trudne, gdyż ten dopiero 23 kwietnia został osadzony w areszcie domowym. To Lammers nakazał przewieźć złoto do szkoły strzelców górskich (Gebirgsjägerschule) w Mittenwald. Podobno znał komendanta szkoły pułkownika Franza Pfeiffera i uznał, że ten dzielny i honorowy oficer potrafi zadbać o resztki majątku nazistowskiego państwa. Bez wątpienia jego bojowa służba potwierdzała taką ocenę.

Od początku wojny walczył w oddziałach górskich. Najpierw w Polsce, a później w Grecji i na Krecie. Tam jego dzielność nagrodzono Krzyżem Rycerskim Krzyża Żelaznego. W czasie kampanii bałkańskiej dowodził jednostką w Oddziale Specjalnym „Brandenburg" (od 1943 roku – dywizji). Przez krótki czas walczył w Rosji, gdzie pod Leningradem odniósł ciężką ranę. Jego bojowa kariera zakończyła się 20 lutego 1944 roku, gdy osiadł na spokojnej posadzie komendanta szkoły strzelców górskich w Mittenwald.

Tylko on, doskonale znający okoliczny teren, mógł pokierować konwojem szukającym bezpiecznego miejsca dla 9 ton złota. Wskazał na górę Steinriegel nad jeziorem Walchen. Tam 26 kwietnia wieczorem jego żołnierze poprowadzili muły objuczone skrzyniami ze złotem. Miejscową ludność zaciekawił nie tyle korowód mułów, ile eskorta szeregowych żołnierzy. Dopiero po wojnie władzom amerykańskim udało się ustalić, że byli to oficerowie ze szkoły strzelców w mundurach zwykłych żołnierzy. Woreczki ze sztabami złota ukryli w specjalnie przygotowanych dołach, których, jak wykazały powojenne oględziny, ściany wyłożono deskami. Całość starannie zamaskowano. Zeznania świadków się różnią. Jedni twierdzili, że kolumna mułów powróciła nad ranem, już bez ładunku, co wydaje się mało prawdopodobne. Przetransportowanie na górę i ukrycie kilku ton złota musiało trwać dłużej niż kilka nocnych godzin. Według innych, żołnierze przebywali na górze przez trzy dni.

To nie było jedyne miejsce ukrycia skarbów w tym rejonie Bawarii.

Już wtedy na miejsce przybył człowiek, który prawdopodobnie przejął administrowanie ukrywanym majątkiem Trzeciej Rzeszy lub tylko rozdysponowanie złota między potrzebujących wsparcia esesmanów, którzy dotarli do Bawarii.

21
Szczury

Josef Spacil[62] miał otrzymać generalski stopień SS-Oberführera z rąk Himmlera 20 kwietnia 1945 roku, a więc w dniu urodzin Hitlera. Czy jednak Reichsführer SS, w płonącym Berlinie, dokąd przyjechał, aby złożyć urodzinowe życzenia Führerowi, miał jeszcze głowę do promowania swoich oficerów? Czy może Spacil do końca wojny pozostał SS-Standartenführerem, czyli pułkownikiem? To nie miało większego znaczenia. Był zaufanym człowiekiem. Służył w SS od 1931 roku, a więc zanim naziści przejęli władzę, co wskazywałoby na jego oddanie, którego później jeszcze wielokrotnie dowodził. Służył w sztabie Himmlera, z sukcesem zajmował się sprawami gospodarki i finansów SS na froncie wschodnim w sztabie Wyższego Dowódcy SS i Policji (Höherer SS- und Polizeiführer), a potem był szefem Amtsgruppe II w Głównym Urzędzie Bezpieczeństwa Rzeszy (RSHA). Jego pełna oddania służba została nagrodzona srebrnym Krzyżem Niemieckim (Deutsches Kreuz in Silber), przyznawanym

[62] Josef Spacil (1907–1967) – SS-Oberführer, członek SS od 1931 roku, w 1934 roku podjął służbę w sztabie Reichsführera SS. Od 1940 roku w Głównym Urzędzie Gospodarczo-Administracyjnym SS (WVHA). W czasie wojny z ZSRR służył w sztabie Wyższego Dowódcy SS i Policji w Rosji. 1 marca 1944 roku objął stanowisko szefa Amtsgruppe II w Głównym Urzędzie Bezpieczeństwa Rzeszy (RSHA). 8 maja 1945 roku przebrany w mundur żołnierza Wehrmachtu, dostał się do niewoli amerykańskiej. Po ujawnieniu prawdziwej tożsamości pomagał w poszukiwaniu ukrytego złota. Po wojnie miał założyć sieć sklepów w Hamburgu.

Josef Spacil
(archiwum autora).

za szczególne zasługi poza polem bitwy. Drugim odznaczeniem, które zdobył, był Krzyż Zasługi Wojennej z Mieczami, przyznawany żołnierzom za szczególną służbę, ale nie pod ogniem nieprzyjaciela. Można więc uznać, że Spacil nie wykazywał się dzielnością w boju, ale to nie miało żadnego znaczenia wobec jego zaradności i finansowej sprawności. Dowiódł jej tuż przed wyjazdem do Bawarii, gdy 22 kwietnia 1945 roku na czele grupy esesmanów wdarł się do centrali Banku Rzeszy w Berlinie. Była to nadzwyczaj zagadkowa akcja podjęta w znamiennych okolicznościach i szczególnym czasie.

Do przedmieść Berlina dotarły już oddziały radzieckie i przystąpiły do zamykania pierścienia wokół miasta, co stało się trzy dni później. Miasto płonęło ostrzeliwane przez radziecką artylerię i bombardowane z powietrza. Władze wojskowe i cywilne nazistowskiego państwa przestawały funkcjonować. Tego dnia, jak po wojnie zeznał dyrektor w Ministerstwie Gospodarki Rzeszy SS-Gruppenführer Otto Ohlendorf[63] (pisownia oryginalna):

> Niezdecydowanie i brak planu [w sprawie ewakuacji z Berlina Głównego Urzędu Bezpieczeństwa Rzeszy – B.W.] ze strony Himmlera i Kaltenbrunnera stały się oczywiste 22 kwietnia [1945 roku – B.W.], gdy Himmler niespodziewanie zdecydował, że szef Amt IV [Müller – B.W.] powinien

[63] Otto Ohlendorf (1907–1951) – SS-Gruppenführer, szef Urzędu III (wywiad wewnętrzny), w czasie wojny z ZSRR był dowódcą Einsatzgruppe D, która wymordowała około 90 tysięcy ludzi. Skazany na karę śmierci przez amerykański trybunał wojskowy, został powieszony w więzieniu w Landsbergu.

pozostać w Berlinie, a Oberfürer Panzinger i Standartenfürer Spazil powinni pojechać na południe.

Z innych zeznań i pamiętników wyłania się obraz Himmlera jako człowieka przerażonego, zagubionego i uciekającego w chorobę, czego dowodem był wyjazd do sanatorium w Lychen i symulowanie grypy.

SS-Obergruppenführer Gottlob Berger, szef sztabu Himmlera do spraw wojskowych, zeznał po wojnie:

> Następnego dnia [21 kwietnia 1945 roku – B.W.] wyruszyliśmy do Hohenlychen[64]. Zapytałem: „Co mam tam robić?". [Reichsführer odpowiedział: – B.W.] „Proszę zostać jeden dzień. Potrzebuję pana rady". (...) W sobotę rano poszedłem do Reichsführera ponownie. Powiedział: „Wszyscy w Berlinie zwariowali. Führer wpadł we wściekłość, twierdząc, że wojsko oszukuje go od dawna, a SS zostawiło go na lodzie. Wciąż mam mój batalion ochrony liczący 600 żołnierzy, w większości rannych lub ozdrowieńców. Co mam robić?". Odpowiedziałem: „Niech pan jedzie do Berlina, oczywiście ze swoim batalionem. Nie ma pan prawa trzymać batalionu tutaj, gdy Führer zamierza pozostać w Berlinie i bronić Kancelarii Rzeszy".

Himmler ani myślał nadstawiać karku w ostatnich dniach wojny. Tak jak jego koledzy z rządu. Göring i Lammers wyjechali do Bawarii. Szef Głównego Urzędu Bezpieczeństwa Rzeszy Ernst Kaltenbrunner podążył za nimi, usiłując znaleźć dla siebie i swojego złota bezpieczne miejsce w austriackim Altaussee.

W Berlinie, w ponurym i wilgotnym bunkrze, w którym nie dokończono kanalizacji, a wentylacja często się psuła, więc śmierdziało wilgocią i wyziewami szamb, Hitler godzinami przesiadywał nad mapami.

[64] Sanatorium w Lychen.

Przesuwał na nich nieistniejące armie i planował operacje, których nie miał kto wykonać. W przedpokoju, oddzielonym pancernymi drzwiami od jego gabinetu, ostatni wierni żołnierze przestępowali z nogi na nogę, niecierpliwie oczekując, kiedy poinformuje ich o decyzji opuszczenia schronu i wyjazdu do Berchtesgaden. Martin Bormann, człowiek najlepiej zorientowany w planach i nastrojach Führera, mówił, że nastąpi to 22 kwietnia. Termin minął, a Hitler pozostawał na miejscu, aż uznał, że tam zginie.

W takiej sytuacji inicjatywa osuwała się w ręce tych, którzy nerwowo poszukiwali ratunku przed wpadnięciem w ręce Rosjan i próbowali zorganizować dostatnie życie po wojnie. Jednakże tej akcji Spacil nie odważyłby się podjąć na własny rachunek. Podejrzliwy i węszący wszędzie zdradę Hitler miał jeszcze dość władzy, aby wydać na niego wyrok śmierci, i miał dość wiernych ludzi, którzy ten wyrok mogliby bezzwłocznie wykonać. A jednak Spacil przystąpił do rabowania własności państwa, dóbr o dużej wartości.

Rano 22 kwietnia dowodzona przez niego grupa esesmanów podjechała ciężarówkami do Banku Rzeszy w Berlinie. Wdarli się do gabinetu dyrektora. Pod lufami pistoletów maszynowych zmusili go, aby otworzył sejf, skąd zabrali papiery wartościowe i waluty o łącznej wartości 9 milionów dolarów, tj. około 81 milionów dolarów w dzisiejszych cenach.

W tym samym czasie działo się tak w wielu bankach w niemieckich miastach.

W Monachium z oddziału Banku Rzeszy, gdzie złożono część pieniędzy przewiezionych z Berlina, SS-Obergruppenführer Gottlob Berger z kilkoma żołnierzami wyniósł do samochodów 13 worków walut. Wartość łupu oceniono na 18 milionów dolarów. 25 kwietnia do tego samego banku ponownie wtargnęli esesmani, lecz zdołali zebrać tylko około nieco ponad milion dolarów.

Z innych miast żołnierze Himmlera wywozili skarby, które uznawali za majątek swojej formacji, jako że pochodziły głównie z rabunku w bankach podbitych państw i obozach koncentracyjnych. W końcu kwietnia 1945 roku ze schronu przeciwlotniczego w Bad Sulza w Turyngii grupa esesmanów dowodzona przez SS-Untersturmführera Karla Ertla wywiozła w nieznanym kierunku większość przechowywanych tam depozytów. Podobno stanowiły równowartość co najmniej 100 milionów dolarów w dzisiejszych cenach.

Spacil wykonał swoje zadanie w ostatniej chwili. Wiedział, że tego dnia musi odlecieć z Berlina do Bawarii, a każda godzina opóźnienia zmniejszała szansę szczęśliwego przelotu nad radziecką obroną przeciwlotniczą i między radzieckimi myśliwcami. Wydawałoby się to lekkomyślnością, a nawet ryzykanctwem esesmana, który jednak sprawował zbyt poważną funkcję, aby można było podejrzewać go o brak rozwagi.

Wszedł na pokład jednego z ostatnich Ju 52/3m startujących z Berlina. A to oznaczało, że miał przepustkę, gdyż esesmani pilnowali, aby nikt niepowołany nie skorzystał z tej ostatniej szansy na uratowanie życia. Czyli leciał, aby wypełnić rozkaz. Czy miał związek z akcją w banku? Nie zachowały się żadne dokumenty, które pozwalałyby odpowiedzieć na to pytanie. Wątpliwe, czy w ogóle takie istniały. Jedynie logika wydarzeń, które miały miejsce w Berlinie i które nastąpiły później, wskazuje, że Spacil zabierał ze sobą majątek, aby przekazać go komuś lub grupie ludzi w Bawarii.

Udało mu się dolecieć do celu, choć nie sposób ustalić, czy było to Monachium czy Innsbruck. Na miejscu spotkał się ze swoją kochanką Gretl Biesecker, która od tego czasu już stale mu towarzyszyła.

Tam był już Rauch, sumiennie wypełniający rozkaz ukrywania złota przywiezionego z Berlina. Co więc mogło należeć do obowiązków Spacila? Późniejszy bieg wydarzeń wskazuje, że miał otworzyć kasę zapomogową dla esesmanów, którzy musieli uciekać z Europy, oraz miał dać im fundusze na potrzebne do opłacenia fałszywych dokumentów, biletów na podróż przez ocean i bezpiecznych kwater, a także do przekupienia straży granicznej. Ale jak mieli go odnaleźć ci, którym jego pieniądze były potrzebne? Jak miał rozpoznać, czy zgłaszają się do niego uprawnieni ludzie? Można się tylko domyślać, że ci, do których miały trafić fundusze Spacila, wcześniej otrzymali wiadomość z Berlina. Ktoś, podobnie jak zawiadowca na stacji sprawujący kontrolę nad ruchem pociągów, musiał kierować działaniami spanikowanych esesmanów.

Czy był to Otto Skorzeny, który już wiedział, że nie będzie bronił Reduty Alpejskiej, a jednak pozostawał na miejscu?

22

Zmierzch bogów

18 kwietnia 1945 roku wojska Żukowa przełamały niemiecką obronę u stóp Wzgórz Seelowskich i ruszyły w stronę Berlina. Teraz tylko jedno nie było dostatecznie jasne: który z radzieckich frontów pierwszy dojdzie do Reichstagu uznanego za centrum Berlina. Obydwaj konkurenci, Żukow i Koniew, mieli równe szanse. Obydwaj chcieli je wykorzystać.

20 kwietnia, w dniu urodzin Hitlera, marszałek Gieorgij Żukow, dowódca 1. Frontu Białoruskiego, wydał rozkaz swoim wojskom:

> Opanować berlińskie przedmieścia za wszelką cenę!

W tym samym czasie dowódca 1. Frontu Ukraińskiego marszałek Iwan Koniew rozkazał swoim żołnierzom:

> Rozkazuję wam wykonać zadanie do końca dnia za wszelką cenę!

Spieszyli się, nie zważając na to, jak wielu żołnierzy zapłaci życiem i kalectwem za ten niepotrzebny pośpiech. Było to następstwem decyzji Stalina. W rozkazie nr 11074 wydanym 23 kwietnia podzielił Berlin między dwa fronty. Linia rozgraniczająca rejony, które miały zająć wojska Żukowa i Koniewa, biegła w odległości zaledwie 200 metrów od Reichstagu. Niemiecki parlament, uznany przez Stalina za symbol Trzeciej Rzeszy, znalazł się jednak w strefie wojsk Żukowa. Ale marszałek Koniew nie miał zamiaru pogodzić się z tym. Nie chciał pamiętać, że Żukowowi zawdzięczał życie. Było to w 1941 roku. Iwan Koniew ponosił bezsprzeczną odpowiedzialność za załamanie frontu pod Wiaźmą i otwarcie Niemcom drogi do Moskwy, a za to Stalin karał śmiercią. I wówczas Żukow miał odwagę powiedzieć Stalinowi, że takimi sposobami niczego się nie poprawi i nikogo nie podniesie na duchu. I że wywoła to tylko negatywne wrażenie w wojsku.

> Przypomniałem mu, że oto rozstrzelano (...) Pawłowa, i co to dało? Nic. (...) A Koniew to nie Pawłow, to człowiek mądry. Przyda się jeszcze.

W ten sposób uratował Koniewa, gdyż Stalin zdecydował się tylko pozbawić go dowodzenia frontem, a nie postawić przed sądem, który bez wątpienia wydałby wyrok śmierci.

Po latach Koniew nie miał jednak zamiaru oddawać swojemu zbawcy zaszczytnego tytułu zdobywcy Berlina. Co mógł zrobić? W czasie walk w mieście różne sprawy mogą się zdarzyć. Niespodziewany opór wroga może zatrzymać żołnierzy jednej armii, gdy inna, nie napotykając morderczego ognia, może posunąć się o kilkaset metrów dalej.

Żukow spodziewał się, że dowódca Frontu Ukraińskiego może próbować obejść rozkaz Stalina i przekroczyć linię podziału ich wojsk. Czy wydałby rozkaz atakowania oddziałów Koniewa, gdyby nadmiernie zbliżyły się do linii wyznaczonej przez Stalina? Jeżeli by tak było, to trudno się spodziewać, że pozostałby dowód na papierze.

28 kwietnia żołnierze 3. Gwardyjskiej Armii Pancernej generała Pawła Rybałki zostali ostrzelani przez oddziały Żukowa. Takie pomyłki zdarzały się na froncie i nie sposób dopatrywać się w tym umyślnego działania. Jednakże tego dnia marszałek Koniew wysłał depeszę do Stalina, skarżąc się, że jego żołnierze są umyślnie ostrzeliwani przez wojska Żukowa. 29 kwietnia zadzwonił do Żukowa:

– Co robicie?! – krzyczał. – Nie widzicie, że wasze czołgi i samoloty atakują moje czołgi i samoloty oraz zabijają moich ludzi?

– Nie, nie widzę nic poza kurzem i dymem – spokojnie odpowiedział Żukow i odłożył słuchawkę.

Wzajemne utarczki i ambicje dowódców radzieckich nie miały wpływu na tempo posuwania się wojsk radzieckich. Los Berlina był już przesądzony.

2 maja 1945 roku dowódca obrony Berlina, generał Helmuth Weidling, poddał miasto generałowi Wasiliewowi Czujkowowi, dowódcy 8. Gwardyjskiej Armii z Frontu Żukowa.

W tym czasie armie zachodnich aliantów były już blisko stolicy Niemiec. W pościgu za nieprzyjacielem oddziały brytyjskie przekroczyły o 80 kilometrów linię, do której mogły dojść według ustaleń z Jałty, zaś Amerykanie posunęli się około 200 kilometrów dalej na wschód, dochodząc do Torgau i Chemnitz.

Tymczasem niespodziewany obrót przybrały wydarzenia na północy Niemiec. Tam 3 maja dowodzący Grupą Armii „Północny Zachód" feldmarszałek Ernst Busch wysłał delegację do kwatery marszałka polnego Bernarda Lawa Montgomery'ego w Lüneburgu, aby ustalić warunki poddania jego wojsk, co stało się 4 maja o godzinie 18:20. Akt ten dotyczył tylko wojsk niemieckich stojących naprzeciw dowodzonej przez Montgomery'ego 21. Grupy Armii w Holandii, Niemczech Północno-Zachodnich i Danii. Ustalono, że działania zbrojne ustaną 5 maja o godzinie 8:00 rano.

Jednakże Niemcy na tym nie poprzestali.

Jeden z sygnatariuszy aktu z Lüneburgu admirał Hans-Georg von Friedeburg, który kilka dni wcześniej zastąpił Wielkiego Admirała Karla Dönitza na stanowisku dowódcy Kriegsmarine, razem z generałem Alfredem Jodlem poleciał do Reims, miasta oddalonego o 160 kilometrów od Paryża, gdzie mieściło się Naczelne Dowództwo Alianckich Sił Ekspedycyjnych. Dowódca, generał Dwight Eisenhower, zdecydowanie odrzucił możliwość częściowej kapitulacji i zażądał, aby wojska niemieckie

Podpisanie kapitulacji w Lüneburgu (archiwum autora).

poddały się na wszystkich frontach, a więc również wojskom radzieckim, co było wyrazem sojuszniczej lojalności. Gdy wysłannicy Wehrmachtu wyrazili zgodę, a właściwie zostali do tego zmuszeni, pod groźbą wznowienia nalotów na niemieckie miasta, Eisenhower poinformował generała Aleksieja Antonowa, szefa Sztabu Generalnego Armii Czerwonej, a ten wyznaczył do udziału w uroczystości generała Iwana Susłoparowa[65], szefa radzieckiej misji łącznikowej w Paryżu. Jednakże godziny mijały, a z Moskwy nie nadchodziło potwierdzenie tej nominacji. Radzieckie

[65] Iwan Susłoparow (1897–1974) – generał, od 1939 roku jako attaché wojskowy w Paryżu kierował działalnością radzieckich szpiegów. Od 1941 roku, awansowany do stopnia generała, służył w dowództwie artylerii Armii Czerwonej, a następnie dowodził artylerią 10. Armii. Od 1944 roku był szefem radzieckiej misji łącznikowej w Naczelnym Dowództwie Alianckich Sił Ekspedycyjnych w Paryżu. 7 maja 1945 roku podpisał akt kapitulacji wojsk niemieckich. Odwołany do Moskwy, podjął pracę w Wojskowo-Dyplomatycznej Akademii Wojennej.

Iwan Susłoparow
(archiwum autora).

dowództwo nie wypowiedziało się też w sprawie tekstu aktu kapitulacyjnego. Zbliżał się wyznaczony czas podpisania kapitulacji, a biedny Susłoparow musiał sam podjąć decyzję. Każde rozwiązanie było złe. Odmówienie podpisania aktu mogło postawić Związek Radziecki poza gronem zwycięzców wojny. Udział w ceremonii, bez potwierdzenia z Moskwy, że akceptuje treść aktu, mógł ściągnąć na niego gniew Stalina, a dobrze wiedział, czym to groziło. Ostatecznie zdecydował się podpisać dokument kapitulacyjny, acz złożył zastrzeżenie, że ponowne podpisanie aktu nastąpi wówczas, gdy którykolwiek z aliantów tego zażąda. Tylko tyle mógł zrobić. Nad ranem 7 maja, a więc kilka godzin po podpisaniu kapitulacji, otrzymał odpowiedź, która musiała być dla niego traumatycznym przeżyciem: „Nie podpisywać".

Jedno jest pewne: Stalin dowiedział się o tym wydarzeniu znacznie później. Świadczy o tym jego rozmowa telefoniczna z marszałkiem Żukowem.

– Dzisiaj w mieście Reims Niemcy podpisali akt bezwarunkowej kapitulacji – powiedział Stalin. – Główny ciężar wojny dźwigały na swych barkach narody radzieckie, a nie sojusznicy, dlatego też akt kapitulacji musi być podpisany w obecności naczelnych dowództw wszystkich państw koalicji antyhitlerowskiej, a nie w obecności przedstawicieli Naczelnego Dowództwa Wojsk Sojuszniczych.

Później zatelefonował do szefa sztabu artylerii generała Nikołaja Woronowa.

– Któż to jest ten „słynny" generał artylerii Iwan Susłoparow? – Nie czekał na odpowiedź. Krzyczał: – Nie zadbaliście o właściwą edukację swoich ludzi! Generał Susłoparow zostanie odwołany do Moskwy i surowo ukarany!

Wbrew tej zapowiedzi Susłoparow, choć rzeczywiście został odwołany do Moskwy, gdzie otrzymał posadę w Wojskowo-Dyplomatycznej Akademii Wojennej, uratował życie. Zabicie go postawiłoby Rosjan w niezręcznej sytuacji. Woleli zrobić dobrą minę do złej gry i uznać dokument z Reims za „wstępny protokół" lub akt kapitulacji wojsk niemieckich tylko w północnych Niemczech. Konsekwencje poniósł też generał Antonow, który mimo wielkich zasług w wojnie, nie został promowany do stopnia marszałka.

Jednakże cofnąć czasu już się nie dało. Premier Wielkiej Brytanii Winston Churchill i prezydent USA Harry Truman zaproponowali, by 8 maja szefowie rządów złożyli oświadczenie o zwycięstwie nad Niemcami. Stalin zaprotestował. Argumentując, że walki z Niemcami jeszcze trwają, zaproponował złożenie takiego oświadczenia 9 maja. Churchill odpowiedział pierwszy:

– Odroczenie mojego oświadczenia o 24 godziny, jak pan proponuje, będzie dla mnie niemożliwe.

Prezydent Truman stwierdził 8 maja w liście wręczonym ambasadorowi Andriejowi Gromyce:

> Proszę Pana o powiadomienie marszałka Stalina, że jego pismo doszło do mnie do Białego Domu dzisiaj o godzinie 1:00 w nocy. Jednakże gdy list dotarł do mnie, przygotowania były tak dalece zaawansowane, że rozpatrzenie sprawy przesunięcia terminu ogłoszenia przeze mnie wiadomości o kapitulacji Niemiec okazało się niemożliwe.

Stalinowi udało się tylko jedno: wytargować od sojuszników uznanie aktu z Reims za prowizorium kapitulacyjne i uzyskać zgodę na podpisanie właściwego aktu w Berlinie.

– Umówiliśmy się z sojusznikami – mówił Stalin w rozmowie telefonicznej z Żukowem – że podpisanie aktu w Reims będzie traktowane jako wstępny protokół kapitulacji. Jutro do Berlina przybędą przedstawiciele niemieckiego Naczelnego Dowództwa, a także Naczelnego Dowództwa Wojsk Sojuszniczych. Reprezentowanie radzieckiego Naczelnego Dowództwa powierza się wam.

8 maja o godzinie 23:45 do gmachu szkoły saperów w berlińskiej dzielnicy Karlshorst przybyli przedstawiciele aliantów: brytyjski marszałek lotnictwa Arthur Tedder, amerykański generał Carl Spaatz oraz francuski generał Jean-Marie de Lattre de Tassigny. Z Flensburga dowieziono byłego szefa Naczelnego Dowództwa Wehrmachtu feldmarszałka Wilhelma Keitela, dowódcę marynarki wojennej admirała Hansa-Georga von Friedeburga i generała lotnictwa Hansa-Jürgena Stumpffa.

Ceremonię podpisania aktu kapitulacji otworzył i prowadził marszałek Gieorgij Żukow. Stalin zyskał to, co chciał. I wiele więcej...

Premier Winston Churchill, który na koniec ocknął się ze złowrogiego snu o współpracy ze Stalinem i uległości wobec niego, uznał, że wojska zachodnich aliantów powinny pozostać na pozycjach, do których doszły, chociaż wysunęły się za daleko na wschód w stosunku do linii wyznaczonych w Jałcie.

Pisał w depeszy do nowego prezydenta Harry'ego Trumana 4 czerwca 1945 roku:

> Patrzę z największą obawą na wycofanie amerykańskich wojsk na nasze linie okupacyjne w centralnym sektorze, co sprowadzi radzieckie siły do serca Europy Zachodniej i spowoduje opadnięcie żelaznej kurtyny między nami a wszystkim na wschodzie. Mam nadzieję, że ten odwrót, jeżeli już musi być dokonany, powinien być połączony z ugodą w sprawach wielkich, które stałyby się prawdziwym fundamentem pokoju na świecie. W rzeczywistości nic szczególnie ważnego nie zostało dotychczas ustalone, a pan i ja ponosimy wielką odpowiedzialność wobec przyszłości.

Za późno. Targi o przesunięcie wojsk brytyjsko-amerykańskich o kilkadziesiąt kilometrów nie miałyby większego wpływu na sytuację w Europie.

Tę wojnę wygrał Stalin. On poświęcił co najmniej 27 milionów obywateli i uznał, że zyskał prawo decydowania o Europie. Nie czekał na zgodę aliantów. Już przystąpił do kształtowania Europy takiej, jaką widział w swoich planach dwadzieścia lat wcześniej.

Jego zwycięstwo miało przesądzić o życiu wielu narodów Europy na czterdzieści cztery lata.

23
Wielkie polowanie

Amerykanie, dzięki informacjom od „Greenupa", zdawali sobie sprawę, jak wielki majątek pozostał ukryty w bawarskich górach, tym bardziej że odnalezienie wielu ton złota w Merkers wyostrzyło ich apetyt i kazało poważnie traktować każdą informację o ukrywaniu skarbów. Do akcji wkroczył specjalny zespół Counter Intelligence Corps[66], którego członkowie zostali przeszkoleni jesienią 1944 roku w zamku Castellammare we Włoszech, gdzie poznawali organizację sił nieprzyjaciela, stopnie wojskowe, sprzęt i metody działania.

Przypadkowe schwytanie esesmana, który brał udział w ukrywaniu w pobliżu Mittenwald złota ewakuowanego z Banku Rzeszy, pozwoliło odnaleźć 728 worków. Jednakże nie odnaleziono około 300 worków, które powinny tam być. Nie można było ustalić, co się z nimi stało. Zniknęły skarby wywiezione z Bad Sulza i dziesiątki innych transportów o ogromnej wartości.

Amerykańscy wywiadowcy dobrze wiedzieli, że poszukiwanie skrzyń, schowanych w jaskiniach, podziemnych schronach i zatopionych w jeziorach, jest marnotrawieniem czasu. Należało dotrzeć do ludzi znających tajne miejsca. Ale jak? Esesmani, którzy coś na ten temat wiedzieli,

[66] Counter Intelligence Corps – kontrwywiad Armii Stanów Zjednoczonych, powstał po reorganizacji w 1941 roku niewielkiego Corps of Intelligence Police. W 1942 roku liczył 543 oficerów i 4431 podoficerów. Ich zadaniem, poza ochroną wywiadowczą, było poszukiwanie ludzi, dokumentów i dóbr, ważnych dla amerykańskich programów obronnych.

potrafili zmieszać się z tłumem uciekinierów, jeńców i więźniów zwalnianych z hitlerowskich obozów. Josef Spacil Jakby zapadł się pod ziemię. A był w... amerykańskim obozie jenieckim!

Nikt jednak nie podejrzewał, że niczym niewyróżniający się sierżant Wehrmachtu o nazwisku Joseph Aue to poszukiwany SS-Oberführer Spacil. Aż w sierpniu 1945 roku podszedł do esesmana osadzonego w tym samym obozie, SS-Hauptsturmführera Gerharda Schlemmera, i ujawnił swoją tożsamość. Prosił o pomoc w uzyskaniu dokumentu zwalniającego z obozu. Gotów był zapłacić milion marek, co było kwotą, która mogła skusić każdego amerykańskiego oficera decydującego o wypuszczeniu na wolność.

Schlemmer obiecał pomoc i... poszedł do Johna E. Altera, agenta CIC urzędującego w obozie. Powiedział:

– Przychodzę, żeby poinformować pana, że jest tutaj wysoki oficer SS, o którym pan nic nie wie. To Josef Spacil, szef II Głównego Urzędu Bezpieczeństwa Rzeszy. Ukrywa się w przebraniu sierżanta Wehrmachtu o nazwisku Joseph Aue.

John Alter patrzył z niedowierzaniem na esesmana gotowego wydać kolegę.

– Dlaczego pan, esesman, zdradza drugiego esesmana?

– Ja jestem oficerem niskiej rangi. Za brak wiary w ideały nazizmu byłem aresztowany, ale potem przywrócili mnie do służby, gdy zaczęło brakować ludzi. Nie popełniłem żadnej zbrodni. A wy postawicie mnie przed sądem i może skażecie. Tymczasem Spacil odsiedzi w obozie dwa lata i wyjdzie na wolność. Nikt z nas, prostych żołnierzy, nie chce widzieć ważnego dygnitarza nazistowskiego na wolności, gdy inni Niemcy będą siedzieli w obozach. To oni są winni tej tragedii, nie my.

Alter uwierzył esesmanowi. I dobrze zrobił. Od tego czasu każdego wieczoru otrzymywał dokładne raporty z rozmów Schlemmera ze Spacilem. Wkrótce do tajnej gry włączył się Walter Hirschfeld, drugi esesman, który też postanowił zdradzić swoją dawną służbę.

Spacil obdarzył ich zaufaniem i ujawnił tajemnice zakopanych skarbów:

– W końcu kwietnia ostatnie zasoby obcych walut należące do Banku Rzeszy w Berlinie zostały stamtąd usunięte na mój rozkaz – przyznał. – Zakopaliśmy je w Tyrolu, w Austrii.

Przy innej okazji powiedział:

– Martwię się o ciężarówkę z 300 milionami marek w funtach angielskich.

– A gdzie jest ta ciężarówka? – zapytał Schlemmer.

– Zostawiłem ją pod opieką pewnego podoficera.

– Jak się nazywa? – dopytywał Schlemmer.

– Nie mogę ci tego powiedzieć.

Inne informacje pozwoliły Amerykanom dotrzeć do ludzi, którzy ujawnili miejsca ukrycia skarbów. Ile ze zrabowanego przez SS majątku udało się odzyskać? Nikt tego nie ustalił, co może wyjaśnić przypadek Johna Altera. To on na podstawie informacji wydobytych od Spacila odszukał jedną z kryjówek na poboczu drogi Rauris-Taxenbach. W niedbale zamaskowanych dołach leżało 19 worków ze złotymi monetami i sztabkami, 3 worki srebra, kilka worków z biżuterią oraz około miliona dolarów. W czasie powrotnej drogi jego jeep zderzył się z ciężarówką i rannego oficera przewieziono do szpitala w Monachium. W jego bluzie odnaleziono zaszyte złote monety i sztabki, 4 zegarki, 9 obrączek i pierścionki z brylantami. Czy była to część skarbu Spacila? Nie wiadomo, gdyż amerykańskie władze wojskowe zatuszowały sprawę, a Alter został przeniesiony do innej jednostki.

Spacil też niewiele ujawnił. W 1948 roku zwolniono go z amerykańskiej niewoli. Powrócił do Monachium, gdzie wkrótce założył sieć sklepów. Skąd miał pieniądze na kosztowną inwestycję?

Jego dalsze losy nie są znane.

Ocenia się, że Amerykanie odnaleźli 6 ton złota ukrytego w górach. Z nich 4 tony zaginęły. Można tylko podejrzewać, że oprócz Johna E. Altera było znacznie więcej oficerów chętnych do dorobienia sobie do wojskowego żołdu. A może nie udało się upilnować skarbu tak potrzebnego ludziom Himmlera?

24

Czas życia. Czas śmierci. Zbrodniarze uciekają

Późnym wieczorem 4 maja 1945 roku Gauleiter Karl Hanke, wzburzony wiadomościami, które do niego dotarły, zszedł po kamiennych schodach prowadzących do piwnic Biblioteki Państwowej we Wrocławiu (Staatsbibliothek), gdzie swoją kwaterę urządził dowodzący wrocławskim garnizonem generał Hermann Niehoff[67]. Do tego czasu jego kwatera mieściła się w kazamatach dawnego bastionu na Liebichs Höhe (Wzgórze Partyzantów). Ostrzał artyleryjski okazał się jednak zbyt silny i dlatego uznano, że podziemia masywnego gmachu Staatsbibliothek będą bardziej odpowiednie, zwłaszcza że zaplanowano wysadzenie części naziemnej, aby gruzy utworzyły masywną warstwę chroniącą piwnice. Nikt nie zwracał uwagi, że realizacja tego planu spowoduje zniszczenie ponad pół miliona woluminów, których nie udało się wywieźć z biblioteki.

– Panie generale, doszły do mnie wieści, że chce pan poddać miasto! – wykrzyknął Hanke.

– Dobrze pan słyszał – spokojnie odparł Niehoff. – Przygotowuję się do kapitulacji.

– W takim razie muszę pana aresztować, generale!

---

[67] Hermann Niehoff (1897–1980) – generał niemiecki, walczył niemalże na wszystkich frontach drugiej wojny światowej w Europie. Od 8 marca 1945 roku dowodził obroną Wrocławia. Był w niewoli radzieckiej do 1955 roku.

Hermann Niehoff (archiwum autora).

– Jeżeli ktokolwiek myśli o aresztowaniu, to jestem nim ja!

Hanke nie odpowiedział. Zdawał sobie sprawę, że to dowódca obrony miasta ma za sobą siłę, a w swojej kwaterze mógł wydać rozkaz aresztowania Gauleitera, który zostałby bezzwłocznie wykonany. Poza tym Hanke potrzebował pomocy wojska. Dlatego bardzo szybko zmienił ton.

– Proszę mi wybaczyć tę groźbę, nie zamierzałem tego robić – powiedział ugodowo. – Ale co ja mam teraz zrobić?

– Powinien pan popełnić samobójstwo... – stwierdził sucho Niehoff.

– Jestem na to za młody. Muszę żyć. Nawet jeżeli miałbym włóczyć się po świecie jak tramp.

Myślał zapewne o ucieczce przed sprawiedliwością.

– Generale, niech pan mi pomoże!

Być może Niehoffowi zrobiło się żal człowieka, który jeszcze przed kilkoma minutami, wchodząc do jego kwatery, gotów był wydać rozkaz aresztowania i zapewne rozstrzelania zasłużonego oficera. Dlatego zaproponował, że może przebrać Gauleitera w mundur żołnierza i dać mu odpowiednie dokumenty osobiste.

– Rozpoznają mnie albo zdradzą w pół godziny.

– Mogę dać panu bandaże... – zaproponował Niehoff, myśląc zapewne o obwiązaniu twarzy, co utrudniłoby rozpoznanie Hankego.

– To bezużyteczne. Rozpoznają mnie bardzo szybko.

– Wobec tego pozostało panu tylko jedno wyjście – powiedział generał. – Gdy zapadnie ciemność, każę oczyścić przejście na polu minowym. Może pan tamtędy wymknąć się z miasta.

Hanke nie odzywał się, rozważając propozycję generała, który widząc jego niezdecydowanie, dodał szybko:

– To jedyny wybór, jaki panu pozostał.

Hanke miał jednak inny plan, choć nie mógł go wyjawić.

Jedno jest pewne: 6 maja o świcie uciekł z Wrocławia. W jaki sposób i dokąd, pozostaje tylko w sferze domysłów i sprzecznych relacji.

Hanke podobno o godzinie 5:30 w mundurze szeregowego żołnierza przyszedł do Hali Ludowej, gdzie w przedsionku trzymano niewielki samolot Fieseler Storch należący do generała Niehoffa. Towarzyszył mu porucznik Helmut Alsleben. Trudno przyjąć, że samolot pozostający w dyspozycji dowódcy twierdzy nie był strzeżony. Wartownik musiałby zostać powiadomiony, że przyjdzie ktoś upoważniony przez generała. Dziwne jest to, że Niehoff nic nie wiedział o ucieczce Hankego. Wiele godzin później, zaskoczony nieobecnością Gauleitera, kazał go szukać. Wtedy do kwatery generała przyszedł jeden z żołnierzy z informacją:

– Panie generale, pana Storch zniknął.

Kilka godzin później sytuacja wyjaśniła się całkowicie. Ze Świdnicy raportowano, że lekko ranny Gauleiter wylądował na tamtejszym lotnisku. Ale skąd wystartował?

Do 1 kwietnia 1945 roku głównym lotniskiem Wrocławia był Klein-Gandau (Gądów Mały) położony 5 kilometrów na zachód od centrum miasta. Każdego dnia lądowały tam dziesiątki samolotów z zaopatrzeniem, mimo że Rosjanie wokół rozbudowali obronę przeciwlotniczą i straty wśród lotników były bardzo duże. W końcu marca 1945 roku z pięciu samolotów Ju 52/3m tylko trzem udało się przelecieć nad radzieckimi liniami. Jednakże 1 kwietnia wojska radzieckie zajęły lotnisko. Jedyną drogą pozwalającą się wydostać z miasta stało się lądowisko wybudowane na polecenie Hankego w centrum. W tym celu wysadzono XIX-wieczny kościół Marcina Lutra, a tysiące wrocławiaków i robotników przymusowych wywoziło gruz, budując pas startowy o szerokości 300 metrów, długi na 1,5 kilometra.

Fieseler Fi 156 Storch (archiwum autora).

Czy z tego pasa wystartował samolot Karla Hankego? Wyprowadzony z przedsionka Hali Ludowej, nie musiał dojechać do odległego miejsca startu, tym bardziej że było ono celem ostrzału radzieckiej artylerii. Fieseler Storch mógł wzbić się w powietrze po bardzo krótkim, kilkudziesięciometrowym rozbiegu, a więc mógł wystartować z placu przed halą.

Kto siedział za sterami tego dwumiejscowego samolotu? Wiele lat po wojnie przyznawał się do tego porucznik Helmut Alsleben, ale w spisach oficerów Luftwaffe widnieją tylko dwaj o tym nazwisku: porucznik Otto Alsleben, zaginiony w sierpniu 1944 roku, oraz Dietrich, który zginął w lutym 1945 roku. Zdaje się to potwierdzać informację, że człowiek, przyznający się do wywiezienia Hankego z Wrocławia, był oficerem jednostki przeciwlotniczej, a to za mało, aby pilotować nawet niewielki samolot w bardzo trudnych okolicznościach. Ktoś inny siedział za sterami. Czy Alsleben, jedyny, który potwierdzał wersję o lotniczej ucieczce, mógł być pasażerem? To jeszcze mniej prawdopodobne.

Był to samolot dwumiejscowy, więc trzecia osoba (poza pilotem i Hankem) z trudem mogłaby znaleźć tam miejsce. Co prawda w 1943 roku dokonał tego Otto Skorzeny, który po uwolnieniu Benito Mussoliniego z więzienia w hotelu na górze Gran Sasso wcisnął się do kabiny, aby razem z dyktatorem przybyć na lotnisko w Rzymie. Upór Skorzenego omalże nie doprowadził do katastrofy, gdyż przeciążony samolot ledwo zdołał wzbić się w powietrze po krótkim rozbiegu z górskiej łąki. Storch Hankego nie startował w tak trudnych warunkach, jednakże dodatkowy ciężar znacznie zmniejszyłby prędkość i zasięg samolotu.

Inną wersję ucieczki Hankego z Wrocławia podał minister uzbrojenia Albert Speer, który twierdził, że Hanke wydostał się z Wrocławia na pokładzie śmigłowca Focke-Achgelis Fa 223.

Speer w styczniu 1945 roku był we Wrocławiu – wracał z podróży inspekcyjnej do Katowic. Hanke, którego zwykł nazywać „moim starym przyjacielem", oprowadzał go po Starym Ratuszu, gdzie miał stwierdzić, że nigdy nie odda tej budowli Rosjanom, „raczej spali ją". Być może wtedy próbował zarezerwować dla siebie prototypowy śmigłowiec. Rok wcześniej Focke-Achgelis Fa 223 bazowały na lotnisku w pobliskiej Świdnicy. Jednakże w 1945 roku we Wrocławiu ich nie było. Produkowane z przerwami spowodowanymi alianckimi nalotami na zakłady wytwórcze, nie wyszły poza stadium prototypów. Miały zadziwiające jak na owe czasy osiągi, co w lutym 1945 roku pokazał jeden ze śmigłowców w czasie lotu z Berlina do Gdańska. Jednakże była to konstrukcja niedopracowana, a kilka ulegało wypadkom. Wątpliwe, czy Hanke zdecydowałby się powierzyć swoje życie tak niesprawdzonej maszynie, gdy mógł wsiąść do samolotu Storch, który wielokrotnie dowiódł swojej przydatności w najtrudniejszych warunkach. Ponadto nic nie wskazuje na to, że któryś z gotowych śmigłowców mógł stacjonować we Wrocławiu. Wiadomo to z całą pewnością, gdyż było ich tak niewiele, że znana jest bojowa historia każdego z nich.

Zastanawiające jest to, że Hanke zdecydował się wystartować o godzinie 5:30. Lot małego, nieuzbrojonego samolotu, rozwijającego maksymalną prędkość 175 kilometrów na godzinę, w świetle dnia wydawał się samobójstwem. Każdy przypadkowo napotkany radziecki myśliwiec w mgnieniu oka zestrzeliłby go lub zmusił do lądowania. Hanke mógł liczyć jedynie na to, że po kapitulacji Berlina aktywność radzieckiego lotnictwa osłabła, ale w rejonie Wrocławia wciąż trwały walki.

Na trasie przelotu pojawiają się dwa ciekawe miejsca.

Pierwsze podobno całkowicie przypadkowe: miasteczko Sobótka (Zobten) u podnóża góry Ślęża (Zobtenberg).

Kilkanaście kilometrów od miejsca startu z Wrocławia samolot Hankego został ostrzelany, prawdopodobnie z ziemi. Uszkodzenia nie były poważne (prawdopodobnie został przestrzelony zbiornik paliwa), ale pilot zdecydował się lądować na zboczu Ślęży. Jeżeli tak było, to Hanke i jego pilot mieli bardzo dużo szczęścia. Był to bowiem rejon zaciętych walk o wzgórze, które od lutego 1945 roku toczyły wojska radzieckie z oddziałami niemieckiej 17. Armii. Co prawda decydujący szturm na pozycje wojsk niemieckich na Ślęży Rosjanie przypuścili dzień później, 7 maja, ale już w czasie feralnego lotu musiało tam być silne zgrupowanie wojsk radzieckich, których rozmieszczenia pilot nie mógł znać, a nie mając możliwości swobodnego wyboru lądowiska, musiał jedynie liczyć na łut szczęścia. Tym bardziej że dla Hankego przebranego w mundur Wehrmachtu równie niebezpieczni jak czerwonoarmiści mogli być esesmani, skłonni uznać go za dezertera, co z kolei mogło skutkować powieszeniem go. Jedynie mógł liczyć na to, że wieść o jego nowym stanowisku Reichsführera SS, którym obdarował go Hitler w swoim testamencie, już tutaj dotarła, co jednak w zamieszaniu ostatnich dni wojny wcale nie było takie pewne. Wątpliwe też, czy uciekając z Wrocławia, miał przy sobie dokumenty potwierdzające, że jest Reichsführerem SS.

Najbardziej zastanawiające jest to, że po wojnie rozeszły się pogłoski, iż Ślęża była miejscem ukrycia mitycznego skarbu. Wieści tak intensywnie się rozprzestrzeniały, że w końcu lat 70. XX wieku zainteresowały się nimi służby specjalne PRL. Do rejonu Sobótki wysłano specjalistyczne ekipy poszukiwawcze z aparaturą do wykrywania żelaza i metali kolorowych głęboko pod ziemią. Nie odkryto skarbów, ale tajemnica Ślęży wciąż wydaje się niewyjaśniona. Tym bardziej że ustalono, iż w chodnikach tamtejszej kopalni magnezytu „ELSE" Niemcy uruchomili produkcję wałów korbowych dla silników lotniczych oraz przekładni dla pojazdów półgąsienicowych. Ponadto istniał tam tajemniczy obiekt, któremu nadano kryptonim „Seehund". Czy więc lądowanie samolotu Hankego było wymuszone uszkodzeniem, czy z góry zaplanowaną częścią podróży?

Po prowizorycznej naprawie Storch wystartował z lądowiska pod Sobótką. Jednak nie kontynuowali lotu do odległej o 70 kilometrów Jeleniej Góry, lecz skierowali się do bliżej położonej Świdnicy (niespełna 20 kilometrów). Tam mieli spędzić cały dzień, aby 7 maja samochodem podjąć przerwaną podróż do Jeleniej Góry. Dlaczego nie samolotem, co wydawałoby się o wiele bezpieczniejsze niż przejazd przez tereny położone niebezpiecznie blisko Armii Czerwonej?

Dlaczego Hanke wybrał Jelenią Górę jako cel podróży, do którego tak uparcie zmierzał? Z dalszego rozwoju wydarzeń wynika, że zamierzał przedrzeć się do Czech, gdzie chciał dotrzeć do sztabu 18. Dywizji Grenadierów Pancernych w Chomutowie, 217 kilometrów na południowy zachód od Jeleniej Góry. Dlaczego akurat tam?

Był 7 maja. Dzień później Niemcy miały podpisać bezwarunkową kapitulację. Terytorium zajęte przez wojska niemieckie ograniczało się do niewielkich skrawków ziemi, jakby wysepek otoczonych przez morze wojsk alianckich. Hanke nie mógł mieć żadnych wątpliwości, że i z jednej, i z drugiej strony nie może spodziewać się łagodności. Oczywiste było, że postawią go przed sądem, który mógł orzec tylko jedną karę, na jaką Hanke sobie zasłużył: karę śmierci. Czemu więc podjął niezwykle niebezpieczną wyprawę, której trasa prowadziła przez tereny zajęte przez Armię Czerwoną i US Army, między którymi działały grupy partyzanckie? Czy podróż do Jeleniej Góry miała jeszcze inny cel? Tak ważny, że należało zamaskować jej przebieg, chociażby tak jak podróż na Ślężę, czemu służyła wersja o przymusowym lądowaniu?

25

Skarb Gauleitera?

Niedaleko Jeleniej Góry w rejonie wsi Sosnówka (Seidorf) na szczycie Grodnej, najwyższej, liczącej 506 metrów n.p.m. góry Wzgórz Łomnickich, wznoszą się ruiny zamku. Sztuczne, gdyż wybudował je w 1806 roku książę Heinrich XXXVIII von Reuss, podobno z zazdrości o Zamek Chojnik (Kynast) należący do rodu rodziny Schaffgotschów.

Czy ten zamek na górze mógł być przystankiem w ucieczce Gauleitera, który chciał dopilnować ukrycia tam skarbu i kontynuować podróż ze świadomością, że będzie wiedział, dokąd powrócić po wojnie, aby wydobyć skarb? Powojenne odkrycia zdają się potwierdzać taką wersję wypadków.

Dobrze znał to miejsce, gdyż wielokrotnie bywał tam ze swoją narzeczoną baronessą Friedą von Fircks, zanim poślubił ją w listopadzie 1944 roku. Podobno był tam w marcu 1945 roku, gdy Wrocław był już oblężony. A przecież w takim czasie nie mogło chodzić ani o podziwianie pięknych widoków Karkonoszy, ani o sentyment do romantycznego miejsca.

Grodna stała się rejonem szczególnego zainteresowania służb specjalnych na początku lat 80. XX wieku. W sierpniu 1981 roku weszły tam zespoły warszawskiego Przedsiębiorstwa Poszukiwań Geofizycznych ze specjalistycznym sprzętem, który pozwolił wykryć płytko pod powierzchnią gruntu „ciała ferromagnetyczne", co mogło oznaczać, że były tam na przykład metalowe skrzynie. Zlokalizowano „pustą komorę w górotworze", a nawet „system korytarzy, włazów i pozostawionych przedmiotów metalowych oraz elementów murowanych". Oficerowie nadzorujący pracę naukowców doszli do przekonania, że „na terenie interesującego nas obiektu występują podziemne wyrobiska oraz ukryte przedmioty".

Jakie to przedmioty? Dlaczego ich nie wydobyto? Być może atmosfera panująca w ówczesnej Polsce kazała służbom specjalnym zająć się ściganiem działaczy „Solidarności", a nie wyciąganiem skarbów. Być może długo po tym informacje o ustaleniach poszukiwaczy przeciekły do tych, którzy na własną rękę wykopali skarby?

W tym rejonie było też inne miejsce, które bardzo interesowało Hankego. To kopalnia gipsu w miejscowości Nowy Ląd, 36 kilometrów na północ od Jeleniej Góry. Wcześniej zainteresował się tym Konserwator Zabytków Dolnego Śląska prof. Günther Grundmann, który wyszukiwał bezpieczne miejsca dla zabytków zagrożonych alianckimi nalotami. Za takie uznawał sale w kościołach, remizach strażackich, pałacach, ale gdy ich liczba zaczęła się wyczerpywać, zaczął poszukiwać innych odpowiednich miejsc, a kopalnia gipsu, ze względu na temperaturę i niewielką wilgotność, świetnie się do tego nadawała. Musiał jednak przełknąć mało uprzejmą odpowiedź dyrekcji kopalni, którą otrzymał 21 listopada 1944 roku:

> (...) na terenie naszej fabryki nie ma niewykorzystanych sztolni. Heil Hitler.

Jednakże żadne dowody nie wskazują na to, że tym miejscem mógł być zainteresowany Karl Hanke.

Jego losy pozostają nieznane. Według ustaleń amerykańskiego kontrwywiadu szczęście opuściło go, gdy wraz z podróżującymi z nim 65 urzędnikami partyjnymi wpadł w ręce czeskich partyzantów. Podobno wszystkich zamknięto w więzieniu w Jirkowie. Czyżby? A kto ucieka w tak wielkiej gromadzie? Jest to zaskakująca prawidłowość ucieczek hitlerowskich dostojników.

Podczas przemarszu więźniów Hanke i kilku innych, wykorzystując nadjeżdżający pociąg, wyrwali się eskorcie i usiłowali wskoczyć do wagonu. Strażnicy otworzyli ogień. Nie wiadomo, czy pociski dosięgły uciekinierów, a Hanke miał zostać zatłuczony kolbami przez partyzantów rozsierdzonych ucieczką. To wygodna wersja śmierci Gauleitera, gdyż należy się spodziewać, że zmasakrowana głowa i twarz przekreśliły możliwość identyfikacji Hankego. Nigdy do tego nie doszło. Nie istnieją wiarygodne dokumenty potwierdzające, że Karl Hanke zginął.

26
Droga na szubienicę

Generalny Gubernator Hans Frank uważał, że jego stolicę trzeba bronić za wszelką cenę. Zmusił ludność Krakowa do pracy przy wznoszeniu ziemnych umocnień, ale był na tyle łaskawy, że wyróżniających się w tej pracy przyjął na Wawelu, co udokumentowała kronika filmowa. Niemcy wykorzystali dawne umocnienia z czasów austriackich, przystosowując je do wymogów drugowojennego pola bitwy. Brakowało jednak podstawowego czynnika: ludzi. Garnizon Krakowa liczył tylko 3 tysiące żołnierzy, głównie rezerwistów, policjantów i urzędników partyjnych. W dodatku nie mieli ciężkiej broni, a do walki z czołgami mogli użyć kilkudziesięciu pancerfaustów. Generał Hermann Kruse, który ledwo co wydobrzał po poważnym wypadku samochodowym, w październiku 1944 roku objął stanowisko dowódcy obrony miasta, od razu zdał sobie sprawę, że bronić Krakowa się nie da.

– Powinien pan ewakuować miasto – powiedział do Hansa Franka.

Sytuacja stała się beznadziejna, gdy okazało się, że wojska radzieckie nie uderzą frontalnie, lecz okrążają miasto i mogą uderzyć od strony gorzej przygotowanej do obrony.

17 stycznia 1945 roku czołówki wojsk radzieckich były w odległości niespełna 10 kilometrów od Krakowa. Dłużej nie można było czekać.

Frank zanotował w pamiętniku:

Hans Frank opuszczający Muzeum Narodowe w Krakowie (NAC).

Kazałem opuścić flagę naszej Rzeszy. Zabrałem ją ze sobą, aby zwrócić ojczyźnie. Generalna Gubernia stała się przeszłością.

W istocie wyjazd z Krakowa nie był tak romantyczny. O godzinie 13:00 z Wawelu wyjechała kolumna ciężarówek wiozących dobytek gubernatora, głównie zrabowane meble, dywany i obrazy, choć najcenniejsze wysłał wcześniej do Sichowa. Na czele tej kolumny jechał mercedes generalnego gubernatora. Trasa prowadziła do jego posiadłości „Schoberhof", wielkiej bawarskiej chałupy o powierzchni 5311 metrów kwadratowych nad jeziorem Schliersee. Po drodze zatrzymał się we Wrocławiu, aby sprawdzić, czy jego żona i piątka dzieci zostały stamtąd bezpiecznie ewakuowane. Dalej pojechał ze swoim sztabem dwudziestu kilku urzędników do zamku Manfreda von Richthofena w Sichowie, gdzie zwieziono jego wojenny łup – skarby polskiej kultury, które z takim poświęceniem bronił przed zakusami Himmlera i Göringa. Nie potrafił się jednak obronić przed chaosem, który obejmował niemieckie władze okupacyjne i wojsko. Wobec różnych wersji opisujących ewakuację dzieł sztuki z Sichowa nie sposób ustalić, czy stało się to w grudniu, a więc długo przed przyjazdem Franka, czy też w styczniu, już na jego polecenie.

Pewne jest, że m.in. 500 obrazów najwybitniejszych malarzy, w tym *Damę z gronostajem* Leonarda da Vinci i *Portret młodzieńca* Rafaela Santi, a także skrzynie wypełnione monetami, numizmatami skradzionymi z Muzeum Narodowego w Warszawie, przewieziono w zimie do pałacu w nieodległej Morawie (Muhrau), należącego do rodziny von Wietersheim-Kramsta, gdyż pałac w Sichowie okazał się za mały, aby pomieścić łupy Franka. To miejsce wcześniej wybrał na składnicę dzieł sztuki konserwator zabytków Dolnego Śląska prof. Günther Grundmann, gdyż z taką propozycją zgłosili się właściciele, którzy woleli mieć w pałacu dzieła sztuki, a nie uchodźców. To on w mroźną zimową noc przyjechał do Morawy, aby zająć się składowanymi tam dziełami sztuki, przywiezionymi na trzech ciężarówkach. Znając ich wartość, kradł je czy chciał uchronić przed zniszczeniem?

Dlaczego generalny gubernator nagle stracił zainteresowanie tym majątkiem, który przecież miał dać mu wygodne życie po wojnie?

W Sichowie on i jego urzędnicy pozostawili okropny bałagan. Świadkowie tamtych zdarzeń mówią o dzikich libacjach. Rozbito wielkiego 8-cylindrowego mercedesa załadowanego żywnością i alkoholem, w pałacowych salach pozostawiono wiele biurowego sprzętu i dokumentów. Sprzątaczka skarżyła się, że „w pokojach był wielki bałagan. Butelki po wódce, niedopałki papierosów, chleb i kiełbasy leżały wszędzie. W wielkiej kuchni znaleźliśmy otwarte puszki z konserwami, których zawartość już nie nadawała się do jedzenia, pojemniki z masłem i jajkami". Spieszyli się do nowej siedziby, którą gubernator wyznaczył w zarekwirowanej kawiarni pensjonatu „Haus Bergfrieden" w miasteczku Neuhaus nad jeziorem Schliersee. Nie omieszkał jednak powiadomić szefa kancelarii

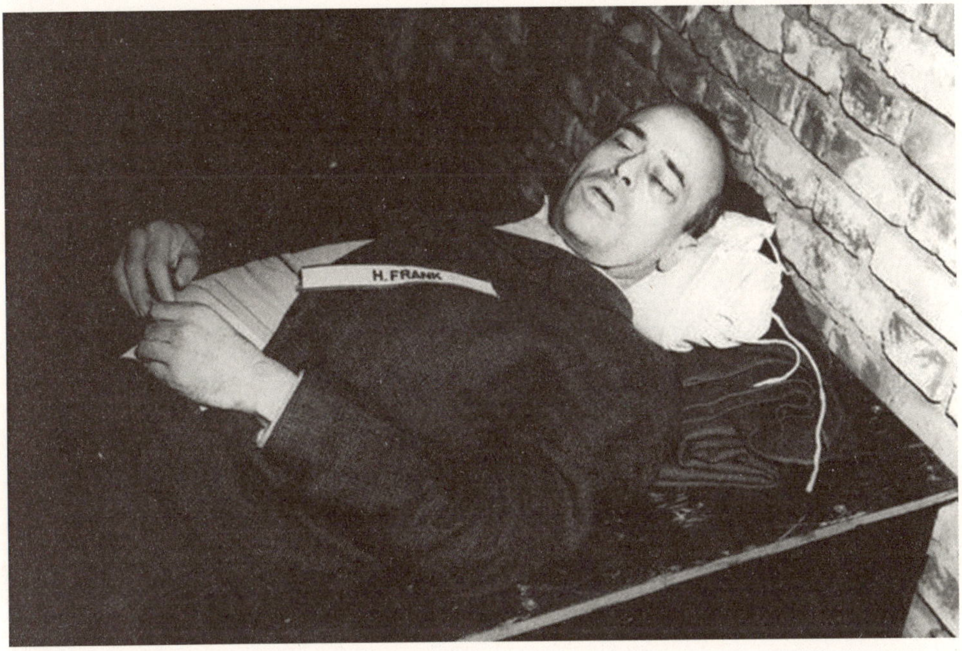

Ciało Hansa Franka po egzekucji (archiwum autora).

Trzeciej Rzeszy Hansa Lammersa, że w dalszym ciągu kieruje rządem Generalnej Guberni.

Jego spokój i pozbawione trosk życie szefa rządu na uchodźstwie we własnej ojczyźnie zostało nagle przerwane w pogodny poranek 4 maja. Przed jego domem Schoberhof zatrzymał się jeep z amerykańskimi żołnierzami, którymi dowodził porucznik Walter Stein z amerykańskiej 7. Armii. Frank siedział na tarasie i pijąc kawę, czytał w szwajcarskiej gazecie informacje o śmierci Hitlera. Spokojnie przyjął wiadomość o wkroczeniu amerykańskich żołnierzy. Tak bardzo był przekonany, że to chwilowa nieprzyjemność. Tuż przedtem powiedział swoim dzieciom, że „nie ma czego się obawiać". Jego niewinność miały dokumentować pamiętniki, których 38 tomów przekazał porucznikowi Steinowi.

Żołnierze zawieźli go do więzienia w Miesbach.

Tak zaczęła się droga na szubienicę Hansa Franka.

27
Walhalla

Dlaczego Himmler obdarzył wielkim sentymentem sanatorium Hohenlychen w urokliwej miejscowości Lychen? Być może przesądziła o tym przyjaźń z dyrektorem prof. Karlem Gebhardtem[68] sięgająca czasów dzieciństwa w rodzinnym Landshut. Ponadto miał tak duże zaufanie do jego wiedzy i zdolności medycznych, że w 1942 roku zlecił mu opiekę nad ciężarną kochanką Hedwig Potthast[69], która 15 lutego 1942 roku w tym sanatorium urodziła mu syna Helgego.

Sanatorium wybudowane w 1902 roku w lesie nad jeziorem, dla dzieci chorych na gruźlicę, w latach 30. zamieniono na ośrodek, w którym podnosili formę sportowcy przygotowujący się do olimpiady berlińskiej. Już wówczas szefem ośrodka był dr Gebhardt. Chore dzieci tam nie wróciły, gdyż piękne położenie, wysoki poziom opieki medycznej i świetne warunki lokalowe ściągnęły ważnych pacjentów z Niemiec i zagranicy.

[68] Karl Gebhardt (1897–1948) – SS-Gruppenführer, członek NSDAP od 1933 roku i SS od 1935 roku, dyrektor sanatorium Hohenlychen, od 1938 roku był lekarzem Heinricha Himmlera. W czasie wojny nadzorował i przeprowadzał eksperymenty medyczne m.in. na więźniarkach z obozu Ravensbrück. Skazany na karę śmierci przez Amerykański Trybunał Wojskowy, w 1947 roku został powieszony w więzieniu w Landsbergu.

[69] Hedwig Potthast (1912–1997) – sekretarka Heinricha Himmlera w latach 1936–1941, została jego kochanką i urodziła mu dwoje dzieci: syna Helgego i córkę Nanette-Dorotheę. Aresztowana w czerwcu 1945 roku przez żołnierzy amerykańskich, została po kilku dniach zwolniona. Ponownie wyszła za mąż, zmieniając nazwisko.

W księdze gości znajdują się pochlebne uwagi wpisane przez najważniejszych w Trzeciej Rzeszy: Rudolfa Hessa, a nawet Adolfa Hitlera. Zapewne nie znali strasznej tajemnicy sanatorium.

Karl Gebhardt (archiwum autora).

Himmler tak wierzył w możliwości i wiedzę profesora, że na wieść o zamachu na swojego najbliższego i najcenniejszego współpracowania SS-Obergruppenführera Reinharda Heydricha[70], rannego w zamachu w Pradze dokonanego 27 maja 1942 roku, wysłał go tam. Ten zlekceważył stopień zagrożenia i nie zdecydował się podać pacjentowi sulfonamidu, leku znanego medycynie od kilku lat. Heydrich zmarł w wyniku zakażenia.

Ten błąd znanego lekarza spowodował gniewne napomnienie ze strony Himmlera, którego bardzo dotknęła utrata sprawnego i bezwzględnego wykonawcy założeń jego polityki. Wtedy właśnie Gebhardt postanowił prowadzić w swojej klinice Hohenlychen badania nad skutecznością środków zwalczających zakażenia. Było to ważne przedsięwzięcie w czasie wojny, gdy infekcje bakteryjne zabijały równie wielu żołnierzy, co pociski. Tak malowniczo położona klinika stała się miejscem zbrodni.

[70] Reinhard Tristan Heydrich (1904–1942) – SS Obergruppenführer, szef Głównego Urzędu Bezpieczeństwa Rzeszy (RSHA), winny organizowania masowego terroru i ludobójstwa na okupowanych ziemiach. Odpowiedzialny za akcję „ostatecznego rozwiązania kwestii żydowskiej". Od marca 1942 roku był protektorem Czech i Moraw. Ranny w zamachu 27 maja 1942 roku, zmarł 4 czerwca w praskim szpitalu w wyniku zakażenia.

W odizolowanej i ściśle strzeżonej części trzymano więźniarki z pobliskiego obozu dla kobiet Ravensbrück, w tym 72 więźniarki z Polski. Dr Gebhardt robił na nich eksperymenty medyczne w celu znalezienia skutecznych leków i ozdrawiających zabiegów dla rannych żołnierzy niemieckich. Dokonywał amputacji zdrowych kończyn, aby je przeszczepić innym kobietom. To na nich sprawdzał działanie sulfonamidów, zakażając zdrowe tkanki kawałkami butwiejącego drewna, brudem i szkłem. Wiele eksperymentów zakończyło się śmiercią ofiar. Podobne doświadczenia przeprowadzał w obozie w Auschwitz.

Himmler musiał zdawać sobie sprawę, że jego przyjaciel i osobisty lekarz jest zbrodniarzem, ale nie robiło to na nim wrażenia, skoro uważał, że profesor poświęca podludzi, aby wypracować skuteczne metody ratowania aryjskich nadludzi. Sam do swojego gabinetu w willi „Haus Schmeewinkel" na Obersalzbergu, którą wybudował dla kochanki, sprowadził meble z ludzkich kości i książki oprawione w ludzką skórę, dary załóg obozów koncentracyjnych. Hedwig Potthast była dumna z tej kolekcji i chętnie wprowadzała znajomych do gabinetu, nazywanego „legowiskiem". Martin Bormann, czternastoletni syn sekretarza Hitlera o tym samym imieniu, wspominał po wojnie straszne przeżycie, którego doświadczył, gdy pani Potthast otworzyła drzwi do „legowiska":

> Nie rozumieliśmy, co to za sprzęty znajdują się w pokoju, dopóki nam tego nie wyjaśniła, całkiem naukowo. Były to krzesła i stoły zrobione z części ludzi. Stało tam krzesło. Siedzenie wykonano z ludzkiej miednicy, nogi były ludzkimi nogami i opierały się na ludzkich stopach. Z dużej sterty podobnych książek podniosła *Mein Kampf* i pokazała nam okładkę pokrytą ludzką skórą. Wyjaśniła, że więźniowie z Dachau, introligatorzy, używali skóry z pleców.

Pani Bormann, równie wstrząśnięta jak dzieciaki, pospiesznie wyszła z tego domu. Nigdy tam nie wróciła.

Działalność profesora Gebhardta nie mogła więc budzić niezadowolenia Reichsführera SS. Od lutego 1945 roku bywał często w Hohenlychen. To miejsce było o wiele bezpieczniejsze niż Berlin, zwłaszcza po wielkim bombardowaniu 3 lutego 1945 roku, gdy amerykańskie bomby zabiły 2 tysiące ludzi.

Niebezpieczeństwo groziło Berlinowi z drugiej strony, gdyż w końcu stycznia armie radzieckie stanęły nad Odrą i zbierały siły do zadania ostatniego ciosu. A stamtąd do stolicy było 90 kilometrów.

Himmler dobrze pamiętał koniec poprzedniej wojny światowej, gdy w Niemczech wybuchały rewolucje, a niebezpieczeństwo przejęcia władzy przez komunistów, do czego ostatecznie doszło w Bawarii, było bliskie. Miał więc wszelkie podstawy, aby przyjmować, że podobnie rozwiną się wydarzenia w 1945 roku po kapitulacji Wehrmachtu. Sytuacja była tym poważniejsza, że w więzieniach, obozach jenieckich i koncentracyjnych było bez mała 3,5 miliona ludzi, którzy uwolnieni, przyłączyliby się do oswobodzicieli i z całą, uzasadnioną nienawiścią do Niemców, zaczęliby brać odwet za lata katorgi.

Chaos, jaki ogarnąłby Niemcy, byłby dobrym pretekstem dla Stalina, aby nie zatrzymywać Armii Czerwonej na pozycjach wyznaczonych w czasie konferencji w Jałcie, lecz żeby ruszyć dalej. Tak po pierwszej wojnie bolszewicy chcieli wykorzystać osłabienie i zamęt w Niemczech, aby posłać tam Armię Czerwoną. A niewiele brakowało, aby ten plan został zrealizowany. Wojska bolszewickie pod dowództwem komfronta Michaiła Tuchaczewskiego doszły do Warszawy. Gdyby nie zwycięstwo Polaków, pomaszerowałyby dalej, aby już w Niemczech, wsparte przez tamtejszych komunistów, którzy stanowili realną siłę, uderzyć na Francję.

Himmler wierzył, że zwycięscy zachodni alianci nie będą mieli innego wyjścia, jak tylko zwrócić się do niego po pomoc.

W rozmowie z Albertem Speerem, ministrem uzbrojenia, 23 kwietnia 1945 roku w sanatorium Hochenlychen przedstawił swoje zamiary. Mówił:

Europa w przyszłości nie obejdzie się beze mnie. Potrzebuje mnie jako ministra policji dla zapewnienia spokoju. Wystarczy, że spędzę godzinę z Eisenhowerem, aby docenił fakt, że są ode mnie uzależnieni albo przejmą nieopisany chaos [w pokonanych Niemczech – B.W.].

Na zakończenie tej rozmowy, gdy Speer zaproponował, że udostępni swój samolot, aby poleciał do Berlina na pożegnanie z Hitlerem, Himmler odpowiedział:

– Teraz muszę zorganizować mój rząd, a moja osoba jest zbyt ważna dla niemieckiej przyszłości, abym ryzykował lot.

Tylko w Hohenlychen mógł sobie pozwolić na szczerość, gdyż w ścianach nie było mikrofonów, pod drzwiami nie podsłuchiwali agenci wysłani przez ludzi, którzy chcieliby doprowadzić go do zguby. Miał świadomość, że nawet jego podwładni, jak szef Głównego Urzędu Bezpieczeństwa Rzeszy Ernst Kaltenbrunner i szef Gestapo Heinrich Müller, chętnie przyczyniliby się do jego upadku. Sanatorium było więc najbezpieczniejszym miejscem. Również z innego powodu sprzyjało jego planom.

Tajne rokowania, które od dwóch lat prowadził w Szwecji w jego imieniu zaufany szef wywiadu Walter Schellenberg[71], weszły w decydującą fazę. To właśnie 19 lutego Schellenberg przyjechał do Hohenlychen z wiceprezesem Szwedzkiego Czerwonego Krzyża hrabią Folkem Bernadottem[72]. Przez 2,5 godziny Szwed namawiał go do zwolnienia z obozów koncentracyjnych

[71] Walter Schellenberg (1910–1952) – SS-Brigadeführer, w 1934 roku rozpoczął służbę w Sicherheitsdienst (Służbie Bezpieczeństwa SS). W sierpniu 1939 roku stanął na czele urzędu kontrwywiadu. 9 listopada 1939 roku wsławił się porwaniem dwóch agentów brytyjskich z holenderskiego miasteczka Venlo. W czerwcu 1941 roku objął kierowanie urzędem wywiadu zagranicznego SD (urząd VI RSHA). W czerwcu 1944 roku podporządkował sobie cały wywiad. W styczniu 1948 roku skazany przez amerykański sąd wojskowy na 6 lat więzienia, wyszedł na wolność w 1951 roku ze względu na postępującą chorobę nerek.

[72] Folke Bernadotte (1895–1948) – szwedzki dyplomata, bratanek króla Szwecji Gustawa V, w czasie drugiej wojny światowej jako wiceprezes Szwedzkiego Czerwonego Krzyża (od 1943 roku) dwukrotnie organizował wymianę chorych i kalekich jeńców wojennych. Zginął zamordowany przez żydowskiego nacjonalistę.

Folke Bernadotte
(archiwum autora).

duńskich i norweskich więźniów. Himmler zgodził się jedynie na zebranie tych więźniów w obozie w hamburskiej dzielnicy Neuengamme. Nie chciał się pozbywać karty przetargowej, choć po raz pierwszy w tej wojnie okazywał dobrą wolę, aby alianci zapomnieli o jego odpowiedzialności za śmierć milionów ludzi.

Szwedzki dyplomata przyjął funkcję mediatora, czy raczej wysłannika Himmlera, który niecierpliwie oczekiwał na jego powrót, co stało się 24 kwietnia. Spotkali się późnym wieczorem w szwedzkim konsulacie w Lubece, ostatnim kawałku niemieckiej ziemi, na który jeszcze nie wdarły się wojska wroga. Rozmowa zaczęła się z opóźnieniem, po północy, gdyż ze względu na nalot alianckich samolotów na pobliskie lotnisko musieli schronić się w piwnicy.

Mimo warunków, w jakich przebiegała rozmowa, wskazujących w najbardziej oczywisty sposób, że Trzecia Rzesza runie lada dzień, Himmlera nie opuszczał optymizm. Przedstawiał się jako nowy przywódca Niemiec. Nie wprost, ale tak można było wnioskować z jego uwag, że Hitler nie przeżyje dwóch dni.

Poprosił Bernadottego o zaaranżowanie spotkania z generałem Dwightem Eisenhowerem, najwyższym dowódcą alianckich sił zbrojnych w Europie. Chciał poddać wojska niemieckie na froncie zachodnim, aby mogły kontynuować walkę z Armią Czerwoną.

Nie przewidywał, że o jego negocjacjach z Bernadottem dowie się cały świat. Prawdopodobnie za sprawą sterowanego przecieku do prasy.

Na efekt nie trzeba było długo czekać: 29 kwietnia Hitler zdecydował się pozbawić „wiernego Heinricha", jak zwykł nazywać szefa SS, wszystkich urzędów i stopni, zaś na swojego następcę wyznaczył Wielkiego Admirała Karla Dönitza[73].

Nowy prezydent obawiał się, że Himmler na wieść o decyzji Hitlera zdecyduje się siłą przejąć urząd głowy państwa. Obawy były tym bardziej uzasadnione, że straż przyboczna Reichsführera SS liczyła kilkuset żołnierzy. Dlatego, zanim zaprosił Himmlera do swojej kwatery w koszarach Stadtheide w Plön, miasteczku położonym 30 kilometrów na południowy wschód od Kilonii, wezwał Petera-Ericha Cremera[74] (nazywanego „Ali"), dowódcę swojego oddziału ochrony złożonego z byłych marynarzy okrętów podwodnych, i kazał przygotować się do obrony.

Koło północy Himmler w otoczeniu 36 esesmanów wjechał na dziedziniec siedziby nowych władz. Dowódca konwoju Heinz Macher[75] od razu, z pewnym rozbawieniem, zauważył ludzi Cremera ukrytych za drzewami. Dla tego zabijaki mającego za sobą szlak bojowy dywizji pancernej SS „Das Reich" i jego równie doświadczonych morderców rozprawienie się z marynarzami nie stanowiłoby większego problemu. Miał pomyśleć:

– Boże, co za biedni głupcy. Załatwilibyśmy ich bez trudu.

Do walki nie doszło, a Himmler eskortowany przez Machera i 6 esesmanów wszedł do gabinetu Dönitza. Ten przyznał się później, że na biurku pod papierami ukrył odbezpieczony pistolet.

---

[73] Karl Dönitz (1891–1980) – Wielki Admirał, od stycznia 1936 roku dowodził flotą podwodną, a od stycznia 1943 roku całością niemieckich sił morskich. 30 kwietnia 1945 roku, wyznaczony w testamencie Adolfa Hitlera na szefa państwa, utworzył nowy rząd we Flensburgu. Został skazany za zbrodnie wojenne i zbrodnie przeciwko pokojowi na 10 lat więzienia.

[74] Peter-Erich Cremer (1911–1992) – dowódca U-Boota (U-333), as floty podwodnej, odznaczony Krzyżem Rycerskim za zatopienie 6 jednostek (w tym omyłkowo jednej niemieckiej). W końcu wojny walczył jako dowódca batalionu niszczycieli czołgów oraz oddziału straży przybocznej Wielkiego Admirała Karla Dönitza.

[75] Heinz Macher (1919–2001) – członek NSDAP, od 1940 roku dowodził 16. kompanią w pułku dywizji pancernej SS „Das Reich". Po wysadzeniu części zamku w Wewelsburgu dołączył do Himmlera, razem z nim został aresztowany.

„Nigdy w życiu tego nie robiłem, ale nie wiedziałem, jaki będzie wynik tego spotkania" – zapisał Dönitz w pamiętniku.

Zostali sami.

Dönitz wręczył Himmlerowi decyzję Hitlera.

„Obserwowałem go uważnie – wspominał Dönitz. – W miarę jak czytał, na jego twarzy pojawiał się wyraz niekłamanego zaskoczenia i konsternacji. Wyglądało, jakby wszystkie jego nadzieje pierzchły. Zbladł. Ostatecznie wstał i ukłonił się. Powiedział:

– Niech mi będzie wolno pozostać człowiekiem numer dwa w pańskim rządzie".

Nie ma wątpliwości, że mówił o stanowisku kanclerza.

– O tym nie ma mowy – odpowiedział Dönitz.

Himmler wciąż był ministrem spraw wewnętrznych, dowódcą Volkssturmu, dowódcą Armii Rezerwowej, Reichsführerem SS i szefem niemieckiej policji. Nie wiadomo, dlaczego Dönitz nie wykonał polecenia Hitlera i nie pozbawił go tych urzędów, co stało się dopiero 6 maja. Być może w obawie przed ludźmi Reichsführera nie chciał przeciągać struny.

Świat Himmlera walił się, ale on wciąż trzymał się burty tonącej łodzi. Nie mogąc objąć urzędu, na którym mu zależało, zaoferował swoje usługi konsultanta do spraw polityki zagranicznej. Udało mu się nawet przekonać Dönitza, aby zwolnił Joachima von Ribbentropa ze stanowiska ministra spraw zagranicznych i zatrudnił Johanna Ludwiga Grafa Schwerina von Krosigka, który od 1932 roku był ministrem finansów.

Wszystko to, co stało się później, jest zagmatwane i niejasne. Z zeznań ludzi, którzy otaczali Himmlera, wyłania się obraz człowieka zagubionego, niezdolnego podjąć decyzji.

SS-Gruppenführer Otto Ohlendorf zeznał po wojnie:

> Himmler był bardzo przygnębiony. Następnego ranka [4 maja – B.W.] posłał po mnie i ciągle zadawał mi to samo pytanie: Co mam zrobić? Popełnić samobójstwo czy poddać się?

Mógł jeszcze liczyć na azyl w Szwecji, której rząd i król przez całą wojnę wykazywali dużo sympatii dla nazistowskich Niemiec. Z polecenia Himmlera Walter Schellenberg przygotowywał morską wyprawę do Szwecji. On sam zrezygnował z tej drogi ratunkowej i pozostał w rejonie Flensburga, jakby wciąż łudził się, że alianci zechcą uznać jego władzę nad Waffen-SS i służbami policyjnymi.

W nocy z 5 na 6 maja Himmler napisał list do marszałka polnego Bernarda Lawa Montgomery'ego, brytyjskiego głównodowodzącego, którego uznawał za zwycięzcę, a siebie za pokonanego, i wskazywał na działania, które trzeba podjąć, aby zapewnić spokój w Niemczech. Proponował oddanie pod rozkazy brytyjskiego dowódcy oddziałów Waffen-SS, aby wzięły udział w walce przeciwko Armii Czerwonej. Nie dostał odpowiedzi. Generał Jodl, który miał ten list przekazać Montgomery'emu, nie dostarczył go.

Himmler zniknął 6 lub 7 maja. Pozostawił rozkaz dla oficerów sztabu:

> Udać się do Bawarii i stamtąd na granice stref okupacyjnych rosyjsko-brytyjskiej i rosyjsko-amerykańskiej, aby krzewić nazistowską propagandę oraz podburzać rosyjskie wojska przeciwko amerykańskim i brytyjskim wojskom.

Wkrótce, prawdopodobnie 9 maja, wyruszył w podróż na południe. Był to dziwny kierunek ucieczki.

Flensburg, w pobliżu którego przebywał, nazywano „lukiem awaryjnym". W porcie cumowały 2 okręty podwodne, gotowe do wyruszenia w morze. Wiele innych okrętów wcześniej wypłynęło w dalekie rejsy, choć nie sposób ustalić, na pokładzie których byli nazistowscy dostojnicy, uciekający przed karą za zbrodnie. Wydawałoby się, że to była najlepsza droga ucieczki dla Reichsführera i jego sztabu. Jednakże morska podróż trwająca przez wiele tygodni w dusznym i klaustrofobicznym wnętrzu okrętu podwodnego mogła go przerażać. Człowiek nieobeznany i nieprzygotowany do życia w takich warunkach mógł załamać się na długo, zanim dotarliby do portu przeznaczenia na południowoamerykańskim wybrzeżu.

28

Przedsiębiorca śmierci

Himmler zawsze tworzył wrażenie uczciwego do przesady i skromnego urzędnika, utrzymującego się z państwowej pensji. Po odwiezieniu rodziców służbowym samochodem na stację w Berlinie kazał przygotować rachunek za benzynę i zapłacił co do feniga. Jedynym znakiem jego zamożności miała być willa w pobliżu Berchtesgaden. Musiał ją wybudować dla swojej konkubiny Hedwig Potthast, aby jego kochanka miała gdzie zamieszkać z ich synem i córką. Żona Marga i córka Gudrun mieszkały w ich willi w berlińskiej dzielnicy Dahlem, więc on, zapobiegliwy ojciec, rozpoczął budowę „Haus Schneewinkellehen" w pięknym zakątku bawarskich Alp, niedaleko willi Adolfa Hitlera. Podobno zabrakło mu pieniędzy, więc zwrócił się o pomoc do zaprzyjaźnionego z nim Martina Bormanna, sekretarza Hitlera, który z partyjnej kasy wyasygnował pożyczkę w wysokości 80 tysięcy marek (tj. około 320 tysięcy euro w dzisiejszych cenach). Czyżby Reichsführer SS rzeczywiście nie miał żadnego majątku, choć przez jego ręce przepływały miliardy?

Prawdopodobnie pierwsze duże pieniądze trafiły do niego w 1936 roku, co miało związek z objęciem urzędu szefa niemieckiej policji i komisarza Rzeszy do spraw umacniania niemieckości.

Człowiekiem, który najszybciej poznał się na potencjale Himmlera, był Wilhelm Keppler[76], którego mała firma produkowała żelatynę fotograficzną.

[76] Wilhelm Karl Keppler (1882–1960) – niemiecki przedsiębiorca, członek NSDAP od 1927 roku i SS od 1932 roku. Był jednym z pierwszych biznesmenów

Wilhelm Karl Keppler
(archiwum autora).

Należy przyjąć, że początkowo kierowała nim miłość do nazizmu, gdyż w 1927 roku wstąpił do NSDAP. Partia szybko odwdzięczyła się, mianując go doradcą finansowym. To on, gdy w 1932 roku zapisał się do SS, utworzył Koło Przyjaciół Gospodarki, które szybko stało się znane jako Koło Przyjaciół Reichsführera SS. Był tylko drobnym przedsiębiorcą i partyjnym urzędnikiem niskiego szczebla, ale tuzy niemieckiego świata finansów i przemysłu uznali, że popiera go Adolf Hitler, więc przy pomocy tego człowieka, łatwego do skorumpowania, mogli uzyskać dostęp do najwyższego kręgu nazistowskiej partii. Droga prowadziła przez członkostwo w Kole Przyjaciół Reichsführera, gdzie każda łapówka szybko traciła podejrzany charakter i stawała się patriotycznym datkiem dla Rzeszy.

I tak rozpoczęła się reakcja łańcuchowa, gdyż każdy nowy członek Koła przyciągał innych ważnych: prezydent Banku Rzeszy Hjalmar Schacht wprowadził barona Kurta von Schrödera, liczącego się w świecie międzynarodowych finansów, z nim przyszedł Emil Heinrich Meyer, członek zarządu światowej korporacji ITT, potem Otto Steinbrinck, wiceprezydent Vereinigte Stahlwerke AG, największego producenta stali w Europie, i wielu innych im podobnych. Wszyscy chętnie korzystali z wygodnej i niebudzącej zastrzeżeń formy wręczania łapówki: datków dla Koła Przyjaciół, które rocznie w ten sposób otrzymywało milion marek (tj. około 4 miliony euro w dzisiejszych cenach).

wspierających nazistów. Przyniosło mu to wiele korzyści w postaci wysokich stanowisk (m.in. komisarz Rzeszy w Austrii i od 1939 roku w Gdańsku). W czasie wojny zarządzał konfiskatami na terenie Polski i ZSRR. Skazany w 1949 roku na 10 lat, został zwolniony w 1951 roku.

Jednakże nieosobiste bogactwo było motorem poczynań Himmlera, choć oczywiście od niego nie stronił. On budował potęgę finansową i gospodarczą SS.

Z jego polecenia Główny Urząd Gospodarczo-Administracyjny SS utworzył w 1938 roku przedsiębiorstwo Deutsche Erd- und Steinwerke (DEST) produkujące cegły w obozach koncentracyjnych Sachsenhausen, Buchenwald, Flossenbürg, Natzweiler-Struthof, w pobliżu których występowały pokłady gliny nadającej się do wypalania cegieł. Później przedsiębiorstwo zajęło się wydobywaniem kamieni i włączono do niego obozy Gross-Rosen i Mauthausen-Gusen. Himmler zadbał też o intratne zamówienia od władz Trzeciej Rzeszy. Na przykład firma założona przez SS wybudowała z kamienia dostarczonego przez DEST wielki kompleks nazistowskich zjazdów w Norymberdze. W 1943 roku firma ta zajęła się jeszcze bardziej dochodową produkcją zbrojeniową (karabiny maszynowe, kadłuby samolotów).

Wydawałoby się, że gospodarcza działalność SS nie miała związku z osobistym majątkiem Himmlera, a on, który organizował śmierć milionów, prywatnie był krystalicznie uczciwy. A kim był Max Heiliger? To nazwisko pochodziło od niemieckiego słowa „heilig", czyli „święty", ale ten człowiek nie istniał. Na to fikcyjne nazwisko szef Banku Rzeszy Walther Funk założył konto, na które wpływały pieniądze uzyskane ze sprzedaży krwawego złota. Być może to sam Heinrich Himmler? Ponadto Reichsführer miał swoje konta i depozyty w kilku niemieckich bankach. W jednym tylko oddziale banku w Plauen w 1945 roku znaleziono jego depozyty: 35 kaset ze złotem, zachodnią walutę o wartości miliona dolarów (tj. około 9 milionów dolarów w dzisiejszych cenach), 250 tysięcy dolarów w złocie. Nie wiadomo, ile takich kont miał Reichsführer SS. Były lokowane w różnych bankach przez ludzi z Koła Przyjaciół Reichsführera. Karl Rasche[77], bankier i członek SS od 1939 roku, przelał dużą

[77] Karl Emil Rasche (1892–1951) – SS-Obersturmbannführer, prawnik i ekonomista z wykształcenia, był członkiem wielu rad nadzorczych, choć głównie związał

kwotę do Dresdner Bank oraz do dwóch banków w Szwajcarii. Był jednym z najbardziej zaufanych ludzi Himmlera, cieszący się uznaniem za skuteczność przy przejmowaniu aktywów banków austriackich w 1938 roku, a rok później – banków czeskich, a także przejmowaniu czeskich zakładów zbrojeniowych przez Reichswerke Hermanna Göringa.

Nikomu nie udało się określić, jak wielki majątek zebrał Heinrich Himmler i jego SS. Pewną wskazówką pozwalającą oszacować skalę rabunku było znalezisko w kopalni Kaiseroda w Merkers, dokąd Niemcy wywieźli zasoby Banku Rzeszy. W podziemnym chodniku złożono również depozyty z konta Melmera i Maxa Heiligera.

Na 18 pudłach i 189 walizkach oraz skrzynkach były kartki z nazwiskiem Melmera. Nie było więc wątpliwości, że jest to skarb SS, który amerykańscy urzędnicy bankowi wycenili na około 10 milionów marek.

Jednakże walizki ze złotem były tylko kasą na drobne wydatki w porównaniu z gigantycznym majątkiem równym budżetowi państwa średniej wielkości, a zawartym w sieci tajnych powiązań SS ze światem niemieckiego biznesu.

Himmler, skrupulatny urzędnik śmierci, konsekwentnie zbierał majątek przez wiele lat, a czego ostatnim akordem miało być tajne spotkanie w Strasburgu, które do dzisiaj budzi wiele kontrowersji.

Sierpniowej nocy 1944 roku brytyjskie samoloty zbombardowały centrum miasta, co było zaskakującym wydarzeniem. Do tego czasu Strasburg, uważany za francuskie miasto, był oszczędzany. Tamtej nocy bomby spadły w pobliżu hotelu „Maison Rouge", nazwanym po wkroczeniu Niemców do Francji Grand Hotel „Rotes Haus", położonego daleko od strategicznych obiektów miasta, a blisko starej i zabytkowej dzielnicy.

Przez wiele lat uważano, że brytyjscy lotnicy przez pomyłkę zaatakowali tę część miasta. Dzisiaj wiemy, że bombardowanie było zamierzone.

się z Dresdner Bank. W 1949 roku został skazany na 7 lat więzienia, jednakże wyszedł na wolność w 1950 roku.

W eleganckim hotelu na placu nazwanym imieniem francuskiego bohatera narodowego generała Jean-Baptiste'a Klébera odbywało się tajne spotkanie najważniejszych niemieckich przemysłowców, szefów największych koncernów. Byli tam przedstawiciele Kruppa, IG Farben, Messerschmitta, Volkswagena, Siemensa i Blaupunkta, a także urzędnicy z Ministerstwa Uzbrojenia.

Spotkaniu przewodniczył dr Johann-Friedrich Scheid, SS-Obergruppenführer, dyrektor Hermsdorf-Schönburg GMBH. Zastanawiające jest to, że jego nazwisko nie figuruje na żadnej z list oficerów SS, jednak to niczego nie dowodzi. Mógł ukrywać prawdziwą tożsamość, co wydaje się całkowicie zrozumiałe. Warunki, w jakich zwołano naradę, wskazywały, że Scheid (bez względu na to, czy było to prawdziwe nazwisko) reprezentuje Heinricha Himmlera.

Rozpoczął naradę od oświadczenia, które w nazistowskich Niemczech, gdzie obowiązywał nakaz absolutnej wiary w zwycięstwo, mogło się wydać szokujące:

– Panowie, musimy powiedzieć sobie otwarcie: nie tylko bitwa o Francję została przegrana. Przegrana jest wojna.

Czy rzeczywiście świadomość, że wojna zmierza do klęski Niemiec, była powodem, dla którego zdecydowano się na wielki transfer majątku niemieckich koncernów? Nie.

Sytuacja wojenna była trudna, ale nie krytyczna. Wrogie wojska były jeszcze daleko nie tylko od Berlina, lecz także od przedwojennych granic Rzeszy. Armia Czerwona zatrzymała się nad Wisłą, a na północy frontu trwały ciężkie walki o Królewiec.

Wojska zachodnich aliantów doszły do Antwerpii (miasto i port zdobyły 4 września 1944 roku), która miała ogromne znaczenie dla kontynuowania ofensywy, gdyż linie zaopatrzeniowe już bardzo się wydłużyły. Opanowanie portu usprawniłoby dowóz zaopatrzenia, jednakże nawet zdobycie portu, co stało się 4 września 1944 roku, nie poprawiło sytuacji, gdyż wojska niemieckie obsadziły brzegi 88-kilometrowego odcinka

Skaldy łączącej Antwerpię z morzem i blokowały dostęp do portu. Marszałek Montgomery skupił wszystkie siły do operacji powietrznodesantowej „Market-Garden" i dopiero 2 października zdecydował się na podjęcie działań, które odblokowałyby dostęp do portu. Walki trwały do 8 listopada 1944 roku, a po wyparciu Niemców trzeba było usunąć miny i wraki tarasujące rzekę, i dopiero 28 listopada 1944 roku alianci mogli wykorzystywać portowe nabrzeża. Tak duże opóźnienie (osiemdziesiąt pięć dni), w czasie którego aliantom brakowało podstawowych materiałów, zwalniało marsz ich wojsk.

Co najważniejsze, produkcja zbrojeniowa Niemiec, mimo alianckich nalotów, wciąż się zwiększała. W 1944 roku przemysł niemiecki dostarczył wojsku 18,3 tysiąca pojazdów pancernych (o 8 tysięcy więcej niż rok wcześniej) i 34 tysiące samolotów bojowych (o 15 tysięcy więcej niż rok wcześniej). Rosły dochody z okupacji europejskich państw. Do września 1944 roku osiągnęły 28 bilionów marek, o 3 biliony więcej niż w roku poprzednim.

O niemieckiej klęsce jeszcze nie można było mówić. Tym bardziej że Trzecia Rzesza mogła w dalszym ciągu wprowadzać na bitewne pola nowe, rewolucyjne typy broni, wobec których alianci byli bezradni: samoloty odrzutowe, czołgi takie jak „Königstiger", z łatwością pokonujące alianckie czołgi. Na morzach pojawiły się okręty podwodne typu XVII, które mogły używać silników dieslowskich w czasie zanurzenia, czy okręty typu XXI, pozostające w zanurzeniu przez jedenaście dni i rozwijające pod wodą prędkość 17 węzłów. Nie mógł im dorównać żaden z alianckich okrętów podwodnych.

Wszyscy w salonie apartamentu w strasburskim hotelu mogli być zaskoczeni taką otwartością dr. Scheida.

On mówił dalej:

– Musimy stanąć twardo wobec tego wyzwania. Zostałem upoważniony do zakomunikowania wam, że już teraz nasz rząd będzie przekazywał duże sumy pieniędzy przemysłowcom, tak aby mogli utworzyć bezpieczne fundamenty do powojennej działalności w innych państwach.

Kadłuby niedokończonych okrętów podwodnych typu XXI (archiwum autora).

To była zaskakująca informacja. Ze względu na ochronę stanu rezerw walutowych w centralnym banku Rzeszy, za wywożenie kapitału za granicę groziła śmierć.

Wątpliwości rozwiał dr Bose z Ministerstwa Uzbrojenia. Miał powiedzieć:

– Rezerwy finansowe w zagranicznych państwach muszą być oddane do dyspozycji Partii [NSDAP – B.W.], tak aby mogło zostać utworzone silne niemieckie imperium.

Wszyscy mieli świadomość, że chodzi o imperium SS, gdyż Himmlerowi udało się zatrzeć granicę między sektorem cywilnym i jego formacją.

Esesmani od dawna sadowili się w zarządach największych niemieckich firm. Najwybitniejsi przemysłowcy zostali uwikłani w Koło

Przyjaciół Reichsführera. Wielu finansistów i przemysłowców łakomiło się na honorowe stopnie SS, hojnie rozdzielane przez Himmlera między tych, którzy mogli być przydatni dla realizacji jego planów: generalskie tytuły (SS-Obergruppenführer lub SS-Brigadeführer) otrzymali ministrowie Joachim von Ribbentrop i Arthur Seyss-Inquart, generalny gubernator Hans Frank, szef Koła Przyjaciół Wilhelm Keppler, baron Kurt von Schröder, którego zasługi dla Himmlera wciąż pozostają niewyjaśnione, pełnomocnik do spraw zatrudnienia Ernst Sauckel i wielu innych z najbliższego otoczenia Adolfa Hitlera.

Scheid i Bose wskazali kierunek eksportu kapitału: Ameryka Południowa, co było o tyle uzasadnione, że niemieckie koncerny od lat 20. tworzyły tam swoje filie. Na pierwsze miejsce wysuwała się Argentyna, gdzie zamach stanu przeprowadzony przez wojskowych 4 czerwca 1943 roku oddał władzę w ręce pronazistowsko nastawionych pułkowników. W tym czasie w Europie już działał wysłannik środowisk sprzyjających hitlerowskim Niemcom: Juan Carlos Goyeneche[78]. Przybył do Hiszpanii w kwietniu 1942 roku na zaproszenie dyktatora tego państwa, generała Francisco Franco. Stamtąd, już jako gość niemieckiego rządu, podróżował po Europie. W Niemczech od razu znalazł się pod opieką szefa wywiadu SS Waltera Schellenberga, który w styczniu 1943 roku zabrał go do kwatery Himmlera w Żytomierzu na froncie wschodnim. Według powojennych zeznań Schellenberga była to „ogólna rozmowa", ale, co najważniejsze, kontakt został nawiązany i ani Schellenberg, ani Himmler już go nie stracili.

Znaczenie Goyeneche'a wzrastało, w miarę jak w argentyńskiej polityce wyłaniała się nowa gwiazda: Juan Perón[79], przyjaciel argentyńskiego

[78] Juan Carlos Goyeneche (1913–1982) – argentyński dyplomata i polityk, syn burmistrza Buenos Aires, w kwietniu 1942 roku przyjechał do Europy z dyplomatycznym paszportem, aby zabiegać o nawiązanie współpracy z hitlerowskimi Niemcami.

[79] Juan Domingo Perón (1895–1974) – argentyński polityk, po zamachu stanu w 1943 roku objął stanowisko ministra pracy. W następnym roku został wiceprezydentem i ministrem wojny. Dwukrotnie (w latach 1946–1955 i 1973–1974) był prezydentem Argentyny.

wysłannika, od 1944 roku wiceprezydent i minister wojny. Himmler i Schellenberg postawili na dobrego konia, a Goyeneche donosił w marcu 1945 roku z Europy:

Juan Carlos Goyeneche (archiwum autora).

> Przez tajne kanały zwróciłem się do Himmlera, którego dobrze znam. (...) Dwa dni później powiedziano mi, że wszystko zostało pomyślnie zaaranżowane.

Jaki związek miała narada w Strasburgu z aktywnością argentyńskiego wysłannika?

Już w połowie 1943 roku brytyjski wywiad przechwycił na Gibraltarze depeszę z koncernu IG Farben do filii Bayer w Argentynie na temat przekazania dużej kwoty pieniędzy. Bez wątpienia tajne służby Wielkiej Brytanii i Stanów Zjednoczonych (a także Związku Radzieckiego) dobrze orientowały się w tej wielkiej operacji, i to już od samego początku. To brytyjski agent o pseudonimie Mr Waddington miał poinformować Brytyjczyków o planowanym spotkaniu przemysłowców w Strasburgu. Dzięki temu brytyjskie lotnictwo, znając miejsce i czas narady, mogło dokonać nalotu, choć żadna z bomb nie trafiła w „Maison Rouge". Według innych źródeł to francuski agent Deuxième Bureau przekazał do Naczelnego Dowództwa Alianckich Sił Ekspedycyjnych szczegółowe informacje o przebiegu narady i jej uczestnikach. Dokument ten miał dotrzeć do adresata dopiero 27 listopada, a więc bardzo późno. Jego szczegółowość może rodzić podejrzenia co do jego autentyczności. Francuski agent musiałby robić notatki, siedząc obok uczestników narady, albo spisywać z taśmy rejestrującej podsłuch założony w apartamencie.

Jeżeli te doniesienia były prawdą, to oznaczały, że wielka finansowa operacja tworzenia powojennego budżetu Rzeszy nabrała międzynarodowego rozmachu, którego centrum, jak się wydaje, znalazło się w Szwecji. Tam dwór, rząd i najwięksi przemysłowcy mieli sprzyjać realizacji nazistowskich planów, wietrząc w tym gigantyczny zarobek. W transfer majątku o wartości miliardów dolarów musiały być zaangażowane najważniejsze osobistości tamtego czasu. Po wojnie ci ludzie mieli wystarczające wpływy i dostateczną władzę, aby starannie zatrzeć ślady. Do dzisiaj niewiele wiadomo o transferze miliardów dolarów. To nie kurierzy przewozili przez Atlantyk walizki wypchane pieniędzmi, lecz miliardy przepływały przez konta banków w neutralnych państwach: Szwecji i Szwajcarii. Nic więc dziwnego, że pomocą w przekazaniu niemieckich pieniędzy zainteresowały się dwory panujące oraz największe europejskie i amerykańskie banki. Stawka pośrednika wynosiła od 10 do 20 procent przesyłanej kwoty.

Istnieją podstawy, aby przypuszczać, że dużo o tej akcji wiedział Allen Dulles, szef amerykańskiego wywiadu OSS w Europie. W jego biurze w Bernie często bywał Valerian Mocarski, dyrektor i najbliższy współpracownik Kurta von Schrödera, powiązanego rodzinnie z największymi instytucjami finansowymi demokratycznego świata: w Londynie z firmą J. Henry Schroder (po przeprowadzeniu się do Anglii Schröderowie usunęli ze swojego nazwiska umlaut) i J. Henry Schroder Banking Corporation w Nowym Jorku. Inna z rodzinnych firm, Schroder Finance House z Nowego Jorku, nawiązała kontakt z kancelarią prawną Sullivan & Cromwell, należącą do… Dullesa, a od wielu lat prowadzącą sprawy największych światowych korporacji. Nie była to jedyna wskazówka, że szef amerykańskiego wywiadu w Europie Allen Dulles ubrudził ręce praniem pieniędzy, w tym „krwawego złota" z obozów koncentracyjnych. Potwierdzają to oficjalne śledztwa podjęte po wojnie przez władze amerykańskie, acz niezakończone.

W 1945 roku US Treasury Department oskarżył Dullesa o transferowanie pieniędzy z nazistowskiego banku w Budapeszcie do Szwajcarii.

Miał mu pomagać Hans Bern Gisevius. To intrygujący człowiek. W latach 30. był urzędnikiem w centrali Gestapo. W tym samym czasie nawiązał kontakty z wojskową opozycją antyhitlerowską. W 1939 roku przeszedł do wywiadu wojskowego Abwehry. Oddelegowany jako wicekonsul do Zurichu, brał udział w tajnych rozmowach między niemieckimi opozycjonistami a Watykanem. Naturalne wydawałyby się jego związki z szefem amerykańskiego wywiadu na Europę Allanem Dullesem, który przyjechał do Berna w 1943 roku. Miał być ważnym źródłem informacji dla Amerykanów. Blisko związany z organizatorami zamachu na Hitlera 20 lipca 1944 roku, uciekł do Szwajcarii i w ten sposób uniknął aresztowania. O ciemnych interesach tego bez wątpienia bohaterskiego człowieka nie mówiło się nic. Powojenne śledztwo też nie wyjaśniło powiązań i aktywności Dullesa w Bernie. Departament Stanu zażądał przekazania akt i śledztwo najpierw utknęło w martwym punkcie, a potem zostało umorzone, co łatwo zrozumieć, zważając na to, że Allen Dulles od 1947 roku był szefem komitetu nadzorującego amerykańskie tajne służby, a następnie wicedyrektorem i od 1953 roku dyrektorem Centralnej Agencji Wywiadowczej, zaś jego brat John Foster od 1953 roku był sekretarzem stanu w administracji prezydenta Eisenhowera, czyli szefem Departamentu Stanu, który przejął akta od Ministerstwa Skarbu.

Z równą starannością tajemnicy strzegły brytyjskie tajne służby, które nie miały zamiaru grzebać w interesach dworu panującego, a tym bardziej wchodzić w konflikt z rodziną królewską. A król Jerzy VI nadał Mercusowi Wallenbergowi Order Świętego Michała i Świętego Jerzego, wysokie odznaczenie państwowe, zamykając możliwość wyjaśnienia jego roli. Któż bowiem mógłby podważać decyzje monarchy, podejmując śledztwo w tak paskudnej sprawie jak pranie pieniędzy pochodzących z rabunku w obozach koncentracyjnych.

Miliardy przykryła nieprzenikniona tajemnica, na straży której stali wpływowi członkowie rządu, międzynarodowe kancelarie prawne oraz tajne służby.

Zastanawiające jest to, że to nie narada w Strasburgu nie otworzyła drogi nazistowskim bogactwom do zagranicznych banków. Już wiele miesięcy wcześniej z Niemiec wyciekała rzeka złota. Wciąż strzeże jej tajemnica banków, do których to złoto wpływało, ale są inne możliwości zorientowania się, jak wielkie to były transfery.

Rezerwy złota w argentyńskim banku centralnym wzrosły z 313 ton w 1940 roku do 1064 ton w 1945 roku. Rezerwy w Brazylii też powiększały się w ekspresowym tempie: z 45 ton w 1940 roku do 314 ton w roku 1945. Można to wytłumaczyć tylko napływem złotych transferów zza granicy. W tej niewyjaśnionej do dzisiaj sieci powiązań szczególną rolę odgrywały banki neutralnej Szwajcarii. Rezerwy złota w tym państwie szacowane w 1939 roku na 503 miliony dolarów podwoiły się do 1945 roku (1040 milionów dolarów). Inne części gigantycznego skarbu rozchodziły się po świecie i niknęły jak kamień wrzucony do rzeki. Amerykańskim tajnym służbom, którym wyznaczono zadanie odnalezienia tych bogactw, niewiele się udało. Ustaliły, że Joachim von Ribbentrop, nazistowski minister spraw zagranicznych, dwa razy w miesiącu wysyłał do Szwecji złoto i brylanty. Robert Kempner, prawnik, który był zastępcą amerykańskiego oskarżyciela Roberta H. Jacksona w procesach norymberskich, napisał w liście do szefa wydziału spraw niemieckich Naczelnego Dowództwa Alianckich Sił Ekspedycyjnych SHAEF:

> W procesach nazistowskich dyplomatów (...) ujawniono, że niemieckie Ministerstwo Spraw Zagranicznych miało, poza innymi funduszami, specjalny fundusz ministra Ribbentropa złotych sztab ważących około 15 ton. (...) Duża część została wywieziona z Berlina w 1945 roku.

Kempner wyliczał, że najwięcej, bo aż 6,5 tony złota, zawieziono do zamku Fuschl, letniej rezydencji ministra Ribbentropa w Austrii. Część przekazano amerykańskim władzom okupacyjnym. Kempnerowi nie udało się jednak ustalić całej prawdy, gdyż z 4 ton przejętych przez

Amerykanów nic z tego nie trafiło do głównej składnicy we Frankfurcie, gdzie zbierano metale szlachetne odnalezione w Niemczech.

A złoto było tylko częścią nazistowskiego bogactwa. Pozostała druga część, być może o większej wartości, która wymykała się wszelkim próbom oceny. SS lokowało swoje kapitały w akcjach amerykańskich spółek. Tej drogi nikomu nie udało się rozszyfrować.

Wszystkie te nici zbiegały się w jednym ręku – Reichsführera SS Heinricha Himmlera. Bez jego zgody i wiedzy nie mógłby działać żaden z esesmanów, w rękach których znajdowały się części gigantycznego majątku. W ich umysłach ciągle brzmiała zasada: „Wierność jest moim honorem". Wbito ją tak mocno i gruntownie, że żaden nie odważyłby się jej złamać. Mieli wystarczająco dużo przykładów, co stało się z tymi, którzy się jej sprzeniewierzyli. SS-Standartenführer Karl Otto Koch, komendant obozów w Majdanku, Buchenwaldzie i Sachsenhausen, skazany na śmierć przez sąd SS, został rozstrzelany tuż przed końcem wojny, 5 kwietnia 1945 roku. Na śmierć skazano i zastrzelono SS-Gruppenführera Hermanna Fegeleina, szwagra Hitlera. Krwawa rozprawa z najwyższymi oficerami i arystokratami, która nastąpiła po nieudanym zamachu na Hitlera, dopełniała obraz pokazujący, jak surowo nazistowska sprawiedliwość postępowała z tymi, którzy sprzeniewierzyli się obowiązkowi wierności. Mogli zabijać i rabować ludność okupowanych terenów, zwłaszcza Żydów. Próba okradania nazistowskiego państwa była karana śmiercią.

29

Droga do zagłady?

Heinrich Himmler, bez wątpienia największy i najbardziej poszukiwany nazistowski zbrodniarz, do końca pozostał na posterunku, choć dysponował gigantyczną fortuną i trzymał w ręku siatkę międzynarodowych finansowych powiązań. Dopiero gdy przekonał się, że nie może liczyć na stanowisko w nowym rządzie Rzeszy, postanowił uciec. Umykał z Flensburga jak drobny rzezimieszek. A w dodatku obstawił się 12 (lub 14) esesmanami, których sam widok nakazywał wsadzenie ich do obozu internowania. Ustalenie ich tożsamości również prowadziłoby do aresztowania.

W grupie towarzyszącej Himmlerowi był profesor Karl Gebhardt, SS-Obergruppenführer Karl Brandt (powieszony 2 czerwca 1948 w więzieniu w Landsbergu), SS-Obergruppenführer Otto Ohlendorf (stracony w 1951 roku). Byli tam ludzie znani i wielokrotnie fotografowani z Himmlerem jako jego ochroniarze: SS-Sturmbannführer Josef Kiermaier, SS-Sturmbannführer Heinz Macher i SS-Obersturmbannführer Werner Grothmann. Poruszanie się w ich otoczeniu zwielokrotniało niebezpieczeństwo wykrycia i aresztowania.

Zastanawiające jest to, że Himmler, człowiek przenikliwy, umiejący działać nad wyraz skutecznie i z całkowitą bezwzględnością, kierujący największym na świecie aparatem policyjnym i zagłady, wyruszał w niebezpieczną podróż swojego życia całkowicie nieprzygotowany, popełniając bezmyślne błędy.

Rozpoczął ucieczkę 3 maja, gdy przyjechał do nowej kwatery feldmarszałka Ernsta Buscha, dowódcy Grupy Armii „Środek", aby tam dostać Wehrpass, dokument wystawiany żołnierzom zwolnionym ze służby, który pozwoliłby mu ukryć tożsamość. Busch odmówił. Dopiero kilka dni później Himmler i jego towarzysze otrzymali fałszywe dokumenty wojskowe. Były tak źle podrobione, że trzeba było rozmazywać stemple, aby ukryć, że były fałszywe.

Nie można ustalić, kiedy Himmler wyruszył w niebezpieczną podróż, w której musiał przemykać się między wojskami radzieckimi i angloamerykańskimi, a obydwie strony gorączkowo go poszukiwały. Działo się to między 10 a 12 maja. Wszystkie powojenne zeznania towarzyszy Himmlera wskazują, że celem były góry Harzu, masywu w centralnych Niemczech odległego od Flensburga o około 400 kilometrów. Jak na powojenne warunki była to karkołomna wyprawa.

Wcześniej służby Himmlera przygotowały około 150 tzw. bezpiecznych domów, w których uciekinierzy mogli odpocząć oraz zaopatrzyć się w pieniądze i żywność. Jednakże Himmler wiedział, że nie może na to liczyć, gdyż lista adresów kilkudziesięciu kwater wpadła w ręce radzieckiego wywiadu.

Nic nie wskazuje, żeby przed tą wyprawą zadbał o finanse. Na początku maja zdeponował u oficera z dywizji pancernej SS „Leibstandarte Adolf Hitler" SS-Sturmbannführera Heinricha Adolfa Springera dwie kasetki. Oddał je w pewne ręce, gdyż 31-letni oficer miał za sobą chwalebną służbę w SS, najpierw w oddziale straży przybocznej Adolfa Hitlera, a następnie w dywizji o tej nazwie, w której odznaczył się w walkach na froncie wschodnim.

W jednej kasetce było złoto, naszyjnik z pereł i zegarki wysadzane brylantami. W drugiej – duża suma pieniędzy, głównie w obcej walucie. Zawartość wskazywała, że były to przedmioty zrabowane w obozie koncentracyjnym. Było to jednak bardzo niewiele jak na bajeczne bogactwo, które miał lub którym mógł dysponować Reichsführer SS. Dalsze losy tego depozytu są dziwne.

Springer strzegł skarbu do czasu, aż 27 maja został aresztowany. Tuż przedtem w nocy do jego domu miał przyjść oficer, który powołując się na ludzi z otoczenia Himmlera, zażądał wydania kasetek. Sprawa jest o tyle dziwna, że Himmler już nie żył. Jego maleńki skarb zniknął.

Każdy z podwładnych Himmlera, zanim uciekł z Berlina, napełniał kieszenie złotem i brylantami, aby zapewnić sobie dostatnie życie po wojnie. Znaleziony dokument wylicza wartość osobistej przesyłki szefa Głównego Urzędu Bezpieczeństwa Rzeszy SS-Obergruppenführera Ernsta Kaltenbrunnera, którą ten kazał zawieźć i ukryć w Bawarii: 50 zasobników ze złotymi monetami, każdy o wadze 45 kilogramów, 2 miliony dolarów USA, 2 miliony franków szwajcarskich, kolekcję znaczków o wartości 5 milionów marek w złocie, złote sztaby o wadze 50 kilogramów. Rewizja przeprowadzona przez żołnierzy amerykańskich w jego domu „Villa Kerry" na przedmieściach Altaussee pozwoliła odnaleźć część jego osobistego skarbu, choć wydawało się oczywiste, że znacznie więcej ukrył gdzieś w okolicznych górach i za granicą. Potwierdzały to zeznania Waltera Schellenberga złożone w niewoli. Twierdził, że adiutant Kaltenbrunnera przekazał 185 tysięcy holenderskich guldenów do banku w Szwajcarii, prawdopodobnie Zürcher Kantonalbank. To wciąż było za mało, jak na majątek szefa RSHA. On ze swoim zaufanym adiutantem Arthurem Scheidlerem, 2 esesmanami oraz 2 myśliwymi, którzy byli przewodnikami, 7 maja skryli się w myśliwskiej chacie w pobliżu Wildensee Alm. Tam sprowadził amerykańskich żołnierzy austriacki myśliwy, który dostrzegł Kaltenbrunnera, co nie było trudne, zważając na jego dwumetrowy wzrost. Bez względu na to, ile złota i kosztowności udało się odzyskać, to stało się oczywiste, jak wielki majątek ukryto w Niemczech. Kontrwywiad starał się ustalić, jak te fundusze, pomijając osobiste korzyści uciekających czy ukrywających się nazistów, będą wykorzystane.

Według zeznań Waltera Schellenberga, który w ostatnim okresie wojny przejął kierowanie całym wywiadem i kontrwywiadem hitlerowskich Niemiec, a ze względu na zażyłość z Reichsführerem SS miał największą wiedzę na ten temat, celem Himmlera stało się zbudowanie podziemnego państwa.

30

Nazywam się Himmler

Nie ma żadnego wyjaśnienia, dlaczego Heinrich Himmler miałby wybrać za cel niebezpiecznej dla niego podróży góry Harzu odległe o 400 kilometrów od Flensburga. Również nie można wyjaśnić, dlaczego Reichsführer SS, wciąż dysponujący ogromną władzą, wymykał się z Flensburga jak tuzinkowy esesman z dokumentami sierżanta Heinricha Hitzingera, zwolnionego 3 maja ze służby w Geheime Feldpolizei. Ta formacja utworzona w 1939 roku, aby wykonywać funkcje policyjne dla wywiadu Abwehry, który nie miał prawa aresztować podejrzanych, od końca 1942 roku podlegała Sicherheitsdienst, a na wiosnę 1944 roku przeszła do Głównego Urzędu Bezpieczeństwa Rzeszy (RSHA). Dokonała niezliczonych zbrodni na ludności cywilnej i partyzantach. Jej szef Wilhelm Krichbaum napisał w raporcie, że w 1943 roku na froncie wschodnim zlikwidowano 21 tysięcy ludzi, „niektórych w walce, wielu zastrzelono po przesłuchaniu". Himmler chyba tylko w mundurze gestapowca byłby bardziej narażony na natychmiastowe aresztowanie.

Czyżby człowiek, wyjeżdżając w drogę przez Niemcy w jednym z czterech samochodów, z 12 esesmanami, był wabikiem? Sobowtórem, który miał ściągnąć na siebie pościg, gdy prawdziwy Himmler mógłby spokojnie umknąć sprawiedliwości, aby z ukrycia zarządzać majątkiem równym budżetowi państwa średniej wielkości i bardzo rozgałęzioną siatką pomocników?

Kto najbardziej nadawał się na pomocnika w trudnym powojennym okresie? Szef nowego wywiadu Walter Schellenberg? Nie, gdyż był zbyt dobrze znany brytyjskiemu wywiadowi z czasu, gdy w listopadzie 1939 roku w Venlo uprowadził dwóch brytyjskich agentów, a w 1940 roku zorganizował porwanie księcia Windsoru, byłego króla Edwarda VIII. To wtedy wywiad MI-6 podsunął mu truciznę, która uszkodziła wątrobę, uniemożliwiła wykonanie zadania i była przyczyną przedwczesnej śmierci w 1952 roku (miał czterdzieści dwa lata). Reinhard Gehlen? Zakładano, że jako szef wywiadu Fremde Heere Ost miał ogromną wiedzę o Związku Radzieckim i zorganizował tam liczne oddziały gotowe stanąć do walki ze Stalinem. Bez wątpienia była to najlepsza kandydatura. Otto Skorzeny? Równie dobrze znany aliantom jak Schellenberg, ale jego sława i autorytet mogły się przydać przy organizowaniu esesmanów, którzy zdołaliby uciec przed aliancką sprawiedliwością.

Wiele wydarzeń, które rozegrały się później, zdaje się tworzyć mocne podstawy do takich rozważań.

Postępy, jakie Himmler i jego towarzysze poczynili, uciekając, były niewielkie. Początkowo jechali samochodami, które porzucili przed przeprawą promową. Należy więc założyć, że ostatni odcinek 40 kilometrów z Neuhaus (Oste) do Bremervörde przebyli pieszo, co oznaczałoby, że dziennie pokonywali około 4 kilometry! Czyżby na coś czekali? Na łącznika, który miał im dostarczyć ważną wiadomość?

Po dziesięciu lub dwunastu dniach, śpiąc na dworcach kolejowych albo pod gołym niebem, 22 maja 1945 roku, dotarli do Bremervörde, mieściny nad rzeką Oste. Było to 250 kilometrów od miejsca, z którego wyruszyli.

W tym miejscu zachowanie Himmlera i jego esesmanów było jeszcze bardziej zastanawiające. Zatrzymali się w jednym z bezpiecznych domów należących do Dangersa przy Waldstrasse. Stamtąd najwidoczniej zamierzali pójść prosto na południe. Musieli przekroczyć rzekę. Wybrali najgorsze miejsce: jeden z dwóch mostów, gdzie był brytyjski posterunek kontrolny. Mogli przejść nieco wyżej na północ, brodząc w płytkiej wodzie i omijając niebezpieczne mosty. A jednak nie zrobili tego. Oczywiście nie znali terenu, ale trudno sobie wyobrazić, że ani Himmler, ani żaden z jego esesmanów nie zapoznali się z wojskowymi mapami i nie przygotowali trasy ucieczki.

Dwaj z esesmanów Kiermaier (znany z wspólnych fotografii z Himmlerem) i prof. Gebhardt (równie znany z prasy z czasów, gdy opiekował się niemieckimi sportowcami olimpijskimi) wyruszyli na rozpoznanie mostu. Wyglądali i zachowywali się tak podejrzanie, że nic dziwnego, że zostali zatrzymani przez brytyjskiego żołnierza. Szybko wskazali, gdzie pozostawili innych, rzekomo chorych, zwolnionych ze służby żołnierzy Feldpolizei. Zadziwiająco łatwo zdradzili swojego szefa. Oczywiście nie powiedzieli Brytyjczykom, że to Himmler, ale mogli przewidzieć, że jego tożsamości nie da się ukryć. Prowadzeni przez nich brytyjscy żołnierze, gdy dojechali na Waldstrasse, dowiedzieli się, że trzej członkowie tej grupy (Himmler, Macher i Grothmann) oddalili się wcześniej. Co jeszcze dziwniejsze: brytyjscy żołnierze znaleźli na strychu walizkę zawierającą osobiste rzeczy z wygrawerowanymi inicjałami RFSS: Reichsführer SS! Heinrich Himmler, wybierając się w niebezpieczną podróż, której sukces zależał od zachowania anonimowości, miał przy sobie walizkę z inicjałami!

Brytyjskie straże w Bremervörde zostały postawione w stan pogotowia. Miały rozkaz zwracać uwagę na trzech mężczyzn. I nie czekały długo.

Himmler i jego towarzysze spędzili noc w ukryciu i następnego dnia, 23 maja o godzinie 17:00, ruszyli główną ulicą miasteczka w stronę mostu. Już wtedy ta trójka zwróciła na siebie uwagę strojami i zachowaniem. Dwaj rośli mężczyźni w ceratowych płaszczach Feldpolizei szli z dwóch stron niższego mężczyzny, wręcz manifestując, że stanowią jego ochronę. Jakby nie dość tego: Himmler, przechodząc obok posterunku na moście, niespodziewanie podszedł do żołnierzy i wylegitymował się. Takie zachowanie zaskoczyło wartowników, przyzwyczajonych do tego, że większość przechodzących nie miała dokumentów. Było to normalne w pierwszych dniach po wojnie, gdy Niemcy zamieniły się w wielki tygiel, gdzie mieszały się tłumy jeńców i więźniów zwalnianych z obozów, demobilizowanych żołnierzy czy bezdomnych, których dobytek spłonął w zbombardowanych domach. Kto wtedy myślał o dokumentach?!

Dowód osobisty nie budził zastrzeżeń. Był autentyczny. Należał do Heinricha Hitzingera.

Pokazał legitymację wystawioną na to samo nazwisko. Wskazywała, że jest sierżantem zwolnionym 3 maja ze służby w Geheime Feldpolizei. Funkcjonariuszy tej formacji, jako podlegającej od 1942 roku zbrodniczej Służbie Bezpieczeństwa (Sicherheitsdienst), aliancki wymiar sprawiedliwości włączył do grupy ściganych. Dalszy bieg wypadków był konsekwencją dziwnego zachowania sierżanta Hitzingera.

Dalsze losy najpotężniejszego człowieka Trzeciej Rzeszy, który chciał zająć miejsce Hitlera, pozostają niejasne i zawikłane.

Następnego dnia, po aresztowaniu i po nocy spędzonej w prowizorycznym areszcie w młynie, Himmlera przewieziono, wraz z dwoma towarzyszami, do obozu nazwanego Civil Internment Camp No 31, urządzonego w byłym niemieckim obozie dla jeńców-marynarzy pod miastem Westertimke. Komendantem był kapitan Thomas Selvester[80]. On dokładnie opisał spotkanie z Himmlerem.

> Pierwszy z mężczyzn, którzy weszli do mojego pokoju, był niski, wyglądający na chorego i nędznie ubrany. Za nim weszło dwóch innych, wysokich, o żołnierskim wyglądzie: jeden szczupły, drugi potężnie zbudowany. Ten potężnie zbudowany utykał. Wyczuwałem w nich coś niepokojącego i kazałem jednemu z moich żołnierzy, aby zabrał tych dwóch pod ścisłą

[80] Thomas Selvester (1918–1998) – brytyjski oficer, brał udział w inwazji na Normandię w 1944 roku. Zwolniony ze służby w 1945 roku, podjął pracę w policji w Salford w Anglii. Po przejściu na emeryturę zamieszkał w rodzinnym Edynburgu.

straż i nie pozwolił im rozmawiać ze sobą bez mojej zgody. Wyprowadzono ich z mojego biura, a ten niski mężczyzna, noszący opaskę na lewym oku, zdjął ją i założył okulary. Jego tożsamość stała się dla mnie oczywista, a on powiedział: „Heinrich Himmler", bardzo spokojnym głosem.

Selvester, zgodnie z regulaminem, poinformował kwaterę główną brytyjskiej 2. Armii w Lüneburgu, skąd oddelegowano majora Rice'a, aby potwierdził tożsamość więźnia. Potem przystąpił do rewidowania Himmlera.

> Przeprowadziłem ją [rewizję – B.W.] osobiście, wręczając każdą część jego odzienia sierżantowi, który sprawdzał ponownie. W kieszeni kurtki znalazłem małe mosiężne pudełko, podobne do łuski naboju, zawierające szklaną ampułkę.

Prawdopodobnie wszyscy dostojnicy hitlerowscy otrzymali fiolki z trucizną, wytwarzane przez więźniów obozu koncentracyjnego w Sachsenhausen. Przygotowano 4 tysiące ampułek, z których około 900 otrzymali wyżsi urzędnicy, aby użyć ich w przypadku schwytania przez aliantów, a zwłaszcza przez Rosjan.

Długie na 35 milimetrów, o średnicy 9 milimetrów zawierały 8 gramów cyjanku potasu, bardzo silnej trucizny, której bezbarwne kryształy działały szybko, blokując transport tlenu do tkanek.

> Zorientowałem się, co to jest, ale mimo to zapytałem Himmlera, co zawiera.
>
> – To jest lekarstwo na skurcze żołądka – odpowiedział.
>
> Znalazłem drugie podobne pudełko, ale bez fiolki, i doszedłem do wniosku, że została ukryta.

Jeżeli z drugiej tulejki Himmler wydobył ampułkę z cyjankiem i miał ją gdzieś przy sobie, to dlaczego nie wyrzucił pudełka? Musiał zdawać sobie sprawę, że jeśli znajdą przy nim puste opakowanie, to będą podejrzewać, iż truciznę ukrył w ubraniu lub w ciele, na przykład w odbycie. Nie zdarzyło się, aby ktokolwiek trzymał ampułkę w sztucznym zębie, gdyż były na to za duże, a poza tym istniało niebezpieczeństwo przypadkowego zgryzienia.

> Całe ubranie Himmlera zostało zdjęte i przeszukane, wszystkie otwory jego ciała zbadane, włosy przeczesane, ale nie znaleźliśmy fiolki. Na tym etapie nie kazałem mu otworzyć ust, gdyż uznałem, że jeżeli miał tam fiolkę, to gdybyśmy usiłowali ją usunąć, spowodowałoby to akcję, której potem mógłbym żałować. Aczkolwiek posłałem po grubą pajdę chleba z serem i herbatę, które zaoferowałem Himmlerowi, mając nadzieję, że zobaczę, jeżeli cokolwiek wyjąłby z ust. Obserwowałem go uważnie, gdy jadł, ale nie dostrzegłem niczego nadzwyczajnego.

Około godziny 20:00 do obozu przyjechał z Lüneburga pułkownik Michael Murphy, szef oddziału wywiadu brytyjskiej 2. Armii. Jego relacja jest całkowicie sprzeczna z opowieścią Selvestra i mało prawdopodobna.

> Himmler i jego dwaj oficerowie siedzieli przy stole i palili cygara. Wcześniej nikt ich nie rewidował.

Czy to możliwe, aby kapitan Selvester, wiedząc, kim są jego więźniowie, poczęstował ich cygarami i zabawiał rozmową? Wszyscy alianccy oficerowie wiedzieli, jak nadmiar uprzejmości zakończył się dla amerykańskiego generała Roberta Stacka, który podał rękę Marszałkowi Rzeszy Hermannowi Göringowi, gdy ten oddawał się do niewoli. Nie dość, że został zrugany przez przełożonych, to prasa długo przypominała mu, że uhonorował nazistowskiego zbrodniarza. Można więc odnieść wrażenie, że Murphy kłamał, aby odsuwając od siebie zarzuty, wskazać, że to zaniedbania Selvestra ułatwiły, czy wręcz umożliwiły Himmlerowi popełnienie samobójstwa.

Bernard Law Montgomery (archiwum autora).

Murphy relacjonował dalszy bieg wypadków:

Kazałem wyprowadzić ochroniarzy Himmlera z pokoju i przeszukać ich. Potem powiedziałem Himmlerowi, że mam zamiar go zrewidować, i kazałem mu się rozebrać. Odmówił:

– Jestem Heinrich Himmler, wiozę list do generała Montgomery'ego.

Dziwne jest to, że Himmler nie wiedział, iż Montgomery od września 1944 roku miał już najwyższy stopień w wojsku brytyjskim – marszałka polnego! Jak tytułował go w liście, który rzekomo miał wręczyć Montgomery'emu?

Czyżby nie pamiętał, że dwa tygodnie wcześniej, w nocy z 5 na 6 maja, napisał inny list do Montgomery'ego, który miał dostarczyć generał Jodl?

Jeżeli niezniechęcony brakiem odpowiedzi ze strony Montgomerego (Jodl listu nie dostarczył), podjął kolejną próbę z brytyjskim dowódcą, to jak chciał ten list dostarczyć? Osobiście? Ze względu na swoją wysoką rangę, nie tylko w SS, lecz także w Wehrmachcie, był przecież dowódcą Grupy Armii „Wisła" i Armii Rezerwowej, mógł udać się do brytyjskiego feldmarszałka osobiście. Jeżeli obawiał się, że zostanie aresztowany jako zbrodniarz, to jaki sens miało wysyłanie listu? Dlaczego więc „wiózł list" do Montgomery'ego?

> Powiedziałem Himmlerowi, że nie interesuje mnie, kim był. Zamierzałem przeszukać go i zdjąć z niego ubranie. Zapytał, co może założyć zamiast swojego odzienia. Powiedziałem, że battledress[81]. Himmler odpowiedział, że nie chciałby, aby zobaczono go **martwego** [podkr. – B.W.] w brytyjskim mundurze.

Ciekawe jest to, iż pułkownik Murphy wyraźnie, acz bez potrzeby, sugerował, że Himmler już podjął decyzję o popełnieniu samobójstwa. Dlaczego zabrano mu niemiecki mundur? Z żadnym ze schwytanych niemieckich dostojników nie postąpiono w ten sposób.

> Wtedy powiedziałem, że po rewizji zamierzam zabrać go do kwatery głównej armii, około 10 mil jazdy samochodem, i jeżeli nie założy brytyjskiego battledress, to będzie podróżował nago i może mu być zimno. Wtedy się zgodził. Został rozebrany, a jego ubranie przeszukane. Fiolka z cyjankiem została znaleziona pod podszewką jego kurtki. W czasie gdy tam byłem, Himmler nie dostał żadnego posiłku.
>
> Stało się dla mnie jasne, że możliwe było, iż Himmler mógł mieć ampułkę z trucizną, a najbardziej prawdopodobnymi miejscami, gdzie mogła się ona znajdować, były usta lub pośladki. Dlatego kazałem mu się ubrać i zatelefonowałem do mojego oddziału G-2 [wywiadu wojskowego – B.W.] i kwatery głównej [2. Armii – B.W.], aby wysłali lekarza do willi,

[81] Battledress, Battle Dress – polowy mundur wojsk brytyjskich.

którą przygotowałem dla takich ludzi jak Himmler. Ja i drugi oficer towarzyszyliśmy Himmlerowi w podróży do tego domu.

To się zgadza, gdyż w Lüneburgu telefon od pułkownika Murphy'ego odebrał jego adiutant porucznik Jack Ashworth, który usłyszał, że ma natychmiast odszukać oficera medycznego i wysłać go do willi zajętej przez wywiad.

Spowodowało to spore zamieszanie. Internista kapitan Clement Wells właśnie zajmował się przygotowaniami do wyjazdu na urlop do Anglii i niechętnie przyjął rozkaz pułkownika. Nie wiedział też, o co chodzi. Sierżant, który go odnalazł, powiedział tylko, że ma zbadać więźnia przed przewiezieniem do kwatery głównej marszałka polnego Montgomery'ego, co Wellsowi wydało się dziwne. Kwatera była tak blisko, że badanie przed krótką podróżą wydawało mu się bezsensem. A poza tym, czyżby w obozie w Westertimke nie było lekarza?

W tym czasie Himmler, w brytyjskiej wojskowej koszuli, z gołymi nogami owiniętymi kocem, wsiadł do samochodu. Ulokował się na tylnym siedzeniu, między wartownikiem i drugim oficerem wywiadu, podpułkownikiem Bernardem Stapletonem. Murphy usiadł z przodu obok kierowcy. Minęła godzina 21:40, gdy wyruszyli z obozu w drogę liczącą ponad 100 kilometrów.

Sytuacja stawała się coraz bardziej tajemnicza.

Pułkownik Murphy, doświadczony funkcjonariusz wywiadu, o którym sam Montgomery mówił, że to „oficer pierwszej klasy i jeżeli czegoś nie wie o sytuacji na polu bitwy, to znaczy, że nie warto było się tym zajmować", podejrzewając, że Himmler mógł ukryć drugą ampułkę z trucizną, nie próbował jej znaleźć, lecz wyruszył w trwającą ponad dwie godziny nocną podróż. Dlaczego przewoził Himmlera w nocy? W obozie w Westertimke miał znacznie lepsze warunki przesłuchiwania więźnia i zapewnienia mu bezpieczeństwa niż w willi w Lüneburgu, niedawno zajętej i jeszcze nieurządzonej przez brytyjski wywiad. Podróż w nocy, po nieznanych drogach (w istocie zgubili się i to Himmler miał ich utwierdzić, że jadą we właściwym kierunku), była niebezpieczna. Murphy mógł bowiem zakładać, że obóz obserwują byli podwładni Himmlera, gotowi uwolnić go przy sposobnej okazji, a lepszej niż nocny wyjazd bez eskorty nie sposób sobie wyobrazić.

Dlaczego Murphy nie zainteresował się dwoma esesmanami aresztowanymi razem z Himmlerem i nie zabrał ich ze sobą lub nie kazał dowieźć do Lüneburga innym samochodem? Nie zostawił żadnych instrukcji, jak komendant obozu ma z nimi postępować. A byli to ważni świadkowie.

SS-Sturmbannführer Heinz Macher na rozkaz Himmlera objął 31 marca dowodzenie saperami, którzy wysadzili część zamku SS w Wewelsburgu, oraz ukrył przechowywane tam skarby SS, a następnie udał się do Flensburga, gdzie przebywał Himmler, aby osobiście złożyć mu raport. Skarbów z Wewelsburga do dzisiaj nie odnaleziono.

Drugi, SS-Sturmbannführer Werner Grothmann, dowodził adiutantami Himmlera.

Obydwaj, Macher i Grothmann, znali wiele faktów z życia i działalności dowódcy SS. Byli przy nim, gdy rozstawał się z nowym szefem niemieckiego rządu Wielkim Admirałem Karlem Dönitzem. Dlaczego pułkownik Murphy ich zlekceważył?

Jeszcze bardziej zastanawiający jest nagły zanik pamięci u brytyjskich oficerów. Dwa dni wcześniej, 21 maja, w willi w Lüneburgu w niemalże identycznych okolicznościach popełnił samobójstwo inny wysoki oficer SS-Obergruppenführer Hans Adolf Prützmann. Co więcej, stało się to w obecności tego samego podoficera – starszego sierżanta (sergeant major) Edwina Austina.

Do Lüneburga dojechali przed godziną 23:00.

– Pan jest lekarzem? – Murphy zwrócił się do Wellsa, gdy weszli do pokoju na parterze. Ten nie odpowiedział, przyjmując, że jego odznaka wyraźnie na to wskazuje. Murphy też nie oczekiwał odpowiedzi, gdyż natychmiast dodał:

– To niech pan zbada więźnia, czy nie ma trucizny.

Takie polecenie, w dodatku wydane obcesowym tonem, rozzłościło Wellsa.

– Jestem lekarzem, nie policjantem – burknął, nie zważając na to, że zwraca się do oficera starszego stopniem.

„W półmroku on mógł nie dostrzec, że jestem od niego starszy, lub nie połapał się wystarczająco szybko, że ja nie zwracałem się do niego jako oficer do starszego stopniem, lecz jako profesjonalista do laika" – ocenił to spotkanie później Wells.

– Zrobi pan to, co powiedziałem – uciął Murphy.

Jeżeli opis tego, co stało się później, jest zgodny z prawdą, to Wells miał zażądać, aby pozostawiono go z więźniem bez zbędnych osób. Murphy niechętnie wyszedł z pokoju. Pozostali tam Wells i sierżant Austin, trzymający lampę, aby ułatwić badanie. W tym świetle lekarz dostrzegł metaliczny błysk w ustach Himmlera. Gdyby badanie prowadził ktoś bardziej doświadczony w postępowaniu z więźniami, a nie lekarz internista, zapewne lepiej poradziłby sobie w takiej sytuacji. Wells poczuł się zagubiony i zaczął gorączkowo rozważać, jak wydobyć ampułkę. Nic nie przyszło mu do głowy, więc udał, że nie zauważył niczego podejrzanego, ale postanowił ponowić badanie. Gdy wsunął palec do ust Himmlera, ten zaczął się bronić.

> Walczyliśmy przez chwilę. Wyszarpnął moją rękę ze swoich ust i odchylił głowę. I wtedy, patrząc na mnie z pogardą, zmiażdżył zębami szklaną kapsułkę i wziął głęboki oddech. Krew napłynęła mu do twarzy, która wykrzywiła się z bólu. Żyły na szyi nabrzmiały, a oczy zabłysły. Potem upadł na podłogę. Nastąpiła seria chrapliwych oddechów, co trwało około pół minuty, i drgawki przez następną minutę.

Kryształki szybko rozpuszczały się w ślinie i przenikały do krwi, blokując transport tlenu.

Himmler czuł się jak pilot, który bez maski wznosił się na dużą wysokość, gdzie w rozrzedzonym powietrzu jest coraz mniej tlenu. Konał. Gorączkowe zabiegi ratunkowe na nic się zdały. Wells musiał mieć świadomość bezcelowości wysiłków, czując zapach gorzkich migdałów, charakterystyczny dla cyjanku, wydobywający się z ust umierającego człowieka.

> Każdy, kto miał taką zabójczą fiolkę lub też kiedyś wydawał leki, nieomylnie rozpoznałby zapach kwasu cyjanowodorowego, który wydobywał się z jego ust.

Heinrich Himmler miał skonać o godzinie 23:14, niecałe pół godziny po przywiezieniu do Lüneburga.

Trzy i pół godziny później z brytyjskiej placówki w Bremie wysłano zaszyfrowany telegram podpisany „Mr Thomas". Był to wystarczający czas do przejechania z Lüneburga do Bremy, napisania krótkiego raportu i zaszyfrowania go za pomocą szyfru jednonotatnikowego, używanego w łączności dyplomatycznej, całkowicie bezpiecznego, którego nie można było złamać. Nadawca miał więc pewność, że nikt poza adresatem nie odczyta jego meldunku.

Rano w Londynie Bruce Lockhart, szef Departamentu Wywiadu Politycznego Zarządu Wojny Politycznej (Political Warfare Executive), agendy rządu brytyjskiego, zastał na biurku meldunek. Agent o pseudonimie „Mr Thomas" pisał:

> W nawiązaniu do otrzymanych rozkazów informuję, że przechwyciliśmy HH ostatniego wieczoru w Lüneburgu, zanim został przesłuchany. Zgodnie z instrukcją zostało podjęte działanie, aby trwale go uciszyć. Wydałem rozkaz, aby moja obecność w Lüneburgu nie została zarejestrowana w żaden sposób, i możemy uznać, że problem HH zakończył się.

Określenie „HH" dotyczyło Heinricha Himmlera.

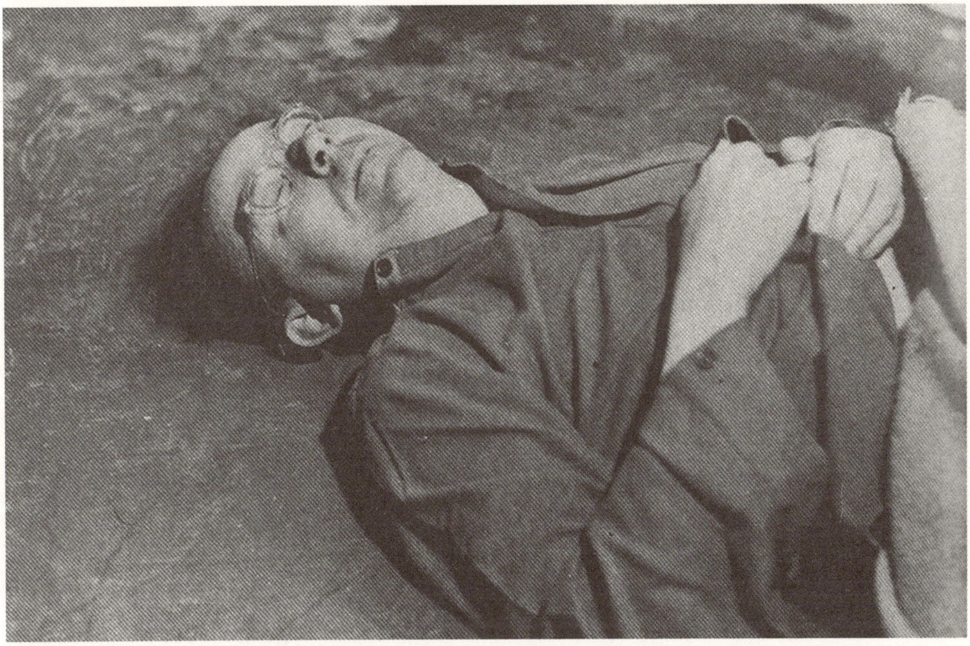

Zwłoki Himmlera (archiwum autora).

Lockhart napisał na depeszy ołówkiem „kopia dla PM". Chodziło o premiera (Prime Minister) Winstona Churchilla.

Autentyczność depeszy przechowywanej w Public Record Office (National Archive) w Kew nigdy nie została potwierdzona. I zapewne nie będzie, gdyż depeszę odesłano w 2003 roku do ekspertyzy w placówce poza archiwum. Już nie wróciła do archiwalnych zbiorów. Pozostały tylko pytania, które rodzi kilka ostatnich dni życia Reichsführera SS.

Dlaczego najpotężniejszy człowiek Trzeciej Rzeszy wyruszył w dziwną podróż z północy na południe Niemiec, choć znajdował się w miejscu, z którego wielu innych nazistowskich dygnitarzy uciekało w kabinach okrętów podwodnych lub motorówek? W tych dniach Luise Schienke z kilkoma osobami wyruszyła motorówką w morską podróż do Szwecji. Dlaczego w czasie przedzierania się na południe Himmler zachowywał się tak, jakby chciał zostać schwytany, o czym świadczy naiwne przebranie, fatalnie podrobione dokumenty i towarzystwo, w którym się poruszał?

Walter Schellenberg w rozmowie z Otto Skorzenym (archiwum autora).

Skąd nagła, niczym nieuzasadniona zmiana w jego zachowaniu? Jak powiedział: wiózł list do marszałka polnego Bernarda Lawa Montgomery'ego, czyli liczył, że będzie mógł z nim pertraktować również o swojej przyszłości, gdy tuż potem popełnia samobójstwo, ewidentnie w obawie przed najsurowszymi konsekwencjami za jego zbrodnie wojenne?

I ostatnie, najważniejsze pytanie: czy w Lüneburgu zmarł Heinrich Himmler? Czy jest możliwe, że był to jego sobowtór? Wydawałoby się, że wyniki sekcji zwłok, a przede wszystkim odciski palców, nie pozwalają na zadawanie takich pytań. Wszystkie dokumenty związane ze śmiercią Heinricha Himmlera zostały utajnione przez brytyjski rząd na 100 lat, a więc dopiero w 2045 roku będziemy mogli uzyskać pewność, czy zmarły to były szef SS.

A jednak generał Gehlen pojawił się w tym ciągu tajemniczych wydarzeń, choć wydawałoby się, że jako oficer Wehrmachtu nie powinien wiązać swojej przyszłości z SS. Musiał zdawać sobie sprawę, że była to formacja zbrodniarzy.

Schellenberg zeznał po wojnie, że w marcu 1945 roku Gehlen zwrócił się do niego z prośbą o „spokojną rozmowę w cztery oczy". Trwała trzy godziny. Gehlen oceniał, że wojna będzie trwała dwa miesiące (i nie pomylił się), więc należy przygotować się do tego, co miało nastąpić. W jego ocenie jedynym, który mógł podjąć takie wyzwanie, był Himmler, mający, jak to określił Gehlen, „wystarczająco dużo wyobraźni i energii". Ponadto jako dowódca Armii Rezerwowej[82] mógł zlecić Schellenbergowi wspólnie z Gehlenem i najlepszymi oficerami organizowanie ruchu oporu. Dodał, że wielu oficerów sztabu generalnego ochotniczo oddałoby się pod rozkazy Schellenberga, gdyż „mają do niego pełne zaufanie jako do organizatora".

Bez wątpienia Gehlen działał już w panice. Wojna zbliżała się do ostatecznego końca, a on wciąż nie miał pomysłu, co ze sobą zrobić. Zdawał sobie sprawę, że Rosjanie, jeżeli wpadnie im w ręce, powieszą go. Być może widział ratunek w zaproponowaniu swoich usług człowiekowi „z dużą wyobraźnią i energią".

Tuż po tej rozmowie Gehlen wyjechał do kwatery wojsk lądowych pod Berchtesgaden, aby tam zaplanować wszystkie działania wojskowe.

Schellenberg, nie czekając na powrót Gehlena, skontaktował się z dr. Albertem Rappem[83], aby uzyskać od niego informacje na temat organizacji polskiego państwa podziemnego, co miało być wzorem dla

[82] Formacja, której zadaniem było szkolenie rekrutów, obrona dzielnicy rządowej oraz utrzymanie porządku w państwie w przypadku zamieszek, rewolty lub nieprzyjacielskiego desantu.

[83] Albert Rapp (1908–1975) – SS-Obersturmbannführer, członek Einsatzgruppen B dokonującej masowych zbrodni na froncie wschodnim. W ostatnim okresie wojny pracował w Hauptamt VI C Głównego Urzędu Bezpieczeństwa Rzeszy. W 1965 roku został skazany przez niemiecki sąd na dożywotnie więzienie.

systemu przygotowywanego dla Niemiec. Przeciwko temu projektowi niespodziewanie wystąpił Himmler w obawie, że wywoła to gniew Hitlera.

Lęk, który Hitler wytworzył, masakrując opozycję, wciąż obecny i paraliżował nawet Himmlera. Uwolnił się od tego dopiero wówczas, gdy uzyskał pewność, że Hitler go nie dopadnie.

31

Bardzo tandetny epilog

Było w tym coś z bardzo tandetnej powieści detektywistycznej. Wymyślonej przez słabego pisarza.

Heinrich Himmler, po śmierci Hitlera najpotężniejszy człowiek w Niemczech, wciąż dysponujący ogromną władzą i siłą, łasił się o względy ludzi takich jak Wielki Admirał Dönitz, o których było wiadomo, że lada dzień pójdą do więzienia na długie lata, gdyż alianci nie mogli mu wybaczyć rozkazu zatapiania bezbronnych statków. Nie zyskując uznania, podjął próbę ucieczki tak naiwną, że najmłodszy ze skautów lepiej by to zorganizował. A przecież po szefie niemieckich tajnych służb, najbardziej bezwzględnych i skutecznych, można byłoby się spodziewać lepszych wyników. SS nadzorowało wytwarzanie i drukowanie funtów szterlingów i dolarów tak perfekcyjnych, że nawet angielscy i amerykańscy bankierzy długo nie dostrzegali, że to fałszywe pieniądze. A te służby nie potrafiły wytworzyć dla swojego szefa legitymacji? Przez całą wojnę organizowały prowokacje, wodziły za nos alianckie służby kontrwywiadowcze, a nie umiały zorganizować bezpiecznej ucieczki?

A on, będąc w miejscu, z którego łatwo mógł wydostać się za granicę, rozpoczął podróż z północy na południe Niemiec. Jej sens pozostaje całkowicie niezrozumiały. Dokąd zmierzał i po co?

Zawsze był człowiekiem idei nacjonalistycznej, ksenofobicznej i zbrodniczej, a więc wymagającej więcej wiary, zaangażowania i woli niż piękne poświęcenie dla dobra całej ludzkości. Poczynając od końca pierwszej wojny światowej, gdy młody wiek (urodził się w 1900 roku) uniemożliwił mu ochotniczy zaciąg do wojska, gonił za wojskową sławą. Nie rezygnował, choć odrzucano jego podania. Pisał podniosłe wiersze, w dzienniku notował swe radości z okazji frontowych zwycięstw niemieckich wojsk, ganił przypadki niedostatecznego entuzjazmu lub jego braku u ludzi spotykanych na ulicy.

Namiastką wojskowej służby miały być zajęcia przysposobienia wojskowego dla piętnastolatków, ale nie sprawiały mu przyjemności, jaką dałoby założenie munduru.

„Zajęcia były słabe. Przez kwadrans leżałem na mokrym polu. Jednakże nie przyniosło mi to szkody" – zanotował w pamiętniku.

W 1923 roku mógł dać upust swoim przekonaniom, gdy zawierzył swojemu idolowi: doświadczonemu oficerowi Ernstowi Röhmowi, dowodzącemu nacjonalistycznymi bojówkami. Być może właśnie podziw dla jego wojskowej kariery, niezłomności i bojowych zasług, które pozostawiły głębokie blizny na jego twarzy, tak zaimponowały Himmlerowi. Na jego wezwanie w listopadowy dzień 1923 roku wyruszył, niosąc pod pachą zwinięty w rulon sztandar Reichskriegsflagge, wojenną flagę kajzerowskich Niemiec. Rozwinął ją, idąc na czele kolumny bojówkarzy do Ministerstwa Wojny w Monachium, aby tam przejąć władzę w Bawarii, a potem ruszyć do Berlina. Przypadkowo spotkana Maria Rauschmayer, córka monachijskiego profesora, zrozumiała uczucia, które go przepełniały. Napisała w liście do niego:

> Heinrich Himmler na przedzie, z flagą na ramieniu, każdy mógł zobaczyć, jak bezpieczna była ta flaga i jak on był dumny, trzymając ją. Podeszłam do niego, nie mogąc wypowiedzieć ani słowa. Ale czułam, jak we mnie wrzały jego słowa:
>
> „Bądź dumna: dzierżę sztandar!
> Nie martw się: dzierżę sztandar!
> Bądź zadowolona ze mnie: dzierżę sztandar!".

Pucz załamał się, a Himmler z ogromnym zapałem włączył się do działalności partii nazistowskiej. Stanął na czele SS, gdy liczyła tylko 280 członków i była jedynie partyjną strażą. W ciągu kilku miesięcy rozbudował tę gromadkę do zwartej i zdyscyplinowanej formacji, która określiła charakter nazistowskiego państwa. Potrzebował tego dla zrealizowania największego w dziejach cywilizacji planu likwidowania 11 milionów Żydów, choć nie udało mu się tego planu zorganizować w całości. A potem nadzorował rozbudowę państwa obozów koncentracyjnych, jenieckich i obozów śmierci, gdzie ginęły miliony ludzi. Był urzędnikiem, na którego biurko trafiały wykazy i raporty. Administratorem, który wydawał rozkazy, ale był na miejscu zbrodni. Obserwował, jak jego esesmani prowadzą masową egzekucję oraz jak strzelają do kobiet i dzieci ustawionych nad głębokimi rowami. A potem jak dobijają tych, którzy osunęli się do grobów, a jeszcze żyli. Zwiedzał obozy koncentracyjne i jenieckie. On nie tylko wiedział o wielkiej zbrodni. On ją „wizytował". Tacy ludzie nie mają wyrzutów sumienia. I nie popełniają samobójstw. Oni, którzy całe życie poświęcili idei, walczą do końca, aby ich idea nie umarła z nimi. Chyba że znaleźli się w matni i śmierć będzie przedłużeniem ich idei. A Himmler miał możliwość wyboru dróg, ale popełnił „samobójstwo kwalifikowane": wyruszył w samobójczą podróż, dał się poznać i złapać, aż przegryzł ampułkę z trucizną.

Czy na pewno był to Heinrich Himmler? Dlaczego, kilkadziesiąt lat później, odpowiedź na to pytanie nie jest możliwa? Jest tylko jedyne wyjaśnienie: to nie był Heinrich Himmler, lecz jego sobowtór. Wyjaśnienie może być w miejscu, do którego trafił Reinhard Gehlen. Już po wojnie. Tam, w ramach operacji „Bluebird" (później przemianowanej na MKUltra), podjęto badania, w których niemieccy lekarze i naukowcy mieli szczególne osiągnięcia: kontrolę nad zachowaniem. Tuż po wojnie kontynuowali eksperymenty, jakie (prawdopodobnie) w 1943 roku rozpoczęli na więźniach w obozie koncentracyjnym w Dachau.

32
Bohater...

Otto Skorzeny na wieść o kapitulacji w Reims postanowił zwinąć swoją kwaterę dowódcy Wehrwolfu w Radstadt i przenieść się do mniej wygodnej, ale bezpieczniejszej: do leśnego szałasu. Tak napisał w pamiętniku, jednak zeznania jego adiutanta temu przeczą. Radl stwierdził, że z Radstadt przenieśli się do Annaberg, wsi zagubionej w górach, daleko na wschód (200 kilometrów) od Radstadt. Tam przebywali przez tydzień, zanim postanowili oddać się w ręce Amerykanów. Wcześniej Skorzeny wysłał rozkaz do swoich oddziałów, nakazując im wstrzymanie walk z aliantami, podporządkowanie się poleceniom wojsk okupacyjnych, ochronę miejscowej ludności przed maruderami i oczekiwanie na dalsze rozkazy.

Można byłoby uznać, że ich czas wojennej służby dobiegł końca, ale, jak Skorzeny wyjawił w swoim pamiętniku, nie wątpił w rozpad wojennego sojuszu Wielkiej Brytanii, Ameryki i ZSRR. Co więcej: zwrócił uwagę na przemówienie Winstona Churchilla do jego wyborców w Woodford. Premier miał powiedzieć, że wysłał telegram do marszałka polnego Bernarda Lawa Montgomery'ego, dowódcy 21. Grupy Armii, nakazując, aby „starannie zbierał i magazynował niemiecką broń, która mogłaby być łatwo wydana niemieckim żołnierzom, jeżeli bylibyśmy zmuszeni współpracować z Niemcami w wypadku dalszych postępów Rosjan w Europie".

Otto Skorzeny w niewoli amerykańskiej (archiwum autora).

Ten niepokój, jak miał oświadczyć Churchill, wynikał z jego głębokiego braku zaufania do Stalina, który robił, co mógł, aby zapewnić dominację Rosji i komunizmu.

Wobec takich faktów i takiego przekonania, że ojczyzna ponownie wezwie esesmana do walki z bolszewizmem, porzucanie przez niego doborowego oddziału byłoby niezrozumiałe. A jednak Skorzeny postanowił oddać się w ręce Amerykanów. Wysłał dwie wiadomości do dowództwa amerykańskiej dywizji w Salzburgu, ale nie doczekał się odpowiedzi, a – jak twierdził – w tym czasie gorączkowo poszukiwano go, nazywano w radiu i prasie „najbardziej piekielnie inteligentnym człowiekiem w Niemczech", co może wskazywać jedynie na manię wielkości esesmana. Ostatecznie 16 maja w sobie tylko znany sposób wezwał amerykańską straż, aby zabrała go i trzech towarzyszy z rejonu mostu w pobliżu Annabergu. Było to bardzo daleko, prawie 250 kilometrów od Salzburga. Tym razem Amerykanie nie zlekceważyli jego inicjatywy, ale nie potraktowali go specjalnie poważnie, skoro wysłali tylko jeepa z kierowcą i nie rozbroili esesmanów, pozwalając im, aby z bronią wjechali do kwatery dywizji w Salzburgu, a przecież po Skorzenym mogli spodziewać się najgorszego.

Po drodze zatrzymali się przed przydrożną gospodą i tam kierowca postawił Skorzenemu wino.

– Teraz, bez żartów – miał powiedzieć. – Ty naprawdę jesteś Skorzeny?!

To mało prawdopodobne wspomnienie, gdyż skąd amerykański żołnierz z Teksasu miał wiedzieć, kim był Skorzeny? Jednak doskonale oddaje jego megalomanię.

– Naturalnie – miał skromnie przyznać esesman.

– To wypij ze swoimi chłopcami, dzisiaj wieczorem na pewno będziesz wisiał!

Był zbyt znany, aby Amerykanie mogli udawać, że nic nie wiedzą o jego wojennych wyczynach, choć od początku nie dostrzegali powodów, by postawić go przed sądem jako oskarżonego o zbrodnie wojenne. Na prawie trzy lata wpakowali go do więzienia. Miało to ten dobry skutek, że świat mógł zapomnieć o dzielnym komandosie. Prawdziwa działalność była dopiero przed nim, ale już bez rozgłosu.

Czy to samo mogło spotkać Reinharda Gehlena?

33

As

Jego zawrotna kariera trwała równo trzy lata. Długo, jak na tempo biegu wydarzeń czasu wojny, które szybko pochłaniały bohaterów.

Pułkownik Reinhard Gehlen otrzymał szczególną szansę na początku 1942 roku, gdy generał Franz Halder, szef Sztabu Generalnego Wojsk Lądowych (OKH), uznał go za właściwego człowieka do kierowania wywiadem wojskowym, który miał dostarczać sztabowi informacji o siłach i zamiarach nieprzyjaciela na froncie wschodnim. Poprzednik Gehlena na tym stanowisku generał Eberhard Kinzel[84] zawiódł. Być może upojony pasmem szybkich zwycięstw Wehrmachtu, zlekceważył informacje o koncentracji radzieckich wojsk pod Moskwą, które uderzyły na niemieckie pozycje w grudniu 1941 roku i odrzuciły niemieckie wojska na 200 kilometrów od stolicy.

Generał Halder znał pracę Gehlena jako oficera operacyjnego i cenił nadzwyczajną skrupulatność, pracowitość i zmysł organizacyjny. Nie zawiódł się. Kiedy w kwietniu 1942 roku Gehlen objął stanowisko szefa Fremde Heere Ost, zdawał się potwierdzać słuszność wyboru. Przystąpił do działania z zapałem i rozmachem. Zapewne sprzyjała mu przełomowa

[84] Eberhard Kinzel (1897–1945) – generał Wehrmachtu, od 10 listopada 1938 roku był szefem FHO. Zwolniony ze stanowiska w kwietniu 1942 roku, wkrótce objął stanowisko szefa sztabu korpusu armijnego, a później Grupy Armii „Północ" i w 1945 roku Grupy Armii „Wisła". Po kapitulacji Niemiec popełnił samobójstwo.

Reinhard Gehlen na froncie wschodnim (archiwum autora).

sytuacja na froncie wschodnim, gdzie po niepowodzeniach pod Moskwą i Rostowem udało się zatrzymać radzieckie wojska idące w stronę Charkowa, aby uwolnić to miasto. Wówczas wydawało się, że karta wojny obróciła się na korzyść Niemiec. Zdawało się, że minione klęski wynikły z niedocenienia wroga. Hitler wierzył, że pancerne siły Armii Czerwonej się wyczerpują. Był tak przekonany o prawdziwości szacunków i informacji, które otrzymywał od FHO za czasów Kinzela, że w sierpniu 1942 roku, gdy generał Halder przyniósł mu inne wyliczenia, Hitler wpadł w złość:

– Ja, który przewodzę największemu przemysłowemu narodowi świata! Ja, który mam przy swoim boku największego geniusza wszech czasów [mówił o ministrze uzbrojenia Albercie Speerze – B.W.]! Ja, którego uderzenia na frontach wprawiają cały świat w drżenie! Produkuję w trudzie i pocie czoła sześćset czołgów miesięcznie! A pan usiłuje mnie przekonać, że Stalin produkuje tysiąc czołgów[85]?!

Zdymisjonował Haldera 24 września 1942 roku, ze względu na „odmienne koncepcje strategiczne".

[85] W istocie w końcu 1942 roku przemysł radziecki produkował 2200 czołgów miesięcznie.

Wydawało się, że fatalne błędy w ocenie wroga już nie będą miały miejsca w organizacji reformowanej przez Gehlena. On stworzył, zdawałoby się, idealny system zbierania informacji nie tylko o liczebności, uzbrojeniu i dyslokacji nieprzyjacielskich wojsk, lecz także o zapleczu gospodarczym, wielkości produkcji przemysłowej, a nawet zbierał dane do sporządzenia charakterystyk radzieckich przywódców politycznych i dowódców wojskowych.

Zreorganizował strukturę kwatery głównej FHO, którą przeniósł z podberlińskiego Zossen, gdzie miał swoją siedzibę sztab generalny wojsk lądowych, do Mauerwald (Mamerki) w Prusach Wschodnich. Było to o tyle udane posunięcie, że grupa Gehlena znalazła się w bliskim sąsiedztwie kwatery Hitlera w Wilczym Szańcu.

Każdego dnia z frontu napływały setki informacji od sztabów i placówek wywiadu wojskowego. Podawano w nich miejsca dyslokacji oddziałów wroga, ich liczebność, siłę ogniową i kierunki, w których się przesuwały. Najważniejszy był Wydział I, którego zadaniem była ocena frontowych sił wroga. Wydział II analizował dane dotyczące sytuacji ludnościowej pod kątem możliwości mobilizacyjnych, a także morale i nastroje wśród ludności. Poddawał analizie straty jednostek nieprzyjaciela, a także liczebność wojsk pozostających w odwodzie, a nawet w rezerwie. Wydziały III, V i VI pełniły funkcje pomocnicze, ułatwiające sporządzenie pełnego obrazu sił nieprzyjaciela: prowadziły nasłuch audycji radiowych, wykonywały mapy i opracowywały zdjęcia lotnicze, sporządzały fotokopie. Wydział IV zajmował się analizowaniem sytuacji w państwach skandynawskich, zaś do Wydziału VI należały sprawy administracyjne, w tym organizowanie szkoleń i kursów wywiadowczych w Poznaniu.

Efektem tej tytanicznej pracy zespołów Gehlena były przejrzyste raporty, zestawy kolorowych wykresów i map, które już na pierwszy rzut oka, bez męczącej analizy tekstu, miały dać obraz frontowej sytuacji. Pozostawało jednak pytanie, na ile odpowiadały prawdzie.

Gehlen był za sprytny, by dać się złapać na nietrafnym przewidywaniu zamiarów wroga, co zdarzało się często. Jego raporty dla dowództwa wojsk lądowych miały charakter tak ogólny i wieloznaczny, z reguły bez konkretnych wniosków, że zawsze można było uznać, iż trafnie przewidział rozwój wydarzeń. Jedno było pewne: w kluczowych bitwach, które miały zadecydować o biegu wojny na froncie wschodnim i w rezultacie całej wojny, Gehlen zawiódł i długo nie wiedział, co było przyczyną tego, że jego precyzyjny plan i ogromny wysiłek przy organizowaniu służby wywiadowczej poszedł na marne.

W listopadzie 1942 roku walki o Stalingrad weszły w decydującą fazę. Po zaciętych bojach toczących się od sierpnia niemiecka 6. Armia dowodzona przez generała Friedricha Paulusa nie zdobyła miasta, które w tej wojnie miało ogromne znaczenie, gdyż był to ważny ośrodek produkcji zbrojeniowej, a przede wszystkim najważniejszy węzeł komunikacyjny, przez który rzeką, drogami i torami jechało z kaukaskich pól naftowych 30 milionów ton ropy naftowej, a także miliony ton pszenicy z pól Kubania. Zdobycie miasta przerwałoby dostawy dla wojska i ludności Moskwy, co zmusiłoby Stalina do podjęcia rozmów pokojowych z Hitlerem, czego był bliski.

Gehlen trafnie przewidywał, że Armia Czerwona musi podjąć wielką operację odblokowania miasta. Pozostała odpowiedź na podstawowe pytanie: kiedy, gdzie i jakimi siłami uderzą. A wydawało się, że panuje nad sytuacją i potrafi przewidzieć zamiary wroga. Nie zwrócił jednak uwagi, że siły niemieckie są fatalnie rozlokowane. Skrzydła 6. Armii były ochraniane, poza pasem południowym, gdzie stała część niemieckiej 4. Armii Pancernej generała Hermanna Hotha, przez słabe armie rumuńskie i jeszcze gorsze wojska włoskie. Należało zakładać, że wróg skieruje główne uderzenie na ten najsłabszy odcinek frontu, aczkolwiek ważniejsze wydawało się ustalenie, czy skieruje je na północ czy na południe od miasta.

W raporcie dla Naczelnego Dowództwa Wehrmachtu zatytułowanym *Krótka ocena sytuacji wroga* z 18 listopada 1942 roku, a więc w przeddzień radzieckiej ofensywy w rejonie Stalingradu, napisał:

> (...) w rejonie 4. Armii Pancernej [Hotha – B.W.], 6. Armii [Paulusa – B.W.] i rumuńskiej 3. Armii wróg podciągnął trzy brygady pancerne – prawdopodobnie z 13. Korpusu Pancernego, co wskazuje na dalsze wzmocnienie sił nieprzyjaciela.

Inaczej mówiąc, nie było się czym przejmować: trzy brygady pancerne nie mogły stanowić zagrożenia dla niemieckich wojsk w rejonie miasta. Konkludował:

> W rejonie rumuńskiej 3. Armii notuje się jedynie lokalną aktywność bojową; wprowadzenie dalszych dywizji rosyjskich (111. Dywizja Piechoty z rezerw 61. Armii) pozwala na uznanie, że wróg wzmacnia swoje siły.

Ten raport Gehlen wysłał na kilka godzin przed wielką operacją. Niewiele z niego wynikało, a na pewno nic alarmującego. Nie było tam ani słowa o przygotowaniach do wielkiej operacji, w którą wróg zaangażował 1143 tysiące żołnierzy, 1400 czołgów. Przewiezienie takiej masy ludzi i sprzętu było wielką operacją logistyczną. Dostarczenie im paliwa i amunicji wymagało kursowania kilkudziesięciu pociągów towarowych i 70 tysięcy ciężarówek dziennie.

Jak to się stało, że świetnie zorganizowany wywiad Gehlena nie zauważył przygotowań do tak dużej operacji?! Gehlen przegrał starcie z radzieckim wywiadem, ale nigdy nie poznał prawdy...

34

Książę i komunista

Ta szczególna historia zaczęła się w gorące lipcowe popołudnie 1941 roku, a więc długo przed objęciem przez Gehlena szefowania Fremde Heere Ost.

Tamtego dnia do klasztoru Nowodiewiczego w Moskwie przyszło dwoje młodych ludzi. Zapytali starca siedzącego na ławce na klasztornym dziedzińcu, gdzie mogą kupić krzyżyk, co wywołało jego szczere zainteresowanie. W strasznych stalinowskich czasach, na samym początku wojny, do klasztoru nie przychodzili młodzi ludzie.

– Mąż wyjeżdża na front i chciałam mu ofiarować krzyżyk. I poświęcić – wyjaśniła dziewczyna.

Skierował ich do kaplicy. A potem, trawiony ciekawością, czekał, aż wrócą do niego. Wtedy dowiedział się, że młodzieniec będzie służył w oddziale kawalerii, co, jak wyjaśnił, było rodzinną tradycją.

– Nazywam się Demianow – wyjaśnił. – Aleksander Demianow, a to moja żona Tania...

Starzec dobrze znał to nazwisko.

– Syn Sergieja? Generała Sergieja Demianowa?

– Sergieja... – potwierdził mężczyzna.

– Jestem książę Glebow...

To było nazwisko wiele znaczące w carskiej Rosji. W 1913 roku, jako przewodniczący towarzystwa ziemskiego, podejmował cara w Kostromie z okazji 300-lecia panowania Romanowów. Jego żona należała do najbliższego otoczenia carycy.

Demianow wrócił następnego dnia, aby kontynuować rozmowę. Opowiadał księciu, jak to jego ojciec zginął z szablą w ręku w 1915 roku. Stryj, szef kontrwywiadu Białych, wpadł w ręce czekistów i zmarł, prawdopodobnie na tyfus, gdy wieźli go do Moskwy. Matka, petersburska piękność, po rewolucji odmawiała wyjazdu z Rosji, choć takie propozycje składał jej sam generał Sergiej Ułagaj, przywódca białych emigrantów w Paryżu.

Historia arystokratycznej rodziny bardzo zaciążyła nad życiem Aleksandra w Związku Radzieckim. Ze względu na pochodzenie nie mógł studiować na moskiewskiej uczelni. Pozwolono mu jedynie ukończyć kurs elektryków. Wkrótce został aresztowany na podstawie donosu kolegi, który twierdził, że przygotowuje zamach. Szybko okazało się, że oskarżenie było zmyślone, więc wypuszczono go na wolność.

W Moskwie zatrudnił się jako elektryk w wytwórni filmowej, gdzie zdołał zyskać sympatię wielu gwiazd radzieckiego kina, w tym słynnego reżysera Michaiła Roma.

Aleksander wyjawił księciu swój największy sekret: był członkiem tajnej organizacji monarchistycznej „Tron", planującej obalenie Stalina.

Już nigdy więcej się nie spotkali. Książę Glebow wkrótce zmarł. Nie podejrzewał, że człowiek, którego obdarzył sympatią i zaufaniem, był agentem NKWD, działającym według wskazań Michaiła Maklarskiego, prowadzącego do oficera. Wszystkie spotkania, poczynając od wyprawy do cerkwi po krzyżyk aż po wyznanie, że działał w konspiracyjnej organizacji, były zaplanowane.

Prawdopodobnie w 1929 roku w więzieniu zdecydował się zdecydował się na podjęcie współpracy z tajną policją polityczną lub został do tego zmuszony. Być może chciał uniknąć konsekwencji oskarżenia o udział w spisku, za co groziła śmierć. Okazał się wydajnym konfidentem, w czym pomagała mu żona, córka znanego moskiewskiego lekarza, który jako jeden z nielicznych uzyskał zgodę władz na prowadzenie prywatnej praktyki.

Demianow szybko nawiązał kontakty z dyplomatami, wśród których byli pracownicy niemieckiej ambasady. Zainteresował ich młody człowiek, o arystokratycznym pochodzeniu, mający doskonałe rekomendacje od samego księcia Glebowa, gotowy podjąć walkę ze stalinowskim reżimem. W zimowy wieczór 1941 roku na nartach przedarł się do niemieckich linii, gdzie przedstawił się jako dezerter. Nie zdawał sobie sprawy, że udało mu się przejechać przez pole minowe, co bardzo zaskoczyło Niemców. Uznali, że musiał znać plany tego pola, skoro przebył je bez szwanku, co prowadziło do oczywistego wniosku, że był szpiegiem, którego radziecki wywiad usiłował podsunąć Niemcom. Przekazano go do centrali w Smoleńsku i tam okazało się, że figurował w kartotece niemieckiego wywiadu od przedwojennych czasów pod pseudonimem „Max".

W lutym 1942 roku został zrzucony ze spadochronem, wraz z dwoma innymi agentami Abwehry, w rejonie Jarosławia. Gwałtowne załamanie pogody i zamieć śnieżna sprawiły, że trójka pogubiła się i każdy z nich osobno dotarł do Moskwy. Ta okoliczność była na tyle sprzyjająca dla „Maxa", że zyskał czas na przygotowanie mieszkania na przyjęcie pozostałych agentów. Szefowie NKWD postanowili bowiem pozostawić ich na wolności, aby poznać wszystkie kontakty. Istniało jednak niebezpieczeństwo, że ci ludzie będący wyszkolonymi dywersantami mogli wysadzić kilka obiektów w stolicy. Zaradzono temu, gdy tylko dotarli do mieszkania Demianowa. Jego żona wsypała im do herbaty silny środek nasenny i gdy spali, specjaliści z NKWD rozbroili zapalniki ich ładunków wybuchowych.

Już wtedy zaczynała się wielka wywiadowcza gra o Stalingrad, której celem było ukrycie ofensywy przygotowywanej w tym rejonie. Bez wątpienia „Max" Demianow stał się głównym pionkiem w wielkiej grze prowadzonej przez NKWD i GRU.

Nie mógł wiedzieć, że nie tylko on miał pseudonim „Max", gdyż Abwehra nazwała tak kilku agentów działających na terenie ZSRR. Pozostaje pytanie, czy wszyscy ci ludzie byli znani radzieckiemu kontrwywiadowi? Do dzisiaj nie wiadomo, ale jeżeli jednak pozostali „Maxowie" uniknęli dekonspiracji, to ich meldunki mogły tylko dodawać autentyzmu spreparowanym raportom Demianowa.

On informował 14 lipca 1942 roku:

> Rada wojskowa w Moskwie, wśród obecnych: Szaposznikow, Mołotow, Woroszyłow, a także angielski, amerykański i chiński attaché, zakończyła się w nocy 13.2 [tj. 13 lutego – B.W.]. Szaposznikow zapowiedział wycofanie aż nad Wołgę, tak że Niemcy muszą spędzić zimę nad Wołgą (...) Ataki będą przeprowadzone w dwóch miejscach: na północ od Orła i następny na północ od Woroneża; flota powietrzna i oddziały pancerne zostaną wykorzystane. Atak odwracający uwagę zostanie przeprowadzony prawdopodobnie w rejonie Kalinina.

Niemcy wierzyli w raporty „Maxa" tak bardzo, jak tylko można wierzyć szpiegowi.

13 września 1942 roku w gabinecie Stalina stawili się generałowie Gieorgij Żukow i szef Sztabu Generalnego Aleksandr Wasilewski. Proponowali atak na skrzydła 6. Armii szturmującej Stalingrad, a osłanianej przez armie rumuńskie, które uznawali za słabe, niezdolne do stawienia poważniejszego oporu.

– Sami Niemcy oceniają, że wartość bojowa jednej ich dywizji równa się wartości dwóch dywizji sojuszniczych – argumentował Wasilewski.

Stalin nie miał zdania. Wolałby kontynuować obronę Stalingradu i nie ryzykować ofensywy. Być może już zdał sobie sprawę, jak wielkie straty przynoszą tego rodzaju operacje. Zaś nieudana ofensywa pod Stalingradem mogła przesądzić o utracie miasta i dalszych katastrofalnych następstwach. Ostatecznie zgodził się, ale wątpliwości nie opuściły go.

Jeszcze na początku listopada gotów był odwołać operację, której nadano kryptonim „Uranus". Niepokoił go brak wystarczającej przewagi liczebnej wojsk radzieckich. W istocie Armia Czerwona mogła wystawić do boju 14 armii ogólnowojskowych i jedną armię pancerną, które dysponowały 1400 czołgami, 17 tysiącami dział i moździerzy oraz 1276 samolotami. Siły obydwu stron były równe, ale Wehrmacht miał około 100 samolotów więcej.

To szczególnie zaniepokoiło Stalina. 11 listopada zadzwonił do Żukowa przebywającego już na Froncie Stalingradzkim.

– Doświadczenie tej wojny pokazuje, że można wygrać z Niemcami tylko wtedy, gdy ma się przewagę w powietrzu – mówił. – Jeżeli to nie może być zagwarantowane, lepiej odłożyć operację na pewien czas.

Cztery dni przed ofensywą zadzwonił ponownie. Tym razem oświadczył, że Żukow sam powinien zdecydować, kiedy przystąpić do ofensywy. Tym samym przerzucił na niego odpowiedzialność, ale Żukow nie obawiał się jej przyjąć. Wiedział, że siły są równe, ale na całym froncie, a nie na głównych kierunkach uderzeń, które zaplanował. Tam jego wojska miały zdecydowaną przewagę: trzy-czterokrotną w ludziach i czterokrotną w sprzęcie, zwłaszcza w liczbie dział i moździerzy. Co najważniejsze: Niemcy w najmniejszym stopniu nie zdawali sobie sprawy, co przyniesie noc z 18 na 19 listopada 1942 roku. Zaskoczenie miało się okazać najpotężniejszą bronią Żukowa.

35

FHO wyprowadzony w pole

Gehlen w raportach, które wysyłał do dowództwa Wehrmachtu, nie wspomniał o przygotowaniach do wielkiej ofensywy czternastu armii.

Dlaczego tak się stało? Bez wątpienia wierzył w informacje od „Maxa". Był jednak zbyt doświadczonym oficerem wywiadu, aby dać się podejść tak łatwo. To przewidzieli specjaliści z NKWD, podejmując akcję, która ostatecznie wyprowadziła Gehlena w pole. Kazała mu skierować czujne oczy jego wywiadu na inny odcinek, gdzie do ofensywy szykowały się armie dwóch radzieckich frontów liczące bez mała 700 tysięcy żołnierzy i blisko 2,5 tysiąca czołgów. W dodatku wszystko wskazywało, że uderzenie nastąpi tam, gdzie Gehlen tego się spodziewał: na północ od Stalingradu. Dowództwo Wehrmachtu przygotowało się do obrony tego rejonu, a dowódca atakujących wojsk generał Żukow nie podejrzewał, że jego plany zostały ujawnione wrogom.

Ofensywa ruszyła 19 listopada 1942 roku i zakończyła się tak, jak musiała się zakończyć. Radzieckie ataki rozbijały się o niemieckie stanowiska świetnie przygotowane do obrony. W rezultacie radziecka ofensywa wygasała przy ogromnych stratach ludzi i sprzętu. Ocenia się, że w operacji „Uranus", jak nazwano tę ofensywę, Armia Czerwona straciła 70–100 tysięcy żołnierzy, natomiast wśród około 250 tysięcy zostało rannych, wziętych do niewoli lub zaginęło. Równie dotkliwa była strata prawie 2 tysięcy pojazdów pancernych. Taka była cena zwycięstwa, które miało nadejść.

Nad ranem, 25 listopada 1942 roku, na północ od miasta ruszyły Front Doński i Południowo-Zachodni. Ich uderzenie było tak zaskakujące i potężne, że linie armii rumuńskiej, mimo jej zaciętej obrony, zaczynały pękać. Jedyną dla nich nadzieją było wejście do akcji XLVIII Korpusu Pancernego generała Ferdinanda Heima, lecz ten pogubił swoje wojska. Miał pod rozkazami 22. Dywizję Pancerną wyczerpaną bojami o Stalingrad i rumuńską 1. Dywizję Pancerną, która zapodziała się gdzieś w stepie, zaś grupę bojową 14. Dywizji wyłączono spod jego dowództwa. Korpus pancerny, który mógł zatrzymać radziecką ofensywę, tkwił więc na tyłach niezdolny przyjść z odsieczą Rumunom[86]. A ich siły szybko wypalały się w radzieckim ogniu, aż po trzech dniach prysła rumuńska obrona i żołnierze rzucili się do ucieczki.

Na południe od Stalingradu ruszyły wojska Frontu Stalingradzkiego. Powtórzyła się sytuacja z poprzedniego dnia: rumuńska 4. Armia biła się dzielnie, ale nie była w stanie zatrzymać pancernego walca. Aż Front Stalingradzki połączył się z Dońskim, zamykając w okrążeniu 6. Armię generała Friedricha Paulusa i część 4. Armii Pancernej generała Hotha.

Stalin zareagował nerwowo na wieść o sukcesach swoich wojsk. Siedział w milczeniu nad mapą, na której zakreślono wielki czerwony pierścień opasujący niemieckie wojska. Gdyby udało się je zniszczyć, byłby to przełomowy moment w tej wojnie. Czy było to możliwe? Nie wiedział, ilu żołnierzy Wehrmachtu znalazło się wewnątrz czerwonego pierścienia, ale przypuszczał, że 6. Armia jest wystarczająco silna, aby podjąć próbę przełamania okrążenia. Należało zakładać, że Niemcy wesprą wysiłki Paulusa uderzeniami z zewnątrz. Tymczasem 6. Armia pozostawała na stanowiskach, nie usiłując przerwać słabych jeszcze linii radzieckich. Dlaczego?

To Hitler zadecydował o losie okrążanych jednostek, wydając rozkaz:

> 6. Armia zajmie pozycje jeża i będzie oczekiwała na pomoc z zewnątrz.

[86] Hitler rozkazał rozstrzelać generała Heima, ale ostatecznie nie doszło do wykonania wyroku.

Paulus (z prawej) i Heim na posterunku obserwacyjnym (NAC).

Dyktatorzy są bardzo czuli na punkcie honoru. Chcą, aby naród dostrzegał w każdym ich działaniu żelazną wolę i prorocze widzenie rozwoju wydarzeń. A Hitler dwukrotnie, 30 września i 8 listopada 1942 roku, obiecał narodowi, że wojska nie cofną się spod Stalingradu i to przeklęte miasto, noszące imię znienawidzonego bolszewika, padnie pod niemieckimi ciosami. Jakże więc dwa tygodnie później mógł zaaprobować wycofanie wojsk, które miały wykonać tę misję? Ponadto wycofanie armii Paulusa spod Stalingradu uwalniałoby zaangażowane tam 70 dywizji i brygad radzieckich. One, skierowane na południu Związku Radzieckiego, mogłyby odciąć zgrupowane tam wojska niemieckie.

Być może, podobnie jak w czasie kontrofensywy Armii Czerwonej pod Moskwą w grudniu 1941 roku, Hitler obawiał się, że odwrót w warunkach ciężkiej rosyjskiej zimy może łatwo zamienić się w paniczną ucieczkę.

– 6. Armia musi trwać na pozycjach, jeżeli nawet nie zdołam zlikwidować oblężenia aż do wiosny! – rozkazał.

Tak wydał wyrok na całą armię, choć zapewne nie zdawał sobie sprawy z następstw swojego uporu.

Sytuacja jego wojsk pod Stalingradem pogarszała się coraz szybciej. Wkrótce 278 tysięcy żołnierzy niemieckich z 6. Armii i części 4. Armii Pancernej znalazło się w okrążeniu obejmującym obszar o długości 60 kilometrów i szerokości 40 kilometrów. Jak długo mogli wytrzymać pozbawieni dostaw?

Okrążone wojska niemieckie zużywały każdego dnia około 400 ton amunicji, paliwa i żywności, którą dowoziło 17–18 pociągów towarowych. Minimum wynosiło 300 ton i wobec zablokowania przez Armię Czerwoną dróg i linii kolejowych taką ilość zaopatrzenia trzeba było dostarczać drogą powietrzną. Oznaczało to, że każdego dnia na siedmiu lotniskach w rejonie zajętym przez 6. Armię musiałoby lądować około 300 samolotów. Czy było to możliwe?

Hitler zadał to pytanie dowódcy Luftwaffe Hermannowi Göringowi. Ten potwierdził. Powoływał się na przykład obrony II Korpusu okrążonego w lutym 1942 roku w rejonie Demiańska. Tam 96 tysięcy żołnierzy stawiło desperacki opór i odpierało ataki silniejszego wroga. Obrona była możliwa dzięki utrzymaniu dostaw z powietrza. Każdego dnia na polowych lotniskach obleganego korpusu lądowało 100–150 samolotów transportowych, które przewiozły łącznie 65 tysięcy ton zaopatrzenia i ewakuowały 34500 rannych i chorych. Göring nie chciał lub nie miał czasu (gdy Hitler zadał mu pytanie o możliwości zaopatrywania armii Paulusa, jechał do Paryża na zakupy) rozważyć, że pod Stalingradem sytuacja była całkowicie inna. W radzieckim okrążeniu znalazło się bez mała trzykrotnie więcej żołnierzy niż w rejonie Demiańska. Dostawy musiały więc być znacznie większe, i to w czasie gorszej pogody: deszcze, niskie chmury, częste mgły, występujące w listopadzie znacznie częściej niż w lutym, paraliżowały komunikację lotniczą przez wiele dni. A warunki szybko się pogarszały. Już w końcu listopada temperatura spadła do 35 stopni poniżej zera. Zaczynały się zamiecie śnieżne paraliżujące transport lotniczy.

Ju 52/3m lecący z zaopatrzeniem dla Stalingradu (archiwum autora).

Utrzymanie regularnych dostaw wymagało użycia tysiąca samolotów transportowych Ju 52/3m, a tymczasem Luftwaffe miała tych samolotów 750, i to na lotniskach w wielu państwach Europy oraz w Afryce. W rezultacie okrążona armia Paulusa otrzymywała każdego dnia 90 ton zaopatrzenia zamiast 300 ton stanowiących niezbędne minimum!

24 grudnia 1942 roku ponownie ograniczono przydział żywności dla żołnierzy. Na obiad dostawali ryż lub odrobinę mięsa końskiego. Na kolację 200 gramów chleba, dwie kulki mięsa końskiego, 20 gramów masła i kawę. Czasami dodawano 115 gramów chleba, 30 gramów cukru. Wiadomo było, że na długo to nie wystarczy i lada dzień trzeba będzie ponownie zmniejszyć racje żywnościowe.

Pewnego wieczora generał Paulus zaczął zwierzać się młodemu majorowi z 4. Floty Powietrznej, odkomenderowanemu do jego sztabu:

– Ludzie padają z wyczerpania. Od czterech dni nic nie jedli. Co ja mam powiedzieć, jako dowódca armii, gdy żołnierz przychodzi do mnie i mówi: „Panie generale, proszę dać mi kromkę chleba". Zjadamy ostatnie konie. Czy kiedykolwiek wyobrażał pan sobie naszych żołnierzy, jak rzucają się na padłego konia, odcinają mu głowę i wyjadają surowy mózg? Jak możemy walczyć, skoro nasi żołnierze nawet nie mają zimowych mundurów? Gdzie jest ten człowiek, który obiecał, że będziemy zaopatrywani drogą powietrzną?

To jeszcze nie było najgorsze.

Od 10 stycznia 1943 roku każdy żołnierz 6. Armii dostawał dziennie 75 gramów chleba, 200 gramów koniny z kośćmi, 12 gramów tłuszczu, 12 gramów cukru, jeden papieros. A i tak dla wszystkich było oczywiste, że długo nie uda się utrzymać tych racji i za kilka tygodni ludzie zaczną głodować.

22 stycznia 1943 roku o godzinie 16:00 generał Paulus telegrafował do Hitlera:

> Nie ma już szans powstrzymania naporu Rosjan. Nie jest możliwe otrzymanie amunicji od sąsiednich armii. Żywność się kończy. Ponad 12 tysięcy rannych pozostaje bez opieki. Jaki rozkaz powinienem wydać żołnierzom, którzy nie mają amunicji i są pod zmasowanym ogniem artylerii, czołgów i piechoty?

Hitler nie odpowiedział. 30 stycznia 1943 roku mianował Paulusa feldmarszałkiem. Nagradzał zasługi dzielnego żołnierza, ale nie o to chodziło. Führer już wiedział, że zbliża się dzień, w którym 6. Armia wywiesi białe flagi. Co miał zrobić Paulus? Jako generał mógł pójść do niewoli ze swoimi żołnierzami. Jako feldmarszałek – nie! Od 1871 roku żaden niemiecki feldmarszałek nie oddał się w ręce wroga! Feldmarszałek Paulus mógł tylko popełnić samobójstwo.

31 stycznia 1943 roku Friedrich Paulus poddał jednostki południowej grupy. Dwa dni później opór ostatnich oddziałów niemieckich został zgnieciony przez przeważające siły Armii Czerwonej.

W czasie półrocznych walk pod Stalingradem, od 22 lipca 1942 roku, gdy dwa niemieckie zgrupowania uderzeniowe z 6. Armii rozpoczęły szturmowanie miasta, Wehrmacht i armie sojusznicze straciły 800 tysięcy żołnierzy, wśród nich 147200 zabitych Niemców, a 91 tysięcy, w tym 24 generałów, poszło do niewoli.

Bez wątpienia to błędne oceny Gehlena mocno zaważyły na klęsce Wehrmachtu, która zmieniła bieg wojny.

Pokonana 6. Armia feldmarszałka Paulusa (archiwum autora).

Nie był to jedyny krytyczny błąd w ocenie nieprzyjaciela, który popełniła kierowana przez niego organizacja Obce Armie Wschód.

Wiosną 1944 roku, w czasie gdy Niemcy walczyli już tylko o przetrwanie, sztab Gehlena przygotował ocenę zamierzeń wroga na wschodzie. Oceniał, że w czerwcu Armia Czerwona rozpocznie letnią ofensywę (co było prawdą), którą skieruje przeciwko niemieckim wojskom Grupom Armii „A" i „Południe" (co nie było prawdą). Gdy zbliżał się czas przewidywanej ofensywy, Gehlen przygotował raport „Ogólna ocena sytuacji wroga na niemieckim froncie wschodnim i przypuszczalne intencje wroga". Oceniał, że ofensywa rozpocznie się między 15 a 20 czerwca i zostanie skierowana na Grupę Armii „Północna Ukraina". Nie pomylił się tylko w jednym względzie. Rzeczywiście 22 czerwca 1944 roku blisko 2,5 miliona żołnierzy z czterech radzieckich Frontów (w tym 1. Armia Wojska Polskiego licząca 80 tysięcy żołnierzy) rozpoczęło wielką operację „Bagration", uderzając na ponad trzykrotnie mniej liczną... Grupę Armii „Środek".

Dowództwo Wehrmachtu tak bardzo wierzyło w oceny Gehlena, że zdecydowało się wzmocnić Grupę Armii „Północna Ukraina", odsyłając tam część wojsk z Grupy Armii „Środek".

Ofensywa radziecka, która trwała 68 dni, zadała Wehrmachtowi ostateczny cios w tej wojnie. Straty niemieckie były tak wielkie, że niemieckie wojska już nie zdołały ich wyrównać: 17 dywizji i 3 brygady całkowicie zniszczone, 50 dywizji utraciło połowę swoich sił.

W jakim stopniu analizy i przewidywania, za które Gehlen ponosił odpowiedzialność jako szef wywiadu wojskowego, przesądziły o niemieckiej klęsce? Jego błędy były tylko cieniem błędów, które popełniał Hitler. Zarówno w planowaniu wielkich kampanii, jak i budowaniu ich zaplecza. A i tak Trzecia Rzesza nie mogła wygrać tej wojny z aliantami, których produkcja zbrojeniowa wielokrotnie przewyższała niemiecką, a to był decydujący czynnik. Jednakże trafne oceny pozwalałyby niemieckiemu dowództwu inaczej prowadzić działania militarne, co mogło zdecydowanie wpłynąć na pozycję Niemiec w rokowaniach rozejmowych z aliantami.

36
Własow

Gehlen dobrze zapamiętał lipcowy dzień 1942 roku w kwaterze FHO w Mauerwald (Mamerkach), gdy zameldowano mu, że kapitan Wilfried Strik-Strikfeldt[87] oczekuje na jak najszybsze przyjęcie. Znał i lubił tego spokojnego i cichego oficera, niezmordowanego w tłumaczeniu rosyjskich dokumentów przejmowanych przez wojska niemieckie na froncie wschodnim, działającego z pasją i chętnego do przedstawiania swoich poglądów.

Kapitan przybywał z raportem na temat generała Andrieja Własowa, osadzonego w obozie jenieckim w starej twierdzy w Lötzen (Giżycko). Był wyraźnie przejęty tym spotkaniem, gdyż Własow był dla niego nie tylko wysokim oficerem Armii Czerwonej, który oddał się do niemieckiej niewoli, co można byłoby wykorzystać propagandowo, lecz także dostrzegał szansę zorganizowania pod jego dowództwem rosyjskiej armii, która przy boku wojsk niemieckich podjęłaby walkę z komunizmem.

Wilfried Strik-Strikfeldt urodzony w niemieckiej rodzinie w Rydze uważał się za Rosjanina, służył w armii carskiej, a później przy boku generała Nikołaja Judenicza walczył z bolszewikami. Po klęsce Białych

87 Wilfried Strik-Strikfeldt (1896–1977) – kapitan, służył w Wehrmachcie jako tłumacz. Od 1942 roku powierzono mu opiekę nad generałem Andriejem Własowem, z którym współtworzył Rosyjski Ruch Wyzwoleńczy. Po wojnie przebywał w amerykańskiej niewoli. Zwolniony, zamieszkał w Niemczech.

Wilfried Strik-Strikfeldt (archiwum autora).

powrócił do Rygi, ale po kilku latach wyemigrował do Niemiec, wciąż pochłonięty myślą powrotu do walki z bolszewizmem. Taką szansę dała mu służba w Wehrmachcie, ale on chciał stanąć do walki z Czerwonymi w szeregach oddziałów formowanych z obywateli ZSRR, których narody, jak Ukraińcy, Białorusini, Litwini, Łotysze, Estończycy i wiele innych, zostały zniewolone przez stalinizm.

Gehlen był podobnego zdania, a prywatnie uważał, że Hitler popełniał błąd, zakazując werbowania ludzi z okupowanych terenów do ochotniczej służby w Wehrmachcie. Jednakże dla Führera wojna ze Związkiem Radzieckim była nie tylko przedsięwzięciem militarnym, lecz także realizacją wielkiej idei zdobycia przestrzeni życiowej i włączenia jej do tysiącletniej Rzeszy. Nie chciał, aby w tym historycznym przedsięwzięciu brali udział Słowianie, gdyż ich walka po stronie niemieckiej oznaczałaby konieczność zmiany planów wobec ludności zdobywanych terytoriów. Osadnicy z Niemiec mieli wjeżdżać na tereny uwolnione od miejscowej ludności.

Hitler mówił:

> St. Petersburg [Leningrad – B.W.] (...) musi całkowicie zniknąć z powierzchni ziemi. Moskwa także. Najlepszych ze stu milionów Słowian uformujemy na kształt, który będzie nam odpowiadał, a resztę odizolujemy w ich własnych chlewniach. Każdy, kto mówi o pielęgnowaniu lokalnych zwyczajów i cywilizowaniu ich, pójdzie do obozu koncentracyjnego.

Dziesiątki tysięcy radzieckich jeńców (archiwum autora).

Pierwszym środkiem realizacji jego planu było wyniszczanie jeńców, którzy dostali się w niemieckie ręce, a takich osób były miliony.

Zamykano w prowizorycznych obozach, na polach ogrodzonych drutami kolczastymi i strzeżonych przez stanowiska karabinów maszynowych. Bez baraków, które dawałyby schronienie przed mrozem, bez urządzeń sanitarnych. Jeńcy wygrzebywali jamy w ziemi. I umierali z głodu, chorób, mordowani przez wartowników.

W lutym 1942 roku Alfred Rosenberg, niemiecki minister ds. okupowanych terytoriów wschodnich, pisał:

> Obecnie z 3,6 miliona jeńców tylko kilkaset tysięcy jest zdolnych do pracy. Większość umiera z głodu i z powodu złej pogody. Tysiące jest chorych na tyfus. W większości obozów komendanci uznają śmierć za najlepsze rozwiązanie dla nich.

Hitler nie chciał słyszeć, że marnuje w ten sposób gigantyczny potencjał, dzięki któremu mógł zmienić się bieg wojny.

Na pierwszej linii frontu, gdzie dowódcy nie musieli przestrzegać dyrektyw z Berlina, chętnie zatrudniano miejscową ludność, która zgłaszała się do pracy. Nazywano ich Hilfswillige, czyli chętnych do pomocy niemieckiej armii i administracji okupowanych ziem, w skrócie – „Hiwis". Pracowali jako kierowcy, kucharze, tłumacze, policjanci, strażnicy w obozach koncentracyjnych. Nigdy nie udało się określić ich liczby, ale ocenia się, że w połowie 1943 roku w jednostkach Wehrmachtu było ich co najmniej 320 tysięcy, z których wielu brało udział w walkach. W samej 18. Armii służyło 47 tysięcy „Hiwis". W Smoleńsku do dowództwa niemieckich oddziałów zajmujących miasto zgłosiła się reprezentacja mieszkańców, proponując wystawienie armii liczącej milion żołnierzy!

W kwietniu 1942 roku minister Joseph Goebbels, który dostrzegał błędy polityki Hitlera, zanotował w pamiętniku:

> Mieszkańcy Ukrainy byli pierwszymi skłonnymi uznawać Führera za zbawcę Europy i witać niemiecki Wehrmacht najbardziej serdecznie. To podejście zmieniło się całkowicie z biegiem miesięcy. Uderzyliśmy Rosjan, a zwłaszcza Ukraińców, zbyt mocno w naszej polityce postępowania z nimi. A walenie po głowie nie zawsze jest przekonującym argumentem.

Miesiąc później dodał:

> Osobiście wierzę, że musimy zmienić naszą politykę podejścia do ludzi Wschodu.

Nikt w kwaterze głównej nie zastawiał się, że dla milionów żołnierzy Armii Czerwonej i obywateli ZSRR stalinizm był większym wrogiem niż hitleryzm.

W 1941 roku raporty z frontu donosiły o masowych dezercjach i oddawaniu się do niewoli żołnierzy Armii Czerwonej. Do października 1941 roku tylko w rejonie Kijowa do niewoli poszło 665 tysięcy żołnierzy.

Do końca roku na całym froncie w niemieckich obozach znalazło się od 2 milionów (według danych radzieckich) do 3,8 miliona żołnierzy[88].

Oddziały Wehrmachtu posuwały się w głąb ZSRR z niespotykaną we wcześniejszych okresach wojny prędkością 50–60 kilometrów na dobę. Jak spowolnić tempo ich marszu?

Stalin sięgnął po środek, którego skuteczność sprawdził w minionych latach: terror.

Już 3 lipca, a więc niespełna dwa tygodnie po rozpoczęciu wojny, przemawiając do narodu, mówił:

> Bezlitosna walka musi być podjęta przeciwko dezerterom i panikarzom. (...) Musimy unicestwić szpiegów, dywersantów i wrogich spadochroniarzy. (...) Trybunały wojskowe powinny bezzwłocznie osądzić każdego, kto przez panikę lub tchórzostwo szkodzi naszej obronie, bez względu na jego pozycję czy rangę.

Nikt jeszcze nie zdawał sobie sprawy, jak masowy charakter będzie miała walka z tymi, których uznano za „szkodzących obronie".

> Gdziekolwiek oddziały Armii Czerwonej zostaną zmuszone do odwrotu, cały tabor kolejowy musi być zabrany. Nie wolno zostawiać nieprzyjacielowi żadnego pojazdu, żadnego wagonu ani kilograma chleba, ani litra oleju. Kołchoźnicy muszą zabrać cały żywy inwentarz, oddać zapasy zboża organom państwowym w celu ewakuacji na tyły. (...) Wszystkie wartościowe przedmioty: zboże, paliwo, nieżelazne metale, które nie mogą być ewakuowane, muszą zostać zniszczone.

Był lipiec. Ciepło. Ludzie mogli uchodzić z domów i podkładać ogień pod spichrze, z których nie mieli czym wywozić zapasów zboża. Przeżyliby

[88] 11 grudnia 1941 roku Hitler ogłosił, że jego wojska wzięły do niewoli 3806865 jeńców.

w lesie, zbierając jagody i grzyby. Mogli przejść dziesiątki kilometrów, aby znaleźć dach nad głową w innych wsiach. Cóż jednak wykonanie rozkazu Stalina oznaczało w jesieni? Śmierć tych, których zmuszono do ucieczki, podpalania domów, wycinania inwentarza i niszczenia zapasów żywności zgromadzonych na zimę.

Przyroda nie dawała już schronienia ani pożywienia, a Stalin nie miał zamiaru zmieniać swojej polityki.

17 listopada 1941 roku podpisał rozkaz 0438:

> 1. Wszystkie osiedla w odległości 40–60 kilometrów na tyłach niemieckich oddziałów i 20–30 kilometrów po każdej stronie drogi mają być zniszczone i spalone. Ten cel ma być zrealizowany przez bezzwłoczne wprowadzenie do akcji lotnictwa, artylerii i ognia moździerzowego na wielką skalę, oddziały zwiadowcze i partyzantów uzbrojonych w butelki z benzyną.
>
> 2. Każdy pułk wyznaczy grupę ochotników w liczbie 20–30 żołnierzy, aby wysadzali i palili niezamieszkałe obiekty. Ci, którzy wykażą się szczególną aktywnością w niszczeniu obiektów mieszkalnych, mają być przedstawieni do rządowych nagród.

Spalona ziemia spowolniała postępy niemieckich wojsk, które nie mogły liczyć na znalezienie schronienia na zajmowanych terenach ani uzupełnienie zapasów. A każdy kilometr w głąb ZSRR wydłużał linie zaopatrzeniowe, coraz skuteczniej atakowane przez oddziały partyzanckie.

Jednakże problemem o wiele poważniejszym było zmuszenie radzieckich żołnierzy, aby wbrew instynktowi samozachowawczemu walczyli do ostatniego naboju i nie oddawali się do niewoli. A była to jedyna metoda, jaką Stalin uznał za konieczną do zapobieżenia klęsce.

Armia Czerwona była liczniejsza niż Wehrmacht. Gdyby więc każdy czerwonoarmista, zanim zginął, zabił jednego Niemca, wojna zostałaby wygrana. Musiał więc tkwić w transzei do końca. I walczyć za pomocą karabinu, bagnetu, saperki. Do końca. Rezerwy mobilizacyjne w Związku

Radzieckim były bardzo duże, szacowane w 1941 roku na 17 milionów mężczyzn, a w istocie do końca wojny powołano do wojska 29 milionów 574 tysiące obywateli. Dopóki tak wielu można było wysłać na bitewne pola, Niemcy nie mogli wygrać tej wojny.

W ciągu pierwszych sześciu miesięcy walk Armia Czerwona straciła 4,5 miliona żołnierzy, ale w grudniu 1941 roku w dalszym ciągu miała na froncie 4,2 miliona żołnierzy.

Oni szybko dowiedzieli się, że nie wolno im oddać się do niewoli, nawet w najbardziej beznadziejnej sytuacji, gdy okrążeni przez wroga, przymierali głodem, a nie mieli już amunicji.

Rozkaz Stalina z 16 sierpnia 1941 roku stanowił:

> 1. Każdy, kto usuwa oznaczenia z munduru na polu bitwy lub poddaje się, uważany będzie za dezertera, którego rodzina zostanie aresztowana jako rodzina tego, który złamał przysięgę wojskową i zdradził ojczyznę. Tacy dezerterzy zostaną zastrzeleni na miejscu.
>
> 2. Ci, którzy znajdą się w okrążeniu w czasie walki, mają walczyć do ostatka i próbować dotrzeć do własnych linii. Ci, którzy wolą poddać się, zostaną zniszczeni wszelkimi możliwymi środkami, a ich rodziny zostaną pozbawione zapomóg i wsparcia ze strony państwa.

Ten rozkaz był powtarzany na wszystkich stopniach wojskowej struktury.

Generał Gieorgij Żukow rozkazał 28 września 1941 roku:

> Każdy żołnierz powinien wiedzieć, że rodziny tego, który podda się wrogowi, będą zastrzelone, a żołnierze, którzy przeżyją niewolę, zostaną zastrzeleni po uwolnieniu.

Te środki miały zastosowanie nie tylko wobec żołnierzy, lecz także oficerów, nawet najwyższych.

Paweł Poniedielin
(archiwum autora).

Sądy wojskowe pracowały bardzo intensywnie. Nigdy nie udało się ustalić, ilu oficerów skazano w lipcu i sierpniu w wyniku fałszywych oskarżeń o zdradę, defetyzm, udział w spisku przeciwko ojczyźnie i Stalinowi. Jedynym wskaźnikiem może być to, że w październiku 1941 roku, gdy NKWD przystąpiło do ewakuowania moskiewskich więzień, rozstrzelano około 400 oficerów, dla których zabrakło miejsca w więziennych samochodach. Kilkuset innych wywieziono do Kujbyszewa, gdzie większość z nich zginęła. Prawdopodobnie 70 generałów i admirałów poświęcono dla przykładu, aby ich los stał się przestrogą dla innych. Wina czy rzeczywista odpowiedzialność nie miały znaczenia.

Taki los spotkał generała Pawła Poniedielina[89], dowódcę 12. Armii. Ciężko ranny, dostał się do niewoli. W tym samym rejonie Humania na Ukrainie do niewoli dostał się generał Nikołaj Kiriłłow[90] dowodzący korpusem. Tam do niewoli poszło ponad 100 tysięcy ich żołnierzy.

Inny z dowódców, generał Władimir Kaczałow, dowódca 28. Armii, zginął pod Smoleńskiem 4 sierpnia 1941 roku, ale w Moskwie, choć

89 Paweł Poniedielin (1893–1950) – generał, dowódca 12. Armii, dostał się do niewoli, za co zaocznie został skazany na śmierć. Uwolniony z obozu 1945 roku przez wojska amerykańskie, został wydany Rosjanom. Więziony przez sześć lat w Moskwie, został rozstrzelany.

90 Nikołaj Kiriłłow (1897–1950) – generał, dowódca korpusu, dostał się do niewoli w rejonie Humania. Wyzwolony z obozu przez żołnierzy amerykańskich, został przekazany do Moskwy.

okoliczności jego śmierci były znane, określono go jako „politycznie niedojrzałego" i uznano, że poniósł śmierć, gdy chciał oddać się w ręce wroga.

Stalin wykorzystał ich nazwiska w rozkazie nr 270:

> Generał Kaczałow, dowodzący 28. Armią, okazał się tchórzem i poddał się, gdy jego sztab i oddziały przedzierały się przez okrążenie; generał-major Poniedielin poddał się, podobnie jak generał Kiriłłow z 13. Korpusu Piechoty. To są haniebne wydarzenia. Tchórze i dezerterzy muszą być zniszczeni!

Kaczałowowi już nic nie można było zrobić, lecz jego rodzina do 1956 roku znosiła los najbliższych „zdrajcy ojczyzny": zostali usunięci z mieszkania, pozbawieni renty i możliwości kształcenia dzieci.

Poniedielin wrócił z niemieckiej niewoli w 1945 roku i dostał się w ręce stalinowskiej sprawiedliwości. 25 sierpnia 1950 roku został skazany na śmierć. Wyrok wykonano.

Generał Nikołaj Kiriłłow również przeżył niemiecką niewolę i w 1945 roku Amerykanie odesłali go do Związku Radzieckiego. Zginął rozstrzelany tego samego dnia.

Później złagodzono to podejście, aby nie marnować materiału ludzkiego.

Do 1942 roku utworzono 22 obozy dla żołnierzy uwolnionych z niemieckiej niewoli, tzw. obozy filtracyjne. Do końca 1944 roku przeszło przez nie ponad 350 tysięcy żołnierzy i oficerów. Blisko połowę z nich odesłano do tzw. szturmowych batalionów, kierowanych na najtrudniejsze odcinki frontu, na przykład do torowania przejść w polach minowych. Szansa przeżycia była znikoma.

W lipcu 1942 roku Stalin nakazał utworzenie batalionów karnych dla oficerów (*sztrafnyje bataliony*, w skrócie *sztrafbaty*) i karnych kompanii (*sztrafnyje roty*) dla żołnierzy. W czasie wojny służyło w nich co najmniej

1,5 miliona oficerów i żołnierzy. Śmiertelność była trzykrotnie wyższa niż w oddziałach regularnych.

Świadomość kary okazywała się jednak niewystarczająca dla żołnierzy, którzy znaleźli się w okrążeniu, gdy dalsza walka była niemożliwa. Bardzo częste były przypadki odmowy wykonania rozkazów, wycofywania się całych oddziałów lub panicznej ucieczki z pola walki.

Temu miało zapobiec utworzenie w czerwcu 1941 roku oddziałów zaporowych NKWD (*zagraditielnyje otriady*, w skrócie nazywane *zagradotriady*). One, zajmując pozycję na tyłach jednostek frontowych, otwierały ogień do wycofujących się żołnierzy. Ścigały również dezerterów i zagubionych żołnierzy, którzy stracili kontakt ze swoimi jednostkami. Do 10 października 1941 roku, a więc w czasie niespełna czterech miesięcy trwania wojny, schwytały ponad 407 tysięcy dezerterów i żołnierzy poza swoimi jednostkami. Inne oddziały NKWD w tym samym czasie przechwyciły 250 tysięcy zagubionych żołnierzy.

Jednakże Stalin zdawał sobie sprawę, że specoddziały nie obsadzą całego wielkiego frontu przecinającego Związek Radziecki z północy na południe. Armia musiała pilnować się sama. W telegramie rozesłanym we wrześniu 1941 roku do wszystkich jednostek nakazywał, aby w każdej dywizji utworzyć oddział złożony z pewnych politycznie żołnierzy, których zadaniem było zatrzymywanie ogarniętych paniką żołnierzy, „nawet przy użyciu broni", co oznaczało, że mieli strzelać do tych, którzy zrywali się do ucieczki przed nadchodzącym wrogiem.

Rok później, mimo że NKWD utworzyło na wszystkich frontach 193 oddziały zaporowe, Stalin nakazał:

> Od trzech do pięciu dobrze uzbrojonych oddziałów (każdy do 200 żołnierzy) powinno być sformowanych w każdej armii i umieszczonych za niepewną dywizją. Muszą strzelać do panikarzy i tchórzy w przypadku paniki lub niezorganizowanego odwrotu. W zależności od sytuacji od pięciu do dziesięciu karnych kompanii (każda po 150 do 200 ludzi) powinno być

Andriej Własow jeszcze w radzieckim mundurze (archiwum autora).

sformowanych w ramach armii i wysłanych na trudne odcinki, tak aby dać im szansę okupienia krwią zbrodni, jakie popełnili w obliczu ojczyzny".

Generał Andriej Własow, zastępca dowódcy Frontu, doskonale znał tę sytuację i bezwzględnie wypełniał rozkazy Stalina. A nie mógł przewidzieć, że nadejdzie czas, gdy to obróci się przeciwko niemu i jego żołnierzom.

W kwietniu 1942 roku oddano pod jego dowództwo 2. Armię Uderzeniową, która skierowana na niemieckie pozycje pod Leningradem, miała doprowadzić do odblokowania miasta, okrążonego we wrześniu poprzedniego roku.

Armia Własowa wdarła się na obszar zajęty przez wojska niemieckie, ale tam jej impet został wyhamowany. Znalazła się na bagiennym terenie, a z zapleczem łączył ją tylko pas ziemi o szerokości 4 kilometrów, biegnący przez wyrwę w niemieckich liniach.

Żołnierze Własowa byli źle wyszkoleni, brakowało im ciężkiej artylerii i amunicji. Generał Kiriłł Mierieckow[91], Dowódca Frontu Wołochowskiego, w skład którego wchodziła armia Własowa, zdawał sobie sprawę, że dalsze jej utrzymywanie na tym terenie zakończy się całkowitym zniszczeniem. Apelował do Naczelnego Dowództwa o zgodę na wycofanie,

[91] Kiriłł Mierieckow (1897-1968) – marszałek Związku Radzieckiego, dowódca kilku frontów, wielokrotnie wykazał nieudolność (m.in. w czasie dowodzenia armią w wojnie zimowej w Finlandii). Mimo to powierzano mu dowodzenie dużymi związkami, a w 1944 roku otrzymał stopień marszałka Związku Radzieckiego.

zanim nastąpią roztopy, które mogły uniemożliwić dowóz zaopatrzenia. Bezskutecznie.

I stało się to, co wydawało się nieuniknione. Silne niemieckie ataki zamknęły pierścień okrążenia wokół oddziałów Własowa.

24 kwietnia 1942 roku generał Mierieckow poleciał do Moskwy. W obecności Stalina powiedział, że sytuacja 2. Armii Uderzeniowej stała się krytyczna i „jeżeli nic nie zostanie zrobione, to katastrofa będzie nieunikniona". Nie wiadomo, dlaczego Stalin nie wysłuchał generała. Być może zaważyła niechęć do tego oficera, który w niedalekiej przeszłości zawiódł go jako dowódca.

Wkrótce przestrogi Mierieckowa się spełniły.

22 maja oddziały Własowa przerwały niemiecki pierścień. Przez niewielką lukę między niemieckimi wojskami wyrwało się 7 tysięcy żołnierzy. Ale już następnego dnia Niemcy zdołali zamknąć tę wyrwę i odeprzeć kolejne uderzenia oddziałów Własowa oraz idącej im z pomocą 59. Armii.

Armia Własowa znalazła się w pułapce, odcięta od dostaw zaopatrzenia. Kończyły się zapasy żywności. Żołnierze jedli skórzane oporządzenie, zdarzały się przypadki kanibalizmu. Wiosenne roztopy skuteczniej niż niemieckie blokady sprawiły, że drogi stały się nieprzejezdne, a żołnierze nie mogli już chronić się w ziemiankach, a jedynie w szałasach kleconych z gałęzi. Pojawiła się plaga komarów. Szerzyły się choroby. Wszystko to pod ciągłym niemieckim ostrzałem. Własow mógł już tylko wydać rozkaz przebijania się niewielkich grup przez linie wroga. Sam zaś postanowił się ukryć.

Mierieckow wysyłał specjalne oddziały na ratunek. Zrzucano spadochroniarzy, którzy mieli odnaleźć generała i wyprowadzić go z okrążenia. Szukali go partyzanci. Bez skutku.

Równie intensywnie poszukiwali go Niemcy, którzy liczyli, że zdradzi go miejscowe chłopstwo w zamian za wysoką nagrodę.

I tak się stało.

Okoliczności schwytania Własowa nie są jasne.

Według zeznania złożonego po wojnie przez Marię Woronową, kucharkę z 2. Armii[92], 12 lipca 1942 roku wydali go chłopi ze wsi Tuchowież, którzy wcześniej go obezwładnili i trzymali w stodole jako więźnia, dopóki nie przyjechał szef wywiadu XXXVIII Korpusu kapitan von Schwerdtner.

Według innej wersji Schwerdtner przejeżdżał przez Tuchowież w drodze do innej wsi, skąd nadeszła wiadomość, że tam wartownik zastrzelił Własowa. Nie zareagował na informację miejscowego sołtysa, że Własow ukrywa się w stodole. Dopiero po ustaleniu, że w miejscu, do którego go wezwano, zginął inny radziecki oficer, postanowił sprawdzić słowa sołtysa z Tuchowieży. W stodole, otoczonej przez jego żołnierzy, byli generał i kucharka Maria Woronowa.

12 lipca 1942 roku Własowa przewieziono do kwatery generała Georga Lindemanna dowódcy 18. Armii. Pięć lub sześć dni później trafił do starej pruskiej twierdzy Boyen w Giżycku. Tam Fremde Heere Ost zorganizowało obóz dla specjalnie wybranych radzieckich oficerów. Niewielu z nich Gehlen zdołał wykorzystać jako szpiegów przerzuconych za linię frontu wschodniego. Jednym z nielicznych, którym to się udało, był komisarz, a w cywilu wysoki funkcjonariusz moskiewskiej organizacji partyjnej o nazwisku Miszinski (Myszynski). Wyposażono go w fałszywe dokumenty i wysłano poza linie radzieckie. Tak dobrze spreparowano jego papiery i tak dobrze nauczono go, jak wyjaśnić zniknięcie z oddziału, że nie wzbudził podejrzeń NKWD. Wkrótce powrócił do Moskwy, gdzie rozpoczął pracę w Sztabie Generalnym, i stamtąd jako „Flamingo" przesyłał do organizacji Gehlena ważne informacje.

Obóz w twierdzy był w odległości około 40 kilometrów od Mamerek, gdzie w Dowództwie Wojsk Lądowych Wehrmachtu miał swoją kwaterę pułkownik Gehlen.

---

92 Zeznanie zamieszczone jest w książce Nikołaja Koniajewa *Własow, dwa lica gienerała.*

Żołnierze Rosyjskiej Armii Wyzwoleńczej (archiwum autora).

W wydanym po wojnie pamiętniku nie wspomniał, że rozmawiał z Własowem, choć musiało do tego dojść. To oczywiste, że nie chciał przyznać się do przesłuchiwania jeńców radzieckich. Co więcej: rozmowy w twierdzy zakończyły się jego sukcesem. Gehlen uzyskał to, do czego zmierzał: namówił Własowa do współpracy z hitlerowcami. Postępowanie generała-bohatera mogło zachęcić innych oficerów do porzucenia Armii Czerwonej i przejścia na służbę w Wehrmachcie. Jego odezwy i udział w wiecach organizowanych na okupowanych terytoriach miały kruszyć morale ludności i żołnierzy Armii Czerwonej. Pozwolono mu nawet utworzyć armię, nazwaną Rosyjską Armią Wyzwoleńczą, tyle że był to twór czysto propagandowy. Ostrożnie i powoli w marcu 1943 roku utworzono dywizję kozacką, ale nie w Wehrmachcie, lecz w SS, i nie skierowano jej na front wschodni, ale wysłano do zwalczania partyzantów w Jugosławii.

Mając takie plany, Gehlen wyprzedzał zamierzenia niemieckiego dowództwa. Hitler nie chciał słyszeć o utworzeniu rosyjskich oddziałów w jego wojsku, nawet jeżeli żołnierze mieliby nosić niemieckie mundury. To zakłócałoby jego wizję dzielnych niemieckich wojskowych zdobywających „Lebensraum" dla niemieckiego narodu. Nastawienie Hitlera zmieniło się, gdy Wehrmachtowi zaczęło brakować żołnierzy, co stało się oczywiste po klęsce pod Stalingradem.

W lutym 1945 roku, na mocy decyzji Himmlera, Własow objął dowodzenie nad dwoma rosyjskimi dywizjami. To nie było dużo, ale naszywki Rosyjskiej Armii Wyzwoleńczej nosiło kilkaset tysięcy żołnierzy, którzy podjęli kolaborację z hitlerowcami.

Gehlen nie zrealizował swojego planu wzmocnienia Wehrmachtu poprzez włączenie do armii żołnierzy innych narodowości, ale niespodziewanie z końcem wojny Własow zyskał dla niego nową wartość. Tyle że Gehlen już nie był szefem FHO. 9 kwietnia Hitler niespodziewanie zwolnił go z tego stanowiska. Podał bardzo ogólnikowy powód, jak miał to w zwyczaju, zwalniając wysokich rangą oficerów. Co mogło być prawdziwym powodem? Można tylko spekulować. Być może zaważyły niejasne podejrzenia o powiązaniach ze spiskiem Stauffenberga. Tamtego dnia, 20 lipca 1944 roku, gdy w Wilczym Szańcu eksplodowała bomba, Gehlen był chory. To uchroniło go przed włączeniem się do działań spiskowców. Później Gestapo nie znalazło dowodów przeciw niemu.

Być może jego wrogowie skierowali uwagę Hitlera na nietrafne oceny zamierzeń wroga. Bez względu na powód dymisji, nastąpiła ona w najbardziej odpowiednim czasie, gdy Gehlen mógł przystąpić do realizacji planów na powojenny czas. Już cztery dni przed zwolnieniem nakazał sfotografowanie dokumentów z archiwum jego organizacji, a co ważniejsze, także podporządkowanej mu jednostki wydziału wywiadu i kontrwywiadu wojskowego o kryptonimie WILLI I. Następnie przekonał dwóch oficerów z tej organizacji, podpułkownika Gerharda Wessela i jego zastępcę podpułkownika Hermanna Bauna, aby zgodzili się oddać tajne materiały Amerykanom lub Brytyjczykom. Baun nawiązał kontakt z kwaterą główną wojsk brytyjskich, ale nie znalazł tam zainteresowania. Konspiratorom pozostało wierzyć, że to Amerykanie docenią wartość ich wiedzy oraz materiałów, które mieli do zaoferowania. Zaczęli więc przygotowywać bezpieczne schronienia dla archiwów FHO. Gehlen uznał, że Turyngia, kraj w centralnej części Niemiec, na południowy zachód od Berlina, będzie odpowiednim miejscem. Tam w Naumburgu, w piwnicy win, złożono skrzynie z dokumentami FHO. Pewność, że tam będą bezpieczne, niespodziewanie prysła, gdy aliancki plan nakreślony przez Sprzymierzonych w lutym 1945 roku w Jałcie, z którego wynikało, że Turyngię zajmą wojska radzieckie, został przechwycony przez niemiecki wywiad. Należało więc jak najszybciej przerzucić skarb wywiadu do Bawarii, gdyż było oczywiste, że ten kraj zajmą wojska amerykańskie. Gehlen przystąpił do ukrywania resztki tajnych dokumentów, które jeszcze mu pozostały.

37

Zasadzka pod Pragą

12 maja 1945 roku w pobliżu Pragi kolumna samochodów z oficerami 1. Dywizji generała Siergieja Buniaczenki z ROA, prowadzona przez amerykańskich oficerów, została zatrzymana przez samochód kapitana Michaiła Jakuszewa, dowódcy batalionu 162. Brygady Pancernej. Fakt, że jemu powierzono to zadanie, zdaje się wskazywać na ogromny pośpiech władz radzieckich. Specjalne oddziały kontrwywiadu Smiersz[93], powołane do takich operacji, były już blisko. Pierwsza do miasta weszła 11 maja Operacyjna Grupa Smiersz działająca przy 4. Froncie Ukraińskim. Natychmiast rozpoczęła pościg za ludźmi uznawanymi za wrogów komunistycznego państwa. A powszechnie było wiadomo, że Praga była miastem przyjaznym rosyjskiej emigracji. W okresie międzywojennym znalazło tam schronienie przed bolszewickimi represjami około 25 tysięcy emigrantów. Działał Związek Organizacji Rosyjskich Emigrantów i wiele rosyjskich instytucji, w tym Archiwum Rosyjskie, które było szczególnym celem Smiersz. Udało się schwytać założyciela Archiwum Siergieja Postnikowa, ale dopiero w grudniu 1945 roku Czesi

[93] Smiersz – oddział kontrwywiadu Ludowego Komisariatu Obrony ZSRR powołany 14 kwietnia 1943 roku i nazwany przez Józefa Stalina skrótem zawołania „smiert' szpionam" (śmierć szpiegom). Do momentu włączenia w maju 1946 roku do Ministerstwa Bezpieczeństwa Państwowego, oddział odniósł wiele sukcesów w zwalczaniu niemieckich dywersantów i szpiegów, a także w utrzymywaniu dyscypliny w radzieckich wojskach (według ocen zachodnich około 12 procent radzieckich oficerów i podoficerów było informatorami lub konfidentami).

Samobieżne działo przeciwpancerne Hetzer z dywizji „Wallenstein" (archiwum autora).

przekazali Radzieckiej Akademii Nauk dokumenty bezcenne dla komunistycznych władz. Na tej podstawie zidentyfikowano 18 tysięcy emigrantów z carskiej Rosji chroniących się w państwach Europy.

A jednak to nie żołnierze Smierszu schwytali Własowa.

W pewnym momencie obok kolumny ciężarówek wiozących żołnierzy z 1. Dywizji Rosyjskiej Armii Wyzwoleńczej pojawił się radziecki samochód. Wydawałoby się, że żołnierze Własowa nie mają się czego obawiać. Byli eskortowani przez Amerykanów, a mogli uważać się za bohaterów, gdyż wsparli powstańców w Pradze, którym groziła zagłada. Drugiego dnia powstania, 7 maja, na miasto uderzyły czołgi SS-Panzer Division „Das Reich" i 44. Waffen-SS Panzergrenadier Division „Wallenstein". Los powstańców w rękach morderców z SS byłby straszny, ale do akcji ruszyła 1. Dywizja generała Buniaczenki. Uratowali miasto, acz jeszcze 8 maja esesmani mordowali powstańców i cywilną ludność na stacji Masaryka.

Radziecki samochód, który wyprzedził kolumnę, niespodziewanie zajechał drogę, zmuszając ciężarówki do zatrzymania się. Z samochodu wyskoczył z pistoletem w dłoni kapitan Michaił Jakuszew. Podbiegł od razu do samochodu Własowa. Na widok radzieckiego oficera podobno ukrył się pod kocem, a zasłaniali go tłumacz i kobieta (zapewne Woronowa). To mało prawdopodobna relacja. Własow nie był człowiekiem, który chowałby się pod kocem, a przy jego wzroście ponad 180 centymetrów byłoby to raczej niemożliwe. Poza tym mógł liczyć na interwencję amerykańskich żołnierzy jadących w jeepie na przedzie kolumny. Rzeczywiście, ci zareagowali, kontaktując się z dowództwem, które przysłało drugiego jeepa z oficerami. Jakuszew nie stracił rezonu, przekonując Amerykanów, że Własow jest zdrajcą, którego ma rozkaz dostarczyć do amerykańskiego dowództwa. Amerykanie mieli przyjąć to tłumaczenie za dobrą monetę, choć to niemożliwe, aby Jakuszew mógł im wytłumaczyć swoje zamiary, nie znając angielskiego. Amerykanie zupełnie nie rozumieli, o co mu chodzi, ale skoro był to sojusznik, to nie protestowali.

Jakuszew, nie niepokojony przez żołnierzy amerykańskich, wsiadł do samochodu Własowa i zawrócił z nim w stronę radzieckich stanowisk. Około godziny 18:00 przekazał jeńca dowódcy 162. Brygady Pancernej, a ten następnego dnia oddał go w ręce oprawców ze Smiersz. Dowódca tej organizacji, znany z brutalności i okrucieństwa generał Wiktor Abakumow, natychmiast wysłał meldunek do Ławrientija Berii:

> Zgodnie z raportem Zarządu Smiersz 1. Frontu Ukraińskiego 12 maja tego roku zdrajca Własow został zatrzymany w pobliżu miasta Praga. Jechał samochodem w stronę aliantów. Zgodnie z sugestią generała Fominycha [dowódcy 25. Korpusu Pancernego – B.W.] Własow rozkazał podległym żołnierzom wstąpić do Armii Czerwonej. (...) Rozkazałem szefowi Zarządu Smiersz 1. Frontu Ukraińskiego, generałowi Nikołajowi Osietrowowi, wysłać Własowa pod silną strażą do Zarządu Głównego Smiersz [do Moskwy – B.W.].

Trafił do więzienia na Łubiance jako więzień nr 31.

Zegar jego życia biegł już bardzo szybko.

Skazany na śmierć po jednodniowym procesie, w którym wyrok napisano, zanim rozprawa się rozpoczęła, został powieszony 1 sierpnia 1946 roku.

38

Chatka na zboczu

W czasie gdy Rosjanie osaczali Własowa, generał Gehlen wybierał się w nową drogę życia. Mógł wiele planów łączyć z Własowem i miał nadzieję, że generał uniknie radzieckich zasadzek i pozostanie na Zachodzie. To niezwykle podniosłoby jego, Gehlena, wartość w przetargach z Amerykanami, do których się przygotowywał. Do tego czasu jego największym zmartwieniem, gdy uznał, że nie grozi mu schwytanie przez radzieckich żołnierzy, było uniknięcie schwytania przez amerykańskich. On miał inny plan.

W pamiętniku Gehlen zapisał:

> Poleciłem oficerowi rezerwy, głównemu leśniczemu Weckowi, aby znalazł trzy kryjówki w Alpach: łatwo dostępne, lecz trudne do zauważenia, z dostępem do wody.

Niespodziewanie zrezygnował z jednego z miejsc wybranych przez leśniczego Wecka: chaty w pobliżu wsi Reit im Winkl, 80 kilometrów na południowy wschód od Salzburga. Podobno Weck ostrzegł o wydaniu przez Reichsführera SS Heinricha Himmlera rozkazu zlikwidowania go. Doradzał, aby generał wybrał inne miejsce, gdyż podobno to, do którego zmierzał, znane było polującym na niego esesmanom. To nieprawdopodobne, aby leśniczy Weck znał zamiary Himmlera wobec generała.

Można to uznać za przejaw dość popularnej konfabulacji pamiętnikarskiej hitlerowców, którzy starali się przedstawiać aliantom jako ofiary nazizmu. Chyba najdalej posunął się minister uzbrojenia Albert Speer, który opisywał w pamiętniku, jak to postanowił zgładzić Hitlera i przygotowywał zamach.

Gehlen przeniósł się do drugiej wyszukanej przez Wecka chaty w rejonie miejscowości Fischhausen nad jeziorem Schlier. Ale tam też nie był długo.

W zastanawiający sposób w tym samym czasie do miasta przybył pułkownik Pfeifer, ten sam komendant szkoły strzelców górskich w Mittenwald, który pomagał ukrywać berlińskie złoto. To nie mógł być przypadek. Miasteczko Mittenwald leżało w odległości 90 kilometrów od Fischhausen. Podróż stamtąd w warunkach końca wojny była uciążliwa, a przede wszystkim nie należała do bezpiecznych. Czym więc kierował się pułkownik, przyjeżdżając do chaty Gehlena? Żaden z nich tego nie wyjaśnił, ale należałoby przyjąć, że chodziło o złoto, o którym wiedza stanowiła dodatkowy argument, który Gehlen mógł wykorzystać w targowaniu się z Amerykanami o swoją przyszłość.

Przez trzy tygodnie maja 1945 roku ukrywał się w trzeciej z kryjówek, chacie „Elend", wysoko na zboczu góry nad jeziorem Spitzingsee. Był tak ostrożny, że każdego ranka opuszczał ją i szedł ze swoimi towarzyszami wyżej w góry, skąd przez cały dzień wypatrywali żołnierzy wroga. Wracali dopiero wieczorem, gdyż było wiadomo, że po zmroku Amerykanie nie zapuszczają się w góry. Generał Reinhard Gehlen nie chciał, żeby złapali go zbyt wcześnie jako jeńca wojennego. Zaplanował, że podda się honorowo, co miało być odpowiednią oprawą dla nowego rozdziału w jego życiu.

Ostatecznie 22 maja 1945 roku uznał, że nie może już dalej się ukrywać, choć zapewne nie spodziewał się lekceważącego przyjęcia przez Amerykanów. Oficerowie, których spotkał, gdy zszedł do doliny, nie wiedzieli, kim jest generał Gehlen. Od tego momentu wszystko już było kwestią przypadku.

Edwin Luther Sibert
(archiwum autora).

Generał Edwin Luther Sibert[94], choć był dzielnym oficerem artylerii i zajął wysokie stanowisko szefa wywiadu w amerykańskiej 12. Grupie Armii, niewiele o wywiadzie wiedział. Można uznać, że o jego karierze decydowały rodzinne powiązania z wojskiem, co Amerykanie zwykli cenić nadzwyczaj wysoko. Jego dziadek służył w armii konfederatów, ojciec miał za sobą piękną karierę w US Army na Filipinach i w Panamie, co bezpośrednio przełożyło się na karierę młodego Edwina, który w 1914 roku w wieku 17 lat został przyjęty na specjalnych prawach do Akademii Wojskowej. Nie wiadomo, jak doszło do spotkania Siberta z Gehlenem, którego do tego czasu przewożono z obozu do obozu. Podczas tego, chyba przypadkowego, spotkania Gehlen zdołał zainteresować amerykańskiego kolegę swoją wiedzą o wojskach radzieckich, władzach i przemyśle tego państwa. Na jego żądanie przygotował 129-stronicowy raport o służbie w Fremde Heere Ost. Sibert pod wrażeniem lektury pozwolił Gehlenowi dobrać sześciu kolegów z dawnej pracy i w końcu sierpnia 1945 roku całą grupę wysłał specjalnym samolotem generała Waltera Bedella Smitha, szefa sztabu generała Eisenhowera, do Stanów Zjednoczonych. Tam Gehlena zamknięto pod strażą na dziesięć miesięcy w specjalnym ośrodku w obozie Fort Hunt w Wirginii, znanym jako „P.O. Box 1142", co było adresem pocztowym. Trafił w dobre towarzystwo, gdyż w tym samym ośrodku uwięziono Wernhera von

[94] Edwin Luther Sibert (1897–1977) – amerykański generał, absolwent United States Military Academy (1918 rok), od sierpnia 1943 roku służył w artylerii. Rok później objął stanowisko zastępcy szefa sztabu (wywiadu) w Europejskim Teatrze Działań Wojennych (ETO), a następnie szefa wywiadu w 12. Grupie Armii. Po wojnie był m.in. zastępcą szefa CIA.

Heinz Schlicke
(archiwum autora).

Brauna oraz Heinza Schlickego, naukowca pracującego nad zastosowaniem podczerwieni, schwytanego na pokładzie okrętu podwodnego U-234, odbywającego w samym końcu wojny rejs do Japonii z ładunkiem uranu i tajnej broni. Okręt na Atlantyku poddał się Amerykanom i 17 maja 1945 roku został wprowadzony do Portsmouth w New Hampshire. Do dzisiaj nie ujawniono listy tego, co znaleziono pod pokładem okrętu podwodnego.

W ośrodku więziono również człowieka, którego obecność w tym towarzystwie może wydawać się dziwna. Kapitan Werner Henke był dowódcą okrętu podwodnego U-515. W kwietniu 1944 roku uratował się ze swojego okrętu zatopionego przez amerykańskie jednostki. W ośrodku przesłuchujący go oficerowie grozili, że zostanie wydany Brytyjczykom, którzy skażą go na śmierć za zatopienie w grudniu 1942 roku pasażerskiego statku „Ceramic", na którym zginęło 656 osób. Henke postanowił nie czekać, aż dopadnie go sprawiedliwość, i podjął nieudaną próbę ucieczki. Zginął trafiony pociskami amerykańskiego wartownika, gdy wspinał się na ogrodzenie.

Po dziesięciu miesiącach Gehlena zabrano z powrotem do Niemiec, acz tym razem trafił do tajnego ośrodka w Oberursel, miasta położonego 17 kilometrów na północny zachód od Frankfurtu nad Menem. Było to dość niezwykłe miejsce.

W czasie wojny na terenie farmy kurzej hitlerowcy urządzili obóz przejściowy dla schwytanych alianckich lotników (Durchgangslager der Luftwaffe). Na krótko, na przesłuchania, dowożono jeńców z obozu we Frankfurcie. Zazwyczaj ich niewielkie grupy wieziono pociągiem, a pilnujący żołnierze zajmowali się głównie odpędzaniem rodaków, którzy chcieli wziąć odwet za niszczenie ich domów przez alianckie lotnictwo.

Początkowo ośrodek znajdował się w jednym murowanym budynku, ale w miarę nasilania się alianckich nalotów i zwiększającej się liczby jeńców rozrósł się do pokaźnych rozmiarów. Już wtedy stosowano tam tortury, aby zmusić jeńców do mówienia. Po wojnie czterech oficerów z załogi obozu stanęło przed brytyjskim sądem w Wuppertalu w tzw. Procesie Dulag Luft (Dulag Luft Trial). Trzech z nich, którym udowodniono stosowanie tortur, skazano na więzienie.

Po wojnie obiekt został przejęty przez amerykański wywiad, a następnie nadano mu nazwę Camp King, aby upamiętnić pułkownika Charlesa B. Kinga, który zginął, gdy jako parlamentariusz przybył do linii niemieckich w Normandii, aby przejąć żołnierzy, którzy trafili do niewoli. Już to nie było dobrym znakiem dla niemieckich jeńców, których przywożono do obozu. Niewiele wiadomo, co z nimi robiono, gdyż wszystkie dokumenty wciąż pozostają utajnione. Nieliczne informacje wskazują, że stosowano tutaj „specjalne" techniki przesłuchań, co amerykański wywiad określał jako „extreme interrogation", czyli narkotyki, wstrząsy elektryczne czy topienie.

Nie należy sądzić, że tak postępowano z Gehlenem, gdyż on niczego nie taił, a po powrocie ze Stanów Zjednoczonych było oczywiste, że wyznaczono mu ważną rolę. Amerykański wywiad szybko doszedł do wniosku, że niemiecki generał jest człowiekiem o ogromnej wiedzy na temat Związku Radzieckiego, której nie posiadał nikt z alianckich służb. W istocie przez całą wojnę ani brytyjski, ani amerykański wywiad nie szpiegował w ZSRR, co wynikało z niebywałej skuteczności radzieckiego kontrwywiadu, jaka tylko mogła być możliwa w totalitarnym państwie.

Generał Ernst Köstring, wieloletni attaché wojskowy niemieckiej ambasady w Moskwie[95], powiedział:

– Łatwiej Arabowi w powiewającym burnusie przejść niezauważonym przez Berlin niż obcemu agentowi przedostać się do Rosji.

Tuż po objęciu posady w ambasadzie pisał do szefa wywiadu Sztabu Generalnego:

> Doświadczenie z pracy tutaj z ostatnich kilku miesięcy wykazuje, że jest poza wszelką kwestią zdobycie wojskowych informacji lub informacji nawet luźno związanych z przemysłem zbrojeniowym, nawet w najbardziej błahych sprawach.

Podstawowym źródłem informacji dla Niemców przygotowujących swoje wojska do wojny były loty samolotów zwiadowczych ze specjalnego oddziału dowodzonego przez pułkownika Theodora Rowehla. Po okresie bardzo intensywnej działalności w 1939 roku i pierwszej połowie 1940 roku, we wrześniu 1940 roku, Hitler zakazał lotów zwiadowczych nad terytorium ZSRR, gdyż nie chciał pogarszać stosunków z sojusznikiem. Na początku 1941 roku, gdy przygotowania do wojny rozwijały się pełną parą, pułkownik Rowehl otrzymał rozkaz wznowienia lotów zwiadowczych nad terytorium radzieckim w pasie do 350 kilometrów od granicy.

Niemieccy analitycy przeglądający zdjęcia lotnicze nie potrafili prawidłowo ocenić wielkości sił wroga. Źle oszacowali możliwości mobilizacyjne i siły przemysłu zbrojeniowego. Bez wątpienia zaniżone szacunki sił radzieckich tworzyły u Hitlera złudne przekonanie, że zdoła pokonać Armię Czerwoną w ciągu kilkunastu tygodni.

Amerykanie w końcu wojny nie mogli wysyłać swoich samolotów zwiadowczych nad terytorium sojusznika. W sytuacji całkowitego braku

---

95 Pracował na tym stanowisku w latach 1931–1933 i 1935–1941.

informacji wywiadowczych z ZSRR niemiecki generał mógł wydawać się amerykańskiemu wywiadowi darem niebios, zesłanym w zamian za wkład USA w pokonanie nazizmu. Mogli być zachwyceni zawartością ocen i raportów, ale nie mogli ich zweryfikować. Nie mogli wiedzieć, że prawda o genialnym szefie wywiadu wojskowego była zupełnie inna, niż im się wydawało.

39

Przepustka do przyszłości

Wojenny sojusz rozpadał się z dnia na dzień. Bez wątpienia było to następstwem przejęcia urzędu prezydenta USA przez Harry'ego Trumana, który nie miał zamiaru podążać drogą wytyczoną przez Franklina D. Roosevelta. Tamten, choć zdawał sobie sprawę z prawdziwej natury Stalina i komunistycznego zagrożenia, nie planował odpychać ani upokarzać rosyjskiego dyktatora. Na początku wojny to nie Wielka Brytania, która ledwo broniła swą niepodległość dzięki temu, że wody Kanału La Manche dla Wehrmachtu stanowiły zaporę nie do przebycia, a ZSRR mógł przejąć ciężar wojny w Europie i unieść go. Czy Truman brał pod uwagę, że odrzucony Stalin może zwrócić się do Hitlera? Dochodziły takie wieści. W czasie konferencji w Placentia Bay 14 sierpnia 1941 roku do prezydenta przyszedł Adlai Stevenson, młody asystent ministra marynarki wojennej, z raportem opartym na doniesieniach „z wiarygodnych źródeł wywiadowczych", że rozpoczęły się negocjacje radziecko-niemieckie.

– Nie wierzę w to – odpowiedział prezydent. – Nie martwi mnie to. A ciebie to niepokoi, Adlai?

Stevenson, przyszły kandydat Partii Demokratycznej na prezydenta, wymamrotał kilka słów, z których wynikało, że niecałkowicie zgadza się z prezydentem, i wyszedł.

W tym wypadku przeczucie zawiodło prezydenta. Już 25 lipca 1941 roku szef NKWD Ławrentij Beria wezwał jednego ze swoich najzdolniejszych

Aleksandra Kołłontaj (archiwum autora).

i najbardziej bezwzględnych podwładnych, Pawła Sudopłatowa, szefa Zarządu Operacji Specjalnych NKWD. Nakazał mu odbyć rozmowę z bułgarskim ambasadorem w Moskwie, który współpracował z radzieckim wywiadem. Zwerbowano go w 1934 roku w Rzymie, gdzie pracował jako trzeci sekretarz ambasady Królestwa Bułgarii. Nie był komunistą, ale uważał, że bliskie kontakty polityczne, gospodarcze i militarne między jego ojczyzną a Związkiem Radzieckim są absolutnie niezbędne dla zapewnienia Bułgarii należytych wpływów i pozycji na Bałkanach.

Już następnego dnia Sudopłatow spotkał się ze Iwanem Stamenowem w mieszkaniu swojego zastępcy Leonida Eitingona, a kolejnego dnia zaprosił ambasadora do restauracji „Agrawia", gdzie zwykle funkcjonariusze NKWD spotykali się z zagranicznymi dyplomatami. Było to znacznie lepsze miejsce do rozmów niż mieszkanie. Tam zaproponował mu pośredniczenie w kontaktach z Niemcami i przekazanie im informacji, że rząd radziecki chce podjąć negocjacje na temat zakończenia wojny. Stamenow odmówił. Ta droga została zamknięta. Beria podjął kolejną próbę, usiłując zaangażować Aleksandrę Kołłontaj, wysoką rangą pracownicę radzieckiej ambasady w Sztokholmie i późniejszą ambasador w tym państwie. W czasie spotkania z Edgarem Klausem, agentem Abwehry, wspomniała o możliwości negocjacji pokojowych z Niemcami. Klaus nie zrozumiał, o co chodzi jego rozmówczyni, i uznał, że wobec nieuchronnej klęski Związku Radzieckiego pani Kołłontaj myśli o ratowaniu własnej skóry. Taką wiadomość przekazał swojemu szefowi admirałowi Wilhelmowi Canarisowi.

Ten, uznając, że za propozycją radzieckiej dyplomatki może kryć się coś więcej, przekazał jej ofertę ministrowi spraw zagranicznych Joachimowi von Ribbentropowi, który z kolei poinformował Hitlera:

> Rosyjski ambasador w Sztokholmie, Mme Kołłontaj, zamierza zerwać z rządem radzieckim i przyjechać do Niemiec.

Mylił się, gdyż pani Kołłontaj nie była wówczas ambasadorem, ale nie takie wpadki zdarzały się niemieckiemu ministrowi, znanemu z głupoty.

– Ona będzie wystawnie przyjmowana – odpowiedział Hitler.

Nie miał zamiaru dłużej zajmować się tą sprawą. Być może zasięgnął bliższych informacji na temat pani Kołłontaj i dowiedział się, że jest to zażarta komunistka, którą można podejrzewać o wszystko, tylko nie o chęć zdradzenia Stalina. Skoro więc wystąpiła z taką propozycją, to znaczy, że Stalin wskazywał na nią jako na osobę mającą jego pełne zaufanie, przez którą gotów był utrzymywać tajny i nieformalny kontakt. W tamtym czasie Hitlera w ogóle to nie interesowało. Historia nie dała się zepchnąć na inny tor. Wojna z Niemcami trwała mimo ogromnych zniszczeń i strat.

Zastanawiające jest to, w jaki sposób amerykański wywiad dowiedział się o najtajniejszych działaniach rządu radzieckiego. Jedyne źródło mogło znajdować się w Berlinie, gdyż trudno sobie wyobrazić, żeby było w Moskwie, która w działaniach amerykańskiego wywiadu była wielką białą plamą. Zwłaszcza że w połowie 1941 roku amerykański wywiad praktycznie nie liczył się w międzynarodowych rankingach tajnych służb. Mocarstwo wciąż tkwiło w *splendid isolation* (wspaniałej izolacji) i nie widziało potrzeby podglądania innych państw, zwłaszcza tak dalekich jak europejskie. Być może wystarczało przekonanie, że najwierniejszy sojusznik, jakim była Wielka Brytania, trzyma rękę na europejskim pulsie, choć brytyjski wywiad MI-6, powołany w 1909 roku, był młodszy od amerykańskiego, który koncentrował się na zabezpieczaniu swojego podwórka, ale i tak słabo to wychodziło. Powodem była niezwykła naiwność

Celownik bombowy Norden (archiwum autora).

amerykańskich tajnych służb. Dowodził tego przypadek jednego z najgroźniejszych niemieckich agentów działających w USA. Wilhelm Lonkowski, działający pod przybranym nazwiskiem William Sexton (co pozwoliło całej operacji nadać mylący kryptonim „Sex"), dotarł do wielu tajemnic amerykańskich zakładów lotniczych. Swoje zdobycze – plany samolotów, zdjęcia i mikrofilmy, opisy działania mechanizmów, w tym najbardziej interesującego niemiecki wywiad celownika bombowego Norden – dostarczał na pokład statku „Europa", a przenosił je w pudle ze skrzypcami. Pech chciał, że w nowojorskim porcie zwrócił na niego uwagę celnik, miłośnik muzyki poważnej, który koniecznie chciał zobaczyć, jakie skrzypce leżą w futerale. Nie ustąpił, dopóki Sexton nie otworzył pudła, a wtedy wydało się, że są tam tajne plany. Celnik zaprowadził Sextona do swojego przełożonego. Tam go przeszukano, znajdując w jego kieszeniach mikrofilmy. Postanowili zadzwonić do oficera dowodzącego oddziałem G-2 wywiadu wojskowego, ale nie było go w biurze, a zastępujący go oficer nakazał Lonkowskiemu stawić się następnego dnia o godzinie 10:00 rano. Przecież obywatel USA, a Lonkowski miał amerykańskie obywatelstwo od 1928 roku, powinien wykonać takie polecenie. I tyle go widziano, gdyż jeszcze tego dnia uciekł do Kanady, a stamtąd na pokładzie statku do Niemiec.

Roosevelt dostrzegał w sojuszu ze Stalinem inną korzyść dla jego wielkiego planu zmiany powojennego świata, z którego postanowił wykorzenić źródła wszelkich nieszczęść ludzkości.

Mówił do swojego syna Elliota:

– Kolonializm oznacza wojnę. Eksploatacja zasobów Indii, Birmy, Jawy, zabieranie całego bogactwa z tych krajów, bez dawania im nic w zamian: edukacji, odpowiedniego poziomu życia, opieki zdrowotnej; wszystko jest negowaniem wartości jakiejkolwiek organizacji, która ma służyć pokojowi, zanim zostanie stworzona.

Nie musiał wyjaśniać, przeciwko komu kierował gorzkie słowa, gdyż w tym czasie Indie i Birma były koloniami brytyjskimi.

Jego następca, prezydent Harry Truman, mógł uznać, że zwycięstwo w wojnie jest przesądzone, świat został postawiony na dobre tory i Stalin już nie był potrzebny Ameryce. Widział w nim tylko groźnego wroga. Swoją niechęć zademonstrował podczas wizyty Wiaczesława Mołotowa 23 kwietnia 1945 roku. Potraktował radzieckiego ministra tak arogancko, że ten w pewnym momencie wykrzyknął oburzony:

– Nikt do mnie nie mówił tak w całym moim życiu!

– Przestrzegajcie porozumień, a nikt nie będzie z wami tak rozmawiał – uciął Truman.

Wiedział, że Ameryka jest silna dzięki bombie atomowej, i jednocześnie był przekonany, że Związek Radziecki długo jeszcze tej broni mieć nie będzie. Kiedyś podczas spotkania z Robertem Oppenheimerem pozwolił sobie na dowcip:

– Wiem, kiedy Rosjanie będą mieli bombę atomową.

– Kiedy? – zainteresował się uczony.

– Nigdy! – roześmiał się prezydent.

Wiedział, jak ogromne straty w tej wojnie poniósł Związek Radziecki, gdyż informowały o tym raporty nadsyłane przez amerykańską ambasadę, a rząd radziecki nie taił strat. Wprost przeciwnie, manifestował je, aby przekonać świat, jak wiele stracił i poświęcił w wojnie z hitleryzmem.

W Rosji, na Białorusi i Ukrainie z 16 milionów sztuk bydła zabito lub wywieziono do Niemiec ponad 7 milionów. Zniszczono 137 tysięcy traktorów i 49 tysięcy kombajnów zbożowych. Przemysł był w jeszcze gorszym stanie. Komunizm stawiał na koncentrację fabryk w wielkich ośrodkach. W rezultacie działania wojenne były szczególnie dewastujące. Największe rejony przemysłowe, Leningrad i Stalingrad, leżały w gruzach. Z okolic Moskwy, zagrożonej zajęciem przez wojska niemieckie, zakłady przemysłowe przeniesiono daleko na Ural, poza zasięg wrogich wojsk. Pola naftowe na Kaukazie wysadzono, aby nie przejęli ich hitlerowcy. Transport praktycznie nie istniał, gdyż zniszczono 15800 lokomotyw i 428 tysięcy wagonów towarowych. Ponad połowa mostów i ponad 65 tysięcy kilometrów linii kolejowych zostało zerwanych w czasie działań wojennych lub przez wycofujące się oddziały niemieckie. W gruzach leżało 1,2 miliona domów w miastach i 3,5 miliona wiejskich chat. A nade wszystko narody ZSRR straciły co najmniej 27 milionów ludzi.

Na tej podstawie amerykańscy analitycy obliczali, że Rosjanie nie będą dążyć do wojny przez najbliższe pięć do dziesięciu lat. Szacowali, że straty demograficzne i przemysłowe odrabiane będą przez co najmniej piętnaście lat, z czego dziesięć lat miało trwać uzupełnianie kadry technicznej. Zdawali się lekceważyć wielkość sił zbrojnych i skalę radzieckiego przemysłu zbudowanego na potrzeby wojny. Fabryki w tym państwie w 1945 roku wyprodukowały 20,5 tysiąca pojazdów pancernych i 19,1 tysiąca samolotów bojowych. Armia Czerwona licząca 11,5 miliona żołnierzy, zdyscyplinowanych, zahartowanych w boju, z wysokim morale zwycięzców, miała 29 tysięcy pojazdów pancernych. Radzieckie czołgi, a zwłaszcza IS-3, produkowany od 1944 roku, uznany za najlepszy ciężki czołg świata, przewyższały angielskie i amerykańskie. Nic jednak nie wskazywało, że ta potęga może ruszyć do boju i najechać państwa Europy Zachodniej. Wprost przeciwnie, mnożyły się wydarzenia jednoznacznie świadczące, że tak się nie stanie. W radzieckiej strefie okupacyjnej w Niemczech wojska radzieckie demontowały torowiska, i to tak ważne jak linie Berlin–Lipsk i Berlin–Frankfurt. Wywożono szyny, trakcję elektryczną, lokomotywy i wagony. Nie dało się tego pogodzić z przygotowaniami do ofensywy, gdy radzieckie wojska okupacyjne stacjonujące na terenie Niemiec

Czołg ciężki IS-3 (archiwum autora).

Wschodnich musiały otrzymywać posiłki i zaopatrzenie z ZSRR. Co więcej, zmiany w organizacji radzieckich sił zbrojnych pozostawionych na terenie zajętych terytoriów wprowadzone już w końcu czerwca 1945 roku wskazywały, że tracą charakter bojowy na rzecz znaczenia okupacyjnego i policyjnego. Z dawnych frontowych oddziałów kontrwywiadu Smiersz do Moskwy przenoszono najlepszych, najbardziej sprawnych oficerów, co było naturalną konsekwencją kierowania do moskiewskich więzień dużych transportów ludzi aresztowanych w państwach zajętych przez Armię Czerwoną, a uznanych za wrogów nowej władzy.

A nade wszystko trzeba było uwzględnić wyczerpanie radzieckiego społeczeństwa. Stalin nie mógł wezwać ludzi koczujących w zrujnowanych miastach i spalonych wsiach do kolejnego wysiłku. Nikt nie uwierzyłby mu, że sojusznicy chcą najechać ich ojczyznę. Doszłoby do rewolucji.

To nie mogło jednak uspokajać przywódców zachodnich państw. Musieli uwzględniać, że wojna zradykalizowała ich społeczeństwa i umocniła partie komunistyczne. A te bardziej niż przed wojną uzależniły się od Związku Radzieckiego. Prestiż tego państwa, które okupiło zwycięstwo tak ogromnymi stratami, wzrósł niepomiernie. Tym samym kult Stalina jako największego przywódcy rozlał się po całej Europie. Sytuacja była tym bardziej niepokojąca, że w wielu państwach demokratycznych komuniści stali się znaczącą siłą polityczną, która w sposób legalny mogła przejąć władzę.

W czasie wyborów samorządowych we Francji tamtejsza partia komunistyczna zdobyła 30 procent głosów. W wyborach powszechnych komuniści otrzymali 16 procent głosów i zdobyli 160 mandatów w Konstytuancie.

W Grecji, państwie ogromnie ważnym ze względu na strategiczne położenie, prawdziwą siłą militarną stała się Ludowa Armia Wyzwoleńcza ELAS, założona w 1941 roku przez Narodowy Front Wyzwoleńczy EAM, zdominowany przez partię komunistyczną. W tym państwie liczącym 7 milionów obywateli 2 miliony należało do EAM.

I choć nie było bezpośredniego zagrożenia ofensywą Armii Czerwonej (która w 1946 roku przyjęła nazwę Armia Radziecka), to żaden z polityków w państwach demokratycznych nie miał wątpliwości, że ZSRR przygotowuje się do nowej wojny. Co gorsze, siły zbrojne i rządy państw Europy Zachodniej i USA działały w absolutnej ciemności. Amerykanie musieli zaakceptować gorzką prawdę, że nie mają wywiadu na terenie ZSRR i mogą opierać się na bardzo mglistych przesłankach. Wiedzieli, że w radzieckiej strefie okupacyjnej znikają naukowcy. Tyle że oni robili to samo z lepszym skutkiem. Ludzie z misji „Alsos" poszukiwali na terenie Niemiec naukowców, urządzeń i dokumentów związanych z badaniami nuklearnymi, operacja „Paperclip" (Spinacz) miała ten sam cel w dziedzinie badań i produkcji rakiet oraz medycyny, operacja „Surgeon" (Chirurg) – lotnictwa. Oblicza się, że te działania objęły 70 tysięcy niemieckich naukowców. A to oznaczało, że najcenniejsi znaleźli się po stronie amerykańskiej. Nie uwzględniano, że Rosjanie mogą szybko nadrobić te straty, działając wyjątkowo brutalnie i podstępnie, co zawsze było cechą radzieckich tajnych służb.

21 października 1946 roku zaproszono niemieckich specjalistów rakietowych i lotniczych do rezydencji generała Lwa Gajdukowa, szefa instytutu „Rabe"[96], do zajmowanej przez niego willi w Bleicherode. Konferencja i przyjęcie po niej trwały do godziny 4:00 nad ranem, gdy mocno pijanych Niemców wsadzono do specjalnego pociągu, który odjechał do Moskwy. Dojechali tam 28 października i wtedy dowiedzieli się, że stali się pracownikami instytutu naukowo-badawczego NII-88. Byli więźniami, ale w dużo lepszej sytuacji niż nieszczęśnicy w łagrach. Helmut Gröttrup, szef niemieckich naukowców, otrzymał willę i samochód z kierowcą. Inni nie mieli tak komfortowych warunków, ale jedyne, czego im brakowało, to wolności.

Tego amerykański wywiad już nie wiedział. Tak jak kontrwywiad nie wiedział, że amerykańskie laboratoria naukowe roją się od radzieckich szpiegów lub komunistów, którzy za swój internacjonalistyczny obowiązek uważali przesyłanie do Moskwy wyników ich pracy nad atomem.

Pomijając geniusz radzieckich atomistów, to tylko im Związek Radziecki zawdzięczał możliwość zbudowania bomby atomowej.

[96] Nazwa pochodziła od niemieckiego „Raketenbau", a pełna nazwa brzmiała: Rekatenbau und Entwicklung (Budowa i rozwój rakiet). Zakładano, że produkcja będzie prowadzona w Nordhausen, ale Instytut Rabe miał przygotować przeniesienie produkcji do ZSRR, co wkrótce nastąpiło.

40

Burza nad Borodino

Igor Kurczatow, który od 1943 roku kierował radzieckimi badaniami nad bombą atomową, stanął w gabinecie Stalina, dokąd wezwano go, aby złożył raport w sprawie przygotowań do pierwszej próby nuklearnej. Wcześniej pojechał do Sarowa, miasta oddalonego o 400 kilometrów od Moskwy. Tam w kwietniu 1946 roku rozpoczęto budowę obiektów, w których miała powstać bomba atomowa. Lokalizacja wydawała się nad wyraz dogodna. Niezbyt daleko od stolicy i jej laboratoriów, a jednocześnie z dala od dużych skupisk ludności, co pozwalało na bezpieczne eksperymenty z materiałami wybuchowymi. Miała wiele obiektów dających się łatwo zaadaptować dla potrzeb zespołu naukowców. Centralnym kompleksem były zabudowania starego klasztoru malowniczo położonego na wysokim brzegu rzeki. W latach 30. mieściło się tam więzienie, ale gdy tylko rozpoczęła się organizacja ośrodka nuklearnego, klasztor ogrodzono drutem kolczastym, podobnie jak inne budynki, w których w czasie wojny produkowano katiusze i pociski artyleryjskie. Miasto wymazano z map, a pojawiało się pod tajnymi kryptonimami KB-11 (co oznaczało Konstrukcyjne Biuro-11), Instalacja Nr 558, Kremlew, Moskiewskie Centrum 300, Arzamas-75 lub Arzamas-16. Ta ostatnia nazwa była szczególnie często stosowana, a wywodziła się ze sposobu nadawania nazw tajnym ośrodkom: najbliższe miasto plus kod pocztowy[97].

[97] Arzamas leży w odległości 60 kilometrów od Sarowa.

Kurczatow musiał tam być przed wizytą u Stalina, aby naocznie przekonać się, że bomba jest już gotowa. Przesłano ją z innego tajnego miasta Czelabińsk-65, gdzie bombę wyprodukowano.

W gabinecie na Kremlu, gdy zrelacjonował stan przygotowań do próbnej eksplozji, wyjął z teczki niewielką metalową kulę zawierającą pluton, serce nowej bomby.

Stalin nie wydawał się ani zaskoczony, ani uradowany faktem, że jego państwo jest na dobrej drodze do uzyskania broni jądrowej. Zapytał tylko, ile bomb jest gotowych. Kurczatow przyznał, że tylko jedna. Druga miała być gotowa za cztery miesiące.

– Mamy zastraszyć Amerykanów, nie mając nic w rezerwie w magazynie?! A co, jeżeli oni ruszą z produkcją swoich bomb? A my nie będziemy mieli nic, aby ich powstrzymać? Po eksplodowaniu pierwszego ładunku musimy mieć drugi, a nawet trzeci. Byłoby dobrze, żeby z tej kuli zrobić dwa ładunki.

Stalin wyjaśnił naukowcowi, jak to osiągnąć:

– Dodajcie chemicznego materiału wybuchowego, żeby mieć dwie bomby, nawet o mniejszej sile.

– Dwie mniejsze bomby nie będą miały odpowiedniej masy krytycznej – wyjaśnił Kurczatow.

To nie spodobało się Stalinowi.

– Masa krytyczna, masa krytyczna! Żargonowe pojęcia! I jak mam być pewny, że to jest pluton, a nie błyszczący kawałek stali?!

– Ładunek plutonu został pokryty warstwą niklu, aby można było bezpiecznie wziąć go do ręki. Pluton jest trujący, ale pod warstwą niklu – bezpieczny – odpowiedział Kurczatow. – Aby się przekonać, że nie jest to zwykły kawałek metalu, możecie polecić komukolwiek, aby dotknął ręką tej kuli. Jest ciepła, a sam metal byłby zimny.

Stalin zdobył się na odwagę i dotknął kuli, co przy jego podejrzliwości i obawie, że to mógłby być zamach, było nie lada wyczynem.

– Jest ciepła. Zawsze jest ciepła?

– Tak, Józefie Wissarionowiczu. Tam wewnątrz przebiega reakcja nuklearna. Ona podgrzewa niklową powłokę. My już potrafimy doprowadzić do potężnej reakcji. To będzie eksplozja o wielkiej sile.

Operacja „Borodino", jak nazwano program budowy radzieckiej bomby atomowej od miejsca bitwy między wojskami francuskimi i rosyjskimi w 1812 roku, weszła w decydującą fazę.

W ciemnościach, przed świtem, 29 sierpnia 1949 roku, czterej naukowcy zaczęli montować bombę na szczycie 37-metrowej stalowej wieży. Wkręcali 64 detonatory w aluminiowy korpus i łączyli je z kablami biegnącymi do skrzynki, do której z drugiej strony dołączyli przewód biegnący do panelu kontrolnego w schronie dowodzenia. O godzinie 4:00 zjechali z wieży i wsiedli do samochodu, który miał ich zawieźć do stanowisk obserwacyjnych.

Kurczatow patrzył niespokojnie na niebo. Ciemne chmury zasłaniały gwiazdy i księżyc. Deszcz się nasilał. Prędkość wiatru przekraczała 12 metrów na sekundę. Czy w tych warunkach można przeprowadzić próbę? Decyzja należała do niego.

Wybuch w tak niesprzyjających warunkach atmosferycznych mógł utrudnić zarejestrowanie jego przebiegu. Kurczatow uznał, że należy opóźnić próbę o godzinę. Liczył, że pogoda się poprawi.

W schronie dowodzenia był również Ławrientij Beria, który przyszedł tam pół godziny przed wyznaczonym czasem. Byli z nim dwaj mężczyźni, których Kurczatow nie znał, a nie śmiał dopytywać, kim są, tym bardziej że szybko zostali odesłani do jednego z punktów obserwacyjnych. Wkrótce miał się dowiedzieć, że ci dwaj tajemniczy towarzysze Berii 1 lipca 1946 roku obserwowali amerykańską próbę nuklearną na atolu Bikini. Nie była całkiem udana, gdyż z bomby zrzuconej przez samolot B-29 odpadł statecznik i wybuch nastąpił w odległości 300 metrów większej, niż zakładano.

Kurczatow otworzył pancerne drzwi z tyłu schronu. Chciał zobaczyć blask rozlewający się po pustyni i odległych górach, a ponieważ obliczył, że fala uderzeniowa dotrze do bunkra po 30 sekundach, miał wystarczająco dużo czasu, aby zamknąć drzwi.

– Cztery, trzy, dwa, jeden, zero!

Blask rozświetlił step. Ognista kula objęła wieżę oraz pobliski hangar i zmieniając kolor, zaczęła błyskawicznie się unosić. Huragan wywołany różnicą temperatur rozchodził się coraz dalej, przewracając lokomotywy i czołgi, zmiatając z powierzchni domy, jakby były klockami na podłodze dziecięcego pokoju.

– To działa – powiedział spokojnie Kurczatow.

Według innych relacji śmiał się jak dziecko i krzyczał:

– Mamy to! Mamy to!

Beria podszedł do niego, objął go i ucałował. Zapewne poddał się nastrojowi chwili, wiedząc, że to chwila ważna w historii ZSRR. Ale nawet wtedy nie był szczery. Obawiał się, że Kurczatow mógł go oszukać, przygotowując eksplozję ładunku konwencjonalnego. Kazał połączyć się z jednym z tajemniczych mężczyzn, którzy obserwowali amerykański wybuch.

– Czy to wygląda jak na Bikini? Jak bardzo jest podobny? – dopytywał. – Czy Kurczatow nie oszukuje nas? Taki sam? Dobrze! Dobrze! To mogę zameldować Stalinowi, że próba zakończyła się sukcesem? Dobrze! Dobrze!

Rozmawiał z jednym z dwóch ludzi, których przyprowadził, aby potwierdzili, że wybuch był bardzo podobny do amerykańskiego.

Kazał połączyć się ze Stalinem, ale nie zameldował o wielkim sukcesie, gdyż – jak się okazało – Stalin już o tym wiedział.

Przyrządy pomiarowe pozwoliły ustalić siłę eksplozji, 20 kiloton, co odpowiadało sile wybuchu bomby amerykańskiej.

Moskwa otrzymała nową broń, a właściwie zapowiedź takiej. Związek Radziecki nie miał możliwości użycia tej broni.

41
Zabić Amerykę

Radzieckie lotnictwo nie miało strategicznego bombowca, samolotu o dużym zasięgu i przenoszącego duży ładunek bomb. Jedyny czterosilnikowy samolot Pe-8 produkowany od 1936 roku pomimo późniejszych udoskonaleń był powolny, gdyż rozwijał 440 kilometrów na godzinę i miał zasięg 3700 kilometrów, a więc za mało, żeby zaatakować Stany Zjednoczone. W 1943 roku, zapewne pod wpływem doniesień wywiadu, że w USA rozpoczęto prace nad bombą atomową, zapadła decyzja o skonstruowaniu nowego ciężkiego bombowca, co zlecono najlepszemu specjaliście Andriejowi Tupolewowi[98]. On już od końca kwietnia 1945 roku pracował nad przygotowaniem do produkcji prototypu nazwanego „64" lub „Projekt 64". Był to czterosilnikowy bombowiec, który z ładunkiem 5 ton bomb mógł przelecieć 3000 kilometrów, osiągając maksymalną prędkość 600 kilometrów na godzinę. Szybko jednak okazało się, że nie będzie to samolot, jaki dorównałby amerykańskim latającym fortecom. Tego żądał Stalin, który ewidentnie był pod wrażeniem nalotów amerykańskich latających fortec B-17 na niemieckie miasta i rajdów

[98] Andriej Tupolew (1888–1972) – radziecki konstruktor lotniczy. W 1918 roku był współzałożycielem Centralnego Instytutu Aerohydrodynamicznego (CAGI). W 1924 roku skonstruował pierwszy samolot Bombowy TB-1. W czasie wielkiej czystki, w 1937 roku, został aresztowany i osadzony w więzieniu, gdzie zmuszono go do pracy nad nowymi konstrukcjami. Po wojnie skonstruował większość radzieckich samolotów bombowych dalekiego zasięgu i samolotów pasażerskich.

B-29 na Japonię. Nawet podjął starania, aby USA w ramach Lend-Lease dostarczyły radzieckiemu lotnictwu B-29, ale żądanie zostało odrzucone. Niespodziewanie pojawiła się możliwość ominięcia amerykańskich zakazów dostawy B-29, gdy 29 lipca 1944 roku radzieckim lotnisku pod Władywostokiem.

Załodze nie stała się krzywda, ale przez kilka tygodni trzymano ich w obozie dla internowanych i dopiero w sierpniu 1944 roku odesłano ich do Chabarowska, aby stamtąd wyruszyli do domu. Samolot pozostał we Władywostoku.

Wkrótce grupa amerykańskich bombowców strategicznych w radzieckiej niewoli powiększyła się o kolejne samoloty, gdy w pobliżu Chabarowska rozbił się B-29. Załoga uratowała się na spadochronach, ale nawet wrak okazał się przydatny Rosjanom. 11 i 29 listopada dwa inne bombowce B-29 lądowały awaryjnie we Władywostoku. Tych samolotów również nie zwrócono USA, lecz w końcu roku odesłano do Moskwy.

Stalin nakazał, aby obejrzał je konstruktor, do którego nabrał zaufania, choć niewiele brakowało, aby właśnie z rozkazu Stalina nie został stracony w 1937 roku. Wtedy najwybitniejsi radzieccy konstruktorzy samolotów i rakiet (Władimir Pietlakow, Władimir Miasiszczew, Walentin Głuszko, Siergiej Korolow) trafili do więzienia pod fałszywymi zarzutami udziału w trockistowskim spisku lub – tak jak konstruktorzy rakiet Gieorgij Langemak i Iwan Klejmienow – zostali zamordowani. Osadzony w specjalnym więzieniu pod Moskwą Tupolew mógł pracować nad nowymi konstrukcjami i być może w ten sposób uratował życie, gdyż jego bombowiec Tu-2 oblatany 15 grudnia 1941 roku okazał się tak udany, że zyskał powszechne uznanie władz. Nic więc dziwnego, że do niego zwrócił się Stalin, który uznał, że radzieckie siły powietrzne powinny dysponować ciężkimi bombowcami dalekiego zasięgu. Jedyne samoloty tego typu Pe-8, skonstruowane w połowie lat 30., były przestarzałe i zupełnie nie nadawały się do roli bombowców strategicznych, gdyż ich zasięg wynosił 4 tysiące kilometrów z dwoma tonami bomb.

Stalin co prawda zezwolił Tupolewowi na kontynuowanie prac nad jego „Projektem 64", ale głównym wyzwaniem miało być skopiowanie amerykańskiego bombowca strategicznego. Wydawało się, że doświadczony konstruktor, który w przeszłości budował gigantyczne samoloty, takie jak największy w swoim czasie ośmiosilnikowy samolot ANT-20 „Maksym Gorki", łatwo poradzi sobie ze skopiowaniem amerykańskiego bombowca. Szybko jednak okazało się, że było to karkołomne zadanie, które nigdy nie zostało wykonane w zadowalający sposób. Nie tylko dlatego, że radziecki przemysł lotniczy był zacofany i wielu systemów, jak celownik bombowy czy zdalne sterowanie wieżyczkami obronnymi samolotu, nie potrafił odtworzyć. Głównym problemem, choć z pozoru błahym, były imperialne miary, stosowane przez konstruktorów B-29.

Na przykład grubość blachy kadłuba amerykańskiego samolotu wynosiła 1/16 cala, tj. 1,5875 milimetra, a takiej blachy radzieckie huty wyprodukować nie mogły, gdyż nie miały odpowiedniego oprzyrządowania. Wydawało się: nic prostszego niż zwiększyć lub zmniejszyć grubość blachy. To jednak rodziło kolejne problemy. Gdyby zwiększono grubość do 1,6 milimetra, czyli o 0,413, wzrosłaby masa samolotu i spadłyby jego osiągi, przede wszystkim zasięg. Zmniejszenie grubości do 1,5 milimetra zagrażało wytrzymałości konstrukcji kadłuba. Podobnie trudne okazało się zastąpienie amerykańskich przewodów elektrycznych, których grubość po przeliczeniu z cali wynosiła np. 0,88 lub 1,93 milimetra. Gdy użyto kabli produkowanych przez radziecki przemysł, masa samolotu wzrosła o 8-10 procent. Równie trudne było wyprodukowanie opon, które wytrzymałyby lądowanie samolotu ważącego 20 ton. Ten problem rozwiązali radzieccy szpiedzy w USA, skupując opony lotnicze z demobilu.

Tupolew zbyt dobrze pamiętał, co oznacza gniew dyktatora, a to powstrzymywało go przed tym, aby poinformować go, że postawił mu zadanie, którego nie można wykonać. Musiał sobie poradzić. Choćby stosując blachy o różnej grubości w różnych częściach kadłuba, co pozwoliło pogodzić wymóg sztywności z oszczędzaniem wagi. Nie rozwiązał wszystkich problemów. Nie udało się skopiować amerykańskich silników Wright R-3350 Duplex-Cyclone, więc zastąpiono je radzieckimi ASz-73, ale te były cięższe o ponad 100 kilogramów każdy i zużywały więcej paliwa.

Tu-4 – radziecka kopia B-29 (archiwum autora).

Mimo wszystkich wad samolotu Stalin nadał temu projektowi najwyższą wagę. Nad sprawnym przebiegiem prac konstrukcyjnych miał czuwać szef tajnej policji Ławrientij Beria. Zaangażowano zespoły z 64 biur konstrukcyjnych i instytutów badawczych. Ponad 900 fabryk w całym ZSRR wykonywało części amerykańskiego bombowca.

Po trzech latach karkołomnych zabiegów, 19 maja 1947 roku, wystartował pierwszy prototyp samolotu nazwanego Tu-4 (Andriej Tupolew chciał je nazwać B-4, ale Stalin zadecydował inaczej).

Do końca 1947 roku wybudowano pierwszych 20 bombowców i rozpoczęto intensywne próby. Nie wypadły dobrze i to z wielu powodów. Konstrukcję Tu-4 oparto na jednej z pierwszych wersji B-29, gdyż taka dostała się w ręce Rosjan. Nie były to samoloty przystosowane do przenoszenia bomb atomowych, ponieważ do tego zadania w USA przeznaczono B-29 nazwany „Silverplated", w którym zmieniono konstrukcję komory bombowej, opancerzenie i uzbrojenie oraz zastosowano mocniejsze silniki z nowymi śmigłami pozwalającymi odwracać ciąg. Nie wszystkie zmiany udało się wprowadzić do radzieckich kopii, ale mimo wielu wad utworzyły one trzon radzieckich sił strategicznych. Zasięg radzieckiego bombowca wynosił zaledwie 5100 kilometrów, i to z bombą o wadze dwóch ton. Obciążony pięciotonową bombą atomową miał zasięg zaledwie 1500 kilometrów.

Ten samolot, aby w ogóle dolecieć do granic USA, musiał startować z lotniska w Anadyrze na Półwyspie Czukockim. Daleko na północy, na kole podbiegunowym, panowały warunki wyjątkowo niesprzyjające służbie lotniczej. Średnia temperatura w styczniu wynosiła minus 22 stopnie. Do miasta nie wybudowano linii kolejowej, więc paliwo i amunicję trzeba było dowozić ciężarówkami. Mróz i zamiecie śnieżne często paraliżowały wszelką działalność na lotnisku przez wiele dni. Z tego powodu bombowce bazowały daleko w Kazachstanie, aby na sygnał alarmu polecieć do Anadyru. Było to bardzo prowizoryczne rozwiązanie, gdyż oleje produkowane przez radziecki przemysł były tak złej jakości, że aby uchronić je przed zamarznięciem, trzeba było co cztery godziny uruchamiać silniki samolotu, co oczywiście pochłaniało masę paliwa i przyspieszało zużycie mechanizmów. Nawet mimo usunięcia wszystkich przeszkód oraz poświęcenia załogi i obsługi naziemnej samolot startujący z bazy w Anadyrze mógł dolecieć tylko do środkowej Alaski lub północnozachodniej Kanady. Na dalszy lot nie starczało paliwa, chyba że zrezygnowano by z powrotu, a wtedy samolot doleciałby nawet do San Diego w Kalifornii. O Wschodnim Wybrzeżu, czyli zaatakowaniu Waszyngtonu lub skupionych w tym rejonie USA ważnych ośrodków przemysłowych, Kreml nie miał co marzyć; leżały daleko poza zasięgiem Tu-4. Chyba że zatankowano by w powietrzu.

Pierwsze próby przeprowadzono w 1947 roku (co ujawniono dopiero czterdzieści lat później), wyposażając Tu-4 przerobiony na samolot-cysternę w urządzenia umożliwiające przepompowanie paliwa. Do prób wykorzystano samolot Tu-2, gdyż bombowiec strategiczny był zbyt cenny, a awaria zbyt prawdopodobna. Z końcówki skrzydła samolotu-cysterny wysuwała się rura stabilizowana na końcu przez niewielki spadochron. Pilot tankowanego samolotu musiał doprowadzić go tak, aby zawór na końcu lewego skrzydła zetknął się z rurą wypuszczoną z cysterny. Próby

Tu-4 w wersji samolot-cysterna (archiwum autora).

udały się i Tu-4 mogły zwiększyć zasięg o 3870 kilometrów; załogi uzyskały szanse powrotu do bazy, ale lot bez powrotu zaprowadziłby radziecki samolot znacznie dalej, na odległość 7200 kilometrów! To oznaczałoby, że w zasięgu radzieckiego ataku znalazłyby się wszystkie ważniejsze cele na terenie USA.

A gdyby udało się przechwycić lotniska na terenie USA, aby tam mogły wylądować bombowce, żeby zatankować paliwo? Z takim projektem wystąpiła marynarka wojenna.

W 1948 roku rozpoczęto prace nad konstruowaniem okrętów desantowych. Podwodnych! Gigantyczna jednostka, nazwana Projekt 621, miała zabierać na pokład 10 czołgów, 16 samochodów ciężarowych, 14 dział artyleryjskich, 745 żołnierzy i 3 samoloty myśliwskie Ła-11, które startując z rampy na pokładzie okrętu, mogłyby z powietrza wspomagać desant. Było oczywiste, że gdyby u brzegów Alaski lub Grenlandii wynurzył się taki okręt, a z jego wnętrza wyjechałby tak silny oddział, to zaskoczeni amerykańscy żołnierze nie mieliby większych szans obrony. Szybko jednak zrezygnowano z dość fantastycznego planu, ale... nie na długo. Powrócił w 1952 roku jako Projekt 652, już nie tak bombastyczny, ale i te okręty nie opuściły biur projektowych. Ktoś zaczął rozważać, jak dostarczać paliwo, amunicję i części zapasowe do zdobytych baz.

Skoro tak trudno było zwiększyć zasięg bombowców, to może uzbroić je w latające bomby, takie jak niemiecka V-1? Władimir Czełomiej[99] już w 1943 roku, a więc rok wcześniej niż świat dowiedział się o istnieniu niemieckich bomb latających, podjął próby skonstruowania takiej broni. W czerwcu 1943 roku, gdy pierwsze V-1 zaczęły wybuchać w Londynie, Stalin zaniepokoił się, że Niemcy mogą zaatakować Leningrad, jedyne miasto, które w tym czasie znalazło się w zasięgu tej broni. Generał Nikołaj Woronow, szef artylerii Armii Czerwonej, w panice przerzucił do miasta 100 dział przeciwlotniczych i balony zaporowe, aby rozpięte między nimi stalowe linki były przeszkodą dla pocisków lecących na miasto. W tej atmosferze Czełomiej otrzymał zielone światło na próby ze swoim pociskiem. W marcu 1945 roku przeprowadził pierwszą próbę na poligonie pod Moskwą, gdzie pocisk nazwany 10 Ch, co oznaczało, że była to dziesiąta wersja, napędzany silnikiem odrzutowym skonstruowanym przez Czełomieja zrzucono z samolotu Pe-8. Próba powiodła się, lecz wstrzymano dalsze prace. Armia Czerwona zdobyła niemieckie pociski, które okazały się lepsze od radzieckich, a w dodatku Czełomiejowi nie udawało się skonstruować systemu naprowadzania.

Przy wszystkich działaniach podejmowanych w 1945 roku i następnych latach brakowało podstawowego czynnika: bomb nuklearnych.

[99] Władimir Nikołajewicz Czełomiej (1914–1984) – inżynier, konstruktor pocisków odrzutowych, rakiet balistycznych, a także rakiet kosmicznych („Proton").

42
Śpiąca Ameryka

Niezwykła moc bomb atomowych sprawiła, że Ameryka, jedyne państwo, które tę broń miało, zapadła w sen człowieka sytego, spokojnego o swój dobrobyt i bezpieczeństwo. Tak bardzo, że zaczęła się rozbrajać. Wydatki na zbrojenia spadały w oszałamiającym tempie. Ze 962,7 miliarda dolarów wydanych 1945 roku do 556,9 miliarda w 1946 roku. I tak było nieźle, gdyż rok później USA przeznaczyły na obronę tylko 52,4 miliarda dolarów. Efekty były aż nadto widoczne.

Amerykańska machina wojenna, licząca w szczytowym okresie drugiej wojny światowej 14 milionów żołnierzy, gwałtownie się kurczyła. Do października 1946 roku armia została zredukowana do 1,1 miliona żołnierzy, gdy Wielka Brytania wciąż trzymała pod bronią 1,5 miliona ludzi, a Związek Radziecki 4 miliony. W 1947 roku siły zbrojne USA liczyły już tylko 675 tysięcy żołnierzy. Braki kadrowe były tak dotkliwe, że nowy lotniskowiec „Midway" nie mógł opuścić portu, gdyż nie udało się skompletować załogi.

Blisko 30 tysięcy samolotów oddano na złom. Ich los podzieliły okręty. Zamieniano je na magazyny zboża, obdarowywano nimi zaprzyjaźnione państwa albo niszczono. W czasie próbnej eksplozji nuklearnej w pobliżu atolu Bikini w 1946 roku ustawiono 73 okręty, aby sprawdzić działanie fali podmuchowej.

Wstrzymano finansowanie projektów związanych z rozwojem broni rakietowej, choć to USA, przejmując niemieckich specjalistów z Peenemünde, pełną dokumentację rakiet V-2 i same rakiety, miały największe możliwości. Zakłady Aircraft Corporation Consalidated[100], które miały na swoim koncie wspaniałe osiągnięcia, jakimi były skonstruowanie i produkowanie samolotów PBY Catalina, niezwykle zasłużonych w morskich operacjach drugiej wojny światowej, a także ciężkich bombowców B-24 Liberator, szybko odniosły sukcesy przy modernizacji niemieckich V-2, opracowując dużo lepsze, lżejsze, o dwukrotnie większym zasięgu MX-774. Jednakże w czerwcu 1947 roku Kongres, obcinając wydatki wojskowe, sprawił, że ten program został zatrzymany. Jedynie upór szefów Consalidated spowodował, że uzyskali zgodę na kontynuowanie prac nad trzema rakietami, a z budżetu firmy opłacili badania nad rakietami wieloczłonowymi, co po latach zaowocowało skonstruowaniem rakiet „Atlas".

Liczba bombowców strategicznych B-29 „Silverplated" przystosowanych do przenoszenia bomb jądrowych zmniejszyła się o połowę. Sytuację na szczęście poprawiły wojenne zapasy. W 1941 roku USA w obawie, że Wielka Brytania zostanie zajęta przez wojska niemieckie, przystąpiło do konstruowania bombowców, które mogłyby dolecieć do Europy, startując z lotnisk na Grenlandii, a nawet z baz na terytorium USA (B-36). Okazało się to niepotrzebne, ale samoloty pozostały w rezerwie i w 1948 roku podjęły służbę w US Air Force, co zdecydowanie poprawiło potencjał amerykańskich sił nuklearnych. Wciąż jednak amerykański wywiad miał niewielką wiedzę, jeżeli w ogóle ją miał, na temat radzieckich zbrojeń. Wydarzenia, które nastąpiły w czasie wojny, ponownie zmieniły ten niekorzystny bilans.

[100] Od 1953 roku – Convair.

43

Najpewniejszy informator

Komandor porucznik Howard Campaigne był amerykańskim matematykiem, którego wojskowa kariera zaczęła się zupełnie przypadkowo. W 1941 roku wysłał do dowództwa marynarki wojennej projekt maszyny szyfrującej. Nie spodobał się, ale Howardowi, wówczas wykładowcy na Uniwersytecie w Minnesocie, zaproponowano kurs kryptoanalizy. Z ciekawości się zgodził. 5 grudnia 1941 roku ukończył kurs. Po przystąpieniu Stanów Zjednoczonych do wojny wysłano go do Bletchley Park, tajnego ośrodka brytyjskiego wywiadu, gdzie odczytywano szyfrogramy wroga. Pracował tam do końca wojny, gdy włączono go do Target Intelligence Committee, nazywanego w skrócie TICOM, co można przetłumaczyć jako „komitet wywiadu ds. specjalnego zadania". W jego składzie utworzono sześć zespołów, określanych jako „Team" i oznaczanych kolejnymi cyframi. Zadaniem tych grup, które przerzucono do Europy na tereny wyzwalane przez armię amerykańską, było poszukiwanie niemieckich szyfrów, maszyn i specjalistów. Campaigne dowodził „Team 1", który w kwietniu 1945 roku przyleciał samolotami do Paryża, a stamtąd wyruszył samochodami do Kaufbeuren, niewielkiego miasta położonego 70 kilometrów na południowy zachód od Monachium. Według wskazań wywiadu w tym bawarskim mieście znajdował się hitlerowski ośrodek kryptologiczny. Spodziewano się tam znaleźć maszynę szyfrującą i deszyfrującą, opartą na Enigmie, ale bardziej zaawansowaną. Mogła odczytywać radzieckie szyfry. Niemcy nazwali ją „Ryba miecz" i używali do utajniania najważniejszej korespondencji. Przypadek sprawił, że zatrzymali się na noc w Augsburgu, gdzie odnaleźli piwnicę wypełnioną sprzętem radiowym. Na taśmie zwisającej z telegrafu zachował się zapis rozmowy dwóch operatorów.

– Jak u ciebie? – pytał żołnierz z Ulm. – Nasze raporty mówią, że Amerykanie są już w Augsburgu.

– Nie – odpowiedział operator z Augsburga. – Tu wszystko jest w porządku.

Po chwili zmienił zdanie, pisząc:

– O Boże, oni już tu są. Cześć.

Campaigne zaczął przeglądać urządzenia na stołach. Żadne z nich nie było „rybą", którą tak bardzo chcieli złowić. Co gorsza, w Kaufbeuren nie znaleziono niczego ciekawego. Mijały dni. Napływały meldunki od innych zespołów TICOM. Odnajdywały ważne dokumenty, schwytano 200 niemieckich kryptologów, których w wielkiej tajemnicy przewieziono do Anglii. Udało się ustalić, że oddział niemieckiego wywiadu nazwany został „Pers Z", co miało wprowadzać wroga w błąd, gdyż pierwszy człon nazwy pochodził od słowa „personel", co miało sugerować, że to jakaś instytucja kadrowa, a „Z" nic nie znaczyło, po prostu ładnie wyglądało. Ta organizacja działająca w Berlinie powędrowała do podmiejskiej dzielnicy Dahlem, gdyż zaczęły się naloty na miasto, a stamtąd do Sobieszowa na Dolnym Śląsku, gdzie znalazła dla siebie miejsce w Pałacu Schaffgotschów. To źle rokowało, gdyż rejon ten zajęła Armia Czerwona. Amerykanie mogli tylko liczyć, że niemieckim kryptoanalitykom udało się uciec stamtąd wraz ze sprzętem przed nadejściem wojsk radzieckich. I tak się stało, co okazało się 21 maja 1945 roku. W Rosenheim jeden z przesłuchiwanych niemieckich jeńców przyznał się, że pracował w oddziale kryptologicznym wywiadu wojskowego Abwehry. Ta informacja była wstępem do układu, który gotów był zawrzeć z przesłuchującymi go Amerykanami. Za zwolnienie z niewoli proponował doprowadzenie ich do miejsca, w którym był „bardzo interesujący aparat".

Jedna z sal stacji nasłuchowej Vint Hall Farms (archiwum autora).

Następnego dnia o świcie 28 jeńców zaczęło kopać dół przy budynku położonym nieopodal amerykańskiej kwatery. Po kilkunastu minutach ukazały się drewniane wieka. Dużo ich było. Z ogromnym trudem wydobyli 12 skrzyń, z których każda ważyła około 200 kilogramów. Ponadto odkopano kilkadziesiąt po 30 i 15 kilogramów. W sumie wydobyte skrzynie ważyły ponad 7 ton.

Przez następnych kilka dni zmontowano ciemnoszare urządzenia w piwnicy budynku zajętego przez misję TICOM. Komandorowi wydawało się, że odkrył największy skarb drugiej wojny światowej: niemiecką maszynę, za pomocą której można było odczytywać najtajniejszą radziecką korespondencję. Szyfry, których żaden aliancki kryptolog nie mógł odczytać, choć pracowano nad nimi od 1943 roku, wystukane na klawiaturze tego aparatu, w okamgnieniu ujawniały treść.

Następnego dnia maszyna rozmontowana i ponownie zapakowana w skrzynie została wywieziona do Bletchley Park. Jej kopię dostarczono do Stanów Zjednoczonych, gdzie działała stacja nasłuchowa Vint Hill

Farms, znana jako Stacja Monitorowania Nr 1, w pobliżu miasta Warrenton w stanie Virginia. W czasie wojny wykorzystywano ją głównie do przechwytywania komunikacji japońskiej. Po wojnie stała się centrum nasłuchu łączności radzieckiej.

Z opisu przekazanego przez Campaigne'a, a także szefa stacji nasłuchowej, należy wnioskować, że „Ryba miecz" pozwalała odtworzyć sygnał radiowy, który przez radziecką stację nadawczą był zniekształcany. Aparatura nadawcza dzieliła depeszę na dziewięć części i wysyłała radiogram na dziewięciu kanałach, zmieniając ich kolejność w dowolny sposób. Niemiecki aparat potrafił ułożyć części podzielonego radiogramu. Czy również pozwalał odszyfrować jego treść? Komandor Howard, opisując próbę, jakiej poddano urządzenie po jego odnalezieniu, pisze, że drukarka wypuściła tekst, ale nie wiadomo, czy chodziło o odszyfrowanie depeszy, czy tylko o uporządkowanie „poszatkowanego" radiogramu, który nie był szyfrowany.

Nie wiadomo, ile depesz udało się odczytać dzięki niemieckiemu urządzeniu i jakie one były. Wiadomo natomiast, że przechwycone depesze wysyłane z radzieckiej ambasady w Waszyngtonie i urzędów konsularnych długo opierały się amerykańskim kryptologom, ze względu na szczególne zabezpieczenia stosowane w utajnianiu korespondencji dyplomatycznej, a więc również wywiadowczej. Rosjanie szyfrowali swoje depesze podwójnie. Najpierw szyfrant sięgał do księgi kodowej zawierającej 999 pięciocyfrowych kodów, z których każdy oznaczał literę, słowo lub całe zdanie. Za ich pomocą utajniał tekst, ale nie dość tego. Zakodowaną depeszę szyfrował ponownie, wykorzystując tzw. szyfr jednorazowy. Adresat, którym była na przykład ambasada radziecka w Waszyngtonie, mógł odczytać depeszę dopiero wówczas, gdy wcześniej kurier dostarczył ów jednorazowy szyfr nazywany też jednonotatnikowym. Kryptolodzy nie mieli żadnej możliwości złamania szyfru użytego tylko raz, gdyż nie mogli znaleźć punktu zaczepienia. Nie mogli też oprzeć się na regularności występowania określonych znaków w różnych depeszach, nie było żadnych odniesień do wydarzeń, których szyfr mógł dotyczyć.

Ten sposób szyfrowania gwarantował bezpieczeństwo radzieckim agentom, dostarczającym tajne informacje rezydentom w Waszyngtonie, Nowym Jorku i San Francisco. Pozostaliby bezkarni, gdyby nie pewne wydarzenia.

Meredith Gardner (archiwum autora).

W pierwszych miesiącach 1942 roku radzieccy szyfranci utajnili za pomocą tego samego jednorazowego szyfru ponad 30 tysięcy depesz. Wynikało to zapewne z ogromnego pośpiechu i nawału pracy. Szyfr jednorazowy powtarzał się, a to dawało szansę złamania go. Amerykańscy kryptolodzy zauważyli to wiele lat później.

Depesze wysyłane z ambasady radzieckiej w Waszyngtonie odkładano na stertę w nadziei, że kiedyś uda się je odczytać. Możliwość taka stała się realna w 1944 roku, gdy Biuro Studiów Strategicznych (OSS) otrzymało z Finlandii radziecką księgę kodów liczącą 1500 stron. Zdobycz szybko wróciła do właściciela, gdyż tak nakazał prezydent Franklin D. Roosevelt, ale, bez jego wiedzy, kopia pozostała w FBI. Jednakże pożytek z niej był niewielki. Rosjanie wciąż szyfrowali swoje depesze podwójnie, nadal wykorzystywali szyfry jednonotatnikowe. Jednakże w 1948 roku, ze względu na ożywioną korespondencję z placówkami dyplomatycznymi w USA, szyfranci z centrali w Moskwie zaczęli wielokrotnie używać tej samej tablicy szyfru. To już był punkt zaczepienia dla amerykańskich kryptologów, którzy przystąpili do tajnej operacji nazwanej kryptonimem „Venona". Zadanie odczytania depesz otrzymał Meredith Gardner, funkcjonariusz Agencji Bezpieczeństwa Armii Stanów Zjednoczonych

(US Army Security Agency). Był to człowiek o oszałamiających zdolnościach lingwistycznych. Potrafił w ciągu trzech miesięcy opanować język japoński. Pracując nad radzieckimi depeszami, Gardner otrzymał niezwykłą pomoc: pierwszy komputer świata. Jaki był w tym udział maszyny „Swordfish" dostarczonej przez Brytyjczyków? Amerykanie nigdy nie ujawnili, w jakim stopniu niemiecka maszyna służąca do dekryptażu szyfrogramów jednonotatnikowych ułatwiła czy umożliwiła ich odczytanie. Wszystko to wydawało się nieistotne, gdyż Rosjanie szybko poznali sekret „Venony". W 1949 roku zdradził go William Weisband, szyfrant zatrudniony w ASA, zwerbowany przez Rosjan dwa lata wcześniej. W następstwie tego sygnału centrala w Moskwie zmieniła system szyfrowania depesz, a Weisband, choć schwytany w 1950 roku, nigdy nie został w pełni ukarany, gdyż obawiano się, że podczas rozprawy sądowej, nawet bez publiczności, ujawnione zostaną sekrety „Venony". Dlatego zdrajcę skazano tylko na rok więzienia za niestawienie się przed sądem.

Gardner nie zmartwił się zmianą radzieckiego systemu szyfrowania, gdyż w archiwum FBI zalegało 2 miliony przechwyconych depesz z ambasady radzieckiej i konsulatów, z których 350 tysięcy utajniono szyfrem jednonotatnikowym. Najważniejsze było przeanalizowanie korespondencji wychodzącej z ambasady i przychodzącej do niej w pierwszych miesiącach po wybuchu bomby atomowej w Hiroszimie, gdyż można było przyjąć, że dotyczyła tego wydarzenia. Gardner szybko odnalazł depeszę, której treść pozwalała stwierdzić, że w Los Alamos działał szpieg będący brytyjskim naukowcem.

Jak odnaleźć go wśród tysięcy ludzi zatrudnionych w realizacji amerykańskiego projektu, z których co najmniej kilkuset miało bezpośredni dostęp do najważniejszych tajemnic? Odpowiedź zadziwiała prostotą: sprawdzić wszystkich.

Specjalnie dobrany zespół agentów FBI zaczął analizować akta ludzi zatrudnionych w laboratoriach, w których prowadzono prace nad bombą. Drugi zespół wyruszył do Wielkiej Brytanii, aby tam sprawdzić personalia

Klaus Fuchs po przylocie do NRD (archiwum autora).

brytyjskich naukowców przebywających w USA w latach 1943–1946. Trzeci zespół badał w siedzibie FBI na Pennsylvania Avenue w Waszyngtonie akta niemieckiej tajnej policji wydobyte z archiwów tuż po zakończeniu działań wojennych.

Jednakże tygodnie żmudnej analizy nie przynosiły żadnego rozstrzygnięcia. Nagle jeden z agentów zwrócił uwagę, że na liście Żydów uznanych przez nazistowską policję za niebezpiecznych dla państwa znalazło się nazwisko Klausa Fuchsa. Notatka zamieszczona przy jego nazwisku brzmiała:

> Student filozofii, urodzony 29 grudnia 1911 roku w Russelsheim, RSHA – IVA2 – Urząd Gestapo w Kilonii.

RSHA było skrótem od Reichssicherheitshauptamt – Głównego Urzędu Bezpieczeństwa Rzeszy; rzymska czwórka oznaczała czwarty wydział RSHA, „A2" było używanym przez Gestapo oznaczeniem komunistów. To już był alarmujący sygnał.

Dalsze informacje, które zebrano o Fuchsie, wskazywały, że to on mógł być poszukiwanym szpiegiem: pracował w laboratoriach w Los Alamos, centralnym miejscu amerykańskiego projektu atomowego, i miał dostęp do największych tajemnic. W 1946 roku powrócił do Wielkiej Brytanii, gdzie objął kierownictwo katedry fizyki teoretycznej w Harwell, centralnym ośrodku brytyjskich badań atomowych. Zbliżał się koniec jego kariery naukowca i szpiega.

Morton Sobell wraz z Juliusem i Ethel Rosenbergami (archiwum autora).

2 lutego 1950 roku wezwano go do siedziby Atomic Energy Authority w Shell Mex House w Londynie. Nie zdziwiło go to. Bywał tam wielokrotnie, biorąc udział w konferencjach i dyskusjach na temat brytyjskiego programu nuklearnego. Jednakże tego dnia spotkał tam komisarza Smitha i komandora Leonarda Burta, szefa Special Branch. Patrząc na tych dwóch urzędników, zrozumiał, że przegrał. Uznał, że skoro zdecydowali się aresztować jednego z najwybitniejszych naukowców, to musieli mieć niezbite dowody.

Przesłuchiwany na posterunku policji przy Bow Street, przyznał się do współpracy z radzieckim wywiadem. Trzy tygodnie później został skazany na czternaście lat pozbawienia wolności.

W błyskawicznym tempie, choć kilka lat za późno, FBI wypełniało listę szpiegów sprzedających i oddających z dobrego komunistycznego serca największą tajemnicę Stanów Zjednoczonych.

Theodore Hall, najmłodszy fizyk w zespole w Los Alamos, przekazał wywiadowi szczegółowy opis bomby plutonowej.

Alan Nunn May sekretnie wysłał do Moskwy niewielkie ilości izotopów Uranu 233 i 235 (nie informując kuriera o promieniotwórczości tej przesyłki).

Julius Rosenberg i jego żona Ethel jako jedyni zostali skazani na karę śmierci na krześle elektrycznym. Jej brat David Greenglass był tylko tokarzem, ale skopiował wiele rysunków mechanizmów bomby. W liście do żony pisał: „Kochanie, czytam wiele książek o Związku Radzieckim. Kochanie, mogę się przekonać, jak dalekowzroczni i inteligentni są przywódcy tego państwa. Każdy z nich jest geniuszem".

Chemik Harry Gold – do jego zadań należała współpraca z Klausem Fuchsem i opieka nad nim.

Inżynier Morton Sobell uciekł do Europy, lecz został porwany i dostarczony do USA, gdzie skazano go na trzydzieści lat więzienia w Alcatraz.

Morris Cohen i jego żona Lona...

Ta lista zawierała co najmniej 200 nazwisk amerykańskich naukowców. Tylko wyjątkowej pozycji w dziele skonstruowania bomby atomowej szef tego projektu Robert Oppenheimer zawdzięczał, że nie umieszczono go obok zdrajców, choć to od niego wyszedł w grudniu 1940 roku pierwszy sygnał o zamiarze budowy broni nuklearnej. W maju 1954 roku Wydział Bezpieczeństwa Personalnego Komisji Energii Atomowej pozbawił go dostępu do spraw tajnych, co równało się zakazowi dalszej pracy w Komisji.

Najwyżsi urzędnicy amerykańskiej administracji, a zwłaszcza administracji wojskowej, którzy otrzymali tę listę, nie mogli mieć wątpliwości: Rosjanie znają najważniejsze sekrety bomby atomowej, co oznaczało, że znacznie szybciej, niż to pierwotnie oceniano, skonstruują ją. Pozostało tylko pytanie: kiedy?

44

Lot, który obudził Amerykę

Nie bez powodu 16 września 1947 roku generał Dwight D. Eisenhower polecił wojskom powietrznym wykrywanie nuklearnych wybuchów, gdziekolwiek na świecie. Wiadomo było, że to ZSRR jest jedynym państwem, w którym może do tego dojść.

Na początku września 1949 roku w filtrach samolotu rozpoznawczego WB-29 lecącego z japońskiej bazy Yakota na Alaskę odkryto ślady cząsteczek radioaktywnych. Przez następne dwa tygodnie samoloty specjalnej eskadry odbyły 90 lotów, dostarczając 500 próbek powietrza zawierających ślady reakcji rozszczepienia jąder. Ameryka nie miała już wątpliwości: Rosjanie zdetonowali ładunek nuklearny. Prezydent Truman ogłosił to publicznie 23 września.

Pewność bezpieczeństwa, którą Stanom Zjednoczonym dawała broń nuklearna, znikła. Bezpośrednią reakcją stało się opracowanie planów uderzenia na ZSRR. Wnioski były jednak bardzo niepokojące. Autorzy planów wojennych musieli stwierdzić, że nie wygrają wymiany nuklearnych ciosów, choć zdawali sobie sprawę, że miną lata, zanim w ZSRR uda się zbudować wojska strategiczne wyposażone w bombowce dalekiego zasięgu i bomby atomowe.

Między próbną eksplozją a wyprodukowaniem i wprowadzeniem do uzbrojenia bomby atomowej była długa droga. Nawet Amerykanom udało się pokonać ją częściowo, gdyż bomby zrzucone na Hiroszimę

Samolot rozpoznawczy WB-29 (archiwum autora).

i Nagasaki w sierpniu 1945 roku nie były dopracowane tak, jak być powinny, i jeszcze przez parę lat udoskonalano ich konstrukcję.

Seryjnie produkowane bomby Mk-III, które w istocie niewiele różniły się od „Fat Man" zrzuconej na Nagasaki, okazały się niestabilne w locie. Należało ograniczyć prędkość opadania do 0,9–0,95 macha, montując na korpusie bomby stateczniki z charakterystyczną skrzynkową obudową. W czasie jednej z prób obudowa odpadła i bomba eksplodowała w odległości jednego kilometra od celu.

Przygotowanie bomby też wymagało usprawnień, gdyż trwało długo: zajmowało dwa dni zespołowi składającemu się z 39 techników. A na domiar złego po dwóch dniach trzeba było usunąć bombę z komory samolotu, aby naładować baterie uruchamiające system zapalników. Dopiero bomby oznaczone Mk-IV przekazane jednostkom bojowym w 1949 roku okazały się w pełni sprawne, zarówno pod względem konstrukcji aerodynamicznej, jak i załadunku do luku samolotu bombowego. Inaczej mówiąc, amerykańskie lotnictwo potrzebowało czterech lat na dopracowanie konstrukcji bomby atomowej.

Naukowcy radzieccy, wiedząc, że Stalin niecierpliwie oczekuje na efekty ich pracy, usiłowali przyspieszyć skonstruowanie bojowych ładunków, z nie najlepszym skutkiem. Już w 1950 roku pierwszych pięć seryjnie produkowanych bomb było gotowych do użycia. Beria nie wierzył, że można tak szybko rozwiązać wszystkie problemy, i nakazał sprawdzić, jak funkcjonuje jedna z bomb. Próbę nadzorował naukowiec Paweł Ziernow z ośrodka w Sarowie. Nie udała się, a Ziernow dostał ataku serca. Zapewne w wyniku napięcia, w jakim żył w oczekiwaniu na wynik testu, a także obawy przed reakcją Berii i oskarżeniem o sabotaż, za co groziła śmierć. Nie stało się tak. Beria albo bardzo cenił Ziernowa, który w najtrudniejszym okresie wojny był zastępcą ludowego komisarza przemysłu czołgowego ZSRR, albo otrzymując najbardziej oczywisty dowód, jak ludzie się go bali, nie wyciągnął konsekwencji...

Kolejna próba we wrześniu 1950 roku już przebiegła pomyślnie. Ale Związek Radziecki wciąż nie miał jak tej broni wykorzystać, a Stany Zjednoczone nadal pozostawały jedynym państwem świata, które w swoim arsenale miało bomby atomowe i mogło nimi zaatakować radzieckie terytorium będące w zasięgu ich samolotów startujących z baz w Wielkiej Brytanii i Turcji.

To niewiele znaczyło. Wkrótce prezydent USA miał się przekonać, że Stalin nie obawia się amerykańskiej potęgi nuklearnej.

45

Na granicy wojny

Informacje z berlińskiej placówki radzieckiego wywiadu były zadziwiająco precyzyjne.

5 stycznia 1948 roku Stalin przeczytał raport, w którym relacjonowano tajną rozmowę, przeprowadzaną kilka dni wcześniej przez generała Luciusa Claya, dowódcę wojsk amerykańskich w Europie, z szefem departamentu finansowego Biura Gubernatora Theodorem Ballem, w sprawie konieczności reformy finansowej w Niemczech. Stalin, dowiedziawszy się o takich zamiarach, nie kwestionował konieczności podjęcia działania, które mogłoby uzdrowić niemiecką gospodarkę. Wartość Reichsmarki sięgnęła dna, handel zamierał, sklepikarze chowali artykuły, nie chcąc sprzedawać ich za bezwartościowe pieniądze, więc na rynku dominowała wymiana towar za towar. Stalin początkowo wydawał się gotów do przystąpienia do wspólnej reformy. Dyskusje prowadzone na forum Sojuszniczej Rady Kontroli[101] dotyczyły spraw technicznych, aczkolwiek ważnych dla całego przedsięwzięcia. I nagle wszystko się załamało.

---

[101] Sojusznicza Rada Kontroli Niemiec – najwyższy organ administracyjny okupowanych Niemiec powołany na podstawie decyzji konferencji mocarstw w Jałcie 5 czerwca 1945 roku. Składał się z przedstawicieli ZSRR, USA, Francji i Wielkiej Brytanii.

Wasilij Sokołowski (archiwum autora).

W tajnym spotkaniu na Kremlu, na które wezwano marszałka Wasilija Sokołowskiego[102], dowódcę Grupy Okupacyjnych Wojsk Radzieckich w Niemczech, wzięli udział najbliżsi współpracownicy Stalina, wśród których znaleźli się wicepremier Ławrientij Beria oraz minister spraw zagranicznych Wiaczesław Mołotow.

Propozycje, które przedstawił Mołotow, bez wątpienia uwzględniający nastawienie Stalina, przewidywały zakończenie udziału radzieckich przedstawicieli w Sojuszniczej Radzie Kontroli i „zamknięcie granic radzieckiej strefy okupacyjnej". Oznaczało to zerwanie współpracy mocarstw w najważniejszym, a jak się wkrótce okazało, zapalnym rejonie Europy. Sokołowski musiał już tylko znaleźć pretekst. Spodziewał się, że dostanie go podczas obrad Sojuszniczej Rady Kontroli. Dlatego zażądał, aby zachodni koledzy poinformowali go o przebiegu dyskusji, którą kilka dni wcześniej przeprowadzili w sprawie Niemiec na spotkaniu w Londynie. Wiedział, że nie zgodzą się na to.

– Było to spotkanie członków rządów i nie otrzymaliśmy jeszcze dyrektyw. Gdy tylko otrzymamy instrukcje, przekażemy panu, panie marszałku, wszystkie informacje – usłyszał Sokołowski.

Doczekał, aż tłumacz przełoży na rosyjski odpowiedź gubernatorów, a następnie zerwał się z miejsca i zaczął odczytywać oświadczenie, które bez wątpienia przygotowano w Moskwie, w czasie tajnej narady na Kremlu.

[102] Wasilij Sokołowski (1897–1968) – marszałek Związku Radzieckiego. W czasie wojny był szefem sztabów i dowódcą Frontów i Kierunku. Od marca 1946 roku do marca 1949 roku był dowódcą Grupy Okupacyjnych Wojsk Radzieckich w Niemczech.

– Nie widzę sensu w kontynuowaniu tego spotkania – zakończył. – Uważam je za zakończone.

Było to ostatnie posiedzenie Sojuszniczej Rady Kontroli.

Wydarzenia biegły szybko.

Sześć dni później do Moskwy przybyła delegacja Niemieckiej Partii Jedności SED, której przewodniczył Wilhelm Pieck, współzałożyciel tej partii.

– Niemieckie masy poddają się wrogim wpływom – poskarżył się Stalinowi. – Obawiam się, że możemy przegrać październikowe wybory. Wszystko przebiegłoby inaczej, gdyby udało się usunąć aliantów z Berlina.

– Podejmijmy wspólny wysiłek – odpowiedział Stalin. – Prawdopodobnie zdołamy ich wykopać.

Marszałek Sokołowski wydał rozkaz „wzmocnienia ochrony i kontroli demarkacyjnej linii radzieckiej strefy", którego celem było zablokowanie dróg prowadzących do Berlina. Jego zastępca generał Michaił Dratwin wysłał do zastępcy amerykańskiego gubernatora list, w którym żądał, aby Amerykanie jadący do Berlina Zachodniego przez radziecką strefę okupacyjną pociągami lub samochodami poddawali się kontroli i bez oporu okazywali odpowiednie dokumenty. Radzieccy żołnierze otrzymali rozkaz sprawdzania zawartości ich bagaży, a także ładunków przewożonych w wagonach towarowych i na rzecznych barkach. Generał Clay odpowiedział twardo:

– Zamierzam poinstruować nasze straże, aby otwierały ogień za każdym razem, gdy radzieccy żołnierze będą usiłowali wtargnąć do naszych pociągów.

Amerykańscy żołnierze, którzy obsadzili pociąg jadący do Berlina, gotowi byli strzelać, gdyby tylko Rosjanie usiłowaliby sforsować drzwi. Nic takiego jednak się nie stało. Pociąg został skierowany na bocznicę i po kilkudniowym postoju Amerykanie po cichu wycofali spragnione, głodne i niewyspane straże.

W ministerstwach spraw zagranicznych w Londynie i Waszyngtonie archiwiści przeszukiwali tysiące protokołów i stenogramów z międzynarodowych konferencji, starając się odnaleźć dokumenty gwarantujące wolny dostęp drogowy, rzeczny lub kolejowy do Berlina. Na próżno. Okazało się, że zachodni politycy nie przewidzieli tego problemu i nie zapewnili wolnego przejazdu przez radziecką strefę okupacyjną. Jedynie transport lotniczy, z oczywistych względów, nie podlegał kontroli.

Sytuacja pogarszała się z tygodnia na tydzień. Władze radzieckie parły do konfrontacji. Już nie chodziło o utarczki w sprawie legitymowania pasażerów czy kontrolowania ładunków pociągów.

Tylko jednego dnia, 12 czerwca 1948 roku, radzieccy żołnierze zatrzymali na granicy 27 pociągów towarowych, twierdząc, że wagony były uszkodzone. Tydzień później pod pretekstem trudności technicznych wstrzymano cały ruch kolejowy między Berlinem a zachodnimi strefami okupacyjnymi Niemiec. To jeszcze nie było najgorsze.

Na wieść o przeprowadzeniu reformy walutowej w zachodnich strefach marszałek Wasilij Sokołowski ogłosił 24 czerwca całkowite zatrzymanie transportu lądowego do Berlina Zachodniego, ze względu na „trudności techniczne". Odcięto również dostawy energii elektrycznej ze wschodnioniemieckich elektrowni. Sytuacja w mieście stawała się dramatyczna.

Każdego dnia miasto otrzymywało z Zachodu 15 tysięcy ton zaopatrzenia dowożonego przez pociągi, barki rzeczne i samochody. Zakładając ograniczenie do minimum potrzeb mieszkańców, Berlin musiał otrzymywać codziennie 5,5 tysiąca ton żywności. A rezerwy były niewielkie. Zapasy zboża i mąki wystarczały na siedemnaście dni, mięsa i ryb na dwadzieścia pięć, mleka na dwadzieścia sześć dni, ziemniaków na czterdzieści dwa. Berlin Zachodni, zamieszkały przez 2,5 miliona ludzi, został skazany na głód i ciemności.

Stalin mógł się czuć całkowitym panem sytuacji. Żadne z mocarstw europejskich nie było w stanie podjąć nowej wojny. Wielka Brytania bardzo zmniejszyła liczebność swoich wojsk, utrzymując jedynie 90 batalionów piechoty, co stanowiło ledwie jedną trzecią i tak niewielkich sił, jakie w 1939 roku wystawiła do walki z Niemcami. Royal Navy ze względu na brak paliwa odwołała manewry przewidziane na jesień 1948 roku, a okręty wojenne i tak niewiele mogłyby zdziałać na Bałtyku.

Francuski minister spraw zagranicznych Georges Bidault, oceniając francuskie siły zbrojne, twierdził, że Armia Radziecka może w ciągu dwóch miesięcy dojść do Paryża, a wtórował mu francuski szef Sztabu Generalnego.

Stany Zjednoczone też rozbroiły swoje wojska. Oszczędności budżetowe w 1948 roku sprawiły, że USA stać było jedynie na utrzymanie 552 tysięcy żołnierzy, których gotowość bojowa była bardzo niewielka. Tylko jedna jednostka, słynna 82. Dywizja Powietrznodesantowa była w stanie wyruszyć do walki. Oczywiście rozważano wysłanie do Europy dwóch eskadr bombowców B-29, ale jedynie po to, aby osłoniły ewentualną ewakuację z Berlina Zachodniego. Siły strategiczne nie liczyły się, gdyż US Air Force miała (1 grudnia 1948 roku) 38 bombowców B-29 „Silverplated", czyli gotowych do przenoszenia bomb nuklearnych, ponadto 18 nowych bombowców B-50 (zmodernizowanej wersji B-29) i 4 (z 13 podejmujących służbę) prawdziwie strategicznych samolotów B-36. Wszystkie, startując z baz w Wielkiej Brytanii lub Turcji, mogłyby zaatakować cele w ZSRR, ale było ich za mało, żeby przestraszyć Stalina.

Przyszłość łatwo było przewidzieć. Po kilkunastu tygodniach wygłodzone miasto zmuszone byłoby poddać się Rosjanom. Największym problemem był transport węgla dla zachodnioniemieckich elektrowni. Bez tego miasto pogrążyłoby się w ciemnościach, z fabrykami pozbawionymi energii.

Dwa dni po zarządzeniu przez marszałka Sokołowskiego blokady Berlina generał Lucius Clay zadzwonił do generała Curtisa LeMaya, dowodzącego amerykańskim lotnictwem w Europie.

– Curt, czy masz samoloty, które mogłyby wozić węgiel? – zapytał Clay.

– Wozić co?

– Węgiel.

Curtiss LeMay
(archiwum autora).

– Musiałeś wybrać zły numer, generale. – LeMay nie mógł wyjść z zadziwienia. – Słyszę, jakbyś pytał mnie, czy moje samoloty mogą wozić... węgiel?!

– Dokładnie tak powiedziałem! Węgiel!

– Generale – LeMay uznał, że to nie żart i czas przestać się droczyć – siły powietrzne mogą wozić wszystko. Jak wiele węgla mamy przerzucić?

– Ile tylko możecie!

Tego wieczora Jack Bennett, dyrektor operacji i szef pilotów American Overseas Airlines urzędujący we Frankfurcie, odebrał telefon. Dzwonił oficer z biura LeMaya:

– Kapitanie Bennett, chcielibyśmy wyczarterować Skymastery, aby zaraz poleciały do Berlina – mówił o dużych czterosilnikowych samolotach C-54 Skymaster.

– A co chcecie przewozić? – zapytał Bennett.

– Załadujemy węgiel – usłyszał odpowiedź, która wprawiła go w osłupienie. Był doświadczonym pilotem, ale nigdy nie słyszał o transporcie węgla drogą powietrzną.

– Węgiel?

– Tak, to awaryjna sytuacja.

– Nie możecie załadować węgla do pasażerskiego samolotu! – wykrzyknął Bennett. – To uniemożliwi pilotowanie, zniszczy siedzenia i całe wnętrze!

– Okej – zgodził się oficer. – A ziemniaki, można?

Załadunek węgla do C-54 Skymaster podczas „Mostu Berlińskiego" (archiwum autora).

– Jak pan sobie to wyobraża?

– No, w workach…

– W workach to już lepiej – przyznał niechętnie Bennett.

– Dzisiaj zaczął pan tworzyć historię! – usłyszał.

Wielka operacja powietrznego zaopatrywania Berlina rozpoczęła się. Generał Clay uważał, że będzie trwała kilka tygodni, w czasie których samoloty dostarczać będą 600–700 ton zaopatrzenia, głównie po to, aby wzmocnić morale mieszkańców i „poważnie zakłócić radziecką blokadę". Bardzo się pomylił.

Związek Radziecki zniósł blokadę Berlina dopiero 17 maja 1949 roku, ale powietrzne dostawy trwały do 1 września tego roku. W tym czasie samoloty przewiozły 2323067 ton zaopatrzenia, w tym ponad 1,5 miliona ton węgla, bijąc rekordy organizacji i poświęcenia ze strony pilotów. Na przykład jednego tylko dnia, 11 kwietnia 1949 roku, w czasie 922 lotów przewieziono 8246 ton towarów. Ta wielka operacja kosztowała 300 milionów dolarów i życie 65 osób, które zginęły w wypadkach lotniczych.

Wydawało się, że Amerykanie zwyciężyli, gdyż utrzymali normalne funkcjonowanie wielkiego miasta i zmusili Stalina do zrezygnowania z blokady. Jednak w rzeczywistości było inaczej. Tę pierwszą powojenną próbę sił wygrał Stalin. Oczywiście do pełnego zwycięstwa pozostało zmuszenie aliantów do opuszczenia Berlina Zachodniego, co pozwoliłoby Związkowi Radzieckiemu włączyć całe miasto do socjalistycznego państwa – Niemieckiej Republiki Demokratycznej – które 7 października 1949 roku utworzono w radzieckiej strefie okupacyjnej. Berlin Zachodni zachował swój status i Stalin musiał pozostawić rozwiązanie tego problemu swoim następcom. On jednak uzyskał coś równie istotnego.

Wiedział, że walka o Berlin stała się hasłem wyborczym Harry'ego Trumana walczącego o drugą kadencję na stanowisku prezydenta. Być może do tego stopnia, że Truman zapomniał, iż istnieją inne rejony świata. Stalin o tym pamiętał.

Kryzys w centrum Europy grożący wojną tak bardzo zaabsorbował uwagę zachodnich polityków, że nie uwzględnili, iż może być zasłoną dymną, skrywającą działania na drugim końcu świata: w Chinach. Tam 21 kwietnia 1949 roku miliony żołnierzy z czerwonymi gwiazdami na czapkach przeprawiło się przez rzekę Jangcy na 20-kilometrowym odcinku i ruszyło w stronę Nankinu, stolicy rządu Czang Kaj-szeka. Ich przewaga była tak ogromna, że już trzeciego dnia otoczyli Nankin, a czwartego dnia na ulice miasta wdarli się żołnierze 3. Armii generała Czen I. W następnych tygodniach zajęli inne miasta bronione przez wojska rządowe. 10 grudnia 1949 roku Czang Kaj-szek uciekł na Tajwan. Twierdził, że przegrał, gdyż pomoc amerykańska utrzymywana była zaledwie na poziomie „niezbędnego minimum", a komuniści korzystali z nieograniczonej pomocy Moskwy. Ofiarowane przez Waszyngton 2 miliardy dolarów mogły wystarczyć Czang Kaj-szekowi na zorganizowanie odwrotu na Formozę (Tajwan), a nie walkę z wojskami komunistycznymi. Bez wątpienia miał wiele racji, jednakże w owym czasie żadna pomoc militarna i finansowa nie byłaby wystarczająco duża, aby powstrzymać gigantyczną armię Mao Zedonga (Mao Tse-tunga). On, przemawiając 1 października, w pałacu cesarskim w Pekinie, powiedział:

– Ogłaszamy ustanowienie Chińskiej Republiki Ludowej (...) Musimy zjednoczyć się ze wszystkimi państwami i narodami miłującymi pokój i wolność, a nade wszystko ze Związkiem Radzieckim (...) Niech drżą reakcjoniści w kraju i na świecie!

Wykorzystał okazję siedemdziesiątych urodzin Stalina, aby 16 grudnia 1949 roku przyjechać do Moskwy i omówić sposób na wstrząśnięcie imperialistami.

Tego wieczora w czasie przyjęcia Mao Zedong opowiedział Stalinowi bajkę:

– W Chinach żył starzec o imieniu Yui-gun, co znaczy „głupi stary człowiek". Drogę do jego domu na południu odgradzały dwie wielkie góry, więc zdecydował się je usunąć. Zwołał swoich synów, chwycili za łopaty i zabrali się do pracy. Inny starzec o imieniu Dzhi-sou, co znaczy „mądry stary człowiek", widząc ich trud, zaczął się śmiać, mówiąc: „Jakże chcecie usunąć takie dwie wielkie góry?". Na to Yui-gun oddarł: „Ja umrę, ale pozostaną moje dzieci. One umrą, ale pozostawią swoje dzieci. I tak następować będą pokolenia. Góry rzeczywiście są wysokie, ale już nie podnoszą się; stają się niższe po każdej łopacie wykopanej ziemi. Czyż nie zdołamy ich usunąć? Bóg, słysząc tę rozmowę, posłał anioły, aby odsunęły góry".

Ta bajka miała wykazać, że dwie przeszkody, imperializm i feudalizm, stoją na chińskiej drodze, którą podąża partia komunistyczna, a lud-bóg, wzruszony uporem i konsekwencją, wyśle swoje anioły, a więc najlepszych synów narodu, aby podjęli to dzieło.

Stalin zaczął się śmiać. Długo i serdecznie. On też miał swoje góry, które przekopywał od dawna. Wiele lat wcześniej napisał:

Zrewolucjonizowanie Dalekiego Wschodu stanie się impulsem zaostrzającym rewolucyjny kryzys na Zachodzie. Zaatakowany z obydwu stron, z przodu i z tyłu, imperializm zostanie zmuszony do uznania, że jest skazany na zagładę.

Uderzył „z przodu", w Berlinie. Wygrał również „z tyłu", zyskał potężnego sojusznika w Chinach. Miał też już równie potężnego – broń nuklearną.

46

Jak pokonać wroga?

Kryzys berliński pokazał Amerykanom, że w istocie byli bezbronni. Wciąż nic nie zagrażało ich ziemi, ale nie byli w stanie zapobiec agresji na sojuszników.

Amerykańscy planiści założyli w 1949 roku, że bombowce strategiczne zrzucą na cele w ZSRR 70 bomb atomowych oraz nieokreśloną liczbę bomb konwencjonalnych. Ataki miały być powtarzane przez trzydzieści dni, co doprowadziłoby do zniszczenia 40 procent radzieckiego przemysłu, a przede wszystkim rafinerii i zakładów bezpośrednio zaopatrujących siły zbrojne.

Już na tym etapie istniało dużo wątpliwości. W dalszym ciągu trzonem floty strategicznych bombowców pozostawały starzejące się B-29 w wersji „Silverplated", co oznaczało, że były pozbawione uzbrojenia obronnego z wyjątkiem działka 20 milimetrów w wieżyczce ogonowej. Już w czasie ataku na Hiroszimę i Nagasaki japońskie myśliwce nie atakowały tych samolotów, uznając, że są to samoloty rozpoznawcze. Co więcej, Rosjanie wzmacniali obronę. W czerwcu 1949 roku wprowadzili do służby nowe myśliwce odrzutowe MiG-15, w czym ogromnie pomogli im... Brytyjczycy. Prace nad skonstruowaniem tego myśliwca stanęły w miejscu przed przeszkodą, której radzieccy konstruktorzy nie mogliby pokonać. Tą barierą był brak silnika odrzutowego, który mógłby napędzać doskonały płatowiec ze skośnymi skrzydłami, przejętymi wprost z planów niemieckich

Amerykańskie bombowce B-50, B-17 i B-36 (archiwum autora).

konstruktorów. Usiłowano zastosować zdobyczne niemieckie silniki BMW i Junkersa, ale te, fatalnie wykonane w warunkach wojennych, gdy Niemcom brakowało materiałów, nie sprawdzały się. Aż nagle rząd brytyjski zgodził się na sprzedaż do Związku Radzieckiego 40 silników Rolls-Royce Nene! To był historyczny prezent! Angielscy politycy wsparli największego wroga, który szykował się do zniszczenia ich miast. Radzieccy konstruktorzy skopiowali brytyjski silnik i z powodzeniem zastosowali go w nowych myśliwcach. O tym, jak groźnych, Amerykanie przekonali się już wkrótce, w czasie wojny w Korei. Tam 12 kwietnia 1951 roku 44 myśliwce MiG-15 zaatakowały formację amerykańskich bombowców B-29 i zestrzeliły 28 z nich, co zmusiło amerykańskie dowództwo do zaprzestania dziennych nalotów i kontynuowania walki tylko w nocy.

Więcej szans przedarcia się nad radzieckie cele miały nowocześniejsze bombowce B-50, które w lutym 1948 roku rozpoczęły służbę w nowo powołanym Strategic Air Command. W istocie były to ulepszone B-29 o większym zasięgu wynoszącym bez mała 10 tysięcy kilometrów, większym udźwigu, a co najważniejsze, mogły wystartować do misji bojowej z pełnym uzbrojeniem obronnym. Od czerwca 1948 roku amerykańskie lotnictwo miało już w pełni strategiczne bombowce, sześciosilnikowe B-36, choć dopiero w 1951 roku uzyskały gotowość bojową.

Nawet jeżeli lotnictwo amerykańskie rzuciłoby do walki wszystkie bombowce strategiczne, to nie wystarczyłoby to do wygrania wojny.

Do walki musiałyby przystąpić wojska lądowe, co wydawało się nierealne. Amerykańscy politycy i dowództwo tradycyjnie niechętnie patrzyli na wysyłanie żołnierzy w bój, zwłaszcza na terytorium wroga tak potężnego i niezłomnego, jak Związek Radziecki, co w sposób oczywisty udowodniła druga wojna światowa.

Historia dowodziła, że włączenie się Ameryki w sprawy odległego kontynentu wymagało szczególnego powodu, który kazałby społeczeństwu poprzeć taki plan administracji.

W czasie pierwszej wojny światowej stało się tak dopiero, wtedy gdy w 1917 roku, a więc w trzecim roku krwawej wojny, ataki niemieckich okrętów podwodnych sparaliżowały transport morski, co fatalnie odbijało się na amerykańskim handlu. Armatorzy bali się wysyłać statki na Atlantyk. Ruch w portach zamierał. W magazynach piętrzyły się stosy niesprzedanych towarów. Plantatorzy bawełny w południowych stanach zbierali plony z pól, nie wiedząc, co z tym dalej robić. Amerykańskiej gospodarce zagroził kryzys. Prezydenta niepokoił również gwałtownie pogarszający się stan brytyjskiej gospodarki, która pozbawiona dostaw morskich słabła, a zapasy zboża w brytyjskich spichrzach kurczyły się gwałtownie. W kwietniu 1917 roku wystarczały już tylko na sześć tygodni. Brak dostaw drewna z Norwegii, używanego w kopalnianych chodnikach, groził całkowitym zatrzymaniem wydobycia węgla.

Ameryka stawiała sobie pytanie, jak będzie wyglądał świat po upadku ententy, i dochodziła do wniosku, że musi te państwa wspomóc.

Prezydent Thomas Woodrow Wilson miał w zapasie jeszcze kilka argumentów potwierdzających, że Stany Zjednoczone nie mogą pozostać bezczynne. Wśród nich kartą atutową był telegram niemieckiego ministra spraw zagranicznych Arthura Zimmermanna, w którym nakazywał niemieckiemu ambasadorowi w Meksyku zaproponowanie rządowi tego państwa przystąpienie do wojny w zamian za dużą pomoc finansową, a przede wszystkim przekazanie po zwycięstwie ziem utraconych przez Meksyk na rzecz USA: stanów Nowy Meksyk, Teksas i Arizonę. Brytyjscy kryptolodzy odszyfrowali telegram Zimmermanna i przesłali do Waszyngtonu. 2 kwietnia 1917 roku prezydent wygłosił przemówienie na specjalnej sesji Kongresu, domagając się uznania stanu wojny między USA i Niemcami. Mówił:

– (…) polityka Imperialnego Rządu Niemieckiego jest faktycznie niczym innym jak wojną przeciwko rządowi i ludziom Stanów Zjednoczonych!

Dwa dni później obie izby Kongresu, zdecydowaną większością głosów, podjęły rezolucję w tej sprawie.

Polityka USA na początku drugiej wojny światowej bardzo przypominała ten sposób postępowania.

3 września 1939 roku, gdy Polska płonęła, a Wielka Brytania i Francja wypowiedziały wojnę Niemcom, prezydent Franklin D. Roosevelt mówił do rodaków w czasie swojej radiowej *Rozmowy przy kominku*:

– Mam nadzieję, że Stany Zjednoczone będą się trzymać z dala od tej wojny. Wierzę, że tak się stanie. Zapewniam was, że rząd poczyni wiele starań, aby dopiąć tego celu.

Piątego dnia po hitlerowskiej agresji na Polskę prezydent ogłosił neutralność Stanów Zjednoczonych, wydając zakaz eksportu broni, amunicji i sprzętu wojskowego dla walczących stron zgodnie z ustawą z 1937 roku. Musiał tak zrobić w obawie przed potęgą i wpływami ugrupowań izolacjonistycznych. Dopiero w grudniu 1941 roku, gdy uzyskał argument, którego nikt w USA nie odważyłby się podważyć, mógł rozpocząć przygotowania do wojny. 7 grudnia samoloty japońskie zaatakowały amerykańską bazę morską na Hawajach. Zginęło 2335 żołnierzy i marynarzy, wiele okrętów, w tym 5 pancerników zostało zniszczonych lub uszkodzonych.

Amerykańska baza w Pearl Harbor (archiwum autora).

Dzień po japońskim nalocie, 8 grudnia 1941 roku, prezydent Franklin D. Roosevelt wygłosił w Kongresie siedmiominutowe przemówienie:

– Zwracam się do Kongresu, aby zadeklarował, że od chwili niesprowokowanego i nikczemnego ataku japońskiego w niedzielę 7 grudnia zaistniał stan wojny między Stanami Zjednoczonymi a Imperium Japońskim.

Parlament i naród poparł apel prezydenta.

8 grudnia 1941 roku Stany Zjednoczone wypowiedziały wojnę Japonii.

Hitler ułatwił sprawę prezydentowi, wypowiadając wojnę Stanom Zjednoczonym, gdyż chciał w ten sposób zacieśnić sojusz z Japonią.

Bez takiego uzasadnienia wysłanie armii do boju było niemożliwe. Tym bardziej po długiej i trudnej wojnie światowej. W dodatku chodziło o zaatakowanie Związku Radzieckiego, który uzyskał sympatię Amerykanów ofiarami, jakie poniósł w wojnie z nazizmem. Jednakże w tym przypadku nie chodziło o wydanie wojny Związkowi Radzieckiemu i podbój tego państwa. Obawa, że Związek Radziecki może uderzyć na Europę Zachodnią, narastała w miarę niepokojących wydarzeń, w których udział tajnych służb ZSRR był oczywisty.

Planiści z Pentagonu znaleźli sposób, proponując uruchomienie wojny partyzanckiej.

Bez wątpienia był to efekt znikomej wiedzy o ZSRR i całkowitego braku zrozumienia istoty tego państwa. Stalin dużo wcześniej przewidział niebezpieczeństwo wrogiej partyzantki w granicach ZSRR. Dlatego w miarę odzyskiwania przez Armię Czerwoną terytoriów okupowanych przez Niemców, zwłaszcza Ukrainy, Białorusi i dawnych polskich ziemi przyłączonych do ZSRR, wkraczające tam oddziały NKWD miały rozkaz traktowania mieszkańców jako „wykonujących rozkazy niemieckiej administracji i karania ich jak zdrajców".

Zazwyczaj o świcie całe wsie były otaczane, a z chałup wyciągano mężczyzn, bez względu na wiek i stan zdrowia. Do uciekających – strzelano. Zebranych na placu eskortowano do specjalnych obozów, gdzie oddzielano tych, których podejrzewano, na przykład na podstawie sąsiedzkich oskarżeń, że współpracowali z okupantem. Pozostałych siłą wcielano do wojska. Żołnierze nazywali ich „sumocznyje dywizji" od tobołków, z którymi przybywali, gdyż nie wydawano im mundurów ani wojskowego oporządzenia.

Zakończenie wojny niewiele zmieniło. Władze wciąż nieufnie patrzyły na mieszkańców terytoriów wyzwolonych spod niemieckiej okupacji. W personalnych ankietach musieli ujawniać, czy oni lub ich najbliższa rodzina mieszkali na okupowanych ziemiach, co uniemożliwiało zatrudnienie ich w działach gospodarki związanych z wojskiem lub przemysłem wojskowym, a także wyjazd za granicę.

Z niesłychaną brutalnością i energią działali oficerowie Smiersz wobec jeńców zwalnianych z niemieckich obozów. Wojenne zasługi się nie liczyły, czego doświadczył kapitan Iwan Babak, pilot myśliwski. Po

Iwan Babak
(archiwum autora).

osiemnastym zwycięstwie otrzymał tytuł Bohatera Związku Radzieckiego. Do końca wojny odniósł trzydzieści siedem samodzielnych powietrznych zwycięstw. W marcu 1945 roku przejął dowodzenie 16. Gwardyjskim Pułkiem Myśliwskim. Miesiąc później jego samolot strąciła artyleria przeciwlotnicza. Babak uratował się, ale trafił do obozu jenieckiego, skąd uwolniły go wojska radzieckie. Trafił w ręce śledczych ze Smiersz, dla których jego wojenne zasługi nie miały znaczenia. Torturowano go, aby przyznał się, że jest zdrajcą i niemieckim szpiegiem. Tylko interwencja innego lotniczego asa (pięćdziesiąt dziewięć samodzielnych zwycięstw powietrznych), Aleksandra Pokryszkina, dwukrotnego Bohatera Związku Radzieckiego, dowódcy 9. Gwardyjskiej Dywizji Lotniczej, uratowała go od dalszych nieszczęść, ale nie na długo. W 1947 roku aresztowano go znowu i ponownie Pokryszkin, już marszałek, uratował wojennego towarzysza.

Podobną tragedię przeżywała Anna Timofiejewna-Jegorowa, pilotka samolotu szturmowego Ił-2. Zestrzelona w rejonie Warszawy, ciężko poparzona, trafiła do niewoli. Uwolniona 31 stycznia 1945 roku, została przewieziona do obozu filtracyjnego w Gorzowie Wielkopolskim. Tam okazało się, że jej odznaczenia (Bohaterka Związku Radzieckiego, dwa ordery Czerwonego Sztandaru, order Czerwonej Gwiazdy) nadawane za szczególne bojowe zasługi nie miały znaczenia. Bito ją i poniżano, aby przyznała się, że jest niemieckim szpiegiem. Wyjawiła, jakie zadania jej przekazano, i wskazała, z kim miała się kontaktować. Wytrzymała i miała wiele szczęścia, że zwolniono ją z obozu.

Taki był los setek tysięcy, a może nawet milionów radzieckich jeńców oswobodzonych przez ich braci z Armii Czerwonej. Już grudniu 1941 roku Komitet Obrony nakazał zakładanie specjalnych obozów NKWD dla sprawdzania żołnierzy oswobodzonych z niewoli. W ciągu roku utworzono 22 takie obozy, w których przesłuchiwano żołnierzy. Do października 1944 roku przez te obozy przeszło 355 tysięcy żołnierzy, z których 40 procent zdegradowano i odesłano do karnych batalionów. Tam kierowano ich na najtrudniejsze odcinki frontu, na przykład do ataku przez pola minowe, wysyłano do walki bez broni, którą musieli zdobyć od wroga lub przejąć od martwego kolegi.

Ten system zaczął działać z całą siłą w ostatnich tygodniach wojny, co stało się możliwe po rozbudowie wojsk i organów administracji przydzielonej do sprawdzania żołnierzy. Na tyłach każdego z Frontów tworzono tzw. przejściowe punkty zborne, do których kierowano żołnierzy uwalnianych z niewoli. Tam przetrzymywano ich przez pięć dni. Tych, wobec których oficerowie NKWD lub Smiersz mieli wątpliwości, odsyłano do Frontowych Sprawdzająco-Filtracyjnych Obozów, gdzie pobyt mógł trwać nawet dwa miesiące. Na tyłach 1. Frontu Ukraińskiego utworzono 30 takich obozów. Podobnie 1. Frontu Białoruskiego. W każdym z obozów przetrzymywano do 10 tysięcy jeńców. W obozach 3. Frontu Ukraińskiego od lutego do maja 1945 roku przebadano 58 tysięcy jeńców. Ujawnione dokumenty tamtego czasu wskazują, że przez obozy przeszło 5,4 miliona żołnierzy, z których 600 tysięcy uznano za przestępców wojennych, a więc wysłano do łagrów na Syberii lub rozstrzelano.

W zabudowaniach klasztoru w Lubiążu też zorganizowano obóz, choć nie sposób ustalić jaki: Przejściowy Punkt Zborny czy Frontowy Sprawdzająco-Filtracyjny. Faktem jest, że radziecka administracja wojskowa działała tam do 1948 roku. Polskie władze starały się przejąć klasztor i okoliczne zabudowania, ale bezskutecznie. W jednej z notatek urzędowych sporządzonych w czerwcu 1945 roku napisano: „Instytut radiotechniczny [niemiecka fabryka w Lubiążu – B.W.] nie może być obecnie wizytowany, ponieważ mieści się tam trybunał 150 sędziów wojskowych

Hoyt Vandenberg
(archiwum autora).

rosyjskich oraz obóz jeńców rosyjskich wracających z robót z Niemiec i oddziałów Własowa".

Ostatecznie przedstawiciele Wojska Polskiego i starosta powiatowy w Wołowie przejęli klasztorne zabudowania w marcu 1948 roku. Nikt nie wracał do sprawy obozu, czemu trudno się dziwić wobec podejścia władz państwowych do takich tematów. Dopiero w połowie lat 80., gdy na terenie klasztoru ekipy MSW zaczęły poszukiwać ukrytych skarbów, rozeszły się pogłoski, że natrafiły na zakopane ciała noszące ślady po kulach. Nie zostało to jednak ostatecznie wyjaśnione.

Amerykanie nie znali tych faktów. Nie byli w stanie zrozumieć ani uwierzyć, że mógłby funkcjonować tak nieludzki system. Dlatego skłonni byli dać wiarę niemieckiemu generałowi przekonującemu ich, że na terenie ZSRR, zwłaszcza na Ukrainie i w republikach nadbałtyckich, wciąż są setki tysięcy ludzi gotowych do wzniecenia powstania przeciwko komunistycznym władzom. I dlatego Gehlen stał się człowiekiem tak potrzebnym w realizacji planów amerykańskich sił zbrojnych.

Generał Hoyt Vandenberg, szef sztabu US Air Force, przystąpił do opracowania metod działania na postnuklearnym polu bitwy. Zakładał, że specjalne oddziały zostaną zrzucone tuż przed atakiem bombowców strategicznych lub bezpośrednio po zakończeniu nalotów, aby przygotować zajęcie lokalnych ośrodków władzy, rozgłośni radiowych, strategicznych punktów i zdławienie resztek oporu wojsk radzieckich. Założył, że akcje komandosów zostaną wsparte przez lokalne oddziały partyzanckie kilkudziesięciu tysięcy bojowników. To Gehlen miał wiedzieć, jak są liczne i jak do nich dotrzeć. Wydawało się możliwe, że pracując dla Wehrmachtu, utworzył tam siatkę kolaborantów i szpiegów. Jeżeli przetrwaliby powojenną nagonkę, byliby bezcennymi współpracownikami w tej wielkiej akcji generała Vandenberga. Tym bardziej że nic innego Amerykanie nie mieli. Jak określił Harry August Rositzke[103], urzędnik CIA mający szczególną wiedzę w tej dziedzinie:

> W 1946 roku teczki wywiadu USA w sprawach ZSRR były praktycznie puste. Nawet najbardziej oczywiste fakty były niedostępne: drogi i mosty, lokalizacja i produkcja fabryk, plany miast i lotnisk.

W takiej sytuacji wszystkie informacje dostarczane przez Gehlena i jego organizację wydawały się bezcenne. Tym bardziej że nikt nie mógł ich zweryfikować, a o błędach, które popełniał w czasie wojny w ocenie radzieckich sił zbrojnych i przewidywanych działaniach, nie wiedział nikt w USA. Pojawiały się głosy, że analizy sporządzane przez to źródło są niewiarygodne, a nawet szkodliwe dla USA, gdyż pchają amerykańską politykę w złą stronę, kiedy jednocześnie fakt zatrudnienia byłego nazistowskiego oficera w amerykańskiej służbie wywiadowczej powoduje oburzenie sojuszników. Ale tego w Waszyngtonie nie chciał słuchać nikt. Wprost przeciwnie, wszelka krytyka poczynań Gehlena prowadziła do dalszego wspierania jego organizacji. Oblicza się, że w ciągu pierwszych dziesięciu powojennych lat budżet USA przekazał na organizację Gehlena 200 milionów dolarów (1,8 miliarda dolarów w dzisiejszych cenach), dzięki czemu mógł zatrudnić 4 tysiące pracowników.

[103] Harry August Rositzke (1911–2001) – oficer OSS, a następnie CIA, gdzie kierował Wydziałem ZSRR. W latach 1952–1954 dowodził tajnymi akcjami przeciwko ZSRR i państwom socjalistycznym, a także przeciw Chinom. Od 1967 roku brał udział w „Operacji Chaos" prowadzonej na terytorium USA, przeciwdziałającej ruchom antywojennym i komunistycznym.

„Gehlen zarabiał, stwarzając zagrożenie, którego się obawialiśmy, więc dawaliśmy mu więcej pieniędzy, aby więcej nam o tym mówił" – ocenił Victor Marcheti[104], specjalista ds. ZSRR w CIA.

Gehlen korzystał z poparcia ludzi ważnych w Waszyngtonie, którzy potrafili uciszyć głosy zwątpienia w jego skuteczność i wspomagać rozbudowę jego organizacji, która przeniosła się do Pullach pod Monachium i przyjęła skromną nazwę „Org".

Jednakże trudno było podważyć wiarygodność Gehlena. On na podstawie materiałów ze swojego wojennego archiwum wskazywał ludzi świetnie pasujących do planów wojny z ZSRR.

Było tam wielu członków SS i Waffen-SS, zwłaszcza w litewskich, łotewskich i estońskich kompaniach Labor Service. Pierwsza łotewska kompania została sformowana w czerwcu 1946 roku pod dowództwem byłego generała SS Voldemarsa Skaistlauksa, dowódcy artylerii 15. Dywizji Grenadierów SS. W innej łotewskiej kompanii dowódcą był Talivaldis Karklins, oficer, który miał za sobą służbę w obozie koncentracyjnym pod Rygą. Janis Zegners, był oficerem Łotewskiego Legionu SS, jednostki szczególnie ważnej w planach Gehlena, gdyż przez dziesięć lat po wojnie prowadziła walkę partyzancką z radzieckimi władzami Łotwy.

Gehlen miał pełną świadomość, że łamie umowę z szefami amerykańskiego wywiadu, wobec których zobowiązał się, że w swojej organizacji nie będzie zatrudniał byłych esesmanów. Na początku być może stwarzał takie wrażenie. Ostatecznie esesmani z Litwy, Łotwy i Estonii nie byli pracownikami jego organizacji. Nikt nie mógł mu zarzucić, że postępuje wbrew zobowiązaniom. Ale i tak był zbyt ważny, aby przeszkadzać mu w działalności. I szybko stał się zbyt potężny dzięki poparciu, które uzyskał ze strony ludzi liczących się w Waszyngtonie.

104 Victor Marcheti (ur. 1929) – od 1955 roku był w CIA asystentem zastępcy dyrektora, a następnie dyrektora CIA. W 1973 roku opublikował książkę krytykującą Agencję.

Frank G. Wisner[105] zaczął wielką karierę w 1948 roku, gdy dokooptowano go do składu nowo powstałej instytucji, której nazwa maskowała jej prawdziwy charakter: Biuro Koordynacji Polityki (Office of Policy Coordination). W istocie była jedną z wielu agencji wywiadowczych, która miała prowadzić „propagandę, walkę ekonomiczną, bezpośrednie akcje zapobiegawcze obejmujące: sabotaż, przeciwdziałanie wrogiemu sabotażowi, wysadzanie i procedury ewakuacyjne; działalność wywrotowa we wrogich państwach, włączając w to wspieranie podziemnych grup oporu, partyzantki, grup wyzwoleńczych uchodźców, wspieranie lokalnych elementów antykomunistycznych (...)".

Wisner, który miał nadzorować budowę siatek ruchu oporu w Europie Wschodniej, z zapałem zabrał się do roboty, a nikt z jego przełożonych nie zwrócił uwagi, że nic mu się nie udawało.

Już pierwsze zadanie, operacja „Valuable", zakończyło się kompletną klęską.

Zlecono mu zadanie zorganizowania przerzucenia do Albanii zwolenników króla Ahmeda Zogu, który w 1939 roku musiał uchodzić z kraju przed wojskami włoskimi. W Albanii pozostało wielu jego zwolenników i ich właśnie Wisner planował wykorzystać do walki z komunistyczną władzą Envera Hodży. W tym rejonie Europy z racji wojennej działalności w Grecji, Abisynii i Jugosławii największe doświadczenia miała brytyjska tajna służba i dlatego Wisner zdecydował się współpracować z Anglikami. Tak w naturalny sposób w operacji pojawił się Kim Philby, łącznik między brytyjskim i amerykańskim wywiadem, któremu wyznaczono specjalną rolę współdowodzącego Angloamerykańskim Komitetem Specjalnej Polityki (Anglo-American Special Policy Committee).

---

105 Frank Gardiner Wisner (1909–1965) – prawnik z wykształcenia, od 1941 roku w amerykańskim wywiadzie OSS, w latach 1944–1945 kierował OSS na Europę Południowo-Wschodnią. Od 1948 roku był szefem agencji wywiadu ukrytej pod nazwą Office of Policy Coordination. Od 1951 roku był jednym z dyrektorów (Deputy Director of Plans) CIA. Po wykryciu u niego depresji maniakalnej został przesunięty do mniej odpowiedzialnych zadań. Popełnił samobójstwo.

26 września 1949 roku dziewięciu albańskich partyzantów, weteranów wojny partyzanckiej z Włochami, szkolonych przez Brytyjczyków na Malcie, wyruszyło stamtąd w przebraniach rybackich na greckim kutrze. We włoskim porcie przesiedli się na pokład szkunera „Stormie Seas", używanego przez brytyjski wywiad jeszcze w czasie wojny do zaopatrywania partyzantki w Grecji. Późnym wieczorem 3 października dopłynęli do miejsca w pobliżu brzegu półwyspu Karaburun, dokąd dwaj agenci brytyjskiego wywiadu dowieźli ich w pontonach. Na brzegu rozdzielili się na dwie grupy, z których pięcioosobowa ruszyła na północ, a czteroosobowa na południe. Nie zaszli daleko. Pierwsza czteroosobowa grupa szybko została otoczona przez albańskich żołnierzy, którzy pod dowództwem samego szefa sztabu generalnego przybyli dwa dni wcześniej. To nie mógł być przypadek. Otoczeni nie mieli żadnych szans. Trzech z czterech agentów zginęło w krótkiej strzelaninie. Jednemu udało się zbiec. Nie na długo. Druga grupa, umykając przed pogonią, przetrwała dłużej. Tylko dwaj przedostali się do Grecji.

Wynik pierwszej operacji był fatalny. Zginęło czterech śmiałków, jeden został schwytany, o pozostałych słuch zaginął.

W czasie gdy partyzanci walczyli na górzystych brzegach Karaburun, a potem usiłowali umknąć albańskim żołnierzom, Kim Philby w kabinie luksusowego liniowca RMS „Caronia" płynął przez Atlantyk, korzystając z miłego towarzystwa, darmowych drinków, co szczególnie doceniał, i wspaniałej kuchni. W Nowym Jorku, dokąd dotarł 7 października, czekał na niego przyjaciel z dawnych lat, James Angleton[106]. Poznali się w 1944 roku, gdy Angleton przyjechał do Londynu, aby podjąć pracę w tamtejszej placówce kontrwywiadu Biura Studiów Strategicznych (OSS), współpracującego z kontrwywiadem brytyjskim. Była to nowa jednostka, zupełnie bez doświadczenia, więc Williamowi Donovanowi,

106 James Jesus Angleton (1917–1987) – wysoki funkcjonariusz amerykański, zażarty antykomunista. Przez blisko dwadzieścia lat, do 1974 roku, był szefem sztabu kontrwywiadu CIA.

James Jesus Angleton
(archiwum autora).

szefowi amerykańskiego wywiadu, zależało na zbudowaniu struktury według doświadczeń brytyjskich. Wiele lat później dowiedział się, że ceniona brytyjska tajna służba, założona w 1909 roku, toczona była przez nadzwyczaj zaraźliwą chorobę, a Angleton był pierwszym, który zaraził się od siewcy tej choroby... Kima Philby'ego. Uważał go za swojego przewodnika po tajemniczym świecie kontrwywiadu, który uczył, jak wykrywać, śledzić i likwidować obcych agentów. Philby'emu też przypadł do gustu ten młodszy o pięć lat amerykański chłopak, któremu matka, żarliwa katoliczka, nadała drugie imię Jesus, czego się bardzo wstydził. Nauczyciel okazał się bardzo dobry, a uczeń nadzwyczaj pojętny, gdyż już pół roku później Angleton oddelegowany do Włoch objął kierownictwo całego alianckiego kontrwywiadu w tym państwie. Jednym z jego największych osiągnięć, jak uznali jego szefowie, było zorganizowanie ucieczki Junio Valerio Borghese, włoskiego faszysty, który dowodził Decima MAS, specjalną jednostką włoskiej marynarki wojennej wykorzystującą płetwonurków i podwodne pojazdy do atakowania alianckich okrętów. Po kapitulacji Włoch nie poddał się aliantom, lecz zorganizował oddział, który podczas współpracy z SS dokonał wielu zbrodni na ludności cywilnej i partyzantach. To Angleton doprowadził do tego, że Borghese nie stanął przed sądem włoskim, lecz alianckim, i odpowiadał jedynie za współpracę z Niemcami, a nie za zbrodnie, za co groziłaby mu kara śmierci. Skazany na dwanaście lat więzienia, po czterech latach został zwolniony, aby stanąć na czele ruchów i ugrupowań antykomunistycznych i neofaszystowskich. Na tym polegał dalekosiężny plan szefa alianckiego kontrwywiadu, który zawsze kierował się nienawiścią do komunizmu.

Angleton, gdy w 1949 roku wrócił do USA, miał już ustaloną renomę człowieka bezwzględnego i nadzwyczaj skutecznego. W oczywisty sposób znalazł się w gronie założycieli CIA, nowej agencji wywiadowczej, która zajęła miejsce OSS.

Z radością witał przyjaciela z Londynu, a ten zapewne nie domyślał się, jak to się stało, że wybrano właśnie jego na łącznika między wywiadami USA i Wielkiej Brytanii. Była to nadzwyczaj ważna funkcja, dla której obydwie tajne służby największych mocarstw ówczesnego świata nie miały tajemnic. Przez jego ręce przechodziła nawet korespondencja między premierem Wielkiej Brytanii a prezydentem USA. Kariera szpiega, której poświęcił życie, weszła w nową fazę. Znajdował w tym ukoronowanie żarliwej miłości do komunizmu, jaka rozkwitła długo przed wojną, co mogło wydawać się dziwne u człowieka z jego pozycją społeczną i rodzinnymi koneksjami.

47

Towarzysze Apostołowie

W Anglii o możliwości zrobienia zawodowej kariery zawsze decydowały pochodzenie oraz wykształcenie, przez które należało rozumieć nie tylko nabycie wiedzy, lecz przede wszystkim możliwość zawarcia ważnych znajomości i związków w czasie studiów. Obydwa te czynniki były ze sobą mocno związane, gdyż wysoka pozycja społeczna oznaczała duże dochody, a one dawały szanse studiowania na drogiej uczelni, czyli znalezienia się w towarzystwie młodych ludzi, którzy mieli stać się klasą rządzącą. Kim Harald Philby spełniał obydwa warunki.

Był synem wielce szanowanego St. Johna Philby'ego, który zbił niewielką fortunę w Indiach, a następnie zauroczony orientem, przeniósł się z rodziną do Arabii, gdzie otoczył go opieką król Ibn Saud. Kim nie domyślał się nawet, że jego ojciec wyświadczył królowi wielką przysługę, ujawniając wiele tajemnic korony brytyjskiej, do których miał dostęp z racji dobrego urodzenia i bardzo rozgałęzionych koneksji towarzyskich. Robił to tak zręcznie, że nikt nie podejrzewał go o zdradę. Jego fortuna rosła i mógł bez większych wyrzeczeń wysłać syna do elitarnej Trinity College, największej i najbogatszej uczelni w angielskim Cambridge, założonej przez króla Henryka VIII w 1546 roku. Kim Philby, jak większość jego rówieśników, chciał zrobić coś ważnego, do czego skłaniała ówczesna sytuacja na świecie. Wielka wojna pochłonęła miliony ludzi i stworzyła grunt pod zwycięstwo ideologii, które pod hasłami zapobiegania powtórzeniu wojennej katastrofy

Jeden z Apostołów – Kim Philby (archiwum autora).

i przywrócenia sprawiedliwości szykowały nową wojnę: bolszewizmowi, faszyzmowi i nazizmowi. Były tak atrakcyjne dla młodych zbuntowanych, że ci garnęli się do działania pod ich sztandarami. Kim Philby początkowo uczęszczał na zebrania Cambridge University Socialist Society. Była to organizacja lewicowa, pod czujnym okiem radzieckiego wywiadu. Coraz więcej czasu spędzał na dyskusjach ze swoim nauczycielem ekonomii Maurice'em Dobbem, który tak bardzo nie krył sympatii dla komunizmu, że w 1931 roku założył oddział partii komunistycznej na uniwersytecie w Cambridge, a zebrania odbywały się w jego domu „St. Andrews" przy Chesterton Road, znanym był jako „Red House" (Czerwony Dom). Zapał i otwarte głoszenie idei komunistycznych poskutkowały protestami innych wykładowców z Cambridge. Były tak głośne, że już w 1925 roku król Jerzy V zażądał od władz uczelni wyjaśnień, dlaczego komunista dopuszczany jest do pracy z młodzieżą. Kim pod jego wpływem nabierał przekonania, że jedynym skutecznym orężem w walce ze złem faszyzmu jest marksizm i Związek Radziecki.

Stąd już było blisko do radzieckiego wywiadu, który usilnie penetrował akademickie środowisko w Anglii. Agent tego wywiadu Samuel Cahan skaptował pięciu studentów elitarnej uczelni: Guya Francisa de Moncy Burgessa, Donalda Macleana, Anthony'ego Blunta, Johna Cairncrossa i Kima Harolda Philby'ego. Ta piątka okazała się tak ważnym ogniwem radzieckiego wywiadu, że później nadano im nazwę „pięciu wspaniałych". Brytyjskie tajne służby nie zauważyły tego tak bardzo, że zapragnęły mieć Philby'ego w swoich szeregach.

Wydawał się obiektem wartym bliższego zainteresowania i rokującym nadzieje na sukcesy w najbliższej przyszłości. Odebrał staranne wykształcenie, pracował w Hiszpanii jako wojenny korespondent, miał rozległe koneksje. Zyskał nawet uznanie hiszpańskiego dyktatora generała Francisco Franco, który odznaczył go Czerwonym Krzyżem Zasługi. Nikt z brytyjskiego wywiadu mającego wówczas renomę najlepszego na świecie nie zadał sobie trudu, aby dowiedzieć się o komunistycznych sympatiach i powiązaniach Philby'ego, które łatwo było wykryć. Jego konto bardzo obciążał pobyt w Paryżu, gdzie działał w Komitecie Pomocy Ofiarom Niemieckiego Faszyzmu, żona była aktywną działaczką Kominternu, doskonale znaną policji austriackiej, a on brał udział w przemycaniu działaczy komunistycznych z Austrii do Czechosłowacji. Jest wręcz niemożliwością, aby jakakolwiek w miarę sprawna służba wywiadowcza przeoczyła tak istotne fakty z życia kandydata, któremu zamierzano powierzyć tajemnice służby Jego Królewskiej Mości. A jednak: na teczce Philby'ego pojawiły się litery NRA – „Nothing Recorded Against" (zastrzeżeń nie stwierdzono).

I tak pewnego sierpniowego wieczoru 1938 roku Kim spotkał się w kwaterze brytyjskiego wywiadu na Victoria Street w Londynie z mężczyzną, który zaproponował mu pracę. Bliższe szczegóły tej oferty nie są znane.

Jego czterej koledzy ze stowarzyszenia „Apostołów" zajęli ważne stanowiska w brytyjskiej administracji. Uzyskali dostęp do największych tajemnic brytyjskiego rządu i wywiadu. Przechwytywali tajne raporty wywiadu MI-6 dla rządu Churchilla, sporządzane na podstawie depesz niemieckich odszyfrowywanych w Bletchley Park. W wyniku ich działalności rezydent radzieckiego wywiadu mógł przesłać z Londynu do Moskwy w pierwszej połowie 1941 roku 7867 tajnych dokumentów brytyjskich dotyczących spraw politycznych i dyplomatycznych, 715 dokumentów wojskowych, 127 dotyczących spraw gospodarczych i 51 wywiadowczych. Między 1 stycznia a 21 czerwca 1941 roku Stalin otrzymał ze źródeł wywiadowczych ponad 100 raportów o zbliżającej się wojnie z Niemcami.

Philby szybko awansował w brytyjskiej tajnej służbie. W czerwcu 1940 roku przeniesiono go do Sekcji D, która wkrótce przekształciła się w Zarząd Operacji Specjalnych (SOE) powołany w celu kierowania dywersją i sabotażem w państwach okupowanych przez Niemców. Do niego należało szkolenie agentów w specjalnym ośrodku w Beaulieu, wsi w hrabstwie Hampshire. We wrześniu 1941 roku przeniesiono go do Sekcji V, kontrwywiadu, gdzie uzyskał wgląd w niemieckie operacje wywiadowcze prowadzone w Hiszpanii i Portugalii, a później również w Afryce Północnej i we Włoszech, a więc mało istotne dla głównych zainteresowań Moskwy. Awansował, ale ciągle na peryferiach głównego nurtu działań SIS. Aż na początku 1944 roku objął stanowisko szefa Sekcji IX badającej aktywność radziecką i komunistyczną. Mówiło się, że Philby mógłby zająć stanowisko szefa wywiadu, a może nawet wszystkich tajnych służb. Jego wspaniała kariera mogła zawalić się we wrześniu 1945 roku. Philby otarł się o dekonspirację.

C. Page, brytyjski wicekonsul w Stambule, otrzymał list od Konstantina Wołkowa, radzieckiego wicekonsula, z propozycją spotkania w bardzo ważnej sprawie. Brytyjczyk, obawiając się prowokacji ze strony radzieckiego wywiadu, nie odpowiedział na to zaproszenie. Jednakże Wołkow nie rezygnował. We wtorek 4 września od rana śledził Anglika, by w południe, gdy ten udał się po zakupy na bazar w centrum miasta, stanąć przy nim.

– Za udzielenie azylu politycznego mnie i mojej rodzinie oraz kwotę 50 tysięcy funtów mogę przekazać ważne dokumenty i informacje, które zdobyłem, pracując w wydziale brytyjskim radzieckiego wywiadu.

Page pozostawał nieufny, więc Wołkow ujawnił więcej szczegółów, aby Brytyjczycy uznali, że wart jest spełnienia jego warunków.

– Mogę podać wam nazwiska najważniejszych radzieckich agentów działających w Londynie. Dwóch z nich jest w Ministerstwie Spraw Zagranicznych, a siedmiu wewnątrz brytyjskiego systemu wywiadowczego. Jeden z nich sprawuje funkcję szefa sekcji kontrwywiadu w Londynie.

Nie powinni mieć żadnych trudności z ustaleniem, o kim mówił: szefem sekcji w kontrwywiadzie był Philby!

List Page'a, informujący o rozmowie z Wołkowem, dotarł do Londynu 19 września. I... trafił do rąk Philby'ego! Jeszcze tego samego dnia Philby spotkał się z Borysem Krotowem, prowadzącym go radzieckim oficerem, i poinformował o ofercie Wołkowa. 21 września z Moskwy wyruszyli dwaj oficerowie mający rozkaz dostarczenia radzieckiego wicekonsula do ojczyzny lub zlikwidowania go. Trzy dni później Wołkowa i jego żonę, odurzonych środkami farmakologicznymi i przywiązanych do noszy, wywieziono ze Stambułu na pokładzie radzieckiego samolotu. Od tego dnia słuch o nich zaginął.

W 1947 roku Philby wyruszył do Stambułu, aby tam kierować oddziałem SIS. Podobno wyrządził wiele zła brytyjskim operacjom prowadzonym stamtąd przeciwko Związkowi Radzieckiemu, podając nazwiska szpiegów przerzucanych przez granicę i rodzin, które w ZSRR miały im udzielić pomocy. Ci wszyscy ludzie zginęli...

W październiku 1949 roku Philby'ego wysłano do Waszyngtonu jako łącznika między brytyjskimi tajnymi służbami a CIA. Stało się to w wyniku odczytania radzieckiego szyfrogramu, z którego wynikało, że w ambasadzie brytyjskiej w Waszyngtonie działa szpieg ukrywający się pod kryptonimem „Homer", który kontaktuje się ze swoim oficerem prowadzącym dwa razy w tygodniu w Nowym Jorku. To Philby miał go zdemaskować, a on doskonale wiedział, kim jest „Homer". Był to drugi z „pięciu wspaniałych". Musiał więc rozstrzygnąć dylemat: ostrzec przyjaciela ze studiów i narazić się na zdemaskowanie czy dbając o swoje bezpieczeństwo, wydać go. Zdawał sobie sprawę, że po niespodziewanej ucieczce przyjaciela podejrzenia mogą paść na niego z oczywistego powodu: to on miał dostęp do nadzwyczaj ważnego miejsca, które było ściśle chronione – pokoju „Venony", gdzie nad radzieckimi szyfrogramami pracował Meredith Gardner. Tylko 9 oficerów miało ograniczony dostęp do odszyfrowanych tekstów, a o istnieniu tej placówki wiedziało 19 innych osób. Nikt inny spoza tego kręgu nie mógł dowiedzieć się o „Homerze".

Zdecydował się uratować Donalda Macleana. Wywiad radziecki w sam czas przerzucił go do Moskwy. W niepojęty sposób Philby nie znalazł się w kręgu podejrzanych o zdradę. W jakim stopniu przyczyniła się do tego współpraca z Frankiem Wisnerem, który uznał go za cennego współpracownika ze względu na doświadczenia z pracy na stanowisku szefa Sekcji IX w brytyjskim wywiadzie?

I tu właśnie leży wyjaśnienie katastrofalnej operacji na albańskim wybrzeżu. To Philby poinformował Moskwę o planowanym desancie, o czym dowiedział się od Wisnera. Albańska milicja i służba bezpieczeństwa czekały w miejscu wskazanym przez Philby'ego.

Te wydarzenia tragiczne dla ludzi, którzy tak bardzo angażowali się w walkę z komunizmem, nie miały żadnego wpływu na globalną politykę ani na główny obszar konfrontacji Stanów Zjednoczonych i ZSRR. W tym miejscu najważniejsi stali się dwaj ludzie: Philby i Gehlen. Oraz ci, którzy ich wspierali i umożliwili działanie.

Tak jak Gehlen w swojej siedzibie w Pullach, tak Philby w Waszyngtonie budował swoją pozycję i możliwości wpływania na bieg światowej polityki.

48

Dom na Nebraska Avenue

Philby, wraz z żoną Aileen i dwójką dzieci, zamieszkał w domu na Nebraska Avenue w Waszyngtonie. Goście, którzy tam chętnie przychodzili, zwracali uwagę na cudowną atmosferę, co jeszcze bardziej utrwalało wizerunek Philby'ego jako człowieka rodzinnego, kochającego dzieci, oddanego najbliższym, a przy tym prawdziwego angielskiego dżentelmena. Chwalono go, tym bardziej że każda wizyta połączona była z wypijaniem wielu butelek wina i jeszcze więcej whisky. A byli to ludzie ważni dla amerykańskiego świata tajnych służb: asystent dyrektora FBI Johnny Boyd, wysoki urzędnik CIA William Harvey, szef CIA generał Walter Bedell Smith, zastępca szefa i późniejszy szef CIA Allen Dulles. I oczywiście Frank Wisner. Przed nimi i wieloma innymi, którzy przychodzili do mieszkania Philby'ego, nie było tajemnic rządu i wywiadu, których by nie znali.

To nie było jedyne miejsce, gdzie radziecki szpieg mógł dowiadywać się wszystkiego, co najważniejsze w amerykańskiej polityce.

Przyjaźń z Angletonem dawała mu znacznie większe możliwości.

Raz w tygodniu (a potem częściej) spotykali się na lunch w bajecznym miejscu. Widywali się w restauracji, choć właściwszym określeniem byłby klub, a dokładniej „Harvey's Ladies and Gentlemen's Oyster Salon". Założyli go bracia George W. i Thomas M. Harveyowie w 1858 roku. Ich eksperymenty ze sposobami przyrządzania ostryg dały tak niezwykłe rezultaty, że nakarmienie gości wymagało sprowadzenia w każdym tygodniu 50 wagonów ostryg. Bywali tam wszyscy amerykańscy prezydenci, być może również dlatego, że z Białego Domu nie mieli daleko, gdy w 1866 roku bracia przenieśli restaurację na Pennsylvania Avenue, uznawaną za najważniejszą amerykańską ulicę. Nie było w tym przesady, skoro przy niej mieściły się Biały Dom, Kapitol, FBI, wysoki na 13,5 metra Pomnik Pokoju (Peace Monument) i wiele innych szacownych instytucji takich jak siedziba Departamentu Skarbu czy Stary Budynek Urzędu Patentowego (a w nim National Portrait Gallery and the Smithsonian American Art Museum).

Pennsylvania Avenue była (i jest) ulicą, po której przechadzali się tylko ludzie ważni lub najważniejsi na świecie. Nic więc dziwnego, że Philby mógł ich spotkać w najsławniejszej restauracji świata. Wspólne lunche z Angletonem przerodziły się w pewien rytuał, który rozpoczynała szklanka bourbona z lodem, potem homar, a często i sławne ostrygi popijane wybornym winem, aby zakończyć lunch koniakiem i cygarem.

Jakie tajemnice amerykańskiego rządu poznał tam Philby? Nigdy nie uzyskamy odpowiedzi na to pytanie. W każdym razie był bezcennym źródłem informacji dla radzieckiego wywiadu, który dzięki temu mógł wyprzedzić każdą amerykańską akcję.

49
Skorzeny kontratakuje

Amerykańscy śledczy nie znaleźli nic, co pozwalałoby skazać Skorzenego za zbrodnie wojenne. Podniesiono przeciwko niemu zarzuty, które można było postawić dowodzonej przez niego 150. Brygadzie walczącej w czasie operacji w Ardenach. Jego żołnierze nosili amerykańskie mundury, co było złamaniem prawa wojennego, ale nie mieli ich na sobie w czasie walki. Oskarżenie upadło, a Skorzenego z sali sądowej odesłano do celi w obozie internowania w Darmstadt, gdzie trzymano go pod pozorem oczekiwania na wyniki procesu denazyfikacyjnego. O co tak naprawdę chodziło?

Echo Alpejskiej Reduty wciąż krążyło po korytarzach amerykańskich dowództw, a zwłaszcza kontrwywiadu Counter Intelligence Corps (CIC). Ta organizacja założona w 1917 roku (pod nazwą Corps of Intelligence Police), mająca na celu zapewnić kontrwywiadowczą ochronę amerykańskim wojskom wysłanym na wojnę do Europy, w okresie międzywojennym praktycznie przestała funkcjonować. Stany Zjednoczone powróciły do polityki „cudownej izolacji", pozostawiając niebezpieczne rejony świata daleko poza zainteresowaniami polityków i wojskowych. Liczebność CIC spadła wtedy z 600 funkcjonariuszy w okresie Wielkiej Wojny do 20. Gdy w grudniu 1941 roku świat brutalnie przypomniał Amerykanom o swoim istnieniu, zaczęła się gorączkowa rewitalizacja kontrwywiadu, który przyjął nazwę Counter Intelligence Corps i odzyskiwał dawną siłę i liczebność. Zakończenie wojny oznaczało nowe zadania, gdyż amerykańskie władze wojskowe zdawały sobie sprawę, że wojska okupacyjne w Niemczech wystawione będą na nowe zagrożenia. Informacje z terenu, a także przekazywane przez dawnych aliantów, którzy mieli swój interes w zwalczaniu niemieckiej partyzantki, wskazywały, że w Niemczech i Austrii powstają podziemne organizacje byłych esesmanów i fanatycznej młodzieży z Hitlerjugend. Ocena skali zagrożenia była niemożliwa, tym bardziej że służby policyjne zwykły wyolbrzymiać niebezpieczeństwo w trosce o uznanie ze strony władz cywilnych. Ten sam nastrój udzielił się kontrwywiadowi, który skoncentrował się na poszukiwaniu zaginionych nazistowskich zasobów bankowych i odnosił w tym pewne sukcesy. Dlatego szczególną uwagę zwrócono na byłych żołnierzy Dywizji Grenadierów Pancernych „Brandenburg", choćby z tego powodu, że ta dywizja sformowana dopiero we wrześniu 1944 roku wywodziła się z jednostki, a właściwie dywersyjnej grupy Batalion „Ebbinghaus" działającej w Czechosłowacji w 1938 roku, a następnie w Polsce podczas kampanii wrześniowej. Z biegiem wojny rozrosła się aż do rozmiarów dywizji do zadań specjalnych – Division Brandenburg z.b.V.800[107]. Nigdy nie działała jako zwarty związek, lecz na wielu frontach wysyłała do walki grupy dywersyjne. Obawa przed nimi wzrosła, gdy po zamachu na Hitlera 20 lipca 1944 roku oddano „Brandenburczyków" pod władzę Sicherheitsdienst jako Dywizję Grenadierów Pancernych „Brandenburg" i przerzucono na front do Chorwacji, a potem do Prus Wschodnich. Wbrew wojskowemu charakterowi zachowała dywizyjny symbol krótkiego miecza przysłoniętego teatralną maską. Ostatecznie, po ciężkich walkach, już na ziemiach polskich oddziały dywizji wycofały się do Ołomuńca w Czechosłowacji, gdzie 7 maja rozpoczęły bitwę z nacierającymi wojskami radzieckimi. Tam dzień później otrzymały rozkaz dowódcy generała Hermanna Schulte-Heuthausa nakazujący bezzwłoczne zniszczenie „wszystkich pojazdów,

[107] Skrót z.b.V. oznaczał „zur besonderen Verwendung", czyli specjalnego przeznaczenia, do zadań specjalnych.

Otto Skorzeny w Dachau (archiwum autora).

broni, amunicji, czołgów i dział szturmowych", a zachowanie pojazdów nadających się do transportu żołnierzy z lekką bronią. Niedobitki dywizji zaczęły drogę na zachód. Pozbawione ciężkiej broni, niewiele mogły zdziałać, choć udało im się pokonać aż 250 kilometrów na zachód, być może dlatego, że oddziały radzieckie posuwające się za nimi nie zdołały zablokować im drogi. Stało się to dopiero w Beneszowie 10 maja, gdy resztki słynnej dywizji poddały się wojskom radzieckim.

Dla CIC najważniejsza była informacja o przejściu części żołnierzy dywizji do dowodzonej przez Ottona Skorzenego SS-Jagdverbände. Stało się tak we wrześniu 1944 roku, gdy podczas reorganizacji dywizji żołnierze otrzymali możliwość zdecydowania, czy podejmą służbę w Dywizji Grenadierów Pancernych „Brandenburg" czy w innej formacji. 800, według innych źródeł – 1800, zdecydowało się przejść do oddziału Skorzenego. Nie wiadomo, co nimi kierowało. Zapewne woleli pozostać przy dotychczasowym charakterze oddziału, a więc działaniach dywersyjnych, a niewykluczone, że przyciągała ich sława nowego dowódcy. Już nie można było mieć wątpliwości, że zostaną użyci do działań dywersyjnych, a ich celem będą amerykańskie władze okupacyjne i amerykańskie wojska.

W agenturalnych doniesieniach zbieranych przez placówki kontrwywiadu powtarzała się nazwa ODESSA. Była to organizacja, która miała zacząć tajną działalność w brytyjskiej strefie okupacyjnej, a następnie szybko rozszerzyć ją na strefę amerykańską. ODESSA była skrótem od niemieckiej nazwy „Organisation der Ehemaligen SS-Angehörigen" (Organizacja byłych Członków SS). Nie był to monolit. Wiele wskazywało, że tworzyło ją wiele mniejszych organizacji takich jak Die Spinne, Scharnhorst, Leibwache, Lustige Brüder, choć prześledzenie i ustalenie związków między nimi jest już niemożliwe.

Zakładały je różne ugrupowania. Na przykład Bruderschaft (Bractwo) została utworzona w 1949 roku w brytyjskiej strefie okupacyjnej przez byłych oficerów dywizji „Grossdeutschland", esesmanów i członków partii nazistowskiej. Jednym z przywódców był SS-Obersturmbannführer Alfred Franke-Gricksch, oficer wywiadu 3. Dywizji Pancernej SS „Totenkopf", której żołnierze wywodzili się głównie z jednostek wartowniczych w obozach koncentracyjnych. Celem Bruderschaft było działanie na rzecz restytucji państwa nazistowskiego.

Inną organizację Spinne (przypisywaną Skorzenemu, co nie jest prawdą) założyli austriaccy naziści, którzy zamierzali doprowadzić do ponownego połączenia ich ojczyzny z Niemcami. Niemiecki oddział tej organizacji powstał w obozie internowania w Halzenbach w rejonie Salzburga.

Informacje amerykańskiego wywiadu wskazywały na ścisłe powiązania osadzonych w obozach internowania z organizacjami, które podejmowały działalność poza obozami. W tym również Skorzenego przebywającego w więzieniu w Darmstadt. Jak zza krat mógł dowodzić organizacją byłych esesmanów?

Śledztwo przeprowadzone przez agentów amerykańskiego kontrwywiadu pozwoliło wyjaśnić tę zagadkę. Skorzeny, podobnie jak wielu uwięzionych esesmanów, miał popleczników. Znane są nazwiska lekarzy, którzy usuwali tatuaże na lewym przedramieniu, wskazujące na grupę krwi, co łatwo pozwalało zidentyfikować schwytanego esesmana. W obozie byli łącznicy przekazujący informacje. W tej liczbie znaleźli się polscy żołnierze pełniący służbę wartowniczą. W większości byli to żołnierze Brygady Świętokrzyskiej, formacji Narodowych Sił Zbrojnych, prowadzącej w okupowanej Polsce walkę z oddziałami, które uznawali za komunistyczne: Batalionami Chłopskimi, Armią Ludową, a także Polską Partią Robotniczą i radzieckimi grupami wywiadowczymi zrzucanymi za linię frontu. Działalność brygady na tym froncie była bardziej intensywna niż starcia z Niemcami, o czym świadczą duże potyczki pod Krzepinem, Skrobaczowem, Rząbcem. Ofensywa Armii Czerwonej w styczniu 1945 roku zmusiła brygadę, zgodnie z rozkazem Komendanta Głównego NSZ, do wycofania się na zachód, wspomaganego przez Niemców, którzy otwierali swoje linie obronne przed maszerującymi żołnierzami, a nawet umożliwiali odpoczynek w swoich obiektach i zaopatrywali w broń i żywność. Brygada w pierwszych dniach sierpnia 1945 roku dotarła do Coburga, gdzie żołnierze zdali broń, otrzymując status uchodźców cywilnych, choć dawne dowództwo zabiegało o utrzymanie spoistości brygady. W tym celu, w wyniku porozumienia z dowództwem amerykańskiej 3. Armii, przystąpiono do formowania kompanii wartowniczych. Zlecono im pełnienie służby w obozach i więzieniach dla niemieckich zbrodniarzy wojennych. Jednakże antykomunizm nowych wartowników, który kazał im zwalczać ugrupowania komunistyczne i lewicowe, zadziałał i w tym wypadku. Dla nich uwięzieni esesmani, gestapowcy, oficerowie Wehrmachtu oskarżeni o zbrodnie wojenne wciąż byli rycerzami antybolszewickiej krucjaty, godnymi wsparcia i pomocy. Jednym z tych, którzy zaangażowali się w tę działalność, był rotmistrz Stanisław Bagiński o pseudonimie „Żuraw", który po wojnie używał swojego pseudonimu jako nazwiska. Ten dzielny oficer kawalerzysta z pierwszej wojny światowej ledwo uszedł śmierci z rąk czerwonoarmistów, gdy jego rodzinną posiadłość na Podolu w 1939 roku zajęły wojska radzieckie. Od września 1944 roku walczył w Brygadzie Świętokrzyskiej. W służbie wartowniczej, którą przyszło mu pełnić w obozie w Dachau i składzie amunicji armii amerykańskiej Muna Münster był dowódcą szwadronu kawalerii. Amerykański kontrwywiad zidentyfikował go jako pomocnika Skorzenego w kontaktach ze światem zewnętrznym.

Czy to polscy wartownicy umożliwili Skorzenemu ucieczkę? Nigdy tego nie stwierdzono. Nie należy jednak sądzić, aby wartownicy mieli aż tak duże możliwości. Sprawa ucieczki esesmana wciąż pozostaje niewyjaśniona, co zdaje się potwierdzać udział amerykańskiego wywiadu. Skorzeny w pamiętniku nie omieszkał się pochwalić, że uznano go za „najgroźniejszego człowieka w Europie", co potraktował jako wyzwanie. 27 lipca 1948 roku poinformował komendanta, że ma zamiar wyjść na wolność. Komendant mu nie wierzył, ale dwie godziny później musiał przyznać byłemu komandosowi rację. Skorzeny wpakował się do bagażnika jego samochodu, a kierowca, nieświadomy, że wiezie 120-kilogramowy ciężar, wyjechał z nim za bramę.

To bardzo naiwna wersja.

Rok wcześniej, w kwietniu 1947 roku, dowództwo amerykańskiego kontrwywiadu zakończyło akcję inwigilowania więźniów obozów dla internowanych. Należałoby to łączyć z pogarszającą się sytuacją międzynarodową. Coraz częściej mówiło się o możliwości wybuchu wojny między niedawnymi sojusznikami. Wojenni wrogowie wydawali się pożytecznymi pomocnikami. Prawdopodobnie za takiego uznano Skorzenego. Decyzja o przerwaniu operacji „Brandy" była o tyle dziwna, że amerykański kontrwywiad odniósł wiele znaczących sukcesów w penetrowaniu ODESSY. W tym również dzięki współpracy z czechosłowackim wywiadem. Nie powinno to dziwić, gdyż w tym czasie Czechosłowacja zachowywała jeszcze pewną dozę samodzielności, co ostatecznie przerwał komunistyczny zamach stanu w lutym 1948 roku. Czesi, obawiając się działań niemieckiej partyzantki na swoim terytorium, informowali, że prawdopodobnie 11 września 1946 roku w Hamburgu odbyło się spotkanie szefostwa ODESSY. Przedstawiali dowody na kontakty wysłanników tej organizacji z byłymi członkami SS zamieszkującymi na terenie brytyjskiej i amerykańskiej strefy okupacyjnych Niemiec. Wszystkie materiały w grudniu 1946 roku otrzymał 970. Oddział CIC prowadzący sprawy ODESSY. Jednak nie na długo, skoro cztery miesiące później zapadła decyzja o przerwaniu tej akcji. Czy miało to związek z ucieczką Skorzenego w lipcu 1948 roku? Czy amerykański kontrwywiad przygotowując ją, zdecydował się usunąć kontrwywiadowczą opiekę nad Skorzenym? Utrzymywanie jej groziłoby albo uniemożliwieniem wydostania Skorzenego z więzienia, albo kompromitacją amerykańskich tajnych służb.

Według innej, ale bardziej prawdopodobnej wersji, do obozu w Darmstadt miało przyjechać trzech amerykańskich oficerów z nakazem odwiezienia więźnia do Norymbergi. Nie było w tym nic dziwnego, gdyż Skorzeny był świadkiem w procesach toczących się przed tamtejszym trybunałem wojskowym. Mieli odpowiednie dokumenty, których autentyczność nie budziła zastrzeżeń. Wydano więc Skorzenego. Wkrótce okazało się oficerowie byli przebrani, a dokumenty nakazujące przewiezienie Skorzenego do Norymbergi – podrobione. Dlaczego nikt nie sprawdził ich tożsamości? Wystarczało zadzwonić do Norymbergi.

Po ucieczce nikt go nie szukał. A on jeszcze przez dwa lata przebywał u swojej przyszłej żony w Bawarii, aż wyjechał do Hiszpanii. Tam mógł czuć się bezpiecznie pod ochroną tajnych służb faszystowskiego dyktatora Francisco Franco.

50

Org

Im bardziej zaogniała się sytuacja na świecie, tym bardziej organizacja Reinharda Gehlena stawała się potrzebna. A w końcu lat 40. świat wydawał się stawać na krawędzi wojny. Kryzys berliński nieomal zakończył się konfrontacją dwóch supermocarstw. Tuż potem w Korei wybuchła wojna, w którą zaangażowały się Stany Zjednoczone, Związek Radziecki i Chiny. Tym bardziej amerykańskie władze przestały zwracać uwagę na nazistowską przeszłość ludzi, których zdecydowały się zatrudnić w tajnych służbach.

W lecie 1946 roku amerykański wywiad oddał w ręce Gehlena organizację antykomunistycznego wywiadu, czemu nadano kryptonim „Rusty".

Nowe zadania dla Gehlena sprawiły, że nowy szef ośrodka w Camp King pułkownik William Philp zaczął baczniej mu się przyglądać. Ich serdeczne z początku stosunki pogarszały się w miarę napływu esesmanów do sztabu Gehlena, aż zamieniły się w otwartą wrogość. Philp widział i nie chciał zaakceptować, że ta placówka stała się bezpiecznym portem dla rozbitków z SS, Gestapo, Sicherheitsdienst, Waffen-SS, uznanych przez Międzynarodowy Trybunał w Norymberdze za organizacje przestępcze. Jeden z funkcjonariuszy CIA, zapewne pod wpływem Philpa, określił to obrazowo:

– Wywiad amerykański jest jak bogaty niewidomy prowadzony przez psa przewodnika, którym jest Abwehra. Jedyny kłopot polega na tym, że smycz była za długa.

Gehlen mógł łatwo odrzucić te oskarżenia, wskazując, jak bardzo potrzebuje swoich dawnych współpracowników lub tych, którzy służąc w SS na Wschodzie, dobrze poznali teren interesujący amerykański wywiad. Dlatego amerykańskie władze nie zaprotestowały nawet wtedy, gdy Gehlen zatrudnił dr. Franza Sixa.

Ten doktor prawa Uniwersytetu w Heidelbergu jako oficer Sicherheitsdienst miał po zajęciu Wielkiej Brytanii przez wojska niemieckie kierować tam eliminacją ludzi znanych z antyhitlerowskich poglądów. Na jego liście znalazł się m.in. Winston Churchill. Inwazja nie doszła do skutku, a wtedy szef Głównego Urzędu Bezpieczeństwa Rzeszy Reinhard Heydrich wyznaczył mu inne zadanie. Miał pokierować oddziałem Vorkommando „Moskau" działającym w ramach morderczej Einsatzgruppe B dołączonej do Grupy Armii „Środek" na terenie Białorusi. Był to jeden z czterech oddziałów specjalnych posuwających się za wojskami Wehrmachtu podbijających Związek Radziecki i likwidujących Żydów, komunistów oraz intelektualistów. Liczył tylko 650 żołnierzy, co było przeciętną wielkością oddziałów Einsatzgruppen, które łącznie miały tylko 3 tysięcy żołnierzy, którzy wymordowali około 2 miliony osób, co może świadczyć o bestialstwie i niezwykłej zaciętości, z jaką dokonywały masowych zbrodni. Po wojnie nie udało się jednak udowodnić, że Vorkommando brało w tym udział. Mordercom Sixa wyznaczono inne zadania. Po zajęciu Moskwy mieli przechwycić archiwa partyjne i NKWD, na podstawie których opracowano by listę ludzi wyznaczonych do likwidacji. Grupa Sixa stała z bronią u nogi, ale zdobycie Moskwy się opóźniało. Dlatego skierowano ich do akcji w Smoleńsku zajętym przez wojska niemieckie po krwawych walkach w lecie 1941 roku. Six w raporcie dla dowództwa napisał, że w Smoleńsku jego grupa zlikwidowała „46 osób, w tym 38 żydowskich intelektualistów, którzy usiłowali wzniecić niepokoje w nowo utworzonym getcie".

Nie wiadomo, czy Sixowi udało się zebrać materiały wywiadowcze w Smoleńsku lub innym radzieckim mieście, ale dla Gehlena większe

Franz Six
(archiwum autora).

znaczenie miał instytut, założony przez niego w willi w Wannsee, będącej własnością fundacji Stiftung Nordhav. Tej samej, która w Wannsee zarządzała położoną w sąsiedztwie willą, gdzie w styczniu 1942 roku odbyła się konferencja na temat „ostatecznego rozwiązania kwestii żydowskiej". Placówka Sixa, potocznie nazywana Instytutem Wannsee, a oficjalnie Instytutem Badań Naukowych nad Związkiem Radzieckim, rozgościła się w willi będącej własnością Franza Oppenheima, jednego z dyrektorów IG Farben, która w 1940 roku jako mienie żydowskie została przejęta przez NSDAP.

Instytut opracowywał comiesięczne raporty na temat sytuacji w ZSRR, stanu sił zbrojnych i gospodarki, tak tajne, że rozsyłano je tylko do 15 najwyższych urzędników Trzeciej Rzeszy, w tym do Heinricha Himmlera i szefa Kancelarii Rzeszy Hansa Lammersa. Wszystkie te dokumenty trafiły w ręce Amerykanów, gdyż w warunkach nasilających się alianckich nalotów na Berlin we wrześniu 1943 roku Instytut wraz z całym archiwum ewakuowano do zamku Plankenwarth w Austrii. Zajęły go wojska amerykańskie wkraczające do tego rejonu i przejęły archiwum, które w naturalny sposób trafiło do Gehlena.

Sprawiedliwość przypomniała sobie o Sixie w 1948 roku, gdy zasiadł na ławie oskarżonych w Norymberdze w tzw. procesie Einsatzgruppen obok 21 innych zbrodniarzy. Trybunał znalazł okoliczność łagodzącą, którą była odmowa wykonania jednej z egzekucji. Skazano go tylko na

Wilhelm Krichbaum (archiwum autora).

dwadzieścia lat więzienia, lecz wkrótce wyrok złagodzono do dziesięć lat i ostatecznie wyszedł na wolność w 1952 roku, po czterech latach odbywania kary.

Gehlen nie odważył się ponownie zatrudnić człowieka skazanego przez Trybunał. Wyczuwał, że Amerykanie już patrzą na niego oraz jego personel podejrzliwie i coraz energiczniej domagają się, aby nie było tam wojennych zbrodniarzy. Wykorzystywał jednak, że nie czynili tego z taką bezwzględnością jak władze radzieckie, i wciąż starał się ratować wojennych kolegów, co ostatecznie przesądziło o jego upadku.

Fatalnym wyborem okazał się Wilhelm Krichbaum, były SS-Oberführer i pułkownik policji (Oberst der Polizei), od marca 1941 roku zastępca szefa Gestapo. Był także dowódcą Tajnej Policji Polowej. Nie to jednak położyło się cieniem na organizacji Gehlena. Ludzie, którzy starali się ukryć wojenną przeszłość, stali się łatwym celem dla radzieckiego wywiadu. Wilhelm Krichbaum okazał się radzieckim szpiegiem. Jednak najbardziej dewastującym dla służby stworzonej przez Gehlena był przypadek Heinza Felfego.

Urodzony w 1918 roku w wieku siedemnastu lat wstąpił do SS. W końcu wojny doszedł do stopnia Obersturmführera (porucznika). W Holandii dostał się do brytyjskiej niewoli, z której zwolniono go, aby infiltrował środowisko tamtejszych komunistów. Nie trwało to długo, gdyż pojawiły się podejrzenia, że zamiast zwalczać komunistów, podjął współpracę z radzieckim wywiadem. W jakiś sposób ta informacja od Brytyjczyków nie trafiła na biurko Gehlena, który zatrudnił Felfego w 1951 roku.

Przez wiele lat wydawał się szczególnie cennym nabytkiem. Udało mu się stworzyć siatkę wywiadowczą w Moskwie, na czele której stanął

Heinz Felfe
(archiwum autora).

pułkownik Armii Czerwonej. Materiały nadsyłane przez niego miały szczególną wartość. W uznaniu tych osiągnięć Felfe otrzymał stanowisko szefa kontrwywiadu na ZSRR. Musiało minąć wiele czasu, zanim okazało się, że to nie Felfe założył tak wartościową siatkę, lecz... radziecki wywiad, który za jej pomocą dostarczał Amerykanom odpowiednio spreparowane informacje.

W 1956 roku władze amerykańskie oddały organizację Gehlena rządowi Republiki Federalnej Niemiec. Dotychczasowy szef skromnej i tajnej „Org", która właściwie była pomocniczą organizacją amerykańskiego wywiadu, stanął na czele Bundesnachrichtendienst, Federalnej Służby Wywiadowczej Niemiec. To najbardziej odpowiadało Gehlenowi. Krok po kroku on i jego ludzie przenikali do oficjalnych organów administracji demokratycznego państwa. Jego zespół tak się rozrósł, że willa „Haus Blue" na obrzeżach Camp King okazała się za mała i przeniósł się do nowej siedziby we wsi Pullach pod Monachium. Prawdopodobnie była to dawna posiadłość Martina Bormanna, a na pewno wybudowana na jego polecenie w 1938 roku. Duża, wygodna willa, z basenem, położona w pięknym parku. Gehlen znalazł tam, daleko od Camp King, więcej swobody w dobieraniu współpracowników. Do opustoszałego Camp King wprowadziło się utworzone przez CIA Biuro Wywiadu Naukowego (Office of Scientific Intelligence). Pierwszym dyrektorem został dr Willard Machle. Zastanawiające było powierzenie tego stanowiska człowiekowi, który nie miał żadnego doświadczenia w pracy wywiadowczej, a z wykształcenia był... lekarzem, specjalizującym się w toksykologii. W dodatku uzyskał certyfikat American Board of Preventive Medicine. W tajnym dokumencie CIA napisano, że „był dynamiczną osobą z szerokimi zainteresowaniami w nauce i psychologii, doświadczeniem w nauczaniu, wieloletnią praktyką w medycynie przemysłowej". Tajemnica długo skrywała zadania tej placówki wywiadowczej kierowanej przez lekarza. Był to ośrodek przesłuchań schwytanych radzieckich szpiegów. Oficjalnie chodziło o to, aby zorientować się, co Rosjanie mogą robić z ludźmi pracującymi dla CIA, którzy wpadli w ich ręce. Nic więcej na ten temat nie wiadomo, gdyż Richard Helms, dyrektor CIA w latach 1966–1973, kazał zniszczyć większość dokumentacji na temat programu MKUltra, jak nazwano kontynuację działań prowadzonych w Camp King pod kryptonimem „Bluebird". W ten sposób usunięto ślady prowadzące do wykorzystywania hitlerowskich eksperymentów, którym poddawano więźniów obozów koncentracyjnych.

51

Ludzie o brudnych rękach

Powojenna polityka bardzo szybko wykazała konieczność niekonwencjonalnych rozwiązań. Wojna w Korei była oczywistym dowodem na to, że dwa mocarstwa mogą walczyć ze sobą, nie prowadząc otwartej bitwy. Amerykanie strzelali do Rosjan, a Rosjanie do Amerykanów, nie celując w głowę czy pierś wroga, lecz jedynie w jego samoloty w czasie lotniczych walk, co miało inny wymiar niż zabijanie się na ziemi. Nowy czas nakazał, aby mocarstwa toczyły mecz, wysyłając do gry zawodników bez narodowych kostiumów. Do tych drużyn jak nikt lepiej pasowali eks-esesmani. Byli świetnie wyszkoleni, potulni, wdzięczni, że pozwolono im umknąć przed karą za zbrodnie, oraz spragnieni nowych zaszczytów i pieniędzy. Posyłano ich tam, gdzie ich profesjonalizm i doświadczenie – obojętnie, czy w torturowaniu więźniów, czy w prowadzeniu akcji sabotażowych – mogły dać najlepsze rezultaty.

To Reinhard Gehlen stał się rozprowadzającym. To do niego zwróciły się amerykańskie tajne służby, które starały się opanować sytuację na Bliskim Wschodzie, gdzie pojawienie się państwa Izrael proklamowanego 14 maja 1948 roku podziałało jak zapalnik bomby.

Dla Gehlena było to nowe ważne wyzwanie. Dawało mu szansę wejścia na teren do tego czasu zarezerwowany dla mocarstw i ich rządów. A w nowej sytuacji klasyczna dyplomacja i regularne wojsko nie wydawały się skuteczne. Tym bardziej że hitlerowskie Niemcy już w latach 30.

Brytyjskie śmigłowce podczas Kryzysu Sueskiego (archiwum autora).

XX wieku interesowały się tym rejonem. Dalekosiężne plany przewidywały, że Afrika Korps, niemiecki korpus ekspedycyjny przebijający się do Egiptu wzdłuż wybrzeży Afryki Północnej od zachodu, i Wehrmacht, idący w tamtą stronę od wschodu wielkim łukiem przez Kaukaz, połączą się, zagarniając Bliski Wschód z jego polami naftowymi. Niemcy mogli liczyć na wsparcie wpływowych środowisk arabskich. Rząd Iraku zabiegał o pomoc dla antybrytyjskiego powstania w tym państwie. Udział w tych działaniach zmusił do emigracji najwyższego muzułmańskiego duchownego Wielkiego mufti Jerozolimy al-Husajniego. W listopadzie 1941 roku spotkał się w Berlinie z Hitlerem, który zapewnił go, że po likwidacji Żydów w Europie Niemcy przystąpią do podobnej akcji w państwach arabskich. Do kwatery dowódcy Afrika Korps feldmarszałka Erwina Rommla przybyli dwaj egipscy oficerowie Gamal Abdel Naser i Anwar Sadat, aby zabiegać o wsparcie dla ich antybrytyjskiej walki. Obydwaj współpracowali z niemieckim wywiadem. Było więc oczywiste, że na przełomie lat 40. i 50., gdy Palestyńczyków i Arabów wzburzyło powstanie państwa Izrael, dawne powiązania odżyją.

Amerykanie zwrócili się do Gehlena o wystawienie drużyny bez narodowych strojów, a on potrafił tę sytuację wykorzystać. W jego misji wprowadzenie zaufanych ludzi do rządów i służb innych państw miało ogromne znaczenie.

Już wcześniej Naser zatrudnił czterdziestu nazistowskich imigrantów jako wykładowców w wojskowej akademii. Bez wątpienia mieli wpływ na działania tajnego stowarzyszenia „Wolnych Oficerów", których przywódcą (faktycznym) był Naser, gdy ci w lipcu 1952 roku obalili króla Faruka. Naser, jeszcze zanim został prezydentem Egiptu, zlecił Niemcom przebudowę egipskiego wywiadu, co wobec wojny z Izraelem wydawało się zadaniem szczególnie ważnym. Gehlen przekazał to zadanie Skorzenemu, a ten ściągnął do Egiptu kilkudziesięciu najlepszych fachowców, którzy mieli za sobą służbę w Gestapo oraz odznaczyli się niebywałym okrucieństwem i bezwzględnością przy likwidacji Żydów w Polsce i na Ukrainie. Wywiad francuski utrzymywał, że wśród ludzi Skorzenego był nawet Oskar Dirlewanger, dowodzący pułkiem SS swojego imienia, który mordował ludność cywilną w czasie powstania warszawskiego. Według oficjalnych danych miał umrzeć w niewyjaśnionych okolicznościach w 1945 roku, ale Francuzi byli innego zdania.

Równie ważnym, jak organizacja egipskiego wywiadu stała się budowa nowoczesnego przemysłu zbrojeniowego. SS-Standartenführer Wilhelm Voss, członek Koła Przyjaciół Reichsführera SS, otrzymał zadanie zbudowania egipskich zakładów amunicyjnych i rakietowych. Udało mu się ściągnąć kilkudziesięciu techników poprzednio zatrudnionych w Peenemünde.

Egipskie eldorado dla nazistowskich specjalistów szybko się zakończyło, gdyż Naser doprowadził do uchwalenia nowej konstytucji, która dała mu dyktatorską władzę. Co gorsza, głosiła, że Egipt jest państwem socjalistycznym z systemem jednopartyjnym. Ponadto zmienił kurs egipskiej polityki z proamerykańskiej na proradziecką. Najbardziej oczywistym dowodem była umowa o zakupie uzbrojenia radzieckiego. Nie chodziło tylko o wartość handlową – dostawa rakiet, samolotów myśliwskich MiG-15, stawiaczy min (z Polski) oznaczała, że do tego państwa przyjadą doradcy wojskowi, technicy, a egipscy piloci będą szkoleni w ZSRR. Ta droga prowadziła wprost do założenia radzieckich baz nad Nilem. Nie dość tego: pojawiały się jeszcze bardziej niepokojące sygnały, jakimi było uznanie Chińskiej Republiki Ludowej. Stany Zjednoczone postanowiły zmusić Egipt do powrotu do szeregu. A chcieli tego dokonać, wycofując kredyty na budowę Tamy Asuańskiej. Prezydent utożsamiał się z tym projektem. Wysoka na 111 metrów zapora miała przeciąć dolinę Nilu, umożliwiając nawodnienie setek tysięcy hektarów ziemi i dając przemysłowi dziesięć miliardów kilowatogodzin energii elektrycznej rocznie. Miała to być podstawa szybkiej industrializacji zacofanego kraju.

Wkrótce z obietnicy kredytów wycofali się Brytyjczycy i Bank Światowy, co oznaczało, że przepadło 270 milionów dolarów.

Naser uznał, że jeżeli nie chcą dać pieniędzy, to sam je zdobędzie. W lipcu 1956 roku ogłosił nacjonalizację Kanału Sueskiego. Rozpoczął się konflikt zbrojny. Stany Zjednoczone zajęły wygodną pozycję za plecami swoich sojuszników: Wielkiej Brytanii i Francji, które wysłały wojska do Egiptu, aby odzyskać kontrolę nad najważniejszą drogą wodną świata.

Nie wiadomo, co stało się z niemieckimi specjalistami, ale nie należy sądzić, aby Rosjanie mogli tolerować ich obecność. I nie chodziło bynajmniej o drugowojenne uprzedzenia. Nie mogli dopuścić do sytuacji, aby w Egipcie szarogęsili się ludzie nasłani tam przez Gehlena i Skorzenego, a więc pozostający na usługach amerykańskiego i niemieckiego wywiadu.

52
Nowy czas

Nadchodził nowy czas, który zdawał się kończyć wpływy nazistów we współczesnym świecie. Odchodzili ci, którzy przez pierwsze dziesięć powojennych lat budowali niewidoczne państwo SS. Czy była to ich decyzja, czy zostali do tego zmuszeni?

O upadku Gehlena przesądziła sprawa Felfego. Tajne służby gotowe przymykać oko nawet na przestępstwa popełniane przez ich szefów, jak chociażby niszczenie dokumentów przez Richarda Helmsa, nie wybaczały dopuszczenia do zagnieżdżenia się kreta w centrali. A Gehlen lekceważył informacje o Felfem, choć amerykański wywiad zwracał uwagę na szczególnie wysoki standard życia byłego esesmana, co mogło wskazywać, że sprzedał się Rosjanom. W raporcie z lipca 1959 roku wymieniano jego majątek: „apartament w bogatej dzielnicy Monachium, budowa domu w Kufstein [w Austrii – B.W.], najnowszy model taunusa, eleganckie ubrania".

Wydawać by się mogło, że zaczęła tykać bomba podłożona przez radziecki wywiad, ale Gehlen zdawał się wciąż odrzucać ostrzeżenia amerykańskich kolegów. Aż w październiku 1961 roku kryptolodzy niemieckiego wywiadu rozszyfrowali depeszę z Moskwy, z której jednoznacznie wynikało, że Felfe jest radzieckim szpiegiem.

W zadziwiająco naiwny sposób Rosjanie zdradzili swojego cennego agenta. A może było to wykalkulowane zagranie: zdecydowali się pozbyć

Felfego w zamian za większą stawkę, którą było utrącenie Gehlena? Albo może to amerykański wywiad znalazł sposób, aby pozbyć się tego człowieka? Niby miał duże zasługi przy organizowaniu wywiadu na ZSRR, ale oceniano, że jego kosztowna działalność dawała mizerne efekty.

Łatwo było przewidzieć, co stanie się po ujawnieniu krytycznej depeszy. Szkody, które Felfe wyrządził zachodniemu wywiadowi, przekreślały możliwość „odwrócenia" go, zmuszenia do współpracy, co było w takich przypadkach regułą. Musieli postawić go przed sądem, a tym samym uruchomić cały proces sprawdzania jego powiązań i środowiska. A to musiało uderzyć w Gehlena.

Sześć dni po odszyfrowaniu depeszy Felfe został aresztowany. Wykryto, że zdradził Rosjanom 94 agentów, ich szyfry i kanały kurierskie, a także tysiące stron tajnych dokumentów. Został skazany na czternaście lat więzienia, ale nie odbył kary. Wymieniono go na 21 politycznych więźniów z NRD, co najlepiej wskazuje, jak cenny był dla radzieckiego wywiadu.

Ta sprawa – choć wydawała się zamknięta wraz z wyrokiem skazującym – żyła, kładąc się cieniem na poczynaniach Gehlena.

CIA badając powiązania Felfego, doszło do wniosku, że w jego środowisku „niektórzy z tych ludzi mogli być podatni na działania Sowietów ze względu na swoje sympatie. Inni, jak członkowie [SS i SD – B.W.], byli zbrodniarzami wojennymi, mogli robić karierę tylko dzięki ukryciu przeszłości, co czyniło ich bezbronnymi wobec szantażu".

W 1968 roku Reinhard Gehlen zakończył swoją karierę szpiega, przechodząc w stan spoczynku. Czy jego organizacja wciąż działała już na własny rachunek? Od czasu do czasu z tajnego świata wypływały sprawy, które zdawały się wskazywać, że weszła bardzo głęboko w struktury współczesnych państw.

53

Sprawa Gellego

O świcie 17 czerwca 1982 roku w Londynie znaleziono zwłoki mężczyzny zwisające na nylonowej lince z przęsła mostu Blackfriars (Czarnych Mnichów). Ręce miał związane na plecach, do nóg przytroczony worek z sześcioma kilogramami cegieł i kamieni, a w kieszeniach siedem tysięcy funtów, kwotę na owe czasy na tyle dużą, że nie nosiło się jej w portfelu. Wisielec, Roberto Calvi, nazywany był „Bankierem Boga". Do niego należał wielki i wpływowy mediolański Banco Ambrosiano, w którym największe udziały miał watykański IOR (Istituto per le Opere di Religione), Instytut Dzieł Religijnych, nazywany w skrócie Bankiem Watykańskim.

Calvi pojechał do Londynu w poszukiwaniu wyjścia z beznadziejnej sytuacji, w której znalazł się, gdy odkryto, że w jego banku brakuje... półtora miliarda dolarów. Co gorsza dla niego, nie były to pieniądze porządnych ludzi, ani uczciwie zarobione przez bank, lecz mafii oraz tajnej organizacji, która uzyskała ogromne wpływy we włoskiej polityce i gospodarce: Propaganda Due, nazywanej też P2. Na jej czele stał Licio Gelli, faszysta, który w czasie wojny był łącznikiem między rządem Mussoliniego a niemiecką dywizją „Hermann Göring".

Nie wiadomo, jak doszło do tego, że Gelli stanął na czele P2, ani kto ją utworzył. Zwrócił na siebie uwagę włoskiej policji udziałem w wielkich operacjach finansowych, w których obracano setkami milionów dolarów nieznanego pochodzenia. Dlatego 17 marca 1981 roku do jego domu weszła policja. Znaleziono listę bez mała tysiąca członków P2, na której były nazwiska trzech szefów włoskich tajnych służb, kilkudziesięciu posłów, a także wysokich oficerów wojska, przemysłowców, arystokratów, a nawet premiera rządu włoskiego. Odkryto również „plan demokratycznego odrodzenia", który w istocie był szczegółowym planem wprowadzenia we Włoszech autorytarnych rządów. Gelli zniknął, ale kilka miesięcy później aresztowano go, gdy usiłował wycofać z genewskiego banku kilkadziesiąt milionów dolarów. I tym razem udało mu się uciec z więzienia, aż w 1987 roku powrócił do Włoch. Jednakże przeszłość nie dała mu spokoju.

W październiku 2005 roku stanął przed sądem rzymskim jako jeden z pięciu oskarżonych o zamordowanie bankiera Boga. Wtedy wyszło na jaw, że zamordowany Roberto Calvi był członkiem Propaganda Due. Co więcej, pojawiły się ślady powiązań P2 i... „Gladio", tajnych bojówek tworzonych w wielu państwach europejskich, które miały podjąć partyzancką walkę z wojskami radzieckimi, gdyby te zaatakowały. Nie udało się jednak wyjaśnić, czy P2 finansowała te organizacje oraz w jakim stopniu wykorzystywała je do wpływania na politykę włoskiego rządu. Podziemny świat skutecznie bronił swoich tajemnic. Czy sięgają minionej wojny?...

Bibliografia

Aalders G., *Operation Safehaven*, Holenderski Instytut Dokumentacji Wojennej, Amsterdam 1996

Andrew Ch., *Introduction to MI5: The First Ten Years 1909-1919*, PRO 1997

Andrew Ch., Mitrokhin V., *The Mitrokhin Archive, The KGB and the West*, The Penguin Press 1999

Andrew Ch., *The Defence of the Realm, The Authorized History of MI 5*, Allen Lane 2009

Andrzejewski T., Motyl K., *Pozycja Środkowej Odry 1928–1945, Odcinek Nowa Sól*, Muzeum Miejskie w Nowej Soli

Biddiscombe P., *Last Nazis*, The History Press 2013

Birstein V.J., *Smersh, Stalin's Seceret Weapon*, Biteback Publishing, London 2011

Blum H., *Wanted! The Search for Nazis in America*, Touchstone, New York 1977

Bower T., *Klaus Barbie: The Butcher of Lyons*, Open Road Media, New York 2017

Böhler J., Mallmann K.-M., Matthäus J., *EinsatzGruppen w Polsce*, Bellona, Warszawa 2009

Breitman R., Norman J.W. Goda, *Hitler's Shadow: Nazi War Criminals, U.S. Intelligence, and the Cold War*, Military Bookshop 2010

Bukowski H., Trilus Ch., *Fliegerhorst Schönwalde/Berlin: Ausbildungs- und Erprobungsstätte der Luftwaffe 1935-1945*, Podzun-Pallas Verlag 1999

Casey W., *The Secret War Against Hitler*, Simon & Schuster 1989

Churchill W., *Druga wojna światowa*, Phantom Press International, Gdańsk 1996

Clarridge D.R., *A Spy for All Seasons*, Scribner 1997

Counter Intelligence Corps History and Mission in WWII, The CIC Center

D'Almeida F., *High Society in The Third Reich*, Polity Press, Cambridge 2008

Felfe H., *Im Dienst des Gegners*, Verlag der Nation, Berlin 1988

Gehlen R., *The Service*, tłum. D. Irving, 1972

Gordon Y., Rigmant V., *Tupolev Tu-4: Soviet Superfortress*. Midland Counties Publications Ltd 2002

Hargreaves R., *Hitler's Final Fortress – Breslau 1945*, PEN & SWORD MILITARY, London 2011

Hitlers Lagebesprechungen: Die Protokollfragmente seiner militärischen Konferenzen, 1942-45. Deutsche Verlags-Anstalt, Stuttgart 1962

The Holocaust: Selected Documents, Garland, New York 1982

Hoffmann J., *Die Tragödie der „Russischen Befreiungsarmee" 1944/45, Wlassow gegen Stalin*. Herbig Verlag

Hoffmann J., *German Resistance to Hitler*, Harvard University Press 1988

Höhne H., Zolling H., *Network: The Truth About General Gehlen and His Spy Ring*, Secker & Warburg, London 1972

Infield G.B., *Skorzeny: Hitler's Commando*, Military Heritage Press, New York 1981

Jacobsen A., *Operation Paperclip*, Little, Brown and Company, New York

Linklater M., Hilton I., Ascherson N., *The Nazi Legacy: Klaus Barbie and the International Fascist Connection*, Holt, Rinehart and Winston, New York 1984

Maier H., *Die SS und der 20 Juli*, „Vierteljahrshefte für Zeitgeschichte", nr 3/1966

Mallman K.-M., *Gestapo po roku 1945. Kariery, konflikty, konteksty*, Replika, Warszawa 2018

Macintyre B., *A Spy Among Friends: Kim Philby and the Great Betrayal*, Bloomsbury Publishing 2014

O'Connor G., *The Butcher of Poland, Hitler's Lawyer Hans Frank*, Wyd. Spellmount, 2013

Operation „BRANDY", CIC Region IV, APO 205, 1947

Operation „BRANDY", Re: Organisation ODESSA, 907th CIC Detachment, 1947

Overy R., *The Road To War*, Macmillan, London 1989

Report of Initial Contacts with General Gehlen's by John R. Boker Jr, 1952

Reese M., *General Reinhard Gehlen. The CIA Connection*, George Mason University Press, Fairfax 1990

Reiss C., *The Nazis Go Underground*, Doubleday, Doran and Co., New York 1944

Schellenberg W., *The Memoirs od Hitler's Spymaster*, Andre Deutsch 2006

Schneppen H., *Odessa und das Vierte Reich. Mythen der Zeitgeschichte*, Metropol Verlag, Berlin 2007

Shore Z., *What Hitler Knew, The Battle for Information in Nazi Policy*, Oxford University Press 2003

Simpson Ch., *Blowback: America's Recruitment of Nazis and Its Destructive Impact on Our Domestic and Foreign Policy*, Open Road Media

Tooze A., *The Wages of Destruction*, Penguin Books, London 2007

Trial of the Major War Criminals before the Nuremberg Military Tribunals. Transcript and documents used in evidence, Washington, US Government Printing Office, 1949–1952

US National Archives and Records Administration, College Park, MD, Record Group 238, Entry 171, Box 255, NI-15533;

The United States and Germany in the Era of the Cold War, 1945–1990, pod red. Detlef Junker, German Historical Institute & Cambridge University Press

Walters G., *Hunting Evil*, Transworld, London 2009
Ward B., *Dr Space. The Life of Wernher von Braun*, Naval Institute Press Annapolis, Maryland 2009
Whiting Ch., *Skorzeny*, Leo Cooper, London 1998
Witte P., Tyas S., *Himmler's Diary 1945. A Calendar of Events Leading to Suicide*, Fonthill Media
Zipfel F., *Gestapo und Sicherheitsdienst*, Arani Verlags 1960

Indeks

T

U

V

W KSIĘGARNIACH

W KSIĘGARNIACH

W KSIĘGARNIACH

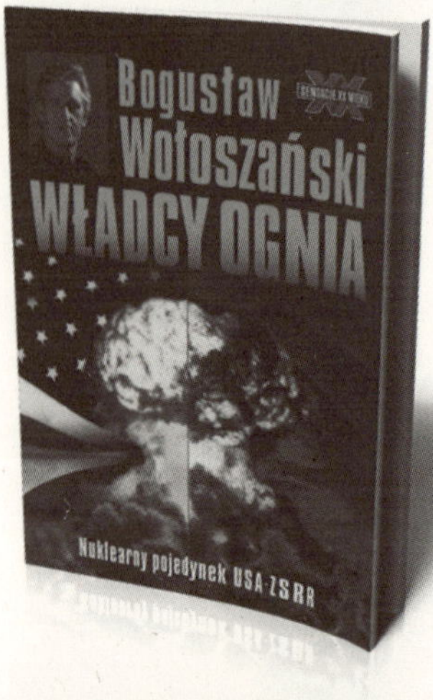